As milícias de homens de cor do Atlântico Sul

Hendrik Kraay
Adriana Barreto de Souza
Crislayne Alfagali
ORGANIZADORES

As milícias de homens de cor do Atlântico Sul

SÉCULOS XVII A XIX

FGV EDITORA

FAPERJ
Fundação Carlos Chagas Filho de Amparo à Pesquisa do Estado do Rio de Janeiro

PUC RIO

NEPHS
NÚCLEO DE ESTUDOS DE POLÍTICA E HISTÓRIA SOCIAL

UNIVERSITY OF CALGARY

Direitos desta edição reservados à
FGV EDITORA
Rua Jornalista Orlando Dantas, 9
22231-010 | Rio de Janeiro, RJ | Brasil
Tel.: 21-3799-4427
editora@fgv.br | www.editora.fgv.br

1ª edição: 2025

Preparação de originais: Aline Duque Erthal
Revisão: Adriana Alves
Editoração eletrônica: Abreu's System
Capa: Estúdio 513

Dados Internacionais de Catalogação na Publicação (CIP)
Ficha catalográfica elaborada pela Biblioteca Mario Henrique Simonsen/FGV

As milícias de homens de cor do Atlântico Sul : (séculos XVII a XIX) / Hendrik Kraay, Adriana Barreto de Souza, Crislayne Alfagali (orgs.). Rio de Janeiro : FGV Editora, 2025.
384 p.

Inclui bibliografia.
ISBN: 978-65-5652-403-0

1. Brasil – Milícias – História – Atlântico, Oceano, Região. – Séc. XVII-XIX. 2. Portugal – Milícias – História – Atlântico, Oceano, Região – Séc. XVII-XIX. 3. Angola – Milícias – História – Atlântico, Oceano, Região. Séc. XVII-XIX. 4. Negros – Participação política – Séc. XVII-XIX. I. Kraay, Hendrik, 1964-. II. Souza, Adriana Barreto de, 1971-. III. Alfagali, Crislayne. IV. Fundação Getulio Vargas.

CDD – 305.896

Elaborada por Márcia Nunes Bacha – CRB-7/4403

Sumário

Prefácio

Este livro é resultado do seminário "As milícias de homens de cor no Atlântico Sul (séculos XVIII e XIX)", realizado nos dias 24 e 25 de outubro de 2023 na Universidade Federal Rural do Rio de Janeiro (UFRRJ) e na Pontifícia Universidade Católica do Rio de Janeiro (PUC-Rio). Além das conferências de abertura e encerramento do evento (respectivamente, de Silvia Hunold Lara e Luiz Geraldo Silva), foram discutidos 13 textos sobre milicianos de cor na América portuguesa, em Angola e no Rio da Prata. Os textos dos dois conferencistas abrem esta coletânea, seguidos por outros 11 apresentados ao longo dos dois dias de discussões enriquecedoras. Infelizmente, Ariane Carvalho e Maria Clara Aredes não puderam participar do livro, mas Mariana L. R. Dantas concorreu com seu capítulo sobre Minas Gerais, uma capitania não representada no seminário. A introdução procura dar conta da historiografia atual sobre as milícias de homens de cor no Atlântico Sul, bem como apresentar a legislação básica que governou a milícia na América portuguesa na segunda metade do Setecentos e no início do Oitocentos.

Agradecemos os apoios institucionais da UFRRJ e da PUC-Rio, que possibilitaram a realização do evento. Na UFRRJ, agradecemos, ainda, à coordenação do Programa de Pós-Graduação em História (PPHR) pelo apoio financeiro, quando do atraso no depósito da Fundação Carlos Chagas Filho de Amparo à Pesquisa do Estado do Rio de Janeiro (FAPERJ). Em termos logísticos, agradecemos à equipe do Núcleo de Estudos da Política e História Social (NEPHS/UFRRJ), em especial à professora Fabiane Popinigis, que coordena o núcleo junto com Adriana Barreto, e à Marcela Oliveira, coordenadora de projetos. Agradecemos também à professora Flávia Braga e ao professor Luiz Felipe Brandão Osório, diretora e vice-diretor do Instituto de Ciências Humanas e Sociais da UFRRJ, pela agilidade no encaminhamento de um problema inesperado produzido pela crise da segurança pública do estado do Rio de Janeiro. Face ao episódio, agradecemos ainda ao professor Cícero Pimenteira, chefe do Departamento de Desenvolvimento, Agricultura e Sociedade da UFRRJ, que disponibilizou as instalações do departamento para a realização do evento.

Durante o seminário, coordenando as mesas, contamos com a participação luxuosa dos professores(as) Cristiana Schettini, Diego Galeano, Fabiane Popinigis e Paulo Terra. A eles(as), nossos agradecimentos. Na PUC-Rio, agradecemos ao Programa de Pós-Graduação em História Social da Cultura pela complementação de recursos, à secretaria e ao Departamento de História.

A publicação deste livro foi possibilitada pelo financiamento da Universidade de Calgary, da FAPERJ e do Programa de Pós-Graduação em História Social da Cultura da PUC-Rio.

Introdução
As milícias de homens de cor: historiografia e legislação

Adriana Barreto de Souza
Crislayne Alfagali
*Hendrik Kraay**

> *Sendo os corpos milicianos neste Estado do Brasil os que formam a maior força armada do Exército, e convindo por isso ao real serviço que a sua disciplina seja a mais uniforme possível com a da tropa de linha, ordena sua alteza real que v. ex. faça observar nos regimentos de milícias da sua jurisdição tudo quanto aqui se determina e for aplicável aos ditos regimentos*
> D. Rodrigo de Sousa Coutinho, 1812[1]

Em 1812, executando ordens de Sua Alteza Real, o então ministro da Guerra, d. Rodrigo de Sousa Coutinho, afirmou categoricamente que as milícias constituíam a maior força militar do Brasil. De certo modo, esta não é uma novidade para a historiografia, que há muito reconhece que as tropas pagas (o que mais se aproxima do que hoje é o Exército) estiveram quase ausentes do processo de colonização, tanto na América portuguesa como em Angola. No cotidiano do mundo colonial, hispânico ou português, a tropa predomi-

* Agradecemos a leitura e sugestões precisas de Mariana Albuquerque Dantas, especialmente na parte relativa à legislação indígena. Já as discussões com Célio de Souza Mota foram importantes para o refinamento de informações sobre a legislação da década de 1760. A pesquisa de Adriana Barreto de Souza é financiada pelo Conselho Nacional de Desenvolvimento Científico e Tecnológico (CNPq), no âmbito do programa Bolsa de Produtividade em Pesquisa, e pela Fundação Carlos Chagas Filho de Amparo à Pesquisa do Estado do Rio de Janeiro (FAPERJ), no âmbito do programa Cientista do Nosso Estado. A pesquisa de Hendrik Kraay foi financiada pelo Social Sciences and Humanities Research Council (Canadá).

1 Decisão n. 12 do Ministério da Guerra, 3 mar. 1812, *CLB*.

nante foram as forças auxiliares. Enquanto as tropas de primeira linha (ou, apenas, de linha) eram uma força permanente, paga e com uma oficialidade nomeada pela Coroa, os auxiliares não recebiam soldo e estavam enraizados na vida local.

De acordo com a legislação setecentista, essas tropas auxiliares eram compostas por duas forças: as milícias (tropas de segunda linha), que tinham seus postos de comando ocupados por potentados locais, também responsáveis por sua organização, treinamento e manutenção, e as ordenanças (terceira linha), uma espécie de tropa de reserva. Integradas por moradores não incorporados pelo Exército nem pelas milícias, as ordenanças não eram treinadas, sendo acionadas apenas em situações excepcionais.[2] Na prática, porém, em especial até meados do século XVIII, a distinção entre as tropas auxiliares era pouco definida. As milícias eram comumente chamadas só de auxiliares, o que de antemão dificulta qualquer identificação mais precisa dessas tropas. Um dado importante é que, sendo o recrutamento de base territorial, realizado entre a população local, eram incorporados às suas fileiras, ainda que de forma segregada, indígenas, pretos e pardos livres.[3]

Na América portuguesa, as primeiras unidades militares segregadas por cor foram criadas na sequência das guerras contra os holandeses. A tropa de Henrique Dias, que seria posteriormente institucionalizada como Terço da Gente Preta, participou ativamente da Batalha de Guararapes e do Cerco de Recife, incorporando indistintamente homens pretos e pardos, africanos e crioulos. Separadamente, havia o terço de indígenas, comandado por Antônio Felipe Camarão e também institucionalizado depois da guerra. Os serviços prestados por essas tropas renderam a seus comandantes, Henrique Dias (homem preto) e Felipe Camarão (índio da nação potiguar), uma série de honrarias: Camarão foi condecorado com o hábito da Ordem de Cristo e ambos obtiveram prestigiosas patentes militares, com direito a soldo. Felipe Camarão tornou-se capitão-mor dos índios, e Henrique Dias, além do título de "governador dos crioulos negros e mulatos", foi nomeado mestre de campo (atual coronel) de seu terço (Mello, 1988; Vanderlei, 2002; Fagundes, 2016).

---

2 Para a organização das forças militares do império português, ver Selvagem (1999) e Izecksohn (2014).

3 Sobre a incorporação da população local pelas milícias, ver: Kraay (2011); Silva (2013); Cotta (2010); Puntoni (2002).

A rigor, ambos os terços eram corpos de ordenanças. O de Henrique Dias, sediado em Pernambuco, incluía companhias baianas, enquanto o de Felipe Camarão reunia homens das aldeias pernambucanas. Ambos prestaram serviços importantes nas guerras contra os índios hostis ao projeto colonial luso-brasileiro e contra os escravos e outros rebeldes de Palmares. Nas primeiras décadas do Setecentos, todavia, os dois terços perdiam terreno, e, na década de 1730, o governador de Pernambuco dissolveu o terço de índios e procurou fazer o mesmo com os Henriques. Embora não seja fácil reconstruir a história institucional desses dois corpos, sabe-se que o terço de homens pretos sobreviveu a esse ataque, mas o dos índios não resistiu. As medidas da década de 1730, vale destacar, não contemplavam a exclusão absoluta desses homens do serviço militar. Pelo contrário, pretendiam sujeitar suas companhias aos terços de homens brancos (Vieira, 2011; Silva, 2018; Menim, 2019). De fato, o que mais incomodava os governadores e demais autoridades ao longo dos séculos eram os oficiais de cor, principalmente os superiores.

A partir desse momento, houve uma divergência importante na história da incorporação militar dos indígenas e dos afrodescendentes ao projeto colonial luso-brasileiro. Graças em grande parte aos esforços dos oficiais pretos e pardos que defenderam seus corpos separados, a monarquia voltou atrás, manteve em pé o Terço de Henrique Dias e, em determinado momento, começou a considerá-lo um terço auxiliar ou de milícias (Silva, 2018, p. 394). Em meados do século XVIII, o terço dos homens pretos da Bahia foi desligado do de Pernambuco (Menim, 2019, p. 97-99, 123-125). Àquela altura, já existiam companhias de ordenanças de homens pardos e pretos em várias capitanias americanas, e um terço de pardos funcionava desde a década de 1710 em Pernambuco. Somente a partir da década de 1760, porém, os terços e regimentos de Henrique Dias (homens pretos) e – separadamente – os de homens pardos foram criados em outras capitanias, como Rio de Janeiro e Minas Gerais. Mesmo na Bahia, o primeiro regimento de homens pardos só surgiu em 1773. Em 1774, constituíram-se dois outros terços em Pernambuco, um de pretos e outro de pardos. Na década de 1780, foram criados regimentos de pardos e pretos em Goiás. Estabeleceu-se um terço misto no Maranhão em 1796, e o último corpo militar de homens pardos, o regimento denominado dos Úteis, formou-se em São Paulo em 1797. Em

1808, ainda foi criado um corpo de artilharia miliciana composta de homens pretos e pardos no Pará (F. Souza, 2017, p. 71; Nogueira, 2009, p. 150-151).

Em torno de 1800, havia 22 regimentos de primeira linha na América portuguesa, bem como algumas companhias avulsas, com um efetivo de pouco mais de 14 mil homens, e nada menos que 124 regimentos milicianos, além de algumas companhias avulsas, com um efetivo de mais de 90 mil homens. Apenas 24 (um quinto) desses regimentos eram compostos de homens pardos e pretos,[4] e esses são o tema central da primeira parte deste livro. A política expansionista na região do Prata após o estabelecimento da Corte portuguesa no Rio de Janeiro, as lutas pela Independência e a Guerra Cisplatina estimularam o crescimento tanto do Exército como das milícias. Depois da Independência, foram identificados 140 batalhões milicianos, muitos dos quais, sem dúvida, existentes somente no papel.[5] Não há indícios da criação de outras unidades de homens de cor nas décadas de 1810 e 1820, mas a participação dos corpos de homens pardos e pretos foi intensa nas lutas em torno da Independência, seja nos movimentos de rua no Rio de Janeiro, na Revolução de 1817 em Pernambuco ou nas guerras pela Independência na Bahia e nas demais províncias do norte.

A partir da dissolução do terço dos índios na década de 1730, a incorporação dos indígenas às instituições militares luso-brasileiras tomou novos rumos, que distinguiam esses indivíduos dos afrodescendentes. O projeto assimilacionista do Diretório dos Índios, de 1757, não previa a criação de milícias indígenas, apesar de mencionar capitães-mores, sargentos-mores e outros oficiais nas aldeias (Almeida, 1997). Implicitamente, previa-se que o serviço militar dos indígenas seria realizado nas ordenanças, sem distinção daquelas em que serviam os outros súditos do monarca. Como observa Mariana Albuquerque Dantas (2018, p. 1), esse modelo foi contemplado explicitamente pela Direção de 1758, uma adaptação do Diretório para Pernambuco. Também há indícios de companhias de ordenanças nas aldeias de Porto Seguro durante o Diretório (Cancela, 2018). A criação de companhias indígenas de ordenanças ocorreu de forma mais sistemática a partir de 1798, com a abolição do Diretório dos Índios. A partir de então, determinou-se que

4 Ver o quadro compilado por F. Souza (2017, p. 45).

5 Decretos, 1º dez. 1824, 24 maio 1826, 24 mar. 1827, *CLB*.

os indígenas servissem nas ordenanças, de onde eram tirados para trabalhos forçados. Antes das guerras provocadas pela ocupação portuguesa de Caiena (colônia francesa) e pela Independência, houve fraca presença de indígenas na milícia e na tropa paga do Grão-Pará (Nogueira, 2009).

Apesar das intensas conexões entre América portuguesa e Angola, analisadas pelos estudiosos da escravidão e do tráfico de escravos, os historiadores das instituições militares da América portuguesa raramente olham para o outro lado do Atlântico. A importante participação "brasileira" nas guerras contra os holandeses na África – "guerras pelos mercados de escravos" – foi há muito reconhecida (Boxer, 1952; Alencastro, 2000, cap. 6). As possessões portuguesas africanas faziam parte do mesmo império que as capitanias brasileiras, e as autoridades portuguesas buscavam fixar instituições militares semelhantes às americanas na África. Além do envio de contingentes da tropa de Henrique Dias de Pernambuco para Angola em meados do Seiscentos (ver o capítulo de Guilherme Oliveira da Silva), houve diversas tentativas de criar companhias e terços de Henriques em Luanda e Benguela. Em 1743, Bento Pereira Henriques queria ser provido em marechal de campo de um terço de homens pretos que pretendia reformar em Luanda (ver o capítulo de Bruna Almeida e Crislayne Alfagali). No final do século, duas companhias de Henrique Dias funcionavam em Benguela. Seus soldados e oficiais eram estreitamente conectados ao tráfico de escravos. Em 1823, seu comandante era Francisco Ferreira Gomes, um liberto brasileiro, filho de um tenente dos Henriques e também traficante de escravos (Ferreira, 2012, p. 206-209). Essas tentativas de transferir instituições militares americanas para Angola tiveram relativamente pouco sucesso, e, em 1798, o governador explicou que o governo militar de Angola "segue por absoluta necessidade diverso caminho daquele que nas capitanias do Brasil se observa", pois as leis que "ao Brasil [eram] úteis, são em Angola danosas" (apud Alencastro, 2000, p. 349).

O "diverso caminho" apontado pelo governador foi a dependência de combatentes centro-africanos. Na África centro-ocidental, os portugueses teceram uma relação de interdependência com seus vassalos, líderes chamados sobas, e as guerras que travaram só foram possíveis por causa da "guerra preta". A expressão faz referência a um grupo variado de pessoas, formado por escravizados dos lusos, soldados que eram cedidos pelos sobas vassalos e homens livres que viviam próximo às fortalezas portuguesas.

No século XVIII, houve um processo de institucionalização da guerra preta, ainda que incompleto, por meio do reconhecimento português do cargo de tendala, de certa forma equivalente ao posto de capitão-mor.[6] No outro lado do Atlântico, essa cultura militar e política luso-africana influenciou os conflitos e as negociações entre os governadores das capitanias americanas e as lideranças africanas que resistiam aos portugueses no quilombo dos Palmares (Lara, 2021).

A expansão, consolidação e institucionalização dessas unidades militares de homens de cor na América portuguesa é um projeto do último terço do século XVIII. Apesar da centralidade dessas forças militares, difundidas por todo o território colonial, só recentemente elas vêm sendo objeto de estudos sistematizados pela historiografia brasileira. Aliás, esses avanços, estabelecidos a partir de um diálogo estreito com a historiografia sobre o mundo hispânico, bem como dos debates sobre a natureza do Estado colonial, têm destacado a importância das reformas pombalina e bourbônica no processo de institucionalização dessas milícias como forças militares imperiais. O contexto de conflitos entre impérios impulsou esse processo de militarização. Por meio de uma combinação de treinamento regular e orgulho corporativo, essas reformas desenvolveram um corpo militar capaz de, em momentos de crise, ajudar na defesa do império. Também reforçaram a presença do Estado na sociedade e abriram brechas nas hierarquias raciais da sociedade colonial e escravista - mudança que vários administradores coloniais e membros da elite local viam com maus olhos, o que tornou a promoção de oficiais de cor e sua equiparação aos demais oficiais militares um tema bastante polêmico e alvo de muitas disputas e conflitos na virada para o século XIX.

Em comparação com outras potências coloniais nas Américas, Portugal dependia muito mais de soldados e milícias de não brancos para a defesa externa e a segurança interna. As razões para isto têm muito a ver com a população limitada de Portugal e com o rápido crescimento de uma população livre de cor luso-brasileira na América. A incorporação de tais homens foi essencial para o sucesso do projeto colonial português. De fato, a expansão da milícia parda e preta, bem como as disposições legais para a promoção de

6 Sobre a história da guerra em Angola, ver: Thornton (1988); Ferreira (2007); Carvalho (2021); Silva (2023).

homens pardos e pretos aos postos superiores nos seus respectivos regimentos (sistematizadas pelo alvará de 1802, discutido adiante), é uma diferença notável entre a América portuguesa e a espanhola.

Apesar de o regulamento das milícias ser padronizado para toda a América hispânica, na prática sua implantação em território tão vasto variou. Em Cuba e no Caribe em geral, por se tratar de uma região particularmente cobiçada, a implantação do sistema de milícias disciplinadas (com a indicação de oficiais da tropa regular para treinar os milicianos) ocorreu ainda na década de 1760 e de forma mais efetiva. À medida que o sistema de milícias disciplinadas foi estendido a Nova Espanha, Peru e o resto da Nova Granada, houve muitas críticas à incorporação de homens pardos e *morenos* (pretos) em companhias e batalhões segregados (em geral, os índios eram excluídos das milícias disciplinadas) e muitos conflitos sobre a concessão do *fuero militar* (foro militar) a esses homens. Na década de 1790, os críticos desse projeto de milícias disciplinadas ganharam força, e em algumas regiões, como as cidades do México e de Puebla, corpos de milicianos pardos e pretos foram extintos. Entretanto, de forma um tanto excepcional, as milícias de *morenos* e pardos permaneceram ativas em Cuba até a década de 1840.[7]

Já no Rio da Prata, para onde também foram enviadas instruções de reorganização das milícias, estas não foram acompanhadas de uma expedição reformadora nem contaram com recursos e apoio de oficiais veteranos da tropa de linha, tal como havia ocorrido em Cuba, México e Porto Rico. Uma primeira política de militarização da região por meio do sistema de milícias ocorreu em 1777, com o objetivo de expulsar os portugueses de Colônia.[8] Mas somente em 1801, com a edição do Regulamento para as Milícias Disciplinadas de Infantaria e Cavalaria do Vice-Reinado de Buenos Aires, os bourbons tentaram, sem muita sorte, organizar e padronizar esses corpos (Candioti, 2023, p. 135). De acordo com o general Pedro de Cevallos, a geografia dos pampas, de vastos planaltos, dificultava a mobilização das elites e o recrutamento militar (Kuethe, 2005, p. 118-119). Poucos anos depois, as invasões britânicas de 1806 e 1807 destruíram as instituições militares

---

7 Ver: P. Souza (2017, p. 212-245); Archer (1974); Kuethe (1978, 1986); Campbell (1978); Vinson III (2001).

8 Ver: Kuethe e Marchena (2005); Chust e Marchena (2007); Bernand e Stella (2006); Borucki (2015); Candioti (2023).

coloniais de Buenos Aires, e a militarização revolucionária dos anos seguintes contou com uma impressionante mobilização de escravos, libertos e livres de cor em novos corpos militares (Andrews, 1980, p. 112-137; Blanchard, 2008, p. 37-63; Borucki, 2015, p. 115-146). Sua participação nas guerras pela Independência marcou profundamente suas vidas (ver o capítulo de Magdalena Candioti).

O serviço militar dos homens de cor – fossem indígenas ou afrodescendentes escravizados, libertos ou livres – sempre foi objeto de muita controvérsia, principalmente quando se tratava de institucionalizar a prática. A decisão de manter o Terço de Henrique Dias após as guerras contra os holandeses gerou debates, e, entre fins do século XVII e início do século XVIII, sempre houve quem visse com maus olhos esses terços. Todavia, a crescente população liberta e livre de cor, cada vez mais visível ao longo do século XVIII, especialmente nas antigas regiões de plantação de cana, em Minas Gerais e no Rio de Janeiro, somada aos novos esforços da Coroa para manter sob controle essa sociedade, estimularam a criação de outros corpos militares de homens de cor. Em paralelo, desde a criação do Diretório dos Índios em 1757, buscava-se assimilar os índios e integrá-los ao projeto colonial sob a tutela da Coroa e de particulares.

Historiografia

As *milícias de homens de cor* – tanto indígenas como afrodescendentes – constituem um tema ainda hoje pouco explorado pela historiografia brasileira. O primeiro estudo que circunscreveu a temática – e não por acaso tornou-se referencial – foi o livro *Escravos e libertos no Brasil colonial*, de A. J. R. Russell-Wood, que teve sua primeira edição em 1982, em língua inglesa. O foco do livro não são as milícias, mas sim os "libertos de ascendência africana". Como afirma o autor, o que se realizou foi apenas um "exame preliminar", instigado pelo fato de as companhias de milícias terem sido "em grande parte ignoradas" pelos historiadores (Russell-Wood, 2005, p. 129).

A observação do brasilianista é precisa. O campo de estudos acadêmicos sobre os militares no Brasil era então recente e tinha se desenvolvido a partir de duas tradições historiográficas distintas, que corriam em paralelo. Uma delas, profundamente marcada pela experiência da ditadura militar, se organizou a partir de uma inquietação política: como explicar as intervenções militares no Brasil (Coelho, 1985). Em função dessa marca de origem, as pesquisas cronologicamente retrocediam, no máximo, até a Proclamação da República, primeiro golpe militar da história do Brasil. Só raramente incorporavam o século XIX e, quando o faziam, o problema que as orientava era o mesmo: buscar as origens de um pensamento intervencionista dos militares (em especial do Exército) brasileiros.[9]

Datada também dos anos 1960 e 1970, a outra tradição historiográfica que fundou o campo tinha como tema central a violência do recrutamento e inscrevia-se no debate sobre a natureza do Estado, fosse ele português ou brasileiro. Assim, ora se enfatizava essa violência a fim de comprovar a fragilidade do Estado, incapaz de enfrentar os chefes locais, cujo poder ficava nítido em sua decisiva capacidade de mobilizar milícias; ora se denunciava a violência como imposição de um Estado forte sobre uma população miserável.[10]

A primeira pesquisa brasileira especificamente sobre milícias se situa justamente nesse debate. Defendida como tese de doutorado na USP em 1979, apesar de nunca ter sido publicada, ela deixou um legado duradouro. As milícias, incluindo seu sistema de recrutamento, deveriam ser entendidas – de acordo com a autora, Nanci Leonzo – como instituição de controle social. Controle que se daria por meio das tarefas que lhe cabiam, como órgão de repressão, mas também pelo disciplinamento dos que ingressavam em suas fileiras. Daí o título da tese: *Defesa militar e controle social na capitania de São Paulo: as milícias*. Afirmando seu interesse em pesquisar "instituições militares" – uma formulação inédita –, Leonzo (1979, p. I) registrou a falta de "bibliografia específica sobre a matéria", de "estudos monográficos", mesmo as milícias tendo sido cruciais, como já haviam notado Caio Prado Júnior (1942) e Nelson Werneck Sodré (1979), na "modelagem da sociedade colonial".

Desse modo, em 1982, quando Russell-Wood publicou seu livro, não só não havia estudos sobre as milícias de homens de cor, como o que havia

---

9 Uma revisão crítica dessa tradição encontra-se em Souza (2022).

10 Esse debate é amplo, e os nomes nele envolvidos já são bem conhecidos. Destacamos aqui as referências mais importantes para o tema do recrutamento e serviço militar: defendendo o caráter frágil do Estado, há Sodré (1979); já tratando da força brutal do Estado, McBeth (1977).

sobre milícias se limitava a uma tese e pouquíssimos artigos e capítulos de livros sobre recrutamento militar. Todos, de um modo ou de outro, reiterando a ideia da "opressão da dominação portuguesa" (Peregalli, 1986, p. 24). O que permitiu a Russell-Wood pautar o tema das milícias de homens de cor foi o diálogo que travou com pesquisas sobre as milícias da América hispânica, que se organizavam a partir de um leque inovador de problemas e fontes documentais. Em apenas um capítulo, recorrendo a petições e a correspondências oficiais, o brasilianista propôs uma verdadeira agenda de pesquisa, discutindo: a tradição dessas milícias nas colônias, a importância de seus serviços na disputa por distinções e privilégios, o impacto da política ilustrada (bourbônica ou pombalina) na sua institucionalização, a ampliação do capital simbólico dos oficiais com as reformas da década de 1790, além dos conflitos entre elite local, administradores coloniais e a Coroa em relação à concessão desses privilégios no contexto, a cada passo mais delicado, da chamada era das revoluções (Russell-Wood, 2005, cap. 5).

Essa agenda, no entanto, só começou a ser executada 10 anos depois, por outro brasilianista, Hendrik Kraay. Em seu livro de 2001 (publicado em português em 2011), sobre as forças armadas na Bahia na época da Independência, além de incorporar as reflexões sobre o mundo hispânico, Kraay (2011, p. 18) cruzou as tradições historiográficas mencionadas, construindo como objeto de pesquisa o papel das forças armadas – Exército e milícias, conjuntamente – na formação do Estado brasileiro, mostrando como essas instituições "preservaram e reelaboraram as hierarquias de raça (ou cor) e de classe da sociedade colonial". Dialogava, assim, com os teóricos da história dos militares, analisando as relações entre milícias e Exército, o recrutamento e o papel político dessas forças militares no império português e, depois, na construção do Estado brasileiro. Em vários artigos mais específicos sobre as milícias de homens de cor, e aproximando-se da história social, Kraay (2003, p. 521-546, 2006, p. 303-341) ultrapassou a ideia de controle social para fazer surgir em suas narrativas trajetórias de pretos e pardos, disputas, conflitos e uma interação complexa entre soldados, oficiais militares e civis, elaborando, ao final, uma visão dessas milícias como espaço de socialização e intensa politização a partir da questão racial.

Com perspectiva muito semelhante à de Kraay, no início dos anos 2000, Luiz Geraldo Silva (2003, 2013, 2018), que até então pesquisava o recrutamento das "gentes do mar" entre os séculos XVII e XVIII na América portuguesa, ampliou o escopo de seus estudos para incorporar reflexões sobre a complexidade das relações entre liberdade e cativeiro em um novo espaço social: as milícias de homens de cor. A partir de então, publicou vários artigos e capítulos de livros, no Brasil e no exterior, que se tornariam referenciais para o estudo dessas milícias, tendo por base a capitania – ainda que não tenha se limitado a ela – de Pernambuco. Além de sua própria pesquisa, uma contribuição-chave de Luiz Geraldo Silva foi a formação de novos pesquisadores do tema. Uma safra de pesquisas sobre as milícias de homens de cor surgiu a partir de suas orientações de iniciação científica e de mestrado.

Também no início dos anos 2000, porém mais vinculadas ao intenso movimento historiográfico de crítica às abordagens que enfatizavam as dimensões econômicas e macroestruturais da sociedade colonial, surgiam as teses de doutorado de Christiane Pagano de Mello, Kalina Vanderlei e Ana Paula Costa, defendidas respectivamente em 2002, 2003 e 2006, além da dissertação de mestrado de José Eudes Gomes, defendida em 2009. Essas pesquisas não tinham como foco especificamente as milícias, menos ainda as milícias de homens de cor. O objeto de estudo eleito eram as forças militares coloniais – com ênfase em regiões distintas do império português – para pensar as relações de poder no mundo colonial, relativizando a existência de um poder centralizado absoluto e fazendo sobressair redes de poder com sujeitos múltiplos e hierarquizados em suas relações, a partir das demandas e necessidades da Coroa em diferentes localidades. Pagano de Mello, Costa e Gomes afirmam explicitamente o interesse de entender "o exercício de governabilidade do rei em seus domínios ultramarinos e os mecanismos de funcionamento dos poderes locais" (Costa, 2014, p. 24-25). É nesse sentido que a análise de trajetórias individuais e da dinâmica de corpos militares ganha relevo. Esses corpos constituem um canal de encontro e colaboração entre metrópole e comunidades locais, bem como uma esfera de "negociações de conflitos e divergências, inevitáveis na densa rede de relações entre os diferentes níveis de poder" (Mello, 2009, p. 12). Ao analisar os diferentes tipos de tropas do Ceará setecentista, Gomes (2010, p. 51) acrescenta ainda que, atuando como instrumento de governança e hierarquização social, essas milícias agenciavam "a disseminação de uma cultura política ostensivamente baseada em desigualdades sociais e na instituição de privilégios" e viabilizavam a "formação, manutenção e reprodução das elites locais".

A pesquisa de Kalina Vanderlei não está diretamente filiada a esse debate. Ainda que também interessada em analisar a sociedade colonial, Vanderlei aciona as discussões historiográficas da chamada "história dos marginais". Defende que a organização militar da Coroa integrou grupos sociais de vilas açucareiras de Pernambuco e, durante a Guerra dos Bárbaros, deslocou-os para os sertões. Esses grupos, de acordo com a autora, eram formados por trabalhadores mecânicos livres e vadios. Homens recrutados pelas tropas da Coroa como instrumento – e aqui ela retoma a interpretação dos anos 1970 – de repressão e controle social (Vanderlei, 2003, p. 11). Essa é a leitura que vai marcar sua análise sobre as tropas de homens de cor na conquista dos sertões.

Cruzando esses debates sobre a sociedade colonial com os relativos a uma história dos militares, em 2010 foi publicado o primeiro livro integralmente dedicado à temática das milícias de homens de cor. Resultado da pesquisa de pós-doutoramento de Francis Albert Cotta, e intitulado *Negros e mestiços nas milícias da América portuguesa*, o livro fornece uma visão panorâmica dessas forças militares, que se pretende válida para toda a América portuguesa, abordando desde o mito de criação das milícias negras (o Terço de Henrique Dias, herói da Batalha de Guararapes) até trajetórias particulares, de casos ocorridos em mais de 11 capitanias, passando pela análise do que ele denomina sistema militar corporativo.

Essa virada de década é um marco importante para os estudos sobre as milícias de homens de cor. Um ano antes, em 2009, Shirley Nogueira defendeu uma tese sobre a politização militar no Grão-Pará entre 1790 e 1850. Sua pesquisa estabelecia uma nova conexão entre historiografias; dessa vez, entre a história dos militares e a da escravidão – ou do mundo da escravidão, incluindo aí os livres e libertos. Seguindo os passos de Kraay, a autora optou por examinar a participação de setores militares nos protestos políticos da primeira metade do século XIX, renunciando a visões homogeneizadoras e propondo questões sobre as origens sociais e étnicas desses militares. Questionou, ainda, a validade da categoria "grupo", a partir do mapeamento de expectativas, reivindicações, conflitos e formas de organização dos homens envolvidos nos protestos.

Se, em 2014, Vitor Izecksohn ainda podia observar que "a produção historiográfica sobre as milícias [era] quantitativamente menor e menos específica do que aquela ligada a outros temas de história colonial" (2014, p. 484), o surto de dissertações e teses sobre as milícias de homens pardos e pretos defendidas a partir do começo da segunda década do novo milênio transformou esse quadro. Muitas delas foram produzidas por orientandos de iniciação científica ou de mestrado de Luiz Geraldo Silva, mas houve outras, defendidas em instituições de sul a norte do Brasil. E mais pesquisas estão em andamento. Já não é possível dar conta de toda essa produção acadêmica, mas alguns dos seus autores têm capítulos nesta coletânea.

Vale a pena lembrar uma inovação importantíssima que possibilitou não só este livro, mas também todas essas novas teses e dissertações: a divulgação da documentação colonial do Arquivo Histórico Ultramarino por meios digitais. O Projeto Resgate, ligado às comemorações do Quincentenário do Descobrimento do Brasil, digitalizou essa documentação e primeiro divulgou-a por 300 CD-ROMs; mas, desde 2017, o material está disponível no portal da Biblioteca Nacional.[11] O Projeto Acervo Digital Angola-Brasil (Padab), uma coleção de 108 códices do Arquivo Nacional de Angola recentemente digitalizados, embora em escala menor que o Projeto Resgate, está facilitando a pesquisa sobre Angola. A pandemia de Covid-19, que fechou os arquivos por uns dois anos, também impulsionou a consulta a acervos digitalizados.

A legislação sobre oficiais de cor

É praticamente impossível narrar histórias sobre as milícias de homens de cor entre fins do século XVIII e as primeiras décadas do século XIX sem citar quatro dispositivos legais, emitidos entre 1766 e 1802, que se tornaram pedras de toque na política – ou, para usar os termos de Luiz Geraldo Silva (2018), "o campo móvel de tensões" – nos terços e regimentos milicianos e foram frequentemente citados pelos oficiais Henriques e pardos para apoiar as suas pretensões em petições à Coroa. O último deles, o alvará de 17 de

11 Sobre a gênese desse projeto, ver Boschi (2018).

dezembro de 1802, ainda foi acionado com frequência nas décadas de 1830 e 1840, quando oficiais pagos dos extintos batalhões milicianos queriam fundamentar suas demandas por direito a soldo igual aos outros oficiais milicianos pagos, majoritariamente brancos (Kraay, 2011, p. 338-341).

Esses quatro dispositivos legais apareceram em um contexto mais amplo de reformas sociais empreendidas pela monarquia ilustrada portuguesa, um "novo projeto colonial" que visava a "incorporação de grupos antes estigmatizados como novos integrantes do corpo social" (Viana, 2007, p. 81). Um alvará de 1755 declarou que os vassalos portugueses que se casavam com índias não sofreriam de "infâmia alguma" e habilitou seus filhos para todos os empregos. Por meio da carta de lei de 25 de maio de 1773, a distinção entre cristãos-velhos e cristãos-novos foi oficialmente abolida. Naquele mesmo ano de 1773, o alvará de 16 de janeiro pusera fim à escravidão em Portugal para os escravos de quarta geração e libertara o ventre das escravizadas. Mais importante, esse alvará declarara os libertos portugueses hábeis para "todos os ofícios, honras e dignidades". Embora nunca estendido formalmente à América portuguesa, o documento foi amplamente discutido nas capitanias americanas por afrodescendentes, que "passaram a demandar explicitamente a equiparação entre 'pretos', 'pardos' e 'brancos' e a reivindicar a 'habilitação' de todos os homens livres a 'todos os ofícios, honras e dignidades'", para citar Luiz Geraldo Silva e Priscila de Lima Souza (2017, p. 33).[12]

Quanto à legislação que tratava especificamente da milícia, a primeira medida foi a carta régia de 22 de março de 1766, que ordenou que o vice-rei, o conde da Cunha, alistasse "todos os moradores das terras da vossa jurisdição, que se acharem em estado de poderem servir nas tropas auxiliares, sem exceção de nobres, plebeus, brancos, mestiços, pretos, ingênuos e libertos", em terços de auxiliares e ordenança, de cavalaria e de infantaria. O rei mandou indicar um sargento-mor, escolhido entre os oficiais "mais capazes" da tropa paga (portanto, brancos), para treinar os soldados e oficiais de cada terço, um homem que perceberia o mesmo soldo dos sargentos-mores da tropa paga. O soldo do sargento-mor indicado para comandar o terço seria custeado pelos rendimentos dos senados da câmara de cada distrito. A carta

---

12 Ver também P. Souza (2017, p. 341-363) e Silva (2001). A importância desse alvará foi igualmente reconhecida por Silveira (2008).

régia também mandou despachar os oficiais nos novos corpos auxiliares "como os oficiais das tropas pagas". Ela foi também enviada aos governadores de Minas Gerais, São Paulo, Bahia, Pernambuco, Grão-Pará e Maranhão.[13]

O governador de Pernambuco, o conde de Vila Flor, logo relatou que não havia oficiais da tropa paga dispostos a aceitar os postos de sargento-mor nos terços de homens pretos e pardos. Por meio de um aviso assinado por Francisco Xavier de Mendonça Furtado em 30 de maio de 1767 (aviso que foi, posteriormente, qualificado de carta régia), o rei respondeu, ordenando que o governador mandasse "exercitar os oficiais dos mesmos regimentos [isto é, dos terços de homens pretos e pardos] que lhe parecerem mais aptos para exercitarem os seus corpos, tendo os sargentos-mores, e seus ajudantes, o mesmo soldo, graduação e honras que têm os dos outros regimentos". Isto é, na falta de oficiais brancos com experiência na tropa paga dispostos a servirem de sargento-mor ou ajudante dos homens pardos e pretos, o governador deveria escolhê-los entre os alferes, tenentes e capitães pretos e pardos. Antecipando a resistência por parte do governador (ou de outros) à equiparação dos novos sargentos-mores e ajudantes pardos e pretos, o rei (ou o ministro) explicou que essa equiparação não era nova em Pernambuco, "porque Henrique Dias, e Antônio Felipe Camarão, rolavam com todos os oficiais brancos, que havia na mesma capitania, e nas tropas que o auxiliaram, sem que ninguém lhes disputasse a igualdade, como estão bem cheias as Histórias".[14]

Apesar de ser dirigido ao governador de Pernambuco, e aparentemente restrito a essa capitania (e a Paraíba, Rio Grande do Norte e Ceará, então subordinadas a Pernambuco), o aviso de 30 de maio de 1767 logo se tornou conhecido pelos oficiais pretos e pardos de outras capitanias. Nos capítulos que compõem esta coletânea, há muitos indícios de que eles conheciam a legislação que regia seus corpos, e que não hesitavam em recorrer a ela quando havia ameaças a seu *status*. Já os oficiais que serviam em capitanias originalmente não incluídas na carta régia dirigiam-se à Coroa para reivindicar a ampliação desses dispositivos às suas.

---

13 Carta régia, 22 mar. 1766 (cópia), AHU/CU 017, cx. 77, doc. 6.968.

14 Aviso dirigido ao conde de Vila Flor, governando Pernambuco, com data de 30 de maio de 1767 (cópia), AHU/CU 005 (Bahia, Castro e Almeida), cx. 112, doc. 21.957.

Em 1796, a monarquia ordenou a reorganização dos terços auxiliares, que seriam estruturados como regimentos, com a mesma organização das tropas regulares: um estado-maior (um coronel, um tenente-coronel, um sargento-mor, dois ajudantes, um quartel-mestre e um tambor-mor), 10 companhias (entre elas, uma de granadeiros e outra de fuzileiros) e um estado completo de 800 homens. Se, a princípio, essa reorganização parecia trazer um ganho para os oficiais de cor, abrindo novos postos de comando, a lei de 1796 não mencionou a promoção de oficiais pardos e pretos, contemplada no aviso de 1767, e somente especificou os salários dos capitães e alferes da tropa paga providos em sargento-mor e ajudante nas milícias. O silêncio da lei de 1796 parecia fechar o acesso aos postos pagos e de comando aos oficiais de cor nos novos regimentos, mas, como ela não derrogou o aviso de 1767, essa possibilidade ainda estava aberta. A brecha seria explorada pelos oficiais de cor em suas petições à Coroa.[15]

Depois da tentativa do governador da Bahia, d. Fernando José de Souza Portugal, de eliminar os oficiais superiores do regimento pardo baiano, analisada no capítulo assinado por Adriana Barreto de Souza e Hendrik Kraay, a monarquia regulamentou a milícia pelo alvará de 17 de dezembro de 1802, um longo documento de 23 artigos, direcionado ao vice-rei e aos demais governadores e capitães-generais.[16] Além de insistir na regularidade de promoções dentro dos corpos milicianos, a Coroa mandou que os oficiais superiores fossem homens com experiência na tropa paga, e que os sargentos-mores e ajudantes tivessem a mesma experiência. Caso não houvesse oficiais da tropa paga suficientes para preencher esses postos, estabeleceu-se um sistema de concursos públicos para avaliar as qualificações dos oficiais milicianos pretendentes a esses cargos. Os artigos XVI e XVII tratavam dos regimentos de homens pardos e pretos, e, apesar de longos, merecem ser transcritos na íntegra:

> XVI. Desta generalidade não será exceptuado Regimento algum de homens brancos: Sendo porém muito conveniente ao Meu Real Serviço, e inteiramente conforme aos princípios da Razão, e Direito natural, que Eu procure como Pai comum de todos

[15] Decreto, 7 ago. 1796 (Silva, 1828, v. 4, p. 295-297).

[16] Uma versão impressa se encontra em AHU/CU 005 (Bahia, Castro e Almeida), cx. 131, doc. 25.846.

os Meus Vassalos desterrar de seus ânimos a odiosa preocupação, com que muitos ainda consideram a diferença das cores como um princípio, de que devem resultar diversos direitos entre aqueles, em que se não dá a uniformidade deste acidente; e querendo por outra parte dar a todos os Meus Vassalos Pretos e Pardos uma prova irrefragável de que os Considero habilitados para todas as Honras, e Empregos Militares, a que serão efetivamente elevados, segundo o seu pessoal merecimento: Sou Servido Ordenar, que para os Postos de Coronéis, Tenentes-Coronéis, Majores, e Ajudantes dos Regimentos Milicianos de homens pretos, denominados de Henriques, e igualmente para os de homens pardos, que atualmente existem, ou para o futuro existem em qualquer Capitania do Brasil, sejam sempre atendidos de preferência os Oficiais de suas próprias cores, quando neles concorrem as precisas circunstâncias para o desempenho dos mesmos Postos, na conformidade do que Fui Servido Ordenar a respeito dos Regimentos de homens pardos das Cidades do Rio de Janeiro, e Bahia de todos os Santos, pela Minha Resolução de 23 de Julho próximo passado, tomada em Consulta do Conselho Ultramarino de treze de Janeiro de mil e oitocentos, e de vinte de Maio do corrente ano.

XVII. E porque nos Meus Domínios do Brasil não há Regimentos de Linha de homens pretos, ou pardos, dos quais possam ser tirados os Oficiais Superiores, e Ajudantes dos Regimentos Milicianos destas duas cores, o Provimento dos referidos Postos se fará sempre por Oposição entre os Oficiais dos respectivos Regimentos, como fica determinado a respeito dos Regimentos de brancos no § XV. Quando porém aconteça que entre os Oficiais dos Regimentos de pretos, ou pardos se não encontrem tantos dignos de ocupar os Postos Superiores, e de Ajudantes, quantos sejam necessários, nesse caso os ditos Postos se porão a Concurso por Editais, e se se proverão em Oficiais brancos tirados da Tropa de Linha, pela mesma forma que fica ordenado acerca dos Regimentos de homens brancos [alvará, 17 dez. 1802].

O alvará sistematizou as recomendações do Conselho Ultramarino, respondendo aos requerimentos dos oficiais pardos da Bahia que queriam reverter a decisão do governador d. Fernando José em 1797 de eliminar os oficiais superiores pardos do então 4º Regimento de Milícias da Bahia (denominação oficial do regimento de homens pardos de Salvador). Mandou observá-las em todas as capitanias da América portuguesa, o que também se evidenciava pelo fato de o alvará ter sido impresso, a fim de ser mais efetivamente circulado pelos brasis. Embora nem sempre observado por governadores, que desconfiavam dos oficiais de cor ou não os julgavam capazes, o alvará de 17 de dezembro de 1802 foi um documento contundente no sentido de articular a visão corporativa do Antigo Regime, que abria (pequenos) espaços para os militares de cor e procurava equipará-los aos oficiais brancos. Embora o grande jurista militar do império brasileiro, Raimundo José da Cunha Mattos, julgasse em 1837 que o alvará "declarou que não havia diferença no serviço das tropas de todas as cores", a sua implementação era muito mais ambígua, pelo menos na Bahia e no Rio de Janeiro, bem como em São Paulo, onde muitos oficiais da milícia de homens brancos concorreram aos postos no regimento dos pardos (Mattos, 1837, p. 233).

Nesse mesmo contexto, por meio da carta régia de 12 de maio de 1798, direcionada ao governador e capitão-general do Pará, o príncipe regente d. João atualizou a política de assimilação dos índios, iniciada durante o governo pombalino. Com retórica semelhante à que seria usada quatro anos depois, em 1802, no alvará que regularia as milícias, o príncipe abolia o Diretório dos Índios, estabelecido em 1757, para que "os mesmos índios fiquem, sem diferença dos meus outros vassalos, sendo dirigidos e governados pelas mesmas leis [...] ao ponto de se confundirem as duas castas de índios e brancos em um [sic] só de vassalos úteis ao Estado, e filhos da Igreja".[17] Essa carta régia é bem conhecida dos especialistas em história indígena. Em geral, ao analisá-la, os historiadores destacam os novos incentivos fornecidos aos casamentos mistos, como a isenção aos brancos que se casassem com índias da prestação de serviços públicos por alguns anos e o benefício de receber baixa do serviço militar aos que fossem soldados da tropa de linha. Aliás, sob a alegação de acabar com a diferença entre índios e brancos, a carta régia eliminou a preferência que os índios tinham até então de ocupar os cargos oficiais em suas vilas e liberou a entrada – sem qualquer restrição – de brancos que desejassem viver nesses povoados (Moreira, 2019, p. 305).

Sem dúvida, esses elementos são cruciais para se entender a atualização da política assimilacionista pombalina na última década do século XVIII. Todavia, considerando os interesses deste livro, vale destacar que surge um eixo novo dessa política de assimilação – que não constava na legislação de 1757 –, com a determinação seguinte:

---

17 Carta régia, 12 maio 1798. Disponível online no Laboratório de Ensino e Material Didático (Lemad-USP), em fev. 2024.

> E confiando eu que vós procedereis para o importante fim da civilização dos índios com um acerto tanto do Meu agrado, quanto o foi o da informação que cobre este objeto me destes, encarrego-vos de cuidar des[de] logo nos meios mais eficazes de ordenar e formar os índios que já vivem em Aldeias, promiscuamente com os outros, em Corpos de Milícias, conforme a população dos Distritos, e segundo o Plano por que estão formados e ordenados os outros: E para Oficiais Comandantes de tais Corpos nomeareis os principais e oficiais das povoações indistintamente com os moradores brancos, fazendo executar as disposições e ordens concernentes ao governo e direção deles pelos referidos oficiais comandantes e pelos seus juízes, alternativamente brancos e índios, segundo a ordem a que pertencerem. Tratarei também de formar um Corpo efetivo de índios, bem como os Pedestres de Mato Grosso e de Goiases [sic], preferindo porém os pretos forros e mestiços, enquanto os houver, como mais robustos e capazes de suportar o trabalho, deixando ao [ilegível] discernimento o modo porque, haveis de organizar o referido Corpo efetivo, sem prejuízo da condução das madeiras e de outros serviços em que utilmente se empregam os índios, fixando-lhes um número determinado de anos de serviço [...] só trabalharão uma parte do ano, ficando-lhes a outra, para cuidarem nos negócios das suas famílias [carta régia, 12 maio 1798].

A equiparação assegurada aos indígenas pela carta régia de 1798 e a pretos e pardos pelo alvará de 1802 sem dúvida fornecia mão-de-obra – salvo raríssimas exceções, não remunerada – para a Coroa. Além de funções propriamente militares, esses homens de cor exerciam, como se verá ao longo deste livro, uma série de outras tarefas. A prestação desse trabalho não remunerado, somada ao reconhecimento legal de uma equiparação entre brancos e não brancos na hierarquia militar, malgrado as diferentes condições (regionais, sociais e de "cor") a que esses homens estavam submetidos, criou expectativas, promoveu ações coletivas e disputas políticas, que desestabilizaram a ordem hierárquica do Antigo Regime.

Temas e perspectivas deste livro

Se a colonização foi sinônimo de guerra – como nos lembra Silvia Lara –, o objetivo deste livro é pensar o serviço de armas, mais ou menos institucionalizado, a partir do ponto de vista dos homens não brancos da América portuguesa, de Angola e da região platina. Refletiremos sobre: (1) a experiência de homens pretos, pardos e indígenas dessas regiões, em uma sociedade na qual o tráfico de escravizados avançava exponencialmente e na qual, de forma simultânea, crescia a população de afrodescendentes libertos e livres; (2) *se* e *como* esse processo de institucionalização das milícias desestabilizou (e reconfigurou) a ordem colonial; (3) a circulação de novas ideias, tal como merecimento e direitos entre oficiais e soldados milicianos; (4) a circulação de oficiais milicianos de cor no circuito Portugal, Angola e as capitanias americanas.

Os capítulos focalizam principalmente o quadro de fins do século XVIII, quando foi criada a maioria dos corpos de homens de cor, mas alguns recuam a momentos anteriores ou olham para o início do século XIX. Nesta apresentação, elencaremos algumas das contribuições dos autores dos capítulos, bem como temas que ainda carecem de pesquisas mais aprofundadas. Destacaremos, ainda, as tendências dominantes nos estudos atuais sobre o serviço miliciano de homens de cor.

Ao abrir espaço para a concessão de privilégios – como o do foro militar, tão importante na historiografia da América espanhola[18] – aos milicianos, inclusive a soldados e oficiais dos "regimentos de homens de cor", as reformas ocorridas naquele período, por um lado, produziram uma forte resistência nas autoridades e elites; por outro, alimentaram novas expectativas entre os militares indígenas, pardos e pretos, sendo centrais no processo de ampliação e preservação daquilo que começa a ser então formulado como *direitos*. Sem dúvida, as informações disponíveis se concentram nas experiências dos oficiais, os que mais se beneficiavam desses privilégios. A abundância de dados a esse respeito evidencia a riqueza da documentação coeva, especialmente das petições rotineiras para a confirmação de patente, que constituem parte significativa do *corpus* documental do Arquivo Histórico Ultramarino. Os requerimentos individuais e coletivos, solicitando promoção e outras mercês, muitas vezes apoiados em extensa documentação que seguia anexada aos processos, exemplificam o vigor e

18 Ver o estudo clássico de McAlister (1957).

dinamismo da cultura peticionária do Antigo Regime, que se estende para o mundo liberal pós-Independência.[19]

A documentação referente a soldados milicianos é mais rara: apenas um livro de matrículas de um regimento de milícia é conhecido. Este livro, em que foram registrados os 1.107 homens que assentaram praça no regimento pardo de São Paulo entre 1811 e 1831, foi compilado por iniciativa de seu comandante. Segundo Fernando Prestes de Souza (2017, caps. 4 e 5), mais de 60% dos soldados eram lavradores, enquanto 70% dos 220 homens promovidos a oficial inferior ou de patente (de alferes para cima, até coronel) eram artesãos. Algumas matrículas de companhias de pardos foram localizadas no Arquivo Público do Estado de Alagoas, mas o trabalho com elas tem sido dificultado pelo seu mau estado de conservação, e uma matrícula de uma companhia de Henrique Dias de Goiás, da década de 1790, já foi analisada.[20]

Por essa razão, os capítulos deste livro concentram-se em homens que integravam elites negras ou indígenas – homens que tinham meios suficientes para se sustentar com decência, que gozavam de um certo grau de respeito junto aos funcionários coloniais e metropolitanos, e cuja autoridade era reconhecida pelos soldados de suas companhias e terços (mais tarde, regimentos) e mesmo pelas suas comunidades. Não obstante, vários capítulos fornecem amplas evidências de que os administradores coloniais desdenhavam dos oficiais de cor que comandavam uma proporção significativa das milícias nas cidades luso-brasileiras, assim como das elites indígenas que lideravam as companhias de ordenanças de suas comunidades e dos africanos que lideravam a guerra preta em Angola.

Capitães pretos ou pardos, com patente assinada pelo monarca, em sua maioria artesãos, pequenos comerciantes (alguns eram escrivães ou rábulas), estavam socialmente muito distantes dos homens e mulheres escravizados que labutavam nos engenhos, minas e centros urbanos do Brasil. Esses homens podiam aspirar, e aspiraram, à promoção aos postos pagos de ajudante

[19] Para a historiografia mais recente sobre a cultura peticionária, ver o dossiê temático "Circuitos Oceânicos: petições, comunicação política e representação social", publicado na revista *Almanack* (n. 34, 2023).

[20] Ver Santos (2018, cap. 3) e Karasch (2016, p. 286-289, sobre os regimentos de pardos, e p. 293-295, sobre os Henriques).

ou sargento-mor, ou mesmo ao posto de mestre de campo (coronel). Eles articularam reivindicações mais amplas sobre sua habilitação para honras e cargos. As suas intervenções no "campo móvel de tensões" da política do Antigo Regime contribuíram de forma importante para a legislação que moldou a milícia, o que prova seu protagonismo nesses processos políticos da virada para o século XIX.

A documentação produzida por esses homens ao longo de suas carreiras presta-se bem a abordagens biográficas, e os capítulos de Michel Mendes Marta, de Bruna Almeida e Crislayne Alfagali e de Rafael Ale Rocha exemplificam a virada biográfica na história do mundo atlântico (Miller, 2014, p. 25-53). Em seus capítulos, Luiz Geraldo Silva e Fernando Prestes de Souza adotam abordagens prosopográficas ou de biografia coletiva para estudar os homens pardos e pretos que alcançaram o posto de mestre de campo nos séculos XVII e XVIII e os homens que buscaram os postos de ajudante, sargento-mor e coronel na milícia parda de São Paulo. Já Magdalena Candioti estuda as trajetórias de vida de veteranos negros e pardos durante e depois das guerras pela independência no Rio da Prata. Tais abordagens humanizam a história desses milicianos, evidenciando suas aspirações, o quanto dominavam a linguagem política e jurídica da época e se organizavam para atingir seus objetivos. Fica evidente como eles procuraram, a cada passo, lançando mão dos dispositivos retóricos e legais disponíveis, contornar os vários obstáculos que lhes foram interpostos, especialmente pelas autoridades coloniais. Do mesmo modo, torna-se clara a importância de estratégias familiares para os milicianos de cor.

A maior parte dos capítulos do livro trata da milícia em uma única capitania, escolha que decorre naturalmente da organização dos arquivos estaduais (o acervo do Conselho Ultramarino também adotou esse padrão, até para a documentação de Alagoas e Sergipe, que não eram capitanias no período colonial). Embora tal enfoque permita aos historiadores situar as milícias nos seus contextos sociais e econômicos locais, ele tende a invisibilizar as ligações mais amplas, no âmbito do império ou do mundo atlântico, que moldaram as experiências dos oficiais de milícia. Guilherme Oliveira da Silva mostra como as tropas dos Henriques do Brasil e dos cangoandas de São Tomé se juntaram aos angolanos na chamada guerra preta para transformar as áreas controladas pelos portugueses da África centro-ocidental numa encruzilhada militar.

Na década de 1650, Henrique Dias foi, talvez, o primeiro militar de cor a dirigir-se a Lisboa para defender os seus interesses; mas, no século XVIII, a Corte encheu-se de homens dos confins do império português em busca de mercês. Almeida e Alfagali contam como Bento Pereira Henriques e Domingos Ferreira de Assunção (Quitúbia) viajaram para Lisboa em busca de recompensas e mercês reais. Também o fez o capitão baiano Miguel Rodrigues de Deus Cerqueira, que – como mostram Souza e Kraay – cruzou o Atlântico diversas vezes em sua busca, ao final malsucedida, de promoção a sargento-mor ou coronel do regimento pardo da Bahia. Há quem defenda, inclusive, que, para os oficiais pardos pernambucanos, ir à Corte era uma "prática recorrente" (Crispin, 2011, p. 63; P. Souza, 2017, p. 180-183). Certamente, essas viagens eram mais fáceis para oficiais das capitanias litorâneas, porém isso não nega sua importância para a construção de conexões entre militares de diferentes partes do império. O fato de as duas últimas petições dos oficiais pardos do Rio de Janeiro contra o vice-rei d. Fernando José de Portugal terem sido apresentadas em 1804 por um tenente angolano em Lisboa é mais uma indicação da complexidade dessas redes transatlânticas.

Mesmo que não viajassem para Lisboa, para alcançar seus objetivos os oficiais milicianos precisavam saber como funcionavam as instituições do império. O número enorme de patentes (para oficiais de todas as corporações militares) que exigiam confirmação (o pagamento de uma taxa e o registro do documento em Lisboa) indica que havia uma ampla infraestrutura de procuradores e escrivães para tratar da papelada. Embora saibamos muito pouco sobre esses aspectos da burocracia imperial, ou melhor, sobre esses agentes privados que facilitavam aos requerentes o acesso às instituições do Estado, os lamentos de oficiais militares cujos documentos "se desencaminh[aram] de sorte que o procurador lhe[s] não deu conta" revelam algo sobre as redes que existiam. Um oficial baiano, por exemplo, queixou-se do "descuido de seu Procurador", que o deixou sem patente confirmada em 1796.[21] Sobre esses procuradores e essas redes, ainda há muito o que pesquisar.

---

21 Requerimento de José Joaquim Soares, ca. 1807, AHU/CU 005 (Avulsos), cx. 248, doc. 17.052; Requerimento de Valentim da Maya Guimarães, ca. 1796, AHU/CU 005 (Castro e Almeida), cx. 87, doc. 17.154.

Lisboa era mais acessível aos milicianos do império português do que eram Sevilha e, mais tarde, Cádiz (sem falar de Madri) para os milicianos do império espanhol, que desde 1763 foram proibidos de ir a Espanha em busca de empregos ou honras (P. Souza, 2017, p. 154-155). Portanto, ao contrário dos seus homólogos brasileiros e angolanos, Bentura Patrón e seus colegas negros aspirantes a patentes na milícia rio-platense foram sumariamente despachados de volta a Buenos Aires em 1784 – mas não antes de apresentarem a sua petição à burocracia imperial, o que permitiu a Alex Borucki conhecer e nos expor de forma consistente suas aspirações.

Embora as petições e as viagens dos oficiais milicianos pardos e pretos às capitais imperiais revelem o quanto eles olhavam além de suas cidades e capitanias, tanto para buscar recompensas do monarca quanto para encontrar precedentes para suas reivindicações nas experiências de seus colegas oficiais em outras regiões do império, é importante reconhecer também quão enraizadas localmente as milícias estavam. Borucki caracteriza a milícia negra de Montevidéu como o "braço armado da irmandade", dada a proeminência dos seus oficiais na irmandade de San Benedito. Tais padrões de redes sociais ainda não foram suficientemente explorados pelos pesquisadores dos milicianos luso-americanos. No entanto, está claro que algumas das reivindicações dos milicianos pardos coincidiam com as das irmandades pardas, algo que Russell-Wood (2005, p. 142) já reconhecera no início da década de 1980.[22] Talvez o exemplo mais instigante seja a atuação de José Rabelo de Vasconcelos, então capitão (e futuro mestre de campo) pardo, na organização da festa do santo pardo São Gonçalo Garcia, em Pernambuco, em 1745 (Crispin, 2011, p. 76-77).[23] Da mesma forma, os capitães-mores indígenas estudados por João Paulo Peixoto Costa e Mariana Albuquerque Dantas eram líderes comunitários.

Ainda que a maior parte dos estudos sobre a participação militar de homens de cor venha de pesquisadores interessados na "história negra", não se pode esquecer que os "oficiais pardos e pretos" do Brasil talvez fossem mais "militares" do que eram "pardos e pretos". Suas petições eram em sua maioria semelhantes às dos seus colegas brancos, o que talvez não seja

22 Esses temas foram explorados posteriormente por Viana (2007) e P. Souza (2017).

23 Sobre a participação de oficiais pretos em irmandades de africanos, ver Marta (2013, p. 92).

surpreendente, dado que elas provavelmente foram escritas pelos mesmos escrivães e despachadas pelos mesmos procuradores. Às vezes, o nome da unidade é a única indicação de que dispomos para identificar se o requerente era oficial pardo ou preto. As exigências de equiparação aos oficiais brancos e de habilitação para honras e cargos, particularmente por parte dos oficiais pardos, indicam que eles reconheciam o seu lugar no contexto das instituições militares do Antigo Regime.

Em relação à tropa paga, as milícias eram consideradas "auxiliares", ou seja, uma espécie de reserva, sendo os seus oficiais, no final do século XVIII, considerados iguais aos oficiais do Exército regular; mas é interessante considerar, também, a situação das milícias em relação às ordenanças. Estas últimas estavam menos institucionalizadas do que a tropa paga ou as milícias, e por isso seus registros estão mais dispersos. As companhias de ordenanças de pardos e pretos serviram como precursoras das milícias que proliferaram no século XVIII. Muitos oficiais pardos das ordenanças, como indicam Souza e Kraay, foram transferidos para os novos terços e regimentos da milícia criados nas últimas décadas do Setecentos. Entretanto, sobre essas possíveis influências das companhias de ordenanças na expansão das milícias, ainda há muita pesquisa a ser realizada. E vale lembrar que, paralelamente às milícias de homens de cor, ainda existiam companhias de assaltos e entradas (capitães do mato), com seus próprios oficiais, africanos e homens de cor (Parés, 2014; Dantas, 2004).

O que pardo e preto (e, aliás, índio) significavam permanece uma questão aberta. Para nossos propósitos, os debates sobre o significado de pardo (se denotava uma cor, mistura "racial" ou distância da escravidão) ou preto (se denotava uma cor, a condição escrava ou a africanidade) são menos importantes do que determinar quem eram os oficiais e soldados das milícias de homens pretos e pardos.[24] Estes contrastavam com as milícias de homens brancos, em geral não identificadas como tais na documentação. Embora as tropas de Henrique Dias incluíssem "angolas, minas, ardas e crioulos", e, depois da guerra contra os holandeses, ele tenha sido designado "governador dos crioulos, negros e mulatos" (Silva, 2012, p. 76-77), ao longo do século

---

24 Sobre a complexidade do debate das cores, ver o livro seminal de Silvia Lara (2007), especialmente o capítulo 2.

seguinte um processo de formação de identidade levou os oficiais Henriques crioulos baianos a fazerem um movimento para se distinguirem dos africanos (Silva, 2012). Não há nenhuma evidência de que houvesse oficiais africanos entre os Henriques da Bahia depois de 1800 (Kraay, 2011, p. 150). Em outros lugares, como o Rio de Janeiro, os africanos dominaram – como mostra a pesquisa de Michel Mendes Marta (2013) – as companhias da milícia negra, então criadas na capital do vice-reinado, depois império luso-brasileiro.

Os terços e regimentos pardos criados em diversas capitanias após 1766 podem ter representado um processo de "racialização", no qual os homens eram obrigados a aceitar o rótulo público de preto ou de pardo (e não de mulato, dada a conotação pejorativa do termo no século XVIII). Nem todos concordavam com sua classificação, e Mariana L. R. Dantas inicia seu capítulo com o caso do capitão João Paulo Pereira, do Terço Auxiliar de Homens Pardos da Vila de Sabará, que afirmava "pertencer à comandância dos brancos". Observadores contemporâneos às milícias também comentaram o que consideraram incongruências: um oficial baiano, embora "pardo, sempre serviu no corpo de Henriques" (apud Kraay, 2011, p. 143). Pardo era, portanto, um termo polissêmico, e, como mostrou a pesquisa de Fernando Prestes de Souza (2017), uma proporção significativa dos homens assim identificados tinha ascendência indígena. Ao buscar em outras fontes os nomes dos 1.107 milicianos pardos matriculados no Regimento dos Úteis, Souza também descobriu que entre 7% e 25% (conforme o lugar) deles foram classificados por outro termo de qualidade, principalmente como brancos, mas também como negros, pretos e indígenas, o que é um indício da variação dessas posições no *continuum* escravidão-liberdade. Todavia, as transferências de oficiais ou soldados entre os regimentos de brancos, pardos ou pretos eram raríssimas (Souza encontrou um pedido dessa natureza em São Paulo), o que sugere que assentar praça em um corpo miliciano fixava publicamente a qualidade de um homem, que passava a ser identificada e reconhecida pelo uso da farda e pela participação nos exercícios da companhia, terço ou regimento.

A inclusão de liberto ou forro nos nomes de alguns dos corpos milicianos de homens pretos e pardos aparentemente sinalizava suas origens na escravidão. Em 1793, os pretos do Rio de Janeiro serviam no 5º Terço Auxiliar de Infantaria dos Homens Pretos Forros, enquanto a unidade parda criada no final da década de 1760 foi designada Terço de Infantaria de Homens Pardos Libertos. É improvável que todos os seus oficiais e soldados tenham sido libertados, mas os descendentes de libertos ainda carregavam a marca de origem na escravidão. Nessa época, os nomes dos regimentos baianos e pernambucanos não enfatizavam as origens escravas de seus efetivos, talvez um indício de que estavam mais longe da escravidão, mas alguns dos regimentos mineiros ainda eram denominados de "pardos libertos" (Crispin, 2011, p. 7, 45, 144). O alvará de 1796, de certo modo, aplainou essas diferenças, fixando a identificação dos regimentos milicianos por cores e por numeração.

As milícias dos homens de cor – tanto indígenas como afrodescendentes – chegaram ao auge de sua importância política nas lutas pela Independência. No seu capítulo, Célio de Souza Mota analisa a politização da cor na sedição baiana de 1798, a Conspiração dos Alfaiates ou dos Búzios. Envolvendo alguns milicianos pardos, bem como soldados e artesãos de cor, a conspiração revelava as contradições do Antigo Regime. O papel político e militar das milícias de homens pretos e pardos na Independência, bem como dos homens de cor em outros corpos militares, em Pernambuco e na Bahia já foi analisado por Luiz Geraldo Silva (2003) e Hendrik Kraay (2003), que apontam dinâmicas bem diversas nas duas províncias. As pesquisas de João Paulo Peixoto Costa e Mariana Albuquerque Dantas demonstram a importância militar das aldeias de Pernambuco e Alagoas.[25] Embora a historiografia sobre a Independência na Bahia tenda a minimizar sua participação, tropas de índios ou "caboclos" tiveram um papel importante, como demonstrou Francisco Cancela (2023). Ainda há muito a ser explorado sobre como esses homens entendiam seu papel na nova sociedade liberal e constitucional que se construía depois da Independência, mas, como aponta Luiz Geraldo Silva (2015, p. 609), "afrodescendentes libertos e livres podem, numa fase de transição, atribuir valor e significado às suas vidas tanto advindos da sociedade de tipo antigo, ou oligárquico, como da nova figuração de tipo democrático e representativo em processo de constituição".

Embora as milícias dos homens de cor chegassem ao auge da sua importância política nas lutas pela Independência, seus dias estavam contados. Em 1831, com a criação da Guarda Nacional, o império liberal pôs fim ao

25 Além de seus capítulos neste volume, ver Costa (2018) e Dantas (2018).

serviço militar por homens de cor em corpos segregados.[26] Não obstante esse fim inesperado e ignominioso, os oficiais milicianos continuavam a ostentar suas patentes e suas fardas. Herdeiros de uma tradição secular de serviço de homens de cor à monarquia luso-brasileira, os milicianos pretos, pardos e indígenas nos convidam a refletir sobre temas centrais na historiografia - a natureza do Estado, o projeto colonial de incorporação de grupos subalternos, a dinâmica política do Antigo Regime –, mas também, como propõe Silvia Lara, nos oferecem a oportunidade de alterar nosso enquadramento analítico. Nas várias histórias aqui contadas, é possível contemplar o empenho desses homens em buscar - resistindo ao desejo de muitos administradores coloniais - formas de se posicionarem com dignidade na sociedade, buscando melhorar suas condições (e a de seus camaradas) no âmbito do Antigo Regime, que, aos poucos e não sem retrocessos, cedia espaço a um novo regime liberal que deixaria intocadas a escravidão e a colonização (e até conquista) dos povos indígenas, tanto na América portuguesa como em Angola.

Referências

ALENCASTRO, Luiz Felipe. *O trato dos viventes*: formação do Brasil no Atlântico Sul. São Paulo: Companhia das Letras, 2000.

ALMEIDA, Rita Heloisa de. *O Diretório dos Índios*: um projeto de civilização no Brasil do século XVIII. Brasília: Ed. UnB, 1997.

ANDREWS, George Reid. *The afro-argentines of Buenos Aires, 1800-1900*. Madison: University of Wisconsin Press, 1980.

ARCHER, Christon I. Pardos, indians, and the army of New Spain: inter-relationships and conflicts, 1780-1810. *Journal of Latin American Studies*, Cambridge, v. 6, n. 2, p. 231-255, nov. 1974.

BERNAND, Carmen; STELLA, Alessandro (Org.). *D'esclaves à soldats*: miliciens et soldats d'origine servile – XIIIe.-XXIe. siècles. Paris: L'Harmattan, 2006.

BLANCHARD, Peter. *Under the flags of freedom*: slave soldiers and the wars of independence in Spanish South America. Pittsburgh: University of Pittsburgh Press, 2008.

26 A dissolução das milícias e ordenanças e a criação da Guarda Nacional na década de 1830 são temas ainda pouco explorados pela historiografia, mas ver Figueiredo (2021) e Kraay (2011, cap. 8).

BORUCKI, Alex. *From shipmates to soldiers*: emerging black identities in the Río de la Plata. Albuquerque: University of New Mexico Press, 2015.

BOSCHI, Caio César. Projeto Resgate: história e arquivística (1982-2014). *Revista Brasileira de História*, São Paulo, v. 38, n. 78, p. 187-208, maio/ago. 2018.

BOXER, C. R. *Salvador de Sá and the struggle for Brazil and Angola, 1602-1686*. Londres: Athlone, 1952.

CAMPBELL, Leon G. *The military and society in colonial Peru, 1750-1810*. Filadélfia: The American Philosophical Society, 1978.

CANCELA, Francisco. *Os índios e a colonização na antiga capitania de Porto Seguro*: políticas indigenistas e políticas indígenas no tempo do Diretório Pombalino. Jundiaí: Paco Editorial, 2018.

_____. Os povos indígenas e a Independência do Brasil na Bahia. In: LEAL, Maria das Graças Andrade; BARRETO, Virgínia Queiroz; SOUSA, Avanete Pereira (Org.). *Bahia, 2 de julho*: uma guerra pela Independência do Brasil. Salvador: Eduneb, 2023. p. 269-299.

CANDIOTI, Magdalena. *Una historia de la emancipación negra*: esclavitud y abolición en la Argentina. Buenos Aires: Siglo XXI, 2023.

CARVALHO, Ariane. Protagonistas das batalhas: a guerra preta de Angola. *Revista Crítica Histórica*, Maceió, v. 12, n. 24, p. 40-68, 2021.

CHUST, Manuel; MARCHENA, Juan (Org.). *Las armas de la nación*: independencia y ciudadanía en Hispanoamérica (1750-1850). Madri: Iberoamericana, 2007.

CIRCUITOS oceânicos: petições, comunicação política e representação social. Dossiê temático. *Almanack*, Guarulhos, n. 34, 2023.

COELHO, Edmundo Campos. A instituição militar no Brasil: um ensaio bibliográfico. *Revista Brasileira de Informação Bibliográfica em Ciências Sociais*, Rio de Janeiro, n. 19, p. 5-19, 1985.

COSTA, Ana Paula Pereira. *Corpos de ordenanças e chefias militares em Minas colonial*: Vila Rica (1735-1777). Rio de Janeiro: FGV Ed., 2014.

COSTA, João Paulo Peixoto. *Na lei e na guerra*: políticas indígenas e indigenistas no Ceará (1798-1845). Teresina: Ed. UFPI, 2018.

COTTA, Francis Albert. *Negros e mestiços nas milícias da América portuguesa*. Belo Horizonte: Crisálida, 2010.

CRISPIN, Ana Carolina Teixeira. *Além do acidente pardo*: os oficiais das milícias pardas de Pernambuco e Minas Gerais (1766-1807). Dissertação (mestrado), UFF, Niterói, 2011.

DANTAS, Mariana Albuquerque. *Dimensões da participação política indígena*: Estado nacional e revoltas em Pernambuco e Alagoas, 1817-1848. Rio de Janeiro: Arquivo Nacional, 2018.

DANTAS, Mariana L. R. "For the benefit of the common good": regiments of *caçadores do mato* in Minas Gerais, Brazil. *Journal of Colonialism and Colonial History*, Baltimore, v. 5, n. 2, 2004.

FAGUNDES, Igor Pereira. *A história do índio Antônio Felipe (Poti) Camarão*. Dissertação (mestrado profissional), UFF, Niterói, 2016.

FERREIRA, Roquinaldo. O Brasil e a arte da guerra em Angola (sécs. XVII e XVIII). *Estudos Históricos*, Rio de Janeiro, v. 39, n. 1, p. 3-23, 2007.

_____. *Cross-cultural exchange in the Atlantic world*: Angola and Brazil during the era of the slave trade. Cambridge: Cambridge University Press, 2012.

FIGUEIREDO, Maria Clara Aredes de. *"O Comandante geral seria Branco?"*: o fim das milícias segregadas por cor na imprensa e no parlamento. Dissertação (mestrado), UFRRJ, Seropédica, 2021.

GOMES, José Eudes. *As milícias d'El Rey*: tropas militares e poder no Ceará setecentista. Rio de Janeiro: FGV Ed., 2010.

IZECKSOHN, Vitor. Ordenanças, tropas de linha e auxiliares: mapeando os espaços militares luso-brasileiros. In: FRAGOSO, João; GOUVEA, Maria de Fátima (Org.). *O Brasil colonial, 1720-1821*. Rio de Janeiro: Civilização Brasileira, 2014. p. 483-521.

KARASCH, Mary C. *Before Brasília*: frontier life in central Brazil. Albuquerque: University of New Mexico Press, 2016.

KRAAY, Hendrik. *Race, state, and armed forces in Independence-era, Brazil*: Bahia, 1790s-1840s. Stanford: Stanford University Press, 2001.

_____. Identidade racial na política (Bahia, 1790-1840): o caso dos Henriques. In: JANCSÓ, István (Org.). *Brasil*: formação do Estado e da nação. São Paulo: Hucitec, 2003. p. 521-546.

_____. Muralhas da Independência e liberdade do Brasil: a participação popular nas lutas políticas (Bahia, 1820-1825). In: MALERBA, Jurandir (Org.). *A Independência brasileira*: novas dimensões. Rio de Janeiro: FGV Ed., 2006. p. 303-341.

_____. *Política racial, Estado e forças armadas na época da Independência*: Bahia, 1790-1850. Trad. Magda Lopes. São Paulo: Hucitec, 2011.

KUETHE, Allan J. *Military reform and society in New Granada, 1773-1808*. Gainesville: University Presses of Florida, 1978.

_____. *Cuba, 1753-1815*: crown, military and society. Knoxville: University of Tennessee Press, 1986.

_____. Las milicias disciplinadas en America. In: _____; MARCHENA, Juan (Org.). *Soldados del Rey*: el ejército borbónico en América colonial en vísperas de la Independencia. Castelló de la Plana: Universitat Jaume I, 2005. p. 101-126.

_____; MARCHENA, Juan (Org.). *Soldados del Rey*: el ejército borbónico en América colonial en vísperas de la Independencia. Castelló de la Plana: Universitat Jaume I, 2005.

LARA, Silvia Hunold. *Fragmentos setecentistas*: escravidão, cultura e poder na América portuguesa. São Paulo: Companhia das Letras, 2007.

_____. *Palmares e Cucaú*: o aprendizado da dominação. São Paulo: Edusp, 2021.

LEONZO, Nanci, *Defesa militar e controle social na capitania de São Paulo*: as milícias. Tese (doutorado), USP, São Paulo, 1979.

MARTA, Michel Mendes. *Em busca de honras, isenções e liberdades*: as milícias de homens pretos forros na cidade do Rio de Janeiro (meados do século XVIII e início do século XIX). Dissertação (mestrado), UFF, Niterói, 2013.

MATTOS, Raimundo José da Cunha. *Repertorio da legislação militar actualmente em vigor no Exército e Armada do Brasil*. Rio de Janeiro: Typ. Nacional, 1837. t. 2.

MCALISTER, Lyle N. *The "fuero militar" in New Spain, 1764-1800*. Gainesville: University of Florida Press, 1957.

MCBETH, Michael C. The Brazilian recruit during the First Empire: slave or soldier? In: ALDEN, Dauril; DEAN, Warren (Org.). *Essays concerning the socioeconomic history of Brazil and Portuguese India*. Gainesville: University Presses of Florida, 1977. p. 71-86.

MELLO, Christiane Pagano de. *Forças militares no Brasil colonial*: corpos de auxiliares e de ordenanças na segunda metade do século XVIII. Rio de Janeiro: E-Papers, 2009.

MELLO, José Antônio Gonçalves de. *Henrique Dias, governador dos crioulos, negros e mulatos do Brasil*. Recife: Fundação Joaquim Nabuco; Massangana, 1988.

MENIM, Francielly Giachini Barbosa. *Sociogênese e institucionalização de milícias de africanos e afrodescendentes livres e libertos na América portuguesa*: Bahia e Rio de Janeiro (1638-1766). Tese (doutorado), UFPR, Curitiba, 2019.

MILLER, Joseph C. A historical appreciation of the biographical turn. In: LINDSEY, Lisa A.; SWEET, John Wood (Org.). *Biography and the black Atlantic*. Filadélfia: University of Pennsylvania Press, 2014. p. 19-47.

MOREIRA, Vânia Maria Losada. *Reinventando a autonomia*: liberdade, propriedade, autogoverno e novas identidades indígenas na capitania do Espírito Santo. São Paulo: Humanitas, 2019.

NOGUEIRA, Shirley Maria Silva. *A soldadesca desenfreada*: politização militar no Grão-Pará da era da Independência (1790-1850). Tese (doutorado), UFBA, Salvador, 2009.

PARÉS, Luis Nicolau. Milicianos, barbeiros e traficantes numa irmandade católica de africanos minas e jejes (Bahia, 1770-1830). *Tempo*, Niterói, v. 20, p. 1-32, 2014.

PEREGALLI, Enrique. *Recrutamento militar no Brasil colonial*. Campinas: Ed. Unicamp, 1986.

PRADO JÚNIOR, Caio. *Formação do Brasil contemporâneo*: Colônia. São Paulo: Martins, 1942.

PUNTONI, Pedro. *A Guerra dos Bárbaros*: povos indígenas e a colonização do sertão no Nordeste do Brasil, 1650-1720. São Paulo: Hucitec; Edusp; Fapesp, 2002.

RUSSELL-WOOD, A. J. R. *The black man in slavery and freedom in colonial Brazil*. Nova York: St. Martin's Press, 1982.

______. *Escravos e libertos no Brasil colonial*. Trad. Maria Beatriz de Medina. Rio de Janeiro: Civilização Brasileira, 2005.

SANTOS, Everton Rosendo dos. *Tropas e poder local*: a gente de guerra na comarca de Alagoas (c. 1750-1817). Dissertação (mestrado), UFPE, Recife, 2018.

SELVAGEM, Carlos. *Portugal militar*: compêndio de história militar e naval de Portugal. Lisboa: Imprensa Nacional, 1999.

SILVA, António Delgado da. *Colleção da legislação portugueza*. Lisboa: Typ. Maigrense, 1828.

SILVA, Guilherme Oliveira da. *"Valentes homens de cores pretas"*: guerra e poder na África central no século XVII. Dissertação (mestrado), Unicamp, Campinas, 2023.

SILVA, Luiz Geraldo. Esperança de liberdade: interpretações populares da abolição ilustrada. *Revista de História*, São Paulo, v. 144, p. 107-149, 2001.

_____. Negros patriotas: raça e identidade social. In: JANCSÓ, István (Org.). *Brasil*: formação do Estado e da nação. São Paulo: Hucitec, 2003. p. 497-520.

_____. Sobre a "etnia crioula": o Terço dos Henriques e seus critérios de exclusão na América portuguesa do século XVIII. In: VENÂNCIO, Renato; GONÇALVES, Andréa; CHAVES, Cláudia (Org.). *Administrando impérios*: Portugal e Brasil nos séculos XVIII e XIX. Belo Horizonte: Fino Traço, 2012. p. 71-96.

_____. Gênese das milícias de pardos e pretos na América portuguesa: Pernambuco e Minas Gerais, séculos XVII e XVIII. *Revista de História*, São Paulo, n. 169, p. 111-144, 2013.

_____. Afrodescendentes livres e libertos e igualdade política na América portuguesa: mudança de *status*, escravidão e perspectiva atlântica (1750-1840). *Almanack*, Guarulhos, n. 11, p. 571-632, 2015.

_____. *Africanos e afrodescendentes na América portuguesa*: entre a escravidão e a liberdade (Pernambuco, séculos XVI ao XIX). Tese (professor titular), UFPR, Curitiba, 2018.

_____; SOUZA, Priscila de Lima. "Sem a nota de libertos": mudanças nas petições de afrodescendentes livres na América portuguesa ao longo do século XVIII. *El Taller de la Historia*, Cartagena, v. 9, p. 28-56, 2017.

SILVEIRA, Marco Antônio. Acumulando forças: luta pela alforria e demandas políticas na capitania de Minas Gerais (1750-1808). *Revista de História*, São Paulo, n. 158, p. 139-150, 2008.

SODRÉ, Nelson Werneck. *A história militar do Brasil*. Rio de Janeiro: Civilização Brasileira, 1979.

SOUZA, Adriana Barreto de. *O Exército na consolidação do Império*: um estudo sobre a política militar conservadora (1831-1850). 2. ed. Rio de Janeiro: FGV Ed., 2022.

SOUZA, Fernando Prestes de. *Pardos livres em um campo de tensões*: milícia, trabalho e poder (São Paulo, 1797-1831). Tese (doutorado), USP, São Paulo, 2017.

SOUZA, Priscila de Lima. *"Sem que lhes obste a diferença de cor"*: a habilitação dos pardos livres na América portuguesa e no Caribe espanhol (c. 1750-1808). Tese (doutorado), USP, São Paulo, 2017.

THORNTON, John K. The art of war in Angola, 1575-1680. *Comparative Studies in Society and History*, Michigan, v. 30, n. 2, p. 360-378, 1988.

VANDERLEI, Kalina. Os Henriques nas vilas açucareiras do Estado do Brasil: tropas de homens negros em Pernambuco, séculos XVII e XVIII. *Estudos de História*, Franca, v. 9, n. 2, p. 145-194, 2002.

______. *"Nas solidões vastas e assustadoras"*: os pobres do açúcar e a conquista do sertão de Pernambuco nos séculos XVII e XVIII. Tese (doutorado), UFPE, Recife, 2003.

VIANA, Larissa. *O idioma da mestiçagem*: as irmandades de pardos na América portuguesa. Campinas: Ed. Unicamp, 2007.

VIEIRA, Geyza Kelly Alves. Entre perdas, feitos e barganhas: a elite indígena na capitania de Pernambuco, 1669-1732. In: OLIVEIRA, João Pacheco de (Org.). *A presença indígena no Nordeste*. Rio de Janeiro: Contracapa, 2011. p. 69-90.

VINSON III, Ben. *Bearing arms for His Majesty*: the free-colored militia in colonial Mexico. Stanford: Stanford University Press, 2001.

PARTE I

Escravidão, instituição militar e historiografia

O serviço de armas e as guerras contra o Brasil

Silvia Hunold Lara

A história do Brasil colonial carrega uma marca historiográfica que permanece, de certo modo, intocada: apesar de tantos debates e de uma produção cada vez mais volumosa e sofisticada, ela ainda é uma história da "colonização". Muitos já observaram o quanto ela foi marcada pelo nacionalismo, constituindo-se como uma história retrospectiva da nação.[1] As críticas levaram os historiadores a ampliar os horizontes, diferenciando o Estado do Brasil e o do Maranhão (depois, Grão-Pará e Maranhão) e chamando o conjunto de "América portuguesa", e a procurar conexões com outras áreas do império colonial português, em especial as que uniam as duas margens do Atlântico Sul.[2] São mudanças que não atingiram apenas a nomenclatura, mas redundaram em avanços importantes. Com elas, os estudos do período colonial ganharam historicidade, distanciando-se de interpretações presididas pelo que veio depois.

Mesmo assim, as abordagens continuaram a tratar prioritariamente do processo colonizador. Desde os anos 1940, na esteira da obra clássica de Caio Prado Júnior (1942), o fenômeno da colonização tem sido abordado como um processo de ocupação e valorização das novas terras "descobertas" pelos portugueses, que passaram a ser incorporadas às dinâmicas mais amplas da expansão europeia. Certamente houve e continua a existir um intenso debate acerca das características desse processo, que conecta colonização, capitalismo e escravidão, envolvendo diferentes terminologias conceituais. Apesar dessas

1 Ver, por exemplo, Silva (1997).

2 Ver, entre outros, Alencastro (2000).

diferenças, no entanto, o peso dos aspectos econômicos na caracterização das colônias e do processo colonizador tem se mantido no centro da análise, e o "motor da história" acabou por se fixar na expansão europeia.

A partir dos anos 1980, um segundo viés analítico se desenvolveu, com o predomínio de enfoques políticos, administrativos e institucionais. Também essa vertente foi povoada de debates acerca das características do processo colonizador, com diferentes entendimentos do estatuto das colônias no império português e a adoção de nomenclaturas diversas. Do mesmo modo, apesar das variações conceituais, o cerne da análise continuou a ser as estruturas e dinâmicas do Antigo Regime... europeu.

Nas duas vertentes, a Europa manteve-se no centro do mundo. Em ambas, a colonização figura como sua "obra magna": um processo de *incorporação* de *novas* terras e gentes, pluricontinental, que é investigado e analisado a partir desse epicentro, interpretado e explicado "de cima para baixo".

Nesse contexto historiográfico, os temas da história militar ficaram perdidos, sem muito lugar - pelo menos até o final dos anos 1990 e início dos anos 2000. Um bom marco é a publicação da coletânea organizada por Celso Castro, Vitor Izecksohn e Hendrik Kraay, não por acaso chamada *Nova história militar brasileira* (2004).[3] Até então, para o período anterior à Independência, a "antiga história militar" consistia, em geral, numa descrição dos três tipos de tropas coloniais - como a que havia feito Caio Prado Júnior, em 1942. Na maioria dessas obras, ela contém informações sumárias, colhidas geralmente na legislação e em fontes do final do século XVIII. Com poucas modificações e acréscimos, são esses os dados que aparecem esparsos em obras mais gerais sobre o período colonial, como nos dois primeiros volumes da *História geral da civilização brasileira*, de Sérgio Buarque de Holanda, publicados em 1960.[4] Fora disso, pouca coisa havia.[5]

Textos basilares como esses oferecem uma visão geral da organização das tropas de linha, das milícias e das ordenanças, de seus regimentos e armas,

---

3 Um movimento historiográfico semelhante em Portugal pode ser marcado pela publicação de *Nova história militar de Portugal* (Barata e Teixeira, 2004).

4 Ver também Faoro (1958).

5 No livro clássico de Gustavo Barroso (1935), o período colonial recebeu apenas umas poucas páginas. Na obra de Nelson Werneck Sodré (1965), um único capítulo: o primeiro. Exceção notável é o estudo de Leonzo (1979).

das formas de recrutamento dos soldados e do sistema de provimento dos postos. A descrição tende a ser estática, como se não houvesse mudanças ao longo do tempo, e quase nada há sobre como esses contingentes operavam, funcionavam e se complementavam, *na prática*.

O pesquisador que se interessasse, por exemplo, pelas guerras contra os indígenas nos sertões do Orobó, do Aporá, do São Francisco e do Açu ao longo do século XVII dispunha de poucas informações sobre as tropas que foram lutar contra "os bárbaros". O mesmo acontecia com quem quisesse saber detalhes sobre as expedições que, praticamente no mesmo período, entraram pelos matos para combater os mocambos dos Palmares. Nesses casos, na falta de uma bibliografia, era preciso seguir a documentação de perto. A pesquisa precisava então se aprofundar e lidar com o fato de que as fontes nem sempre distinguem com clareza os terços das ordenanças e das milícias, além de mencionar soldados de vários tipos, incluindo sertanistas e até tropas particulares, compostas por senhores de engenho e seus escravos. Os resultados podem ser interessantes, como no caso do livro de Pedro Puntoni (2002, especialmente caps. 5 e 6), que, paralelamente ao exame das tensões entre os povos indígenas e o avanço colonial pelos sertões do nordeste do Brasil, desenvolve uma análise inovadora sobre o Terço dos Paulistas, ou das pesquisas que investigaram especificamente as tropas que atacaram os Palmares.[6]

A partir dos anos 2000, os estudos de história militar ganharam força, conectando-se a abordagens que enfatizavam aspectos da história social e política da América portuguesa. O conjunto de artigos que integram a coletânea *Nova história militar brasileira* já indica bem o vigor dos novos tempos: os principais temas aparecem ali, cobrindo quase toda a história do Brasil, do século XVII ao XX. Há textos que ampliam o escopo da história militar, indo além das instituições e da composição das tropas e explorando as formas de recrutamento, a deserção, as tradições seguidas na nomeação de cargos militares, o cotidiano dos soldados (incluindo as formas de punição, a sexualidade, a experiência dos combates), entre outros aspectos, que relacionam a história militar à expansão das fronteiras, por exemplo. Assim, a história militar passou a englobar muitos outros temas e questões,

6 Ver, por exemplo, Mendes (2013), Marques (2014) e Curvelo (2014).

ultrapassando a análise da estrutura das tropas, das guerras e campanhas que caracterizava a abordagem tradicional.

A presença marcante dos militares na política brasileira no período republicano (na Proclamação da República, no tenentismo dos anos 1920, na ditadura inaugurada com o golpe de 1964, entre vários outros eventos) certamente catalisava as atenções. O chamado "período colonial", no entanto, despertava bem menos interesse. Dos 17 capítulos da coletânea de 2004, apenas quatro são dedicados ao período anterior à Independência.[7] Ainda hoje, apesar da multiplicação dos programas de pós-graduação, continuam a ser relativamente poucos os historiadores do período colonial e da história militar dessa época. Mas, de lá para cá, houve um crescimento considerável. Outra coletânea, publicada em 2012, organizada por Paulo Possamai, mostra o vigor desse movimento de expansão. Ela congrega 27 artigos – todos abarcando a época moderna.[8]

Certamente alguns eventos que tiveram características eminentemente militares sempre atraíram a atenção dos estudiosos – como no caso das guerras para a expulsão dos holandeses, das chamadas Guerra dos Bárbaros, dos Mascates, dos Emboabas. Cada um deles tem uma longa tradição historiográfica e uma bibliografia específica, com obras de destaque. Muitas abordam, com mais ou menos detalhes, os aspectos militares, como o nascimento dos terços de índios e negros, a presença importante das tropas paulistas, as especificidades da "guerra brasílica" e da "guerra nos matos", a biografia de alguns oficiais e soldados de maior vulto.

Paralelamente, outros temas foram abordados, como o reordenamento das tropas na segunda metade do século XVIII, as guerras de defesa – especialmente na região da Cisplatina – e a presença militar na delimitação das fronteiras, ou, ainda, as questões relativas ao recrutamento, examinando especialmente a conjuntura crítica do final do século XVIII e início do XIX. Nessa produção, cada vez mais, os temas da história "propriamente militar" passaram a se ligar a outros, da história política e institucional do império português, mostrando como (também eles) estavam atravessados pelos con-

7 São os artigos de Pedro Puntoni (sobre as estratégias militares), de Christiane Figueiredo Pagano de Mello (sobre a mobilização das tropas em Minas Gerais), de Shirley Maria Silva Nogueira (sobre os desertores) e de Fábio Faria Mendes (sobre o recrutamento nos séculos XVIII e XIX).

8 Ver também Cardoso, Bastos e Nogueira (2015).

flitos entre os interesses metropolitanos e os locais, entre diferentes grupos da governança colonial etc.[9]

Assim, o campo de estudos sobre as instituições e as práticas militares foi crescendo, passando a participar dos debates que atravessavam a história do Brasil colonial. Seu enquadramento mais geral, no entanto, continuou a trazer as marcas clássicas da história da "colonização" e a manter uma abordagem que privilegiava a ótica dos agentes colonizadores. Não por acaso, a historiografia acabou por adotar a expressão "serviço de armas", frequente nas fontes, para nomear as atividades militares. Desse ponto de vista, tratava-se mesmo de um "serviço", na maior parte das vezes não remunerado, que a população colonial prestava à Coroa portuguesa.

Não que se tenha esquecido a perspectiva dos soldados e dos combatentes, tema que atraiu a atenção de alguns pesquisadores. Ainda nos anos 1980, o estudo pioneiro de Russell-Wood (1982, especialmente cap. 5) explorou as ambiguidades da via militar como instrumento de integração e controle social, servindo aos interesses políticos, sociais e militares da Coroa portuguesa e, ao mesmo tempo, como canal de expressão das expectativas e reivindicações de negros e pardos livres e libertos no século XVIII.

A senda aberta por Russell-Wood frutificou em vários estudos posteriores, especialmente dedicados a examinar os terços de indígenas, pardos e negros em diferentes capitanias e conjunturas.[10] Certamente a tensão entre os interesses coloniais e as aspirações desses soldados não brancos foi ficando cada vez mais clara e documentada. Alguns dos estudos associaram o aumento dessas tensões ao crescente processo de racialização das relações sociais na segunda metade do século XVIII, ampliando o escopo da análise.[11] Mesmo assim, a maioria permaneceu restrita ao exame das "tropas institucionais" – para usar uma expressão de Kalina Vanderlei Silva (2010, cap. 2) –, indagando sobre os significados do "serviço de armas" prestado por aqueles que estavam mais próximos (ou eram pressionados a ficar próximos) da escravidão. Até hoje, apesar dos esforços para incluir perspectivas analíticas que contemplem o ponto de vista dos subalternos, o sentido mais largo do processo colonizador se faz presente.

---

9 Ver, por exemplo, Mello (2009) e Costa (2014).

10 Ver, por exemplo, Cotta (2010), Kraay (2011) e Silva (2013).

11 Ver, a respeito, Lara (2007).

Haveria outra maneira de proceder? Talvez sim, se lembrarmos o fato (importantíssimo para uma "história militar") de que o processo colonizador envolveu uma guerra de conquista. A "ocupação e valorização" das terras do Novo Mundo não ocorreu sem o uso da força. Dito de outro modo: o domínio sobre as novas terras e suas gentes não se fez pacificamente – ao contrário. Houve guerra – muitas guerras.

Não quero simplificar e tratar apenas dos embates em torno da invasão e ocupação portuguesa das terras americanas. Houve guerras contra o "inimigo externo" (de portugueses e luso-brasileiros contra franceses, holandeses e espanhóis) e contra diversos "inimigos internos" (de colonizadores e colonos contra indígenas e escravos, de milícias de escravos e agregados contra indígenas "bravios" ou aldeados e contra aquilombados, de comerciantes contra plantadores de cana-de-açúcar, de moradores contra funcionários régios que cobravam impostos, de colonizadores antigos contra recém-chegados). E, como disse uma vez o conselheiro do Ultramarino Antônio Rodrigues da Costa, havia sempre o perigo das alianças entre os "inimigos" internos e externos.[12]

Dizer que a colonização foi um processo de conquista não é nenhuma novidade: o termo aparece na documentação para designar as áreas coloniais e vários historiadores já trataram disso, ao confrontarem o mito da formação pacífica da nação. Um livro relativamente recente analisou o modo pelo qual o caráter bélico da colonização apareceu nos textos dos séculos XVII e XVIII, desde os mais eruditos até aqueles que embasavam as discussões nos conselhos da administração colonial (Silveira, 2019). Não é este o caminho que pretendo seguir aqui.

Parto da constatação de que, naquele período, a "colonização" era entendida como uma guerra para encaminhar algumas reflexões sobre o modo como temos pensado a história militar. Destaco, particularmente, o serviço de armas prestado pelos homens que não eram brancos na América portuguesa, nos séculos anteriores à formação do Estado-nação.

A primeira delas é a de que, se estamos diante de uma ou de várias guerras que envolveram os europeus e as populações locais, por que continuamos

---

12 Consulta do Conselho Ultramarino a S. M., no anno de 1732, feita pelo Conselheiro Antônio Rodrigues da Costa (*Revista do Instituto Histórico e Geográfico Brasileiro*, 1866, p. 498-506).

a fazer uma história "a partir da Europa"? Por que tomamos um dos lados em contenda para enquadrar e estruturar nossas investigações e análises? Evidentemente, a colonização é um fato e não se pode desconsiderar a expansão do capitalismo nem as redes da governança imperial. Mas devemos deixar que eles continuem a "governar" a história? Estas não são perguntas ingênuas nem apresentam grandes novidades. Mas são suficientemente boas para indicar caminhos para a pesquisa.

Como podemos analisar essa história tomando como fio condutor o ponto de vista dos "invadidos", dos expropriados pelo processo colonial, dos governados? Não se trata simplesmente de denunciar o domínio colonial, como fez a pujante historiografia dos anos 1960 e 1970, mas de procurar *outro* modo de abordar a história da colonização e buscar, com outra perspectiva de análise, ganhos interpretativos.

Ao fazer isso, é preciso observar de início que a questão não pode ser tratada em temos simplistas, como nos anos 1960 e 1970: é preciso ir além da oposição binária que opunha europeus e nativos, colonizadores e colonizados, dominantes e dominados. Uma boa medida é agregar ao problema uma abordagem que contemple o ponto de vista dos sujeitos envolvidos nos acontecimentos históricos. Sujeitos, no plural.

Assim, a resposta deixa de ser única ou simples... Ao buscar as diversas formas de ação e interpretação dos acontecimentos, tal como empreendidas e formuladas pelos sujeitos neles envolvidos, pode-se não apenas ter acesso aos múltiplos conflitos e tensões que estavam em jogo em um determinado contexto, mas também escapar da "lógica da colonização". Tendo em vista o escopo desta coletânea de ensaios, o caminho pode ser seguido perguntando-se, particularmente: o que pensavam os indígenas, pretos e pardos das guerras que povoavam seu cotidiano? E como lidavam com elas?

A primeira tarefa, adotando essa perspectiva, é fazer uma história das guerras "contra o Brasil" – das lutas que investiram *contra* o estabelecimento e a expansão do "Estado do Brasil" (e também do Maranhão e Grão-Pará) em terras americanas. Não terá sido este o mote principal da chamada Confederação dos Tamoios, em meados do século XVI, ou dos Cariris, na segunda metade do século XVII? Nos dois casos, de modo geral, tamoios e cariris lideraram lutas ferrenhas contra a escravização e a colonização – que caminhavam juntas, inseparáveis. A primeira envolveu diversas nações indígenas (tupiniquins contra tupinambás, aimorés, temiminós, guaianás e goitacases), assim como rivais europeus (portugueses contra franceses). A segunda, também: janduís, paiacus, caripus, icós, caratiús e cariris uniram-se para enfrentar o avanço dos colonos pelo sertão nordestino no rescaldo da expulsão dos holandeses.

Não foram simplesmente "insurreições indígenas", como aparecem classificadas em muitos manuais desde meados do século XIX, mas guerras que envolvem o entrelaçamento de rivalidades indígenas e europeias, permeadas por motivações diversas por parte dos que pegaram em armas. Assim, por exemplo, do ponto de vista das várias nações indígenas que participaram desses confrontos, havia que se considerar o que valia mais: lutar e enfrentar diretamente a escravização ou lutar e tentar salvaguardar as defesas que haviam sido arduamente conquistadas contra ela? Quais eram os motivos e os critérios que orientavam a construção das alianças que então se efetivaram? A quem serviam aqueles homens e seus arcos e flechas?

As respostas que os indígenas deram a estas perguntas foram muitas e, em alguns casos, dividiram os parentes em relação às estratégias a serem adotadas e às prioridades na escolha dos aliados.[13] Os termos dos acordos entre algumas lideranças indígenas e as autoridades coloniais mostram que não apenas estava em jogo a defesa contra o "avanço" dos currais pelo sertão, mas a preservação de um modo de vida, longe da escravização e fora da escravidão.[14]

Da guerra contra os cariris participaram tropas paulistas, que haviam se formado nas brechas do processo colonizador. Elas haviam lutado nos caminhos que levavam ao sul, para aprisionar e escravizar guaranis e carijós – explorados nas lavouras paulistas e, em tempos de carência de escravizados africanos, nas plantações de cana. Compostos por uns poucos colonos, vários mestiços e muitos indígenas, esses destacamentos lutavam geralmente em benefício próprio. Aqui, o "serviço de armas" buscava a recompensa de riquezas em metais, terras e gentes – para si, não para a Coroa portuguesa.

---

13 Ver, a respeito das dissidências entre os potiguares, as cartas trocadas entre Antônio Felipe Camarão, Pedro Poty e Antônio Paraupaba, analisadas por Gonçalves, Cardoso e Pereira (2012). Ver também Obermeier (2007).

14 Um bom exemplo são os acordos feitos pelo janduís em 1692-1697, publicados por Puntoni (2002, anexo 4, p. 300-304).

Foi por isso que esses homens atacaram as missões no sul, entraram pelos sertões do noroeste e do nordeste, lutaram contra indígenas e amocambados. Nem sempre prestaram serviços que se coadunavam com os interesses coloniais, mas certamente ajudaram a "limpar" os sertões para o avanço das lavouras e currais.

A leitura das fontes sobre a participação dos paulistas nas guerras contra os Palmares é outro bom exemplo. Ela revela gente bem distante da tradicional visão que glorificou os "bandeirantes" por suas expedições, tidas como responsáveis pelo alargamento das fronteiras do Brasil, ou, em sentido contrário, da que os detratou ao salientar que viviam quase como índios e mal falavam português. A troca de cartas entre Domingos Jorge Velho e os governadores de Pernambuco nos anos 1680 e 1690 mostra o quanto Jorge Velho soube negociar habilmente e defender um contrato que resultava em grandes ganhos para si e seus companheiros de jornada. Ele era um homem capaz de degolar centenas de indígenas para escravizar outros tantos e incorporar outros mais às tropas sob seu comando. E que sabia muito bem como obter e assegurar escravos e postos de governança e de prestígio nos sertões para os que estivessem com ele ou sob seu comando.[15] O desdém com que Bernardo Vieira de Melo descreve sua atuação na grande batalha de 6 de fevereiro de 1694 contra a cerca do Barriga ("Rellação Verdadeyra" apud Oliveira, 2005) basta para revelar o quanto essa gente híbrida, independente e tão hábil na guerra dos matos incomodava os que estavam abertamente do lado do "processo colonizador". Suas armas podiam até estar a serviço dos interesses coloniais, mas estes não eram os únicos motivos para suas escolhas e ações em várias situações e contextos. Além disso, esses homens dependiam dos "seus índios": gente que, forçada ou não, constituía o grosso das tropas paulistas.

Com seus arcos e flechas, esses indígenas também prestavam um "serviço de armas" – aos paulistas, e não à Coroa. Assentados inicialmente nos arraiais formados para apoio das expedições, passaram a constituir o grosso da população das vilas criadas na região do sul de Alagoas e que serviram,

[15] Esta correspondência e vários documentos sobre tais negociações podem ser consultados em: *Documenta Palmares*. Campinas: Unicamp; IFCH; Cecult, 2021. Disponível em https://palmares.ifch.unicamp.br/ em jun. 2024.

durante muito tempo, de refúgio para gente fugida – escravos e criminosos, mas também outros indígenas que causavam "problemas" para as autoridades locais ao reivindicarem o respeito a sua condição de gente livre.[16] Documentos não faltam, mas os terços dos paulistas e seus soldados indígenas, infelizmente, têm sido bem pouco estudados.

Estes parcos exemplos se afastam um tanto do modo como a historiografia vem tratando os regimentos dos homens de cor – de índios, mamelucos, pardos e negros. Certamente, hoje em dia, estamos longe da concepção que viu neles a unificação dos povos formadores da nação. Mas talvez continuemos a prestar mais atenção ao modo como foram "incorporados" ao processo colonizador do que a suas ações e motivos para recusar tal integração ou para buscar alternativas diante da força da conquista colonial.

Vejamos o caso dos Henriques – gente escravizada que se aproveitou da luta contra os holandeses para ganhar a liberdade. A historiografia debateu se eram ou não escravos, se foram ou não alforriados. Não tenho a menor dúvida disso – basta ler a documentação administrativa para ver o quanto Henrique Dias e seus soldados lutaram para defender e garantir a liberdade conquistada. Ela foi trocada por um "serviço de armas" que ajudou a expulsar os holandeses, perseguir fugitivos amocambados e reprimir indígenas revoltados. Os Henriques chegaram mesmo a atravessar o Atlântico para servir na luta contra os holandeses em Angola e integraram as forças sob comando português na Batalha de Ambuíla (ver, neste livro, o capítulo de Guilherme Oliveira da Silva).[17]

A historiografia tem investigado esses temas e tratado da formação do terço, de alguns de seus oficiais e da participação dos Henriques nas "tropas institucionais", nos séculos XVII e XVIII. Vários historiadores abordaram a história do terço para discutir as marcações raciais, ligando assim a história militar a temas mais amplos da história colonial (Silva, 2002; Mattos, 2008; Cotta, 2010; Silva, 2012). Mas a questão da via militar para obtenção da liberdade ficou em segundo plano. O caminho chegou a ser proposto pelos governadores da Bahia e de Pernambuco, em diferentes momentos,

16 Ver, por exemplo, Carta da câmara de Penedo do Rio de São Francisco, 2 ago. 1746, AHU/CU, 004, cx. 2, doc. 116.

17 Ver também Silva (2023, especialmente cap. 4).

como forma de submeter os amocambados nessas capitanias (Lara, 2021, especialmente cap. 1). E não teria sido este um elemento significativo para o expressivo crescimento do número de soldados do terço, que passou de 50 a cerca de 400 em cerca de 20 anos (1633-1652), chegando a constituir 13% dos efetivos militares de Pernambuco (Mello, 2007, p. 193)?

Certamente as armas dos Henriques estiveram a serviço dos interesses coloniais, e o terço ajudou a integrar ex-escravos às hierarquias do Antigo Regime. Mas esses soldados também serviram a outros objetivos. Armados e vitoriosos, conseguiram manter a liberdade, negociaram o pagamento de soldos com o Conselho Ultramarino e... reivindicaram terras. A "estância" onde se estabeleceram, nos arredores do Recife, a enfrentar, até aos gritos, os holandeses, não era apenas um arraial militar. Era uma terra que consideravam sua e a partir da qual reclamavam direitos – que consideravam devidos pelos serviços prestados. Como entender o paradoxo de os Henriques terem sido importantíssimos nas lutas contra os mocambos dos Palmares e, ao mesmo tempo, terem dificuldades para fazer valer a liberdade e outros direitos que haviam conquistado? O que estava em jogo para aqueles homens que entravam pelos matos para atacar os mocambos, mesmo compartilhando muitos dos valores e da cultura dos palmaristas (sabendo até falar a língua dos amocambados)? O que significou terem cruzado o oceano e lutado na África?

Uma perspectiva de análise que faz perguntas como essas também pode chamar a atenção dos historiadores para gente e tropas que têm ficado fora da "história militar": os indígenas que recusaram o aldeamento colonial e permaneceram nos matos ou os guerreiros que lutaram para defender os mocambos e quilombos, por exemplo. Quais eram as lógicas e as estratégias desses outros "serviços de armas"?

Mais uma vez, a escassez de estudos não se dá por falta de documentos. Uma pequena amostra pode ser colhida nas fontes que registram os debates acerca da melhor forma de destruir os Palmares ou os relatos de algumas batalhas. Elas indicam que as tropas palmaristas eram mais ágeis que as coloniais, pois os integrantes das primeiras andavam "nus e descalços, ligeiros como o vento, só com arco e flechas, entre matos e arvoredos fechados",[18]

[18] A citação pertence a um parecer anônimo posterior a 1691, Biblioteca da Ajuda, Ms. Av. 54-XIII-16, n. 162.

alimentando-se de frutas, pássaros e raízes – enquanto os soldados das segundas tinham que carregar espadas, mosquetes e espingardas, além de levar seu sustento em mochilas. Informam também que, na defesa dos mocambos e cercas, homens e mulheres muitas vezes lutavam juntos, fazendo alaridos para assustar os inimigos, com suas vozes e instrumentos, que podiam incluir flautas, gaitas, atabaques e caixas de guerra. Estratégias de luta certamente inspiradas na gramática militar centro-africana, de onde provinha a maioria esmagadora dos habitantes dos Palmares (Lara, 2021).

Ao inverter o sentido do olhar a que estamos habituados, buscando enxergar o "processo da colonização" de outra maneira, podemos até encontrar novos sujeitos históricos, que não costumam frequentar as páginas da história colonial nem da história militar. O desafio é grande, sobretudo quando o que temos a nossa disposição são os documentos dos chamados "arquivos coloniais". Também aqui, mais que uma discussão sobre o modo como esses arquivos foram formados, precisamos inverter a abordagem e buscar estratégias para obter as respostas de que precisamos. Há numerosas iniciativas nesse sentido, que vão das associações interdisciplinares (especialmente com a antropologia e a linguística histórica) às interpretações dos fragmentos que podem ser flagrados aqui e ali nas fontes, registrados à revelia dos administradores, padres e cronistas.

Muitos preferem falar dos obstáculos ou discutir conceitos (em geral, importados da sociologia). No entanto, ir aos arquivos parece ser a melhor opção: virar os dossiês que compõem as séries documentais, ler os manuscritos e... buscar respostas. Podem ter certeza: elas estão lá!

Referências

ALENCASTRO, Luiz Felipe de. *O trato dos viventes*: formação do Brasil no Atlântico Sul – séculos XVI e XVII. São Paulo: Companhia das Letras, 2000.

BARATA, Manuel Themudo; TEIXEIRA, Nuno Severiano (Org.). *Nova história militar de Portugal*. Lisboa: Círculo de Leitores, 2004. 5 v.

BARROSO, Gustavo. *História militar do Brasil*. São Paulo: Companhia Editora Nacional, 1935.

CARDOSO, Alírio; BASTOS, Carlos Augusto; NOGUEIRA, Shirley Maria Silva (Org.). *História militar da Amazônia:* guerra e sociedade (séculos XVII--XIX). Curitiba: CRV, 2015.

CASTRO, Celso; IZECKSOHN, Vitor; KRAAY, Hendrik (Org.). *Nova história militar brasileira.* Rio de Janeiro: FGV Ed., 2004.

CONSULTA do Conselho Ultramarino a S. M., no anno de 1732, feita pelo Conselheiro Antônio Rodrigues da Costa. *Revista do Instituto Histórico e Geográfico Brasileiro,* Rio de Janeiro, 2. ed., n. 7, p. 498-506, 1866.

COSTA, Ana Paula Pereira. *Corpos de ordenanças e chefias militares em Minas colonial*: Vila Rica (1735-1777). Rio de Janeiro: FGV Ed., 2014.

COTTA, Francis Albert. *Negros e mestiços nas milícias da América portuguesa.* Belo Horizonte: Crisálida, 2010.

CURVELO, Arthur Almeida Santos de Carvalho. Ordens, bandos e fintas para fazer "a cruel guerra": os governadores de Pernambuco, a câmara das Alagoas e as "entradas" nos Palmares na segunda metade do século XVII. *Revista do Instituto Arqueológico, Histórico e Geográfico Pernambucano,* Recife, n. 67, p. 193-223, 2014.

DOCUMENTA Palmares. Campinas: Unicamp; IFCH; Cecult, 2021. Disponível online em jun. 2024.

FAORO, Raymundo. *Os donos do poder*: formação do patronato político brasileiro. Porto Alegre: Globo, 1958.

GONÇALVES, Regina Célia; CARDOSO, Halisson Seabra; PEREIRA, João Paulo Costa Rolim. Guerras e alianças: os potiguara no conflito luso-holandês (1630-1654). In: POSSAMAI, Paulo (Org.). *Conquistar e defender*: Portugal, Países Baixos e Brasil. Estudos de história militar na Idade Moderna. São Leopoldo: Oikos, 2012. p. 143-155.

HOLANDA, Sérgio Buarque de; CAMPOS, Pedro Moacyr. A época colonial. In: HOLANDA, Sérgio Buarque de (Dir.). *História geral da civilização brasileira.* São Paulo: Difel, 1960. t. I, v. 1-2.

KRAAY, Hendrik. *Política racial, Estado e forças armadas na época da Independência*: Bahia, 1790-1850. Trad. Magda Lopes. São Paulo: Hucitec, 2011.

LARA, Silvia Hunold. *Fragmentos setecentistas*: escravidão, cultura e poder na América portuguesa. São Paulo: Companhia das Letras, 2007.

_____. *Palmares & Cucaú*: o aprendizado da dominação. São Paulo: Edusp, 2021.

LEONZO, Nanci. *Defesa militar e controle social na capitania de São Paulo*: as milícias. Tese (doutorado), USP, São Paulo, 1979.

MARQUES, Dimas Bezerra. *Pelo bem de meus serviços, rogo-lhe esta mercê*: a influência da guerra de Palmares na distribuição de mercês (Capitania de Pernambuco, 1660-1778). Dissertação (mestrado), Ufal, Maceió, 2014.

MATTOS, Hebe. "Black troops" and hierarchies of color in the Portuguese Atlantic world: the case of Henrique Dias and his black regiment. *Luso-Brazilian Review*, Madison, v. 45, n. 1, p. 6-29, 2008.

MELLO, Christiane Pagano de. *Forças militares no Brasil colonial*: corpos de auxiliares e de ordenanças na segunda metade do século XVIII. Rio de Janeiro: E-Papers, 2009.

MELLO, Evaldo Cabral de. *Olinda restaurada*: guerra e açúcar no Nordeste, 1630-1654. São Paulo: Ed. 34, 2007.

MENDES, Laura Peraza. *O serviço de armas nas guerras contra Palmares*: expedições, soldados e mercês (Pernambuco, segunda metade do século XVII). Dissertação (mestrado), Unicamp, Campinas, 2013.

OBERMEIER, Franz. Indigenous letters in colonial Brazil: a Tupi-correspondence during the Dutch Wars in 1645/1646. *Bielefeld Conference Colonialism and the Culture of Writing-Language and Cultural Contact in Colonial Discourse Traditions*, Bielefeld, 20-22 jun. 2007.

OLIVEIRA, Maria Lêda. A primeira *rellação* do último assalto a Palmares. *Afro-Ásia*, Salvador, n. 33, p. 270-324, 2005.

POSSAMAI, Paulo (Org.). *Conquistar e defender*: Portugal, Países Baixos e Brasil. Estudos de história militar na Idade Moderna. São Leopoldo: Oikos, 2012.

PRADO JÚNIOR, Caio. *Formação do Brasil contemporâneo*: Colônia. São Paulo: Martins, 1942.

PUNTONI, Pedro. *A Guerra dos Bárbaros*: povos indígenas e a colonização do sertão no Nordeste do Brasil, 1650-1720. São Paulo: Hucitec; Edusp; Fapesp, 2002.

RUSSELL-WOOD, A. J. R. *The Black man in slavery and freedom in colonial Brazil*. Nova York: St. Martin's Press, 1982.

SILVA, Guilherme Oliveira da. *"Valentes homens de cores pretas"*: guerra e poder na África central no século XVII. Dissertação (mestrado), Unicamp, Campinas, 2023.

SILVA, Kalina Vanderlei. Os Henriques nas vilas açucareiras do Estado do Brasil: tropas de homens negros em Pernambuco, séculos XVII e XVIII. *Estudos de História*, Franca, v. 9, n. 2, p. 145-163, 2002.

______. *Nas solidões vastas e assustadoras*: a conquista do sertão de Pernambuco pelas vilas açucareiras nos séculos XVII e XVIII. Recife: Cepe, 2010.

SILVA, Luiz Geraldo. Sobre a "etnia crioula": o Terço dos Henriques e seus critérios de exclusão na América portuguesa do século XVIII. In: VENÂNCIO, Renato; GONÇALVES, Andréa; CHAVES, Cláudia (Org.). *Administrando impérios*: Portugal e Brasil nos séculos XVIII e XIX. Belo Horizonte: Fino Traço, 2012. p. 71-96.

______. Gênese das milícias de pardos e pretos na América portuguesa: Pernambuco e Minas Gerais, séculos XVII e XVIII. *Revista de História*, São Paulo, n. 169, p. 111-144, 2013.

SILVA, Rogério Forastieri da. *Colônia e nativismo*: a história como "biografia da nação". São Paulo: Hucitec, 1997.

SILVEIRA, Marco Antonio. *A colonização como guerra*: conquista e razão de Estado na América portuguesa (1640-1808). Curitiba: Appris, 2019.

SODRÉ, Nelson Werneck. *História militar do Brasil*. Rio de Janeiro: Civilização Brasileira, 1965.

Mestres de campo afrodescendentes da América portuguesa: escravidão e instituição militar (1658-1796)

*Luiz Geraldo Silva**

Ao longo da minha pesquisa, constatei que, entre 1658 e 1796, 19 afrodescendentes da América portuguesa, oito "pretos" e 11 "pardos", foram investidos no cargo de mestre de campo de seus respectivos terços, uma vez que receberam as respectivas cartas de confirmação daquele posto. A primeira data refere-se à investidura *ad honorem* de Henrique Dias, o primeiro deles, ao passo que a última diz respeito ao ano em que o cargo foi suprimido da estrutura militar portuguesa. Analiso neste ensaio, em primeiro lugar, esse grupo social peculiar, *vis-à-vis* ao processo de mudança de *status* na escravidão[1] – instituição da qual, em última análise, provêm todos os seus membros. Tal processo de mudança de *status*, em curso entre os séculos XVII e XVIII, ocorreu paralelamente a transformações operadas nas estruturas e funções militares do império português. Em segundo lugar, examino origens, adoção e ocaso do cargo de mestre de campo, o qual, nos quadros da sociedade do Antigo Regime, constituía uma *função social de prestígio*. Como já destaquei num artigo (Silva, 2017), a atribuição do cargo em questão a afrodescendentes singularizou a experiência da América portuguesa no contexto da *Plantation America*,[2] uma vez que, nos demais impérios coloniais da era moderna – notadamente o espanhol, o francês e o britânico –,

---

* Agradeço a Adriana Barreto de Souza, Hendrik Kraay e Mariana L. R. Dantas as valiosas sugestões de correções a este capítulo.

1 Sobre o conceito de escravidão como processo de mudança de *status*, ver os ensaios "African 'slavery' as an institution of marginality", de Miers e Kopytoff (1979), e "Slavery", de Kopytoff (1982).

2 Sobre o conceito de *Plantation America*, a vasta área escravista que segue do extremo da América do Sul até o sul dos Estados Unidos, passando decisivamente pelo Caribe, ver o ensaio de Wagley (1957).

indivíduos nascidos cativos e seus descendentes raramente eram investidos em postos de oficiais.[3] Sustento que, no império português, tal expediente decorreu não de razões "culturais" ou "humanitárias", mas do fato de este se constituir, entre os impérios do mundo atlântico, no mais pobre, mais carente de recursos humanos e mais dependente de africanos e afrodescendentes para sua defesa e reprodução. Assim, pois, o estudo de caso atinente a esses 19 indivíduos, longe de se configurar como singular ou excepcional, nos fornece chaves interpretativas de longo alcance que permitem iluminar o lugar específico das capitanias do Brasil no âmbito da *Plantation America.*

Mestres de campo e instituição militar

Apresento, na tabela 1, a lista de mestres de campo "pretos", todos provenientes da capitania de Pernambuco, e seus anos de exercício. Por sua vez, a tabela 2 traz os mestres de campo "pardos" da América portuguesa. Atestando a importância atribuída a esse grupo social desde o século XVIII, o cronista Domingos do Loreto Couto (1981, p. 456-458) elaborou por volta de 1759 uma lista de mestres de campo "pretos" da qual, porém, estão ausentes Antônio Gonçalves Caldeira (1665-1669) e João Martins (1684-1686). Por sua vez, o historiador José Antônio Gonsalves de Mello (1988, p. 73) elaborou modernamente outra lista, na qual incluiu Antônio da Costa (1663-1665) como suposto mestre de campo "preto". Contudo, jamais encontrei qualquer evidência de que este indivíduo – um "crioulo" nascido em Pernambuco e que, comprovadamente, tornou-se "sargento-mor do terço do dito Henrique Dias" em 1657[4] – tivesse recebido patente de mestre de campo. Por essa razão, ele está ausente da tabela 1. Por outro lado, um documento de fevereiro de 1787 atinente à capitania de Minas Gerais se refere a outro suposto mestre de campo "preto": trata-se de Gonçalo Dias, cujo terço era arregimentado

3 Como destacou Vinson III (2001, p. 46-57), houve apenas quatro coronéis "pardos" na Nova Espanha entre fins do século XVII e 1790. Por sua vez, havia rígidos limites à promoção de afrodescendentes ao oficialato nos Caribes britânico e francês, como destacam Handler (1984) e Garrigus (2014, p. 95-100, 115-118).

4 Consulta do Conselho Ultramarino sobre o requerimento de Antônio da Costa, Lisboa, 22 dez. 1656, AHU/CU 015, cx. 7, doc. 579; Consulta do Conselho Ultramarino sobre o requerimento de Antônio da Costa, Lisboa, 14 jun. 1657, AHU/CU 015, cx. 7, doc. 588.

na vila de Sabará, comarca do Rio das Velhas. Contudo, não encontrei nenhum documento que comprove que esse indivíduo foi investido no cargo em questão. Por essa razão, ele também não está listado na tabela 1.[5]

Do ponto de vista institucional, as tabelas 1 e 2 se referem a três momentos-chave. O primeiro é o de gênese das milícias, que ocorre ao longo da Guerra de Pernambuco (1630-1635 e 1645-1654) – fato de enorme significado. Foi após a Restauração que Henrique Dias recebeu a primeira patente de mestre de campo, *ad honorem*, datada de 20 de março de 1658.[6] O empenho dele em manter e expandir o terço – que, a princípio, congregava batalhões de "pretos" e "pardos", de "crioulos" e africanos, estes divididos em "nações", bem como de indivíduos livres, libertos e escravos – foi imprescindível para sua continuidade e disseminação nas demais capitanias da América portuguesa (Silva, 2012, 2013). Em parte, a guerra e, em seu curso, a criação do terço (1633) explicam por que apenas naquela capitania existiram comprovadamente mestres de campo "pretos". Como esclareço melhor adiante, o cargo de mestre de campo constituía o posto mais alto de um terço, e, até meados do século XVIII, havia nas demais capitanias apenas companhias isoladas de "pretos" e "pardos" adscritas às tropas de ordenanças. É igualmente significativo que as companhias da capitania da Bahia, criadas a partir de 1638, fossem subordinadas ao mestre de campo pernambucano. Por volta de setembro de 1747, o "sargento-mor do terço de Henrique Dias da Cidade da Bahia", Domingos de Aguiar, solicitou o cargo de mestre de campo, mas não obteve sua patente.[7] Desse modo, quando vexados, os milicianos baianos recorriam ao mestre de campo pernambucano de maneira a buscar atendimento para suas demandas, como ocorreu ao menos duas vezes com Brás de Brito Souto entre as décadas de 1730 e 1750 (Silva, 2012, 2017).

O segundo momento se refere ao advento da carta régia de 22 de março de 1766, a qual constituiu poderosa inflexão: decorrência da guerra luso-castelhana (1763-1777), tal peça ensejou a criação de corpos milicianos

5 AHU/CU 011, cx. 126, doc. 15, Lisboa, 1 fev. 1787. Agradeço a Maria L. R. Dantas, que gentilmente me chamou a atenção para esse documento.

6 Henrique Dias, mestre de campo do Terço da Gente Preta de Pernambuco, Lisboa, 20 mar. 1658, AHU, cód. 116, fol. 355.

7 Requerimento de Domingos de Aguiar. Salvador, c. 13 set. 1747, AHU/CU 005 (Avulsos), cx. 91, doc. 7.378; Menim (2019, p. 98-99).

formados por "nobres, plebeus, brancos, mestiços, pretos ingênuos e libertos" em todas as capitanias – os quais, no caso dos "pretos" e "pardos", receberam a nomenclatura de "auxiliares", formação criada em Portugal em 1645.[8] Vai daí, portanto, a formação do Terço Novo de Henrique Dias, distinto, pois, do Terço Velho – cujo último mestre de campo, por razões que discutirei adiante, foi Brás de Brito Souto. Foi também a carta régia de 1766 que estimulou a criação de vários terços de "pardos", entre os quais se admitiu, enfim, o cargo de mestre de campo. E, com efeito, todas as investiduras de indivíduos dessa "cor" observadas na tabela 2 são posteriores à publicação dessa carta régia. Por outro lado, a atribuição do cargo a indivíduos de Minas Gerais remete à importância que suas companhias e, depois, seus terços adquiriram na segunda metade do século XVIII, mormente em decorrência de seus deslocamentos para palcos de combate, a exemplo do extremo sul da América portuguesa e do sistema de fortificações de Goiás e Mato Grosso. Manuel Ferreira de Souza, capitão do "Regimento dos Pardos de Mariana", lembrou em junho de 1796 que havia seguido na década de 1770 "com suas Companhias ao Rio de Janeiro, São Paulo e mais Praças do Sul e Mato Grosso", bem como ao Paraguai, e que havia estado nas "ocasiões das guerras com os Espanhóis".[9] Além dessas questões estratégicas, convém sublinhar que, em fins do século XVIII e primeiras décadas do século XIX, a capitania mineira apresentava as mais alentadas populações africana e afrodescendente, tanto escrava como livre e liberta, da América portuguesa (Alden, 1999, p. 534-537).

Esses aspectos, combinados com o processo de mudança de *status* na escravidão, deram margem à atribuição do cargo de mestre de campo a cinco indivíduos daquela capitania – Francisco Alexandrino (1768-1796), Joaquim Pereira da Silva (1784-1796), Luís Correia Lisboa (1780-1796), Paulo Barbosa Vilar (1787-1796) e Antônio Vieira da Costa (1785-1796) (Cotta, 2002; Paula, 2021). Além desses cinco afrodescendentes "pardos", o mesmo mapa dos regimentos de Minas Gerais, de fevereiro de 1787, se refere a outros dois indivíduos dessa "cor" que também teriam sido investidos

[8] Carta régia ordenando que se listem todos os moradores e que forme os Terços de Auxiliares, Ordenanças e Cavalaria, Lisboa, 22 mar. 1766, AHU/CU 015, cx. 103, doc. 8.006; Andrade e Silva, 1856, 2ª série, p. 271-272.

[9] Carta de Miguel Ferreira de Souza a Rainha. Mariana, 19 jun. 1796, AHU/CU 011, cx. 142, doc. 23.

no cargo de mestre de campo: Gregório Pereira Valadão e Manoel Ignacio Alvarenga. Contudo, tal como no caso antes mencionado do suposto mestre de campo "preto" Gonçalo Dias, não encontrei nenhuma comprovação de que tais investiduras tenham sido efetivamente realizadas. Ao mesmo tempo, o mapa dos regimentos também inclui dois coronéis "pardos", quais sejam, Paulo José Velho Barreto, do "Regimento de Infantaria Auxiliar dos Homens Pardos do Arraial do Tejuco", e José Martins Vieira, do "Regimento de Infantaria Auxiliar dos Homens Pardos de Guarapiranga do termo da Cidade de Mariana". Uma vez que estes, como outros afrodescendentes baianos de que trato mais adiante, foram investidos na função de coronéis, também os deixei de fora dessa análise que, enfim, se circunscreve tão somente àqueles investidos no cargo de mestre de campo. As ações militares perpetradas no centro-oeste e nas partes meridionais do Estado do Brasil a partir de meados do século XVIII contrastam vivamente com a ociosidade que, à mesma época, aplastava as milícias formadas por afrodescendentes nas capitanias do norte. Tenho destacado como nestas últimas tais instituições operavam então muito mais como fator de redução da marginalidade e como *ornamento da vida social*, na medida em que, ao contrário de suas congêneres do Sul, não mais exerciam funções militares efetivas (Silva e Souza, 2023).

O terceiro momento estrutural se refere ao advento do decreto de 7 de agosto de 1796, o qual determinou que os antigos terços de ordenanças e de auxiliares passassem a adotar o sistema de regimentos vigente entre as tropas pagas desde 1707 (Sousa, 1789, p. 357-361; Gomes, 2010, p. 76-77). Tal decreto extinguiu, embora de forma errática, tanto o terço, convertendo-o em "regimento de milícias", como, consequentemente, o cargo de mestre de campo, substituindo-o pelo de coronel (Silva, 1828, p. 295-297). Vários indivíduos que antes haviam sido mestres de campo, a exemplo dos "pardos" pernambucanos José Ribeiro [Rabelo] de Vasconcelos e Luís Nogueira de Figueiredo, bem como dos mineiros Luís Correia Lisboa, Joaquim Pereira da Silva e Paulo Barbosa Vilar, tornaram-se, a partir de então, coronéis. No entanto, seus congêneres "pretos" sumiram de 1778 por diante, quando o último deles – Joaquim Pacheco da Fonseca, do Terço Novo – faleceu. Esse aspecto nos remete a processos mais amplos, como o de mudança de *status* na escravidão e as tensões entre milicianos e governadores coloniais empedernidamente contrários ao fato de descendentes de escravos serem investidos no cargo em questão. Finalmente, deve-se acrescentar que três "pardos" baianos, tais como os dois mineiros antes referidos, tornaram-se coronéis antes da lei de 1796. Isso decorreu do fato de, na década de 1770, alguns corpos milicianos terem sido criados tanto na capitania baiana como na mineira na forma de regimento por razões que, até agora, não foram devidamente esclarecidas pela historiografia. Apesar de os "pardos" João Batista da Costa (1773-1776), Cosme Pires de Vasconcelos (1776-1791) e Valentim de Maia Guimarães (1791-1797) terem se tornado coronéis antes da lei de 1796, eles jamais foram investidos no cargo de mestre de campo, razão pela qual também estão excluídos da tabela 2. Por outro lado, aparentemente, nenhum coronel "preto" foi nomeado como tal antes da lei de 1796 (Vilhena, 1921, v. 2, p. 430; Mota, 2016).[10]

Milícias e escravidão

Os primeiros escravos africanos foram desembarcados na América portuguesa entre 1575 e 1625 e tiveram como principal destino os portos do Recife (51,1%) e de Salvador (27,9%). Tanto em abril de 1595, por ocasião do ataque do pirata James Lancaster a Pernambuco, como em 1624, na Bahia, quando ocorreu o primeiro assalto da Companhia das Índias Ocidentais holandesas às fontes de produção açucareira, aqueles primeiros cativos preferiram lutar contra seus senhores portugueses e se aliar aos "invasores" (Markham, 1877, p. 35-51; Salvador, 1918, p. 510). No entanto, em 1633, durante a guerra de conquista de Pernambuco, como se diz numa crônica publicada em 1675, "um Negro, indigno deste nome" ofereceu-se junto a um bando que trazia consigo; "chamava-se Henrique Dias", o qual, "feito agora Capitão" de "trinta e seis, que escolhera para trazer consigo, cresceu brevemente o Terço a nova Companhia, assentando nela a forros e a escravos" (Freyre, 1675, p. 254-255). Argumento aqui que, no lapso entre os primeiros desembarques de escravos e o oferecimento de Dias e seu bando, ocorreu mudança significativa na posição de *status* de africanos e, sobretudo, de "crioulos" – como eram conhecidos

10 Sobre esse assunto, ver também, neste volume, o capítulo de Adriana Barreto de Souza e Hendrik Kraay.

nos séculos XVII e XVIII os afrodescendentes nascidos na América portuguesa. Assim, pois, não foram apenas circunstâncias militares e estratégicas, como sugere a literatura sobre o tema,[11] que levaram à incorporação de africanos e afrodescendentes às forças militares que atuavam em nome da soberania portuguesa, mas, sobretudo, a existência social desses indivíduos, marcada pelo processo de mudança de *status* na escravidão. Não se pode, evidentemente, desprezar a pertinência de eventos bélicos contra "inimigos externos" ou "internos", dimensão, aliás, que se fundamenta mais na *incorporação voluntária* e baseada na busca de prestígio e mobilidade social que em "recrutamento". Em suma, recomendo que, de modo a se compreender mais adequadamente a questão, aspectos atinentes à dimensão institucional sejam manejados conjuntamente com evidências em torno do processo de mudança de *status* na escravidão.

Miers e Kopytoff utilizaram o conceito de "rito de passagem" formulado por Arnold Van Gennep para, por sua vez, formularem o conceito de escravidão como processo de mudança de *status*. Ritos de passagem subdividem-se em três categorias: "ritos de separação", "ritos de margem" e "rito de agregação". Entre os dois primeiros, os de "separação" e de "margem", diz Gennep (apud Miers e Kopytoff, 1979, p. 15), "a pessoa é expelida de seu nicho social e colocada num limbo temporário". Nesse primeiro momento, a pessoa encontra-se num "estado de marginalidade": perde sua antiga identidade e, por ora, não adquire nenhuma outra. Contudo, o problema central reside no modo como ela é incorporada a uma nova figuração e, através do "rito de agregação", adquire nova identidade e passa a desempenhar funções na sociedade receptora que a torna imprescindível. O problema central, portanto, refere-se não à perda de identidade, mas, antes, a como a pessoa é incorporada e, ao mesmo tempo, tratada como estrangeira, como *outsider*, nessa nova figuração (Gennep, 2011, cap. 1, "Classificação dos ritos"; Miers e Kopytoff, 1979).

Há três dimensões de redução da marginalidade que concorrem para o desenvolvimento do processo de mudança de *status*. A primeira diz respeito à *mobilidade de* status *e de incorporação formal* na nova sociedade – a qual se

---

11 Comparem-se, por exemplo, as "precondições" para o surgimento de milícias sugeridas por Vinson III e Restall (2005).

refere à passagem de não pessoa a escravo, o que implica em direito a pecúlio, manumissão, proteção contra castigos excessivos, geração de indivíduos incorporados etc. A segunda dimensão concerne à *mobilidade afetiva*, isto é, à redução da marginalidade afetiva e à incorporação afetiva, referindo-se à esfera da emoção e do sentimento. A terceira dimensão é a de *mobilidade de sucesso mundano*, ou seja, mudanças de estilo de vida, influência política ou controle sobre riqueza. Algo muito distinto é o que Miers e Kopytoff designam por *mudança de* status *formal*: a passagem da condição de escravo à de liberto. Essas formas de mobilidade, relativamente independentes entre si, são intergeracionais. Ademais, processos de mudança de *status* não se encerram com a mudança de *status* formal, mas seguem ao longo da vida social do liberto e de seus filhos ingênuos, pois sempre há inabilitações, restrições à cidadania plena, à ocupação de funções sociais específicas e à riqueza, bem como imputações de estigmas por parte de grupos estabelecidos. Enfim, a condição de liberto e de ingênuo não constitui o fim da escravidão: uma vez que esse indivíduo possui inabilitações que marcam toda a sua vida, a escravidão sempre constituirá uma sombra sobre sua posição social específica, a qual, no escravismo moderno, é agravada pelo *sinal de reforço* da afrodescendência, visível à flor da pele (Kopytoff, 1982, p. 207-230; sobre o conceito de "sinal de reforço", ver Elias e Scotson, 2000, p. 19-50). Todos os mestres de campo examinados neste ensaio são marcados por esse processo: eles foram investidos numa função social de prestígio que lhes exigiu conduta adequada, sucesso mundano e capacidade de perseverar no cargo, a despeito de estigmas que lhes eram imputados.

Todos os mestres de campo "pretos" do Terço Velho se declararam crioulos em processos de pedido de hábitos de ordens militares – demanda empreendida, sem sucesso, por quase todos eles (Dutra, 1999, 2011) – ou ao solicitarem o cargo em questão. Contudo, constitui um fato que essa primeira geração tinha grande proximidade com a África e com a escravidão. Antônio Gonçalves Caldeira, segundo mestre de campo do Terço de Henrique Dias, foi descrito em documento de 27 de abril de 1667[12] apenso à sua solicitação de hábito de Ordem de Santiago como "filho de Negro e de Negra mora-

12 ANTT/MCO, Habilitações da Ordem de Santiago – Antônio Gonçalves Caldeira. Letra A, maço 6, n. 59, Lisboa, 27 abr. 1667.

dores em Pernambuco", de cujos "quatro avós não tem notícia alguma mais que serem do gentio do reino de Angola, nem lhe sabe os nomes". Caldeira, pois, era crioulo de primeira geração, ao passo que seus pais e avós eram africanos e, muito provavelmente, escravos. Testemunhas arregimentadas pela Mesa de Consciência e Ordens afirmaram que, no plano religioso, ele era "Cristão batizado e solteiro e o mesmo ouviram dizer de seus Pai e Mãe" e, embora nada se conhecesse de seus avós, sugeria-se que, ao menos, "eram de Angola, donde todos os Negros que vêm daquele Reino são primeiro batizados". Recomendava-se, no máximo, "lhe fazer mercê do Cargo de Mestre de Campo da gente parda e preta de Pernambuco", uma vez que atribuir-lhe hábito de ordem militar parecia "exemplo muito prejudicial". Por sua vez, o quinto mestre de campo "preto" do Terço Velho, Domingos Rodrigues Carneiro (1694-1725), "sem embargo de ser nacional e crioulo de Pernambuco", havia sido escravo. Carneiro sequer sabia "o nome de seu Pai e de sua Mãe, dizendo que eles vieram de Angola pequenos e foram tomados em guerra". Ao mesmo tempo, "não tinha notícia dos nomes de seus quatro Avós por serem gentios". Em sua provança como demandante de hábito da Ordem de Avis, datada de 17 de março de 1694, afirma-se que ele era "negro e que foi escravo a que seu senhor deixou em liberdade; e que no tempo do cativeiro fora Alfaiate; e que é filho de escravos cujos nomes as testemunhas não declararam, nem ainda conheceram as pessoas de seus Pais e menos as de seus Avós por serem oriundas da Guiné". A despeito de que "contra sua limpeza de sangue não resultava cousa alguma", sendo, pois, "julgado hábil de entrar na ordem", a Mesa recomendou fortemente "que Vossa Majestade não deve deferir" a demanda, por conta de "seu cativeiro e de seus Pais e Avós", que, ademais, "foram gentios".[13] Enfim, Domingos Rodrigues Carneiro, embora fosse "nacional e crioulo", tinha todos os costados plantados na África e na escravidão. Fora o primeiro crioulo da família, o primeiro liberto.

Outros mestres de campo dessa primeira fase tinham suas origens no processo de enraizamento social de afrodescendentes na América portuguesa. Era o caso de Jorge Luís Soares (1686-1693), quarto mestre de campo do Terço Velho de Henrique Dias, que em março de 1684 declarou ser "na-

13 ANTT/MCO, Habilitações para a Ordem de São Bento de Avis – Domingos Rodrigues Carneiro, Letra D, maço 1, n. 1, Lisboa, 17 mar. 1694.

tural de Pernambuco, filho de João Luís que foi sargento-mor do Terço de Henrique Dias". Como se tornou frequente ao longo do século XVIII, Jorge Luís Soares argumentou em petição de março de 1684 que "seu Pai serviu a Vossa Majestade nas guerras do Estado do Brasil contra os holandeses desde o ano de 1636 até o de 1669".[14] O sétimo e último mestre de campo do Terço Velho dos Henriques, Brás de Brito Souto, um perfeito crioulo, era filho de Severino de Brito Souto, "crioulo forro", e de "Maria de Souza, também crioula".[15] Seus dois filhos, Manoel e Antônio de Brito Souto, tornaram-se, ademais, seus oficiais subalternos.[16]

Por sua vez, os "pardos" investidos no cargo de mestre de campo após a carta régia de 22 de março de 1766 tinham perfis radicalmente distintos. Situados em estágios muito mais avançados do processo de mudança de *status*, estavam havia várias gerações distantes do cativeiro, tinham relações sociais profusas em vilas e cidades, e alguns deles eram rebentos de miscigenação – em geral, de pais portugueses com mães africanas ou crioulas. Os mestres de campo de Minas Gerais, por exemplo, pareciam, quase todos, homens abastados e influentes. Joaquim Pereira da Silva, do Terço de Infantaria Auxiliar dos Homens Pardos Libertos do termo da Vila de São José do Rio das Mortes, atual Tiradentes, nascido em 1747, teve sua patente de mestre de campo confirmada em 7 de março de 1784, quando tinha apenas 37 anos de idade. Anos depois, de acordo com o "Rol de São José", de 1795, o qual incluía todos os indivíduos ligados às tropas de ordenanças e auxiliares do termo da vila, ele foi declarado solteiro, senhor de 24 escravos e responsável por dois agregados (Cotta, 2002, p. 83-84). Os nomes desses mestres de campo estavam ligados a irmandades e confrarias mineiras, a exemplo de Francisco Alexandrino, do Terço de Infantaria Auxiliar dos Homens Pardos do Termo de Vila Rica, que, em 1761, foi vice-ministro da

14 Consulta do Conselho Ultramarino sobre o requerimento de Jorge Luís Soares, Lisboa, 7 mar. 1684, AHU/CU 015, cx. 13, doc. 1.276.

15 AHU, Cód. 87, fols. 361-361v, Lisboa, 9 jul. 1726; Brás de Brito Souto filho de Severino de Brito Souto, natural de Pernambuco, ANTT, Registo Geral de Mercês, Mercês de D. João V, liv. 17, fol. 160, Lisboa, 15 dez. 1725; Requerimento de Brás de Brito e Souto ao Rei, Recife, 4 fev. 1725, AHU/CU 015, cx. 31, doc. 2.791.

16 Requerimento de Manoel de Brito Souto ao Rei, Recife, 17 mar. 1747, AHU/CU 015, cx. 65, doc. 5.522; Manoel de Brito Souto, Capitão da Companhia do Terço da Gente Preta a que chamam Henriques, Lisboa, 25 jan. 1748, ANTT, Registo Geral de Mercês, Mercês de D. João V, liv. 38, fol. 254; Requerimento de Antônio de Brito Souto ao Rei, Lisboa, 17 maio 1760, AHU/CU 015, cx. 93, doc. 7.414.

Arquiconfraria do Cordão; em 1782, Alexandrino assumiu o cargo de presidente da Ordem Terceira dos Mínimos de São Francisco de Paula – uma das poucas, senão a única, ordem terceira fundada por afrodescendentes na América portuguesa –, sendo, ademais, seu primeiro irmão professo. Em outubro de 1781, ele tentara erigir uma Ordem Terceira de Nossa Senhora das Mercês e Redenção de Cativos. Foi também senhor de escravos, entre os quais destacava-se o africano Miguel da Rocha Ferreira, que por volta de 1783 recebeu o cordão do santo graças à intervenção de Alexandrino. Nessa mesma época, ele contribuiu com cerca de 70 mil-réis para a aprovação do estatuto da ordem terceira. Por sua vez, o mestre de campo Luís Correia Lisboa, do Terço de Infantaria Auxiliar dos Homens Pardos Libertos do Termo da Cidade de Mariana, foi um dos definidores da Arquiconfraria do Cordão e, em 1799, participou diretamente da elaboração de seus estatutos (Precioso, 2014, p. 51, 57, 111).

Nota-se um quadro semelhante em relação ao perfil dos mestres de campo "pardos" do Brasil setentrional. O caso de Luís Nogueira de Figueiredo é paradigmático. Seu pai, o lisboeta Antônio Nogueira de Figueiredo, migrou para Pernambuco em fins do século XVII e, como foi frequente por aqueles anos, enriqueceu como "homem de negócios". No Recife, casou-se com Isabel, de sobrenome ilegível, a qual, provavelmente, era africana ou crioula. Sua prole miscigenada, constituída por apenas dois filhos, Luís e Ana de Santiago, herdou pela linha paterna "bens de raiz e escravos".[17] Contudo, pela linha materna, Luís e sua irmã herdaram a tez "parda". Assim, enquanto Antônio Nogueira de Figueiredo, o pai, entrou para Misericórdia de Olinda e para a Ordem Terceira do Carmo do Recife, da qual foi prior em duas circunstâncias (1706-1708 e 1714-1716), exerceu o cargo de vereador da vila do Recife em 1721 e foi capitão e sargento-mor das ordenanças da mesma vila, ao filho restou a carreira militar no terço de "pardos". Como era próprio da gangorra do Antigo Regime, o pai também deixou inúmeras dívidas, para as quais o velho lisboeta pediu perdão à fazenda real, alegando ter lutado a favor da monarquia e dos mascates na guerra civil de 1710-1712.[18]

---

[17] Requerimento do capitão Luís Nogueira de Figueiredo ao rei d. José I, Recife, c. 8 fev. 1762, AHU/CU 015, cx. 97, doc. 7.645; ver também Mello (1981, p. 159).

[18] Requerimento de Antônio Nogueira de Figueiredo ao Rei, Recife, c. 26 mar. 1734, AHU/CU 015, cx. 46, doc. 4.140.

Desse modo, Luís Nogueira de Figueiredo fez carreira militar recorrente entre vários indivíduos miscigenados: em novembro de 1736 iniciou-a como soldado das tropas pagas – nas quais serviu por menos de um ano –, tornando-se, em 1739, soldado das ordenanças (Souza, 2017, p. 291-292). Em setembro de 1750, alcançou o posto de ajudante das ordenanças, mas parou por aí. Sua ascensão ao oficialato apenas se tornou possível quando ingressou no terço de pardos do Recife (Bezerra, 2016, p. 185-205). Nesta força, obteve a patente de capitão em dezembro de 1759 e de mestre de campo em fevereiro de 1767. Luís de Figueiredo Nogueira também foi impedido de ingressar nas irmandades das quais seu pai fazia parte, isto é, a Misericórdia de Olinda e a Ordem Terceira do Carmo. Aparentemente, como ele mesmo sugeriu em junho de 1775, tentou entrar para o Santíssimo Sacramento, mas novamente viu sua candidatura vetada.[19] Restou-lhe, pois, entrar para a irmandade do Livramento, destinada aos pardos. Contudo, atestando a enorme diferença entre seu *status* e o de seus antecessores "pretos", Luís Nogueira de Figueiredo obteve o que jamais um afrodescendente miliciano havia conseguido: um hábito da Ordem de Santiago, passado por decreto de 10 de outubro de 1771.[20] Reiterando meu argumento precedente, cabe destacar que algumas trajetórias de mestres de campo mineiros, consideradas as particularidades locais, apresentam regularidades estruturais, recorrências e conexões que as aproximam do caso de Luís Nogueira de Figueiredo. A trajetória do mestre de campo do Terço Auxiliar de Homens Pardos da Vila de Sabará Antônio Vieira da Costa, nascido escravo em 1732, filho de Jacinto Vieira da Costa, português, proprietário de "terras de minerar", fazendas, roças, casas e de cerca de 400 escravos, cuja mãe africana e escrava, Inácia Mina, havia sido propriedade de seu pai, revela, no âmbito institucional, as mesmas tensões e conflitos antes observados ao longo da vida do mestre de campo pernambucano.[21]

---

19 Ofício de Luís Nogueira de Figueiredo ao Rei, Recife, 18 jun. 1775, AHU/CU 015, cx. 119, doc. 9.130.

20 Embora jamais se tenha encontrado o registro dessa mercê no ANTT, há provas abundantes de que ela existiu. Há uma cópia da habilitação apensa a um dos ofícios de Luís Nogueira de Figueiredo, e a provedoria da fazenda da capitania de Pernambuco pagava regularmente sua tença. Requerimento de Luís Nogueira de Figueiredo ao rei Dom José I, Recife, 24 maio 1775, AHU/CU 015, cx. 119, doc. 9.109; Apeje. Registro de Provisões, Portarias, Editais e Bandos. R. Pro 4/1, folha 96 frente; Bezerra (2016, p. 185-205).

21 Sobre a trajetória de Antônio Vieira da Costa, ver neste livro o capítulo de Mariana L. R. Dantas.

Finalmente, quero destacar o problema de tensões ocorridas no âmbito dos terços de "pretos" e "pardos" de modo a sugerir um *percurso civilizatório* de longo prazo que amalgama tanto o processo de mudança de *status* na escravidão como a dimensão institucional. Em julho de 1669, o mestre de campo Antônio Gonçalves Caldeira foi considerado culpado "pela morte de um capitão preto do mesmo terço, pela devassa que dela se tirou". Ao saber de sua prisão iminente, Caldeira se evadiu para sítio "uma légua distante da Vila de Olinda". Tendo seu paradeiro descoberto, dali foi conduzido "pelo Capitão-mor dos Minas e alguns Capitães mais", que o trouxeram "com muito sossego e quietação até a dita Vila". No entanto, frades beneditinos se interpuseram entre Caldeira e seus captores, gerando tumulto ao qual "acudiu muita gente dos moradores, com que o dito mestre de campo teve lugar de puxar pela espada, tratando de acutilar e ferir a todos que, obrigados a defensa, puxaram também das suas". A resistência de Caldeira, enfim, lhe custou a vida: "recebendo o mestre de campo duas feridas", delas "morreu dentro de sete horas".[22] Abriu-se, assim, nova devassa, mas, infelizmente, não tive acesso nem a esta nem à anterior. Fosse como fosse, aquele foi momento de tensão, marcado pela violência explícita entre membros do terço, pelo baixo nível de sua institucionalização, pela convivência e equidade entre crioulos e africanos, que, ombreando-se, rivalizavam entre si. Trata-se, pois, de evento que testemunha fase específica dos processos de institucionalização das milícias e de mudança de *status* na escravidão.

Algumas décadas mais tarde, as rixas entre os mestres de campo "pardos" Luís de Figueiredo Nogueira e José Ribeiro [Rebelo] de Vasconcelos acenavam em direção diversa. Tudo começou antes de ambos serem investidos no cargo, quando o único terço de "pardos" existente na capitania de Pernambuco era comandado por um sargento-mor. Por volta de fevereiro de 1762, Nogueira, Rebelo e outro miliciano, Antônio Rodrigues da Costa, lançaram suas candidaturas ao cargo de sargento-mor. A honra de ocupar o posto coube a Costa. Ao ser preterido, Nogueira desqualificou seus opositores, afirmando que Rebelo era "incapaz de ocupar o posto por ter um grande defeito" e que "não serve para capitão", uma vez que era "ruim e perverso". Por tal razão,

---

22 Carta do governador de Pernambuco, Bernardo de Miranda Henriques, sobre Antônio Gonçalves Caldeira, AHU/CU 015, cx. 9, doc. 868.

tornava a "Irmandade de Nossa Senhora do Livramento desinquieta", bem como deixava "inquietada toda república com enredos e demandas". Por outro lado, referindo-se a Antônio Rodrigues da Costa, parecia-lhe absurdo atribuir "o posto de Capitão a um Pardo que há poucos anos é liberto e ainda com pensão à sua senhora" e que "trabalha já oficial em sua tenda de alfaiate".[23] Ao longo da década de 1780, Figueiredo Nogueira e Ribeiro [Rebelo] de Vasconcelos se envolveram em outra contenda, dessa vez em torno de jurisdições e zonas de recrutamento de seus respectivos terços. Por volta de fevereiro de 1789, o último enviou queixa à rainha, afirmando que o rival perturbava o "sossego e tranquilidade" de suas "reclutas" ao declarar que "era o único mestre de campo da Praça, e que seu Terço devia nela ser reclutado". Ribeiro [Rebelo] de Vasconcelos, muito educadamente, acresceu que, "com todo o devido respeito, o requerimento de Nogueira é caviloso, e se conhece a sua intriga e o prejuízo ao Real Serviço".[24] Mesmo depois de suprimido o cargo de mestre de campo, as rixas continuaram. Em ofício de dezembro de 1800, Figueiredo Nogueira insistia que "o Coronel do Regimento de Milícias dos mesmos Pardos da parte do Sul José Ribeiro [Rebelo] de Vasconcelos lhe tem usurpado os homens que moram nesta Praça para sentarem praça nas outras companhias que tem dentro da mesma".[25]

Tais disputas travadas ao longo de décadas parecem, à primeira vista, meras rixas entre velhos "pardos" presunçosos e orgulhosos de suas funções sociais de prestígio. No entanto, numa perspectiva de longo prazo, é possível interpretá-las de maneira distinta. Por um lado, as discussões em torno de promoções, recrutas e jurisdições denunciavam, no mínimo, a falta de sentido e a ociosidade dos terços de "pretos" e "pardos" das partes setentrionais da América portuguesa de meados do século XVIII em diante, aspecto que se tornou patente na circunstância de seu chamamento para a guerra luso-castelhana (Silva e Souza, 2023, p. 317-348). Tornava-se claro que as milícias baianas e pernambucanas, recorrentemente incompletas e lacunares,

23 Requerimento do capitão Luís Nogueira de Figueiredo ao rei d. José I, Recife, c. 8 fev. 1762, AHU/CU 015, cx. 97, doc. 7.645.

24 Requerimento do capitão José Ribeiro [Rebelo] de Vasconcelos à rainha d. Maria I, Recife, c. 17 fev. 1789, AHU/CU 015, cx. 168, doc. 11.892.

25 Requerimento de Luís Nogueira de Figueiredo ao Rei, Recife, 19 dez. 1800, AHU/CU 015, cx. 222, doc. 15.022.

não passavam de ornamentos da vida social de uma elite afrodescendente cada vez mais importuna. Por outro lado, a troca de cartas entre mestres de campo e, depois, coronéis de milícias substituía, a partir da segunda metade do século XVIII, a violência física tão recorrente entre os séculos XVII e a primeira metade do seguinte, e, sob esse ângulo, pode-se dizer que, para o bem e para o mal, os terços e os próprios afrodescendentes haviam se *civilizado* (Elias, 2006, p. 21-25; Silva, 2013, p. 111-144). Gerações haviam se sucedido entre o primeiro mestre de campo "preto" e o último mestre de campo "pardo": em fins do século XVIII, o processo de mudança de *status* na escravidão acenava na direção do aumento da diversidade e da complexificação de hierarquias entre crioulos e africanos, e os terços se convertiam em instituições que ora ganhavam novos significados na vastidão da América portuguesa, ora tendiam a se tornar disfuncionais.

Mestre de campo: da origem à atribuição a afrodescendentes

A gênese do cargo de mestre de campo está diretamente relacionada à introdução dos *tercios* no império de Carlos V. Criados a partir de 1534, mas consolidados em 1536 através da Ordenanza de Genova, os terços foram paulatinamente estabelecidos ao longo do século XVI nos vastos domínios subordinados à casa de Áustria – o que incluía, além da península Itálica, Flandres, os Países Baixos, a península Ibérica e as Índias de Castela (Martín, 2006, p. 179-224; White, 1998, p. 143-144). Depois de 1581, sob a dominação dos Habsburgos, oficiais e soldados portugueses passaram a conhecer os terços e seus cargos (Arce, 2013, p. 47-72). Várias *ordenanzas* foram elaboradas ao longo dos séculos XVI e XVII, regulando aspectos que concerniam à administração da justiça e aos critérios de escolha de mestre de campo no âmbito dos terços das várias *naciones* existentes sob a monarquia espanhola, a exemplo das *ordenanzas* de 1587 e 1632 (Portugués, 1764, p. 16-37, 66-123; Hernandez, 2015, p. 9). A partir de 1642, ao longo da Guerra de Restauração portuguesa, grupos dinásticos em ascensão adotaram o sistema de terços espanhol, atribuindo funções de comando a indivíduos recrutados no nível mais alto da nobreza.[26] Contudo, uma ordenança de novembro de 1707 "deu

26 Andrade e Silva, 1856, 2ª série, p. 130; 3ª série, p. 42; 4ª série, p. 27.

nova forma" às tropas do Exército de primeira linha português, substituindo terços por regimentos (Sousa, 1789, p. 357-361; Gomes, 2010, p. 76-77), ao passo que as ordenanças e as tropas auxiliares mantiveram o sistema de terços.

Ao se examinar mais de perto o cargo de mestre de campo, constata-se que, em sua gênese, este deveria ser atribuído a indivíduos cuja posição social nada tinha a ver com a de afrodescendentes recém-egressos do cativeiro. As *ordenanzas* espanholas de agosto de 1598 e de junho de 1632, por exemplo, determinaram que seu ocupante deveria ter "sangue ilustre", além de "qualidade, muita prática, e experiência do Ministério da guerra". Ademais, ele deveria ser "valente, de bom, honrado e cristão proceder", bem como "bem-afortunado, obediente, livre de consciência". Explicava-se ainda que por "sangue ilustre se há de entender, entre os Espanhóis, aqueles cujo pai, ou avô, por linha de varão, forem filho, ou neto, de Casas Grandes, ou Títulos; ou daquelas Casas que juram ao Príncipe e pagam lanças" (Hernán, 2004, p. 9; Portugués, 1764, p. 67-68). Como analisa David García Hernán (2000, p. 292), o cargo de mestre de campo refere-se, antes de tudo, às "linhas mais reveladoras da imagem" da "função militar da nobreza", tal como a define o próprio duque de Alba em fins do século XVI (ver, também, White, 1998, p. 141-167). Foi essa, pois, a herança espanhola introduzida no império português em 1581 e, a partir de meados do século XVII, compartilhada com afrodescendentes da América portuguesa.

Assim, portanto, examinar trajetórias de afrodescendentes que foram investidos no cargo de mestre de campo requer a introdução de conceitos alternativos, como o de *equilíbrio pendular, simétrico e assimétrico, entre posição social e função social de prestígio*. Conceitualmente, a posição social de um indivíduo se refere a atributos que lhe são socialmente designados por nascimento ou por critérios de estratificação social (Balandier, 1969, caps. 4 e 5). A posição social, portanto, desenvolve-se no âmbito de uma estrutura social, independentemente do ser humano individual ou anteriormente a ele, e tende a ampliar ou reduzir seu potencial de retenção de poder em decorrência de ações e representações mentais engendradas por indivíduos específicos. Por sua vez, a *função social de prestígio* se refere a uma investidura herdada ou alcançada ao longo de uma vida individual no âmbito de uma estrutura social, burocrática e institucional específica. Tal como a posição social, a função social de prestígio desenvolve-se de forma independente da vida individual e deve sua existência a exigências e necessidades de instituições igualmente específicas, embora as disposições particulares de indivíduos que, sucessivamente, nela são investidos concorram para seu maior ou menor reconhecimento e estima, ou para o aumento ou diminuição de seu prestígio (Elias, 2001, p. 45, 152-159).

Com efeito, o equilíbrio *assimétrico* entre posição social e função social de prestígio foi particularmente sentido pelos milicianos "pretos" e "pardos", os quais pareciam crer que a investidura no cargo de mestre de campo ou a habilitação numa ordem militar elidiria fundamentos de sua posição social. Contudo, em momentos de disputas políticas ou simbólicas pelo poder, eles constatavam de maneira cruel e objetiva que permaneciam atados a sua posição social inferior. Em agosto de 1650, ao longo da Guerra de Pernambuco, o próprio Henrique Dias enviou carta a d. João IV expondo que, embora tivesse servido "com Generais que me trataram com toda a cortesia, e faziam da minha pessoa grande estimação", a despeito de suas "grandes necessidades, e misérias", se sentia incomodado pelo fato de que "pelo mestre de campo general Francisco Barreto, que governa, sou tratado com pouco Respeito, e com palavras indecentes à minha pessoa; nem me conhece por soldado, e que não sou nada, nem mereço soldo".[27] Em junho de 1775, o mestre de campo "pardo" Luís Nogueira de Figueiredo queixou-se a d. José I de que na "festa do Santíssimo Sacramento" outros cavaleiros "se ajuntaram" para "que eu não fosse ao auto por pardo". Embora tivesse sido "tratado nessa Corte por Sua Majestade Fidelíssima e por Vossa Excelência, e armado Cavaleiro", se via "nesta minha terra abatido e corrido por quatro Cavaleiros com presunção de soberbas, ultrajando a quem Sua Excelência e Vossa Majestade tanto honraram". Seu argumento era o de que "Sua Majestade se serve com homens e não com acidentes" – isto é, com os "acidentes" das "cores" "preta" e "parda".[28]

Entre a primeira metade do século XVIII e as primeiras décadas do século XIX, o equilíbrio assimétrico aqui examinado foi se tornando cada vez mais insustentável na perspectiva de indivíduos ligados à nobreza

27 Carta de Henrique Dias ao rei d. João IV, Recife, 1º ago. 1650, AHU/CU 015, cx. 5, doc. 406.

28 Ofício de Luís Nogueira de Figueiredo ao rei d. José I, Recife, 18 jun. 1775, AHU/CU 015, cx. 119, doc. 9.130.

portuguesa e investidos em funções governamentais. Em março de 1732, o então governador e capitão-general de Pernambuco, Duarte Sodré Pereira, escreveu que lhe parecia "injurioso que um preto sem mais merecimento que de algum ofício mecânico, se lhe mande passar patente de mestre de campo", sugerindo, então, "que falecendo" Brás de Brito Souto, "se extinga outrossim o [cargo] de mestre de campo, ficando servindo somente nele o sargento-mor que estiver provido no dito posto".[29] Embora leis tenham sido publicadas em decorrência dessa e de outras propostas ainda mais radicais de Sodré, que determinaram a incorporação das milícias de "pretos" e "pardos" às ordenanças de "brancos", não foi possível naquela circunstância levar tais medidas adiante. Nos anos subsequentes, os milicianos "pretos" resistiram bravamente no sentido de preservar cargos, soldos e a independência de seus terços. Aqueles residentes nas capitanias de Pernambuco e da Bahia trocaram cartas entre si e envolveram o Conselho Ultramarino, governadores e vice-reis num longo e interminável debate, através do qual forjaram argumentos que lhes permitiram a manutenção de seus terços e postos, notadamente o de mestre de campo (Silva, 2017, p. 174-203).

Contudo, a partir de fins do século XVIII, tornou-se impossível manter o cargo, notadamente entre os "pretos": daí em diante, e até sua extinção, em 1831, os terços "velho" e "novo" de Henrique Dias passaram a ser chefiados apenas por sargentos-mores. Essa regra, almejada desde a década de 1730, foi defendida em abril de 1782 pelo então governador de Pernambuco, José César de Meneses, que retomou a mesma opinião de Sodré ao sublinhar que "a experiência me mostra que os oficiais Pardos e Pretos ordinariamente vivem com pouca honra, utilizando-se dos pobres soldados, que fazem valer até a desesperação para os seus interesses particulares". Ele se referia em especial a "dois Capitães, que aqui andam, os quais ambos escaparam ao cativeiro", bem como a estarem "nessa Corte dois Sargentos Mores Pardos destes Terços, que ambos há poucos anos foram cativos, e hoje querem as honras e soldos de Sargentos Mores, sem merecimento, ou utilidades; do mesmo jaez são os Mestres de Campo, homens ordinariamente de inferior condição".[30]

---

29 Carta de Duarte Sodré Pereira ao Rei, Recife, 10 mar. 1732, AHU/CU 015, cx. 42, doc. 3.797.

30 Ofício de José César de Meneses a Martinho de Mello e Castro, Recife, 13 abr. 1782, AHU/CU 015, cx. doc. 10.544, cx. 144.

Meneses se referia particularmente a alguns desafetos recorrentes, contra os quais enviava com frequência correspondência a Lisboa, imputando-lhes estigmas: refiro-me aos mestres de campo Luís Nogueira de Figueiredo e José Ribeiro [Rebelo] de Vasconcelos, ao ajudante José Rodrigues Pereira e ao sargento-mor Luís Alvares Pinto.

Críticas aos postos mais altos ocupados por afrodescendentes infestaram a comunicação política em todo o Estado do Brasil desde então. O plano militar elaborado pelo governador de Pernambuco Caetano Pinto de Miranda Montenegro em maio de 1806 criticava a carta régia de 1766 porque esta havia instituído diversos "abusos", como o de nomearem-se "Oficiais, até mesmo Superiores, tirados dos ofícios mecânicos", os quais não podiam manter "a decência e independência dos postos". O governador lamentava-se pelos "pobres pretos e pardos", que "largando a espada vão pegar na agulha, no picão e na sovela", mas parecia inevitável reservar os postos superiores aos "brancos".[31] Os termos deste e de outros planos, bem como de medidas efetivas encetadas no Rio de Janeiro, na Bahia e em São Paulo (Souza, 2017, p. 333-353), atestam, pois, que entre fins do século XVIII e inícios do XIX, o pêndulo do campo de tensões que envolvia, por um lado, autoridades coloniais e, por outro, mestres de campo "pretos" e "pardos" havia oscilado na direção da total assimetria entre posição social e função social de prestígio. Ao mesmo tempo, às vésperas do estabelecimento da "igualdade política", o processo de mudança de *status* adentrava outro terreno, marcado pelo afastamento, explícito ou velado, de afrodescendentes das fontes de poder.

31 Ofício de Caetano Pinto de Miranda Montenegro ao visconde de Anadia, Recife, 24 mar. 1806, AHU/CU 015, cx. 259, doc. 17.405.

Tabela 1
Mestres de campo "pretos" da capitania de Pernambuco (1658-1778)

Mestres de campo	Vigência no posto	Corpo militar
Henrique Dias (a)	1658-1665	Terço dos Henriques
Antônio Gonçalves Caldeira (b)	1665-1669	Terço dos Henriques
João Martins (c)	1684-1686	Terço dos Henriques
Jorge Luís Soares (d)	1686-1693	Terço dos Henriques
Domingos Rodrigues Carneiro (e)	1694-1725	Terço dos Henriques
Manuel Barbalho de Lira (f)	1726-1729	Terço dos Henriques
Brás de Brito Souto (g)	1730-1768	Terço dos Henriques
Joaquim Pacheco da Fonseca (h)	1774-1778	Terço Novo dos Henriques

Fontes: (a) AHU, cód. 116, fol. 355, Lisboa, 20 mar. 1658; (b) ANTT, Registo Geral de Mercês, Mercês, Chancelaria de D. Afonso VI, liv. 19, fol. 216, Lisboa, 20 mar. 1665; AHU/CU 015, cx. 9, doc. 868, Recife, 24 maio 1669; (c) AHU/CU 015, cx. 13, doc. 1.314, Lisboa, 16 nov. 1684; (d) ANTT, Registo Geral de Mercês, Mercês de D. Pedro II, liv. 1, fol. 282v, Lisboa, 19 jul. 1686; AHU/CU 015, cx. 14, doc. 1.360, Recife, 22 mar. 1686; (e) AHU/CU 015, cx. 16, doc. 1.626, Lisboa, 24 dez. 1693, e cx. 16, doc. 1635, Lisboa, 19 jan. 1694; (f) AHU/CU 015, cx. 33, doc. 3.016, Lisboa, 16 fev. 1726; (g) ANTT/RGM, Mercês de D. João V, liv. 17, fol. 160v; AHU, cód. 1.989, fol. 10, Recife, 1768; (h) AHU/CU 015, cx. 120, doc. 9.204, Recife, 10 out. 1775; AHU/CU 015, cx. 129, doc. 2.762, Recife, 13 abr. 1778.

Tabela 2
Mestres de campo "pardos" da América portuguesa (1767-1796)

Mestres de campo	Exercício	Capitanias	Corpo miliciano
José Ribeiro [Rebelo] de Vasconcelos (a)	1767-1796	Pernambuco	"Terço de infantaria auxiliar dos homens Pardos do Recife"
Antônio Rodrigues da Costa (b)	1768-?	Pernambuco	"Terço auxiliar de Olinda", "Pardos"
Ignácio Gomes da Fonseca (c)	1768-1796	Pernambuco	"Terço de infantaria auxiliar", "Pardos"
Francisco Alexandrino (d)	1768-1796	Minas Gerais	"Terço de infantaria auxiliar dos Homens Pardos do termo de Vila Rica"
Luís Nogueira de Figueiredo (e)	1770-1796	Pernambuco	"Terço de Vila Flor", "Pardos"
Felix José da Trindade (f)	1771-1796	Paraíba	"Terço auxiliar", "Pardos"
Martinho Pereira Alves (g)	1772-1796	Comarca de Alagoas, Pernambuco	"Terço de infantaria auxiliar", "Pardos"
Luís Correia Lisboa (h)	1780-1796	Minas Gerais	"Terço de Infantaria Auxiliar dos homens pardos libertos do termo da Cidade de Mariana"
Joaquim Pereira da Silva (i)	1784-1796	Minas Gerais	"Auxiliares da capitania de Minas Gerais", "Terço de Infantaria Auxiliar dos Homens Pardos Libertos, do termo da Vila de São José do Rio das Mortes".
Antônio Vieira da Costa (j)	1785-1796	Minas Gerais	"Terços de Infantaria de Pretos e Pardos", comarca do "Rio das Velhas", "Vila do Sabará".
Paulo Barbosa Vilar (k)	1787-1796	Minas Gerais	"Terço de infantaria auxiliar", "Pardos", "Termo da Vila da Rainha"

Fontes: (a) AHU/CU 015, cx. 115, doc. 8.815, Recife, 26 fev. 1767; (b) ANTT, Registo Geral de Mercês de D. José I, liv. 16, f. 428, Lisboa, 16 out. 1761; Registo Geral de Mercês de D. José I, liv. 16, f. 428v, Lisboa, 16 out. 1764; AHU, cód. 2.164, fol. 2, Recife, 1º abr. 1768; AHU/CU 015, cx. 97, doc. 7.655; (c) AHU/CU 015, cx. 120, doc. 9.204, Recife, 10 out. 1775; Apeje/OG, v. 7 (1798-1800), fols. 23v-24, Recife, 19 jan. 1799; (d) AHU/CU 011, cx. 97, doc. 26. Vila Rica, 19 dez. 1768; ANTT, Registo Geral de Mercês de D. José I, liv. 21, fol. 84, Lisboa, 8 abr. 1770; (e) ANTT, Registo Geral de Mercês de D. José I, liv. 23, fol. 359, Lisboa, 20 jul. 1770; (f) Apeje/OG, v. 4 (1788-1789), fol. 84, Recife, 12 jun. 1788; AHU/CU 014, cx. 30, doc. 2.246, Lisboa, 20 nov. 1787; AHU/CU 014, cx. 32, doc. 2.370. Cidade da Paraíba, 20 out. 1796; AHU/CU 014, cx. 37, doc. 2.661. Cidade da Paraíba, 23 dez. 1799; (g) AHU/CU 04, cx. 4, doc. 332, Recife, 23 jun. 1772; Apeje/OG, v. 5 (1788-1789), fol. 150v, Recife, 16 maio 1797; (h) AHU/CU 011, cx. 121, doc. 45, anterior a 14 maio 1784; (i) ANTT, Registo Geral de Mercês, Mercês de D. Maria I, liv. 16, f. 134, Lisboa, 7 mar. 1784; (j) ANTT, Registro Geral de Mercês, Mercês de Dona Maria I, liv. 18, f. 320 v., Lisboa, 22 jun. 1785; AHU/CU 011, cx. 126, doc. 15, Lisboa, 1 fev. 1787; (k) AHU/CU 011, cx. 127, doc. 41, Lisboa, 28 nov. 1787.

Nota: É importante destacar que o mestre de campo do terço de pardos da repartição sul do Recife aparece nomeado duplamente na documentação disponível tanto no ANTT como, principalmente, no AHU. Ele aparece ora como "José Ribeiro de Vasconcelos", ora como "José Rebelo de Vasconcelos". No entanto, posso afiançar que se trata do mesmo indivíduo. Um confronto entre duas entradas do AHU atesta tal afirmação. Ver AHU/CU 015, cx. 115, doc. 8.815, Recife, 26 fev. 1767, e AHU/CU 015, cx. 168, doc. 11.892, Recife, ant. a 17 fev. 1789. Neste ensaio, optei por sempre grafar seu nome contendo a dupla nominação ("José Ribeiro [Rebelo] de Vasconcelos").

Referências

ALDEN, Dauril. O período final do Brasil Colônia (1750-1808). In: BETHELL, Leslie (Org.). *América Latina colonial*. São Paulo: Edusp; Fundação Alexandres de Gusmão, 1999.

ANDRADE E SILVA, José Justino de. *Coleção cronológica da legislação portuguesa*. Lisboa: Imprensa de F. X. de Souza, 1856. 2. série [1640-1647]; 3. série [1648-1656]; 4. série [1657-1674].

ARCE, Domingo Centenero de. Soldados portugueses en la Monarquía Católica, soldados castellanos en la India Lusa. In: CARDIM, Pedro; COSTA, Leonor F.; CUNHA, Mafalda S. (Org.). *Portugal na monarquia hispânica*: dinâmicas de integração e conflito. Lisboa: Cham; Cihcs; Red Columnaria, 2013. p. 47-72.

BALANDIER, Georges. *Antropologia política*. São Paulo: Difel; Edusp, 1969.

BEZERRA, Janaína Santos. *A fraude da tez branca*: a integração de indivíduos e famílias pardas na elite colonial pernambucana (século XVIII). Tese (doutorado), UFPE, Recife, 2016.

COTTA, Francis A. Os terços de homens pardos e pretos libertos: mobilidade social via postos militares nas Minas do século XVII. *Mneme*, Caicó, v. 3, n. 6, p. 72-95, 2002.

COUTO, Domingos L. *Desagravos do Brasil e glórias de Pernambuco*. Recife: FCCR, 1981.

DUTRA, Francis A. A hard-fought struggle for recognition: Manuel Gonçalves Dória, first Afro-Brazilian to become a Knight of Santiago. *The Americas*, Washington, v. 56, n. 1, p. 92-113, 1999.

_____. Ser mulato em Portugal nos primórdios da época moderna. *Tempo*, Niterói, v. 15, n. 30, p. 101-114, 2011.

ELIAS, Norbert. *A sociedade de corte*: investigação sobre a sociologia da realeza e da aristocracia da Corte. Rio de Janeiro: Zahar, 2001.

_____. *Escritos e ensaios*: estado, processo, opinião pública. Rio de Janeiro: Zahar, 2006.

_____; SCOTSON, John L. *Os estabelecidos e os* outsiders: sociologia das relações de poder a partir de uma pequena comunidade. Rio de Janeiro: Zahar, 2000.

FREYRE, F. de Brito. *Nova Lusitânia, história da guerra brasílica*. Lisboa: Oficina de João Galram, 1675.

GARRIGUS, John D. *Before Haiti*: race and citizenship in French Saint-Domingue. Nova York: Palgrave Macmillan, 2014.

GENNEP, Arnold Van. *Os ritos de passagem*: estudo sistemático dos ritos da porta e da soleira, da hospitalidade, da adoção, gravidez e parto, nascimento, infância, puberdade, iniciação, ordenação, coroação, noivado, casamento, funerais, estações etc. Petrópolis: Vozes, 2011.

GOMES, José Eudes. *As milícias d'El Rey*: tropas militares e poder no Ceará setecentista. Rio de Janeiro: FGV Ed., 2010.

HANDLER, Jerome S. Freedmen and slaves in the Barbados militia. *Journal of Caribbean Studies*, San Juan, v. 19, p. 1-25, 1984.

HERNÁN, David G. La función militar de la nobleza en los orígenes de la España moderna. *Gladius*, Madri, n. 20, p. 284-300, 2000.

HERNÁN, Enrique G. Don Sancho de Lodoño: perfil biográfico. *Revista de História Moderna*, Alicante, n. 22, p. 7-72, 2004.

HERNANDEZ, António José Rodríguez. *Breve história de los ejércitos*: los tercios de Flandres. Madri: Nowtilus, 2015.

KOPYTOFF, Igor. Slavery. *Annual Review of Anthropology*, San Mateo, v. 11, p. 207-230, 1982.

MARKHAM, Clements (Ed.). *The voyages of Sir James Lancaster to the East Indies*. Londres: Hakluyt Society, 1877.

MARTÍN, Carlos B. El "barrio español" de Nápoles en el siglo XVI. In: HERNÁN, Enrique Garcia; MAFFI, Davide (Ed.). *Guerra y sociedad en la monarquia hispânica*: política, estrategia y cultura en la Europa moderna (1500-1700). Madri: Laberinto; Fundación Mapfre; Csic, 2006. v. 1. p. 179-224.

MELLO, José Antônio Gonsalves. Nobres e mascates na câmara do Recife (1713-1738). *Revista do Instituto Arqueológico, Histórico e Geográfico Pernambucano*, Recife, v. 53, p. 113-262, 1981.

_____. *Henrique Dias, governador dos crioulos, negros e mulatos do Brasil*. Recife: Massagana; CNPq, 1988.

MENIM, Francielly G. B. *Sociogênese e institucionalização de milícias de africanos e afrodescendentes livres e libertos na América portuguesa*: Bahia e Rio de Janeiro (1638-1766). Tese (doutorado), UFPR, Curitiba, 2019.

MIERS, Suzanne; KOPYTOFF, Igor. African "slavery" as an institution of marginality. In: _____ (Org.). *Slavery in Africa*: historical and anthropological perspectives. Madison: The University of Wisconsin Press, 1979. p. 3-81.

MOTA, Célio de Souza. As "milícias negras" da Bahia setecentista: cartas patentes como estratégia de mobilidade social na sociedade escravista do Antigo Regime. *Ultramares*, Maceió, v. 5, n. 10, p. 202-226, 2016.

PAULA, Leandro Francisco de. *Milícias negras nas Minas setecentistas*: gênese e institucionalização (1695-1802). Tese (doutorado), UFPR, Curitiba, 2021.

PORTUGUÉS, Joseph António. *Collección general de las ordenanzas militares*. Madri: Imprenta de Antonio Marin, 1764. t. 1.

PRECIOSO, Daniel. *Terceiros de cor*: pardos e crioulos em ordens terceiras e arquiconfrarias (Minas Gerais, 1760-1808). Tese (doutorado), UFF, Niterói, 2014.

SALVADOR, Frei Vicente do. *História do Brasil*. São Paulo: Weiszflog Irmãos, 1918.

SILVA, António Delgado da. *Coleção da legislação portuguesa desde a última compilação das ordenações*. Lisboa: Tip. Maigrense, 1828.

SILVA, Luiz Geraldo. Sobre a "etnia crioula": o Terço dos Henriques e seus critérios de exclusão na América portuguesa do século XVIII. In: VENÂNCIO, Renato; GONÇALVES, Andréa; CHAVES, Cláudia (Org.). *Administrando impérios*: Portugal e Brasil nos séculos XVIII e XIX. Belo Horizonte: Fino Traço, 2012. p. 71-96.

_____. Gênese das milícias de pardos e pretos na América portuguesa: Pernambuco e Minas Gerais, séculos XVII e XVIII. *Revista de História*, São Paulo, v. 2, n. 169, p. 111-144, 2013.

_____. Indivíduo e sociedade: Brás de Brito Souto e o processo de institucionalização das milícias de afrodescendentes livres e libertos na América portuguesa (1684-1768). *Tempo*, Niterói, v. 23, n. 2, p. 174-203, 2017.

_____; SOUZA, Fernando Prestes de. A "recruta grande" na América portuguesa setentrional: administração e sociedade na Bahia e em Pernambuco durante a guerra luso-castelhana (1762-1777). In: FERNÁNDEZ, Juan Marchena; IBÁÑEZ BONILLO, Pablo (Org.). *Fronteras en lucha*: guerra y reformas en los imperios ibéricos (1750-1783). Madri: Silex, 2023. p. 317-318.

SOUSA, José Roberto Monteiro de Campos Coelho. *Systema, ou collecção dos regimentos reaes*. Lisboa: Oficina de Francisco Borges de Sousa, 1789. t. 5.

SOUZA, Fernando Prestes de. *Pardos livres em um campo de tensões*: milícias, trabalho e poder (São Paulo, 1797-1831). Tese (doutorado), USP, São Paulo, 2017.

VILHENA, Luiz dos Santos. *Recopilação de notícias soteropolitanas e brasílicas*. Salvador: Imprensa Oficial do Estado, 1921. v. 2.

VINSON III, Ben. *Bearing arms for His majesty*: the free-colored militia in colonial Mexico. Stanford: Stanford University Press, 2001.

_____; RESTALL, Matthew. Black soldiers, native soldiers. In: RESTALL, Matthew (Org.). *Beyond black and red African-native relations in colonial Latin America*. Albuquerque: University of New Mexico Press, 2005. p. 15-52.

WAGLEY, Charles. Plantation-America: a culture sphere. In: RUBIN, Vera (Ed.). *Caribbean studies*: a symposium. Seattle: University of Washington Press, 1957.

WHITE, Lorraine. Los tercios en España: el combate. *Studia Historica,* Salamanca, v. 19, p. 141-167, 1998.

PARTE II

Milicianos pardos e pretos no Brasil: segregação sociorracial e conflitos locais

Conflitos locais e conexões imperiais: os requerimentos dos oficiais pardos (Bahia, Rio de Janeiro, Lisboa e Angola, 1768-1809)

Adriana Barreto de Souza
*Hendrik Kraay**

> *Vossa Alteza Real [...] houve por bem, pela Resolução Régia de 26 de Agosto de 1802 [...] cortar semelhantes repreensíveis fatos, e restituir o Direito, de poderem ser encartados em todos os postos, oficiais que forem beneméritos daquele Regimento, que pelas boas, aplicações e honra, se fazem dignos desta mercê.*
> Requerimento dos capitães pardos do Rio de Janeiro, 1804[1]

Os anos finais do século XVIII foram de muita luta e expectativa para os milicianos pardos da Bahia e do Rio de Janeiro. Luta que não foi travada em campos de batalha, e sim na burocracia real. Por meio de vários requerimentos, os oficiais pardos tentaram recuperar – como se vê na epígrafe – um "direito" que lhes vinha sendo negado por "repreensíveis fatos". O autor desses fatos repreensíveis, principal contendor dos oficiais, era ninguém menos que d. Fernando José de Portugal, governador da Bahia entre 1788 e 1801 e, em seguida, vice-rei do Brasil.

Acionando um instrumento político tradicional de comunicação dos súditos com o rei, os requerimentos (ou petições), esses oficiais não suplicavam uma graça, como em geral ocorria. Apesar do vocabulário de Antigo Regime,

* A pesquisa de Adriana Barreto de Souza é financiada pelo Conselho Nacional de Desenvolvimento Científico e Tecnológico (CNPq), no âmbito do programa Bolsa de Produtividade em Pesquisa, e Fundação Carlos Chagas Filho de Amparo à Pesquisa do Estado do Rio de Janeiro (FAPERJ), no programa Cientista do Nosso Estado. A pesquisa de Hendrik Kraay foi financiada pelo Social Sciences and Humanities Research Council (Canadá).

1 Requerimento dos capitães e mais oficiais subalternos, c. 1804. AHU/CU 017, cx. 220, doc. 15.152.

denunciavam o não cumprimento das leis reais e, por isso, afirmavam em seu requerimento tratar-se da restituição de um direito. A resolução régia de 26 de agosto de 1802, mencionada pelos oficiais, colocava-se contra a política de d. Fernando José, ordenando que os oficiais pardos tivessem preferência na ocupação dos postos superiores dos regimentos de milícias dos homens pardos, tanto em Salvador como no Rio de Janeiro. Uma ordem cuja dificuldade de execução explicita - como é nossa intenção demonstrar - o nível de tensionamento político provocado pela oposição obstinada de administradores coloniais às demandas, numerosas e cada vez mais elaboradas, desses oficiais. O que estava no centro do debate, e das disputas, era a configuração das hierarquias sociais, bastante complexa na América portuguesa, fundada no *status*, na riqueza, mas também na cor. Inseridos em uma instituição recém-regulamentada pela Coroa e, por meio dela, prestando bons serviços militares, assim reconhecidos por diversas autoridades, os oficiais pardos da Bahia buscavam recuperar o acesso que tinham, até poucos anos antes, aos postos de coronel, tenente-coronel, sargento-mor e ajudante de seu regimento, e auxiliavam os oficiais do Rio de Janeiro a obtê-lo.

Analisar essas conexões entre os milicianos pardos da Bahia e do Rio de Janeiro na luta por suas demandas junto à Coroa é o problema em torno do qual se articula este capítulo. Em meio à pesquisa, descobrimos ainda que, apoiando esses homens em Lisboa, havia um tenente de Angola. Para entender de forma mais precisa o teor dessas demandas, traçaremos um histórico da criação dos corpos de milicianos pardos na Bahia e no Rio de Janeiro, desde sua criação, entre as décadas de 1760 e 1780, até o início da década de 1810. Em seguida, analisaremos as decisões tomadas por d. Fernando José na Bahia. Ao resolver eliminar os oficiais pardos dos postos superiores de seu regimento, postos pagos, o então governador desencadeou uma década de lutas da parte dos oficiais pardos baianos (e do Rio de Janeiro), que buscavam a efetivação dos seus direitos, negados pelo que julgavam as repreensíveis decisões do governador, depois vice-rei.

A história do regimento dos homens pardos da Bahia já foi analisada por vários historiadores, mas sempre de forma incompleta.[2] Porém, a dis-

2 Ver: Morton (1974, p. 145-150); Russell-Wood (1982, p. 91-93); Kraay (2011, cap. 4); Mota (2018, caps. 1-2); Souza (2017, p. 248-261).

ponibilização da documentação colonial por meio do Projeto Resgate tem permitido análises mais verticalizadas. Já sobre o regimento de pardos do Rio de Janeiro, não há pesquisas. Assim, ao tratar das histórias paralelas e entrelaçadas – por vezes, convergentes; por outras, divergentes – dos corpos milicianos de homens pardos das duas capitanias, nosso capítulo se junta a alguns estudos recentes que buscam romper com a tendência de analisar as milícias isoladamente[3] e aponta, de forma preliminar, as redes americanas e transatlânticas que conectavam esses súditos pardos da Coroa portuguesa. Alguns estudiosos das milícias de homens de cor já reconheceram a importância dessas redes – tanto em termos de circulação de informações quanto de milicianos que se deslocaram para a Corte de Lisboa, o que intensificava o fluxo de documentos e petições cruzando o Atlântico –, mas a observação de A. J. R. Russell-Wood (2000, p. 311-312) segue valendo: ainda sabemos muito pouco sobre os procuradores, escrivães, rábulas e outros profissionais que facilitavam a tramitação desses documentos.[4]

O terço do Rio de Janeiro (1768) e o regimento da Bahia (1772)

O Terço de Infantaria de Homens Pardos Libertos, formado a partir de 1768 no Rio de Janeiro, e o Regimento de Artilharia Auxiliar dos Homens Pardos, organizado em 1772-1773 em Salvador, foram consequências diretas da carta régia de 1766, que mandou alistar todos os moradores, "sem exceção de nobres, plebeus, brancos, mestiços, pretos, ingênuos e libertos".[5] Apesar da mesma origem legal, os dois corpos tiveram trajetórias institucionais bem diferentes.

No Rio de Janeiro, na letra da lei, a organização do terço miliciano de pardos teve início em 1767, no governo do conde da Cunha. Mas, ao que

---

3 Para o período anterior ao analisado neste capítulo, ver Menim (2019). Outros estudiosos que analisaram as milícias em mais de uma capitania incluem Crispin (2011) e Silva (2013). Não obstante seu título, a tese de professor titular de Luiz Geraldo Silva (2018) também trata de conexões entre milicianos de cor de diversas capitanias.

4 Ver também Almeida (2020, p. 4, 25-26).

5 Sobre essa carta régia, ver a introdução deste livro.

parece, não saiu do papel. O próprio conde nunca mencionou a existência de um terço dos homens pardos em sua correspondência oficial.[6] Muitos anos depois, o marquês do Lavradio (1843, p. 418), que chegou à cidade na qualidade de vice-rei em novembro de 1769, explicou que os terços criados em 1767 só existiram "na imaginação do conde". De acordo com o primeiro sargento-mor do Terço de Infantaria de Homens Pardos Libertos da cidade, este foi criado pelo vice-rei conde de Azambuja, em novembro de 1768.[7] O novo corpo chegou a ter um efetivo de 627 homens na época da sua organização, cifra que diminuiu para 321 em 1771, mas aumentou para 392 homens prontos (isto é, excluindo os licenciados, doentes, presos e sem fardas) em 1786 (tabela 1).

Na Bahia, a organização do Regimento de Artilharia Auxiliar dos Homens Pardos começou em julho de 1772, durante o governo do conde de Povolide (Vilhena, 1921, v. 2, p. 430). Entre março e novembro de 1773, o governador indicou 33 homens para os postos de oficial no novo regimento. Em meados de 1774, o regimento já tinha 320 alistados, um efetivo que mais do que duplicou até 1776, quando tinha 755 homens (embora 95 estivessem doentes) (tabela 1). Em 1788, tinha 12 companhias na "praça da Bahia", isto é, na cidade de Salvador, e mais duas companhias nos subúrbios da capital baiana. Seus 655 efetivos eram todos – de acordo com o então governador, d. Fernando José de Portugal – "pardos livres e libertos".[8]

Tanto no Rio de Janeiro como na Bahia, na época da organização das duas unidades, muitos dos seus oficiais e soldados foram tirados das companhias de ordenanças de homens pardos. De acordo com o primeiro sargento-mor do terço do Rio de Janeiro, este foi constituído por homens pardos que já serviam nas ordenanças criadas em 1762, agregadas ao Regimento

---

6 Ver correspondência dirigida a Francisco Xavier de Mendonça Furtado em "Para a história do Rio de Janeiro (vice-reinado) – século XVIII – correspondência do Conde da Cunha", 4 fev., 28 mar., 3 maio, 2 nov. 1767. *Revista do Instituto Histórico e Geográfico Brasileiro*, v. 254, jan./mar. 1962, p. 384, 392, 395, 408.

7 Atestado, João Francisco Muzzi, Rio, 25 out. 1801, anexo ao requerimento de Jozé Ignacio da Silva Costa ao Príncipe-Regente, c. 1803, AHU/CU 017, cx. 213, doc. 14.773. A data da criação do terço é também mencionada no requerimento de Alexandre Dias Resende ao Príncipe Regente, c. 1798, AHU/CU 017, cx. 166, doc. 12.385.

8 Fernando José de Portugal para Martinho de Mello e Castro, c. 1788 (cópia), AHU/CU 005 (Castro e Almeida), cx. 74, doc. 14.397.

de Artilharia.[9] No caso da Bahia, pelo menos quatro dos novos capitães e um tenente haviam servido como oficiais de ordenanças. Cosme Pires de Vasconcelos, por exemplo, havia servido como capitão de ordenanças na vila de São Francisco, no Recôncavo.[10] Outros tinham patentes de "capitães das entradas e assaltos", isto é, capitães do mato responsáveis pela captura de escravos fugidos.[11] No Rio de Janeiro, não foi possível identificar todos os capitães das oito companhias formadas em 1768. Porém, graças ao esforço do marquês do Lavradio em regular o terço a partir de 1775, por meio da emissão de cartas patentes, dali para frente torna-se mais fácil identificar esses oficiais. De qualquer modo, 10 capitães das primeiras gerações nomeadas para o terço haviam servido no antigo corpo de ordenanças.

Na Bahia, onde a documentação é mais volumosa, identificamos quase 120 homens pardos que serviram como oficiais no regimento entre 1773 e 1809. Relativamente pouco se sabe das suas atividades econômicas. Em 1800, d. Fernando José de Portugal qualificou-os como homens "destituídos de bens", que "viviam de ofícios mecânicos".[12] Nove anos depois, o coronel--comandante identificou 17 artesãos entre os 30 oficiais que serviam nas então 10 companhias (sete alfaiates, três pintores, dois lavrantes, bem como um que vivia de "prata e ouro em tabuleta", um tanoeiro, um latoeiro, um entalhador e um cravador). Havia ainda um negociante de gado, um vendeiro, dois requerentes de causas, o capitão de um navio que negociava com a costa da África (isto é, traficava escravos) e dois proprietários.[13] Estes incluíam o

---

9 Atestado, João Francisco Muzzi, Rio, 25 out. 1801, anexo ao requerimento de Jozé Ignacio da Silva Costa ao Príncipe-Regente, c. 1803, AHU/CU 017, cx. 213, doc. 14.773.

10 Carta patente, Félix Thimóteo Gomes, 1º mar. 1773, AHU/CU 005 (Avulsos), cx. 172, doc. 12.976; Carta patente, Vicente Anastásio Pereira de Carvalho, 1º mar. 1773, AHU/CU 005 (Avulsos), cx. 169, doc. 12.795; Carta patente, Amaro Gomes da Costa, 2 mar. 1773, AHU/CU 005 (Avulsos), cx. 169, doc. 12.797; Carta patente Miguel Rodrigues de Deus Serqueira, 27 fev. 1773, AHU/CU 005 (Avulsos), cx. 170, doc. 12.842; Requerimento de Cosme Pires de Vasconcelos para Rainha, c. 1799 (e anexos), AHU/CU 005 (Avulsos), cx. 176, doc. 13.268; Requerimento de Boaventura Gomes para Rainha c. 1789, AHU/CU 005 (Castro e Almeida), cx. 70, doc. 13.423. Sobre Cosme Pires de Vasconcelos, ver também Menim (2019, p. 174, 191) e Mota (2018, locs. 3682-3701).

11 Carta patente, Valentim da Maia, 9 fev. 1773, AHU/CU 005 (Avulsos), cx. 169, doc. 12.814. Para um exemplo posterior, ver carta patente, Geraldo dos Santos Marques, 6 dez. 1779, AHU/CU 005 (Avulsos), cx. 178, doc. 13.324.

12 Fernando José de Portugal para Rodrigo de Souza Coutinho, Salvador, 27 set. 1800, AHU/CU 005 (Avulsos), cx. 225, doc. 15.603.

13 Informação dos officiaes do 4º Regim.^to^ de Milicias desta Cid.^e^ e Capitania da Bahia, 31 dez. 1809, Apeba/SACP, m. 247-6.

"bem remediado" capitão André Corsino de Bitencourt e Sá, que, em 1801, se dizia "vassalo útil", pois era dono de uma armação de baleias com 80 escravizados, lavrador de canas e, quatro anos depois, havia construído uma engenhoca.[14] Teve dificuldades em conciliar suas atividades econômicas com o serviço militar, e, em 1806, o coronel do regimento lamentou que Corsino estivesse sempre dispensado do serviço. Quando servia, todavia, o fazia com "agilidade e fervor".[15]

Miguel Rodrigues de Deus Cerqueira, natural da Ilha de Itaparica, filho de pais incógnitos, ourives, capitão de entradas, foi um dos capitães providos em 1773. Ao longo da sua carreira militar, como nunca deixou de mencionar nos seus requerimentos, investiu de forma expressiva na sua companhia. Em 1798, foi agraciado com o hábito de Santiago da Espada e afastou-se do trabalho manual na sua loja, cedida ao seu filho. Como muitos baianos, o capitão especulou na "Negociação da Costa da Mina" - o tráfico de escravos -, mas "perdeu muitos mil cruzados".[16] Suplicante incansável, que viajou pelo menos três vezes a Lisboa para entregar seus requerimentos à rainha ou ao príncipe regente, Cerqueira era o capitão mais antigo do regimento dos pardos da década de 1790 até sua morte, em 1807. Portanto, se tornou uma figura-chave no complicado jogo político que envolvia os oficiais pardos baianos e fluminenses.

Embora menos bem documentado, o perfil dos oficiais pardos do Rio de Janeiro é semelhante. Na sede do vice-reinado, também predominavam os artesãos (carpinteiro, pedreiro, sapateiro, alfaiate, pescador e pintor). Porém, como na Bahia, havia oficiais que "viv[iam] de seus negócios de fazenda", que eram proprietários de chácaras e possuíam "negócio de ouro e prata".

---

14 Requerimentos de André Corsino de [Bittencourt e] Sá para Rainha, c. 1801 e 1805, AHU/CU 005 (Castro e Almeida), cx. 122, doc. 24.011; AHU/CU 005 (Avulsos), cx. 243, doc. 16.836.

15 Atestado, Jozé Luiz Teixeira, 17 ago. 1806, AHU/CU 005 (Avulsos), cx. 243, doc. 16.836.

16 Para essas informações sobre Cerqueira, ver sua fé de ofício, 9 fev. 1802, AHU/CU 005 (Castro e Almeida), cx. 127, doc. 25.057; Florencio Jozé Corr.[a] de Mello para Francisco da Cunha Menezes, 25 fev. 1803, AHU/CU 005 (Castro e Almeida), cx. 127, doc. 25.053 (seu ofício); ANTT/RGM, Mercês de d. Maria I, liv. 14, fol. 191, 20 ago. 1798 (o hábito, que ele sempre mencionou em seus requerimentos); Miguel Rodrigues de Deus Sequeira para Marquês de Pombal (Henrique José de Carvalho e Melo), Lisboa, s.d., c. 1806, Apeba/SACP, Ordens Régias, v. 102, doc. 32A (o filho na loja); Requerimento de Miguel Rodrigues de Deus Cerqueira para Governador, Bahia, c. jan. 1802, AHU/CU 005 (Castro e Almeida), cx. 127, doc. 25.072 (as perdas de muitos mil cruzados).

Foi possível identificar, ainda, um cômico (isto é, um ator).[17] Em 1798, o capitão Alexandre Dias Resende fez questão de provar, por meio de uma justificação, que "nunca exerceu ofício mecânico nem mercenário e sempre viveu dos rendimentos de seus bens patrimoniais". Era homem casado e – tal como confirmado pelas testemunhas – "vivia à lei da nobreza com sua consorte, e com o seu cavalo na estrebaria para as jornadas à sua quinta, cumprindo inteiramente com os deveres de seu posto, andando fardado como é bem notório".[18]

Capitães como Resende se orgulhavam de ter, à custa de suas fazendas, fardado e prontificado os soldados "mais necessitados" de sua companhia.[19] Na Bahia, segundo o coronel do regimento, o capitão André Corsino "com franqueza acud[ia] a alguns indivíduos indigentes da sua companhia com o preciso para se apresentarem decentes nas ações do serviço".[20] Assim que foi nomeado capitão em 1773, Cosme Pires de Vasconcelos adquiriu 48 fardas completas para sua companhia, uma contribuição ao real serviço que lhe valeu a patente de tenente-coronel honorário. O capitão Miguel Rodrigues de Deus Cerqueira também fardou sua companhia em 1774 e mandou concertar "o competente armamento, sem a menor despesa da Real Fazenda".[21] O interesse em manter suas companhias bem fardadas talvez explique a avaliação de José da Silva Lisboa, que, apesar de lamentar a "desordem tremenda" da milícia baiana em 1781, reconheceu "a riqueza luzida dos uniformes" dos milicianos.[22]

---

17 Para informações sobre os ofícios dos oficiais, ver as justificações anexas aos requerimentos de Alexandre Dias Resende e José Inácio da Silva Costa datadas de 1797 e 1803, AHU/CU 017, cx. 166, doc. 12.385; e cx. 213, doc. 14.773; bem como os dois processos gerados por um ato de insubordinação no regimento em 1805, ANRJ, Fundo Vice-Reinado, cx. 483, pac. 3, doc. 45. Este processo foi analisado por Souza (2020). O pintor, Muzzi, também tinha fábrica de anil (Cavalcanti, 2004, p. 305).

18 Justificação, 6 out. 1797, anexa ao requerimento de Alexandre Dias Resende ao Príncipe Regente, c. 1798, AHU/CU 017, cx. 166, doc. 12.385. A história do cavalo do capitão Alexandre, um cavalo branco, entrou para o folclore do Rio de Janeiro ao se tornar protagonista de provocações raciais, o que foi registrado por Moreira de Azevedo (1969, p. 391-392).

19 Requerimento de Alexandre Dias Resende, c. 1798, AHU/CU 017, cx. 166, doc. 12.385.

20 Atestado, Jozé Luiz Teixeira, 17 ago. 1806, AHU/CU 005 (Avulsos), cx. 243, doc. 16.836.

21 Requerimento de Cosme Pires de Vasconcelos para Rainha, c. 1779 (e documentos anexos), AHU/CU 005 (Avulsos), cx. 176, doc. 13.268; Requerimento de Miguel Rodrigues de Deus Serqueira, c. 1802, AHU/CU 005 (Castro e Almeida), cx. 126, doc. 24.769.

22 José da Silva Lisboa para Domingos Vandelli, Bahia, 18 out. 1781, AHU/CU 005 (Castro e Almeida), cx. 57, doc. 10.907.

Houve uma diferença saliente entre o terço do Rio de Janeiro e o regimento baiano. Apesar do aviso de 1767, que previa a possibilidade de homens pardos serem promovidos a sargento-mor e ajudante – e mesmo a tenente-coronel e coronel –,[23] os vice-reis sempre se opunham à indicação de homens pardos a esses postos, ou melhor, à promoção dos capitães pardos para os postos superiores. Não há indício de que o conde da Cunha tenha promovido pardos aos postos superiores, e, em 1768, o conde de Azambuja conferiu a patente de sargento-mor (sem soldo) a João Francisco Muzzi, um pintor e desenhista bem-relacionado na cidade, filho de um negociante italiano e uma parda forra, além de capitão-mandante na ordenança agregada ao regimento de linha.[24] Não foram indicados tenentes-coronéis ou coronéis. Muzzi serviu no posto até 1776, quando foi substituído pelo oficial branco José de Almeida e Melo, até então ajudante do 2º Regimento de Infantaria de Linha.

Em seu relatório de 1779, o marquês do Lavradio (1843, p. 418) alegou ter sido ele quem criou o terço, com sargento-mor e ajudante "tirados das tropas [pagas] para deste modo poder melhor estabelecer-lhes a disciplina, e conservá-los em sujeição". Apesar de a atuação do marquês ser em geral interpretada como contrária às milícias, nesse relatório ele não só reconheceu a "utilidade" desses corpos, como denunciou a "grande oposição que há a eles". Queixou-se especialmente do tenente-general João Henrique Böhm, que, proveniente da escola prussiana, não aceitava as milícias, definindo-as como "paisanos com fardas". Discordando do general, o marquês do Lavradio (1843, p. 419, 425) destacou a importância desses "corpos, no tempo que receávamos ser aqui atacados" pelos espanhóis (entre 1774 e 1777), quando "acudiram todos em seus postos com grandíssima prontidão" e "mostrando tão boa ou melhor vontade que a tropa paga". Na Bahia, durante esses anos de guerra contra a Espanha, como as tropas pagas foram destacadas para o Rio de Janeiro, aos milicianos pardos coube a tarefa de guarnecer Salvador, serviço que posteriormente seria sempre mencionado por seus oficiais nos requerimentos que enviavam à Coroa.[25]

23 Sobre o aviso de 1767, ver a introdução deste livro.

24 Carta patente, João Francisco Muzzi, 2 nov. 1768, AHU/CU 017, cx. 91, doc. 7.950. Sobre Muzzi, ver Cavalcanti (2004, p. 305).

25 Sobre as guerras e as mobilizações da década de 1770, ver Alden (1968, p. 143-275).

Todo esse reconhecimento se fundava, como afirmou o marquês, na conveniência do serviço das milícias. Mas a utilidade maior desses corpos não residia – argumentava ele – na "defesa e segurança deste Estado". Se o marquês os incentivava, era para "reduzir todos estes povos em pequenas divisões a estarem sujeitos a um certo número de pessoas". Ou seja, o incentivo às milícias não pode ser entendido como ausência de preconceito. Ao contrário, foi justamente por considerar compor-se "a maior parte dos mesmos povos de gente de pior educação, de um caráter o mais libertino, como são os negros, mulatos, cabras, mestiços e outras gentes semelhantes" que o marquês concluiu que o melhor era conservar as milícias. Elas acostumariam esses homens à subordinação. Bastava, para isso, "escolher sempre dos mais capazes para oficiais" (Lavradio, 1843, p. 424). No caso do Rio de Janeiro, isso significou vetar aos oficiais pardos o acesso aos postos superiores, mesmo estes assumindo os custos de manutenção das tropas.

De fato, até 1776, o terço de pardos da capital "se conservou comandado por sargentos-mores, sem que houvesse nele oficial mais superior".[26] Excetuando-se João Francisco Muzzi, esses sargentos-mores eram todos homens brancos retirados das tropas de linha. Inclusive, dois deles – José Miguel Solano e Albino dos Santos Pereira – pertenciam aos regimentos portugueses que chegaram à cidade em 1767, sob o comando do tenente-general Böhm. José Miguel Solano chegou ao Rio de Janeiro como sargento do Regimento de Estremós. Em 1775, passou a ajudante no antigo terço de pardos e, após 11 anos de serviço, em 1786, foi nomeado sargento-mor comandante do terço, cargo que exerceu até 1792. Foi substituído por Albino dos Santos Pereira, até então capitão em outro regimento de infantaria português, o de Bragança. Apesar de ter se "distinguido muito em suas aplicações e exames", ao assumir o comando da milícia de pardos o sargento-mor já sofria com "repetidas erisipelas que o prostra[va]m", tendo as pernas sempre inchadas.[27] Logo o terço se desorganizou e, dado o "justo embaraço que o tem presentemente de exercitar o sargento-mor", o vice-rei decidiu nomear o filho de Santos Pereira, um alferes do Regimento de Infantaria de Bragança, cujo nome era

[26] Requerimento de Albino dos Santos Pereira, c. 1800; certidão de José Bento da Silva, 24 mar. 1800, AHU/CU 017, cx. 187, doc. 13.532.

[27] Requerimento de Albino dos Santos Pereira, c. 1800, AHU/CU 017, cx. 187, doc. 13.532.

o mesmo do pai, como "inspetor do terço durante o impedimento do maior". O problema é que o impedimento do pai se tornou permanente, e o terço (a partir de 1797, regimento) de pardos ficou, na prática, sem um sargento-mor, sendo treinado pelo filho, um mero alferes-instrutor, por nada menos que oito anos, até 1801, quando Albino dos Santos Pereira pai foi reformado.[28]

Ao contrário dos três vice-reis envolvidos na organização do terço dos pardos do Rio de Janeiro, na Bahia, o conde de Povolide aparentemente não hesitou em indicar um coronel pardo para o novo regimento em 1773. Nada se sabe sobre esse coronel-comandante, João Batista da Costa (1773-1776), mas Luiz dos Santos Vilhena (1921, v. 2, p. 430), o professor de grego cujas cartas são fontes imprescindíveis para se conhecer a Bahia da década de 1790, o descreveu como "da mesma qualidade" dos seus comandados, isto é, um homem pardo. Em 1776, Cosme Pires de Vasconcelos, o capitão das 48 fardas que lhe valeram a patente de tenente-coronel honorário, foi promovido a coronel, posto em que serviria até o início da década de 1790. Na época da repressão da Conspiração dos Alfaiates, o alferes pardo Domingos da Silva Lisboa comentou que "se dizia ter sido" Vasconcelos "escravo" da família de Salvador Pires de Carvalho.[29]

Para os postos pagos de ajudante e sargento-mor, responsáveis pela administração e disciplina dos corpos, os governadores baianos não tiveram dificuldade em achar homens pardos na primeira linha. Para o posto de sargento-mor, em 1773, Povolide indicou José Raimundo de Barros, "homem pardo que foi soldado no Primeiro Regimento", no qual servia há muito tempo (em 1780, alegou ter servido por mais de 30 anos).[30] Ajudantes foram indicados para o novo regimento em 1775, 1776 e 1780, mas não achamos nenhuma informação sobre eles.[31] Depois do falecimento do último deles, José Machado Peçanha foi promovido por concurso ao posto de ajudante. Em 1797, se disse "homem misto, a que vulgarmente chamam pardo", que

28 Requerimento de Albino dos Santos Pereira, c. 1800, AHU/CU 017, cx. 188, doc. 13.604.

29 Apeba (1998, v. 1, p. 98).

30 Fernando José de Portugal para Luiz Pinto de Sousa, Bahia, 25 maio 1796, AHU/CU 005 (Castro e Almeida), cx. 85, doc. 16.647; Requerimento de José Raimundo de Barros para Rainha, c. 1780, AHU/CU 005 (Castro e Almeida), cx. 181, doc. 13.449.

31 Livros que servirão, e actualmente servem da Matrícula dos Officiaes, março de 1797 (cópia), AHU/CU 005 (Avulsos), cx. 206, doc. 14.735.

assentara praça no 1º Regimento da tropa paga em janeiro de 1775, aos 19 anos.[32]

O que se observa nessa história da fundação dos corpos milicianos de homens pardos no Rio de Janeiro e na Bahia é que, entre a época da sua criação e a reforma de 1796, houve dois tipos de oficial. Para a maioria dos oficiais pardos, a carreira passava pela promoção progressiva, após servir em cada posto das companhias. Além disso, requeria certa estabilidade econômica, uma vez que a promoção era facultada àqueles que tinham condições de manter as tropas. Na Bahia, essa carreira poderia levar aos postos superiores de tenente-coronel e coronel, mas, no Rio de Janeiro, o posto mais alto acessível aos homens pardos era o de capitão, à exceção de João Francisco Muzzi. Os postos de ajudante e sargento-mor, por serem os únicos nas milícias a receberem soldo, foram muito disputados por oficiais pardos e brancos. Como os oficiais que assumiam esses postos eram responsáveis pela administração e disciplina dos corpos, para ocupá-los era necessário ter experiência militar, e, em geral, recorrendo às medidas de 1766 e 1767, os administradores coloniais nomeavam oficiais da primeira linha - o que gerou, como veremos adiante, muitos conflitos.

A reforma de 1796 e a intervenção de d. Fernando José de Portugal na Bahia

O alvará de 1º de agosto de 1796 mandou padronizar os corpos milicianos de acordo com o modelo dos regimentos milicianos portugueses, com 10 companhias e um estado-maior. Essa determinação implicava relativamente poucas mudanças para o regimento dos pardos baianos, que já tinha um estado-maior, mas, no Rio de Janeiro, as alterações foram significativas.[33] Mais importante que a reorganização decorrente do alvará, no entanto, foi

---

32 Requerimento de Jozé Machado Pessanha para Governador, c. 1797; Atestados, José Pires de Carvalho e Albuquerque, 8 dez. 1796, e Joaquim Joze Franco Ferreira Gil, 30 abr. 1796, AHU/CU 005 (Castro e Almeida), cx. 112, docs. 21.954, 21.955 e 21.956; Informação do merecimento, prestimo, e atividade de todos os Officiais pagos, que tem a honra de servir a Sua Magestade nesta Capitania da Bahia, 1789, AHU/CU 005 (Castro e Almeida), cx. 69, doc. 13.254.

33 Sobre esse alvará, ver a introdução deste livro.

a tentativa do governador da Bahia, d. Fernando José de Portugal (1788-1801), de eliminar os oficiais superiores pardos baianos de seu regimento. Uma política que enfrentou oposição ferrenha desses oficiais, que, após uma mobilização impressionante, conseguiram decisões favoráveis da monarquia. D. Fernando José, porém, não desistiu e, em sua oposição intransigente às ambições dos oficiais pardos, tanto na Bahia como no Rio de Janeiro (onde serviu como vice-rei de 1801 a 1806), pôs em xeque as decisões do príncipe regente em favor das pretensões dos oficiais pardos.

Na Bahia, as reformas do governador d. Fernando José foram muito além do que o alvará de 1796 mandou para o regimento dos homens pardos, que naquele ano tomou a denominação de 4º Regimento de Milícias da Bahia. Quando chegou a Salvador, d. Fernando José julgou os auxiliares e as ordenanças em estado de "grande decadência, desordem e irregularidade", pois desde a época do governador Manuel da Cunha Menezes (1774-1779) não havia recrutamento para esses corpos.[34] No início da década de 1790, houve um período de instabilidade no comando do regimento, com o falecimento do coronel e do tenente-coronel, e, entre 1790 e 1794, d. Fernando José promoveu três capitães pardos a tenente-coronel, sempre seguindo os preceitos de antiguidade; dois deles subiram ao posto de coronel, e o outro faleceu como tenente-coronel.[35] Todavia, insatisfeito com a liderança militar parda, e armado com o alvará de 1796, d. Fernando José começou uma reforma geral no oficialato do 4º Regimento. Reformou sete capitães e tenentes por suas "idades e moléstias" e deu baixa aos capitães, tenentes e alferes que não haviam solicitado a confirmação das suas patentes (em 1795, 19 deles não haviam cumprido essa obrigação legal).[36] Alguns deles, porém, eram bons oficiais e foram novamente providos.

---

34 Fernando José de Portugal para Martinho de Mello e Castro, Bahia, 11 jun. 1791, AHU/CU 005 (Castro e Almeida), cx. 74, doc. 14.394.

35 Fernando José de Portugal para Martinho de Mello e Castro, Bahia, 1º ago. 1789, AHU/CU 005 (Castro e Almeida), cx. 69, doc. 13.311; 1º fev. 1791, AHU/CU 005 (Castro e Almeida), cx. 73, doc. 14.275; 30 abr. 1794, AHU/CU 005 (Castro e Almeida), cx. 81, doc. 15.640. Ver também Relação dos Officiaes da Tropa Regular, e Auxiliar [...] que chegarão a Prezença de Sua Magestade, até a data de 28 de Novembro de 1795, AHU/CU 005 (Castro e Almeida), cx. 84, doc. 16.582.

36 Relação dos Officiaes de alguns Regimentos Milicianos da Capitania da Bahia, que forão reformados nos seus mesmos Postos em razão de suas idades e molestias, c. jan. 1801, AHU/CU 005 (Castro e Almeida), cx. 114, doc. 22.462; Lista dos Officiaes do Quarto Regimento de Milicias dos homens pardos desta Cidade, providos por este Governo que ainda não aprezentarão as suas confirmações em virtude da Provizão de 28 de Maio de 1795, AHU/CU 005 (Castro e Almeida), cx. 132, doc. 26.225.

A maior dor de cabeça para o governador começou em abril de 1796, quando o sargento-mor, José Raimundo de Barros, sofreu um derrame cerebral e ficou incapacitado. Como d. Fernando José explicou em maio, o novo sargento-mor devia ser tirado da tropa paga (segundo a carta régia de 1766), mas não era fácil achar um oficial que se sujeitasse de boa vontade ao comando de coronéis e tenentes-coronéis pardos. Portanto, solicitou a aprovação real para reformar o coronel (Valentim de Maia Guimarães) e o tenente-coronel (Vicente Anastácio Pereira de Carvalho), ambos pardos, explicando que o marquês do Lavradio havia feito o mesmo no Rio de Janeiro, isto é, organizado um terço de pardos sem oficiais superiores pardos.[37]

A rainha aprovou a medida em agosto de 1796, e em 25 de julho de 1797 d. Fernando José reformou os dois coronéis e indicou o tenente José Luiz Teixeira para sargento-mor do 4º Regimento.[38] Teixeira tinha mais de 36 anos de serviço na tropa paga, 20 deles como alferes, e fora promovido a tenente em maio de 1796. Ou seja, não tinha uma carreira militar brilhante, mas o novo sargento-mor havia servido por muitos anos como instrutor dos recrutas.[39] O governador também reformou os ajudantes pardos e indicou um sargento da tropa paga, um homem branco, João Pereira Falcão, como ajudante.[40]

Foi um golpe duro na liderança militar parda da Bahia. E, para os soldados e oficiais das companhias, o regime disciplinar rigoroso imposto por Teixeira e Falcão não era nada agradável, embora o "incansável trabalho" do novo comandante fosse elogiado por oficiais da tropa paga. Em abril de 1798, o 4º Regimento já tinha condições de participar em paradas (das quais havia sido anteriormente excluído), "segundo o estilo das tropas de linha",

37 Fernando José de Portugal para Luiz Pinto de Sousa, Bahia, 25 maio 1796, AHU/CU 005 (Castro e Almeida), cx. 85, doc. 16.647.

38 Luiz Pinto de Souza para Fernando Jozé de Portugal, Queluz, 17 ago. 1796 (cópia), AHU/CU 005 (Avulsos), cx. 206, doc. 14.735; Fernando José de Portugal para visconde de Anadia, 25 nov. 1797 (cópia), AHU/CU 005 (Castro e Almeida), cx. 131, doc. 25.793. Ver também Fernando José de Portugal para Rodrigo de Souza Coutinho, Bahia, 17 set. 1800, AHU/CU 005 (Avulsos), cx. 225, doc. 15.603. Kraay (2011, p. 155) erra ao dar a data de 1787 para a indicação de Teixeira.

39 Ver fé de ofício de José Luiz Teixeira, 19 jan. 1798, AHU/CU 005 (Avulsos), cx. 231, doc. 15.950; e Informação do merecimento, prestimo e actividade de todos os officiaes pagos, 1789, AHU/CU 005 (Castro e Almeida), cx. 69, doc. 13.254.

40 Falcão destacou sua branquitude em Requerimento de João Pereira Falcão para Rainha, c. 1802, AHU/CU 005 (Castro e Almeida), cx. 123, doc. 25.293.

avaliação secundada pelo governador.[41] Vilhena (1921, v. 1, p. 253) julgou que Teixeira estava "tão pago de si com a sua não esperada fortuna" (isto é, sua promoção de alferes para sargento-mor em menos de dois anos), que "parece ter transgredido os limites da equidade com todos os que têm praça no Regimento do seu comando". Um novo capitão, Joaquim Vitorino de Santana, teria concordado com a avaliação do professor de grego. No início de 1798, quando Teixeira deu parecer negativo ao pedido de licença de Santana para ir a sua lavoura de cana em Sapucaia, justificando que o capitão não poderia se ausentar porque ainda não havia solicitado a confirmação da sua patente, Santana enviou uma carta muito insolente a Teixeira. Escarneceu do estilo do informe de Teixeira e declarou que o regimento estava sob o comando de um homem que havia arrogado para si a "autoridade e jurisdição do juiz de casamentos, de ouvidor do civil, e de intendente de polícia" e que levava "qualquer abrir, e fechar de olhos" como ofensa.[42] Apesar de ter aprovado a licença de Santana, d. Fernando José não podia tolerar esse ato de insubordinação aberta, e logo deu baixa ao capitão.[43]

A inquietação no 4º Regimento era muito conhecida em Salvador, e, pouco depois da descoberta dos pasquins que anunciaram a existência da Conspiração dos Alfaiates, em agosto de 1798, uma testemunha ouviu falar em um botequim que "alguns soldados e oficiais do regimento dos pardos" eram responsáveis, "porque se achavam descontentes com o seu sargento-mor". Essas suspeitas levaram à prisão do alferes do 4º Regimento, Domingos da Silva Lisboa, natural de Lisboa, de 43 anos, que era "requerente do número".[44]

---

41 Ver Justificação, Jozé Luis Teixeira, 13 abr. 1798; e Atestado, Fernando Jozé de Portugal, 2 abr. 1798; ambos anexos ao Requerimento de Jozé Luiz Texeira para Rainha, c. 1804, AHU/CU 005 (Avulsos), cx. 231, doc. 15.950.

42 Joaquim Victorino de Santa Anna para Jozé Luiz Teixeira [c. 1798] (cópia), AHU/CU 005 (Castro e Almeida), cx. 113, doc. 22.239.

43 Portaria, 22 fev. 1798 (cópia), AHU/CU 005 (Castro e Almeida), cx. 113, doc. 22.238. Kraay (2011, p. 157, nota 79) erra ao dar a data de 1800 para essa demissão. Santana ainda tinha a ousadia de requerer a reintegração ao posto em 1800, mas o governador não apoiou sua pretensão, Fernando José de Portugal para Rodrigo de Souza Coutinho, Bahia, 14 jun. 1800, AHU/CU 005 (Castro e Almeida), cx. 106, doc. 20.635.

44 Depoimentos de Antonio Rodrigues Machado, 17 ago. 1798; e Domingos da Silva Lisboa, 27 ago. 1798, Apeba (1998, v. 1, p. 40, 93). Houve também a denúncia da presença do capitão João Machado numa reunião dos conspiradores, mas ele não foi preso. Depoimento de Lucas Dantas de Amorim Torres, 20 set. 1798, Apeba (1998, v. 1, p. 600).

O alferes era, de fato, inocente, e não há evidência de envolvimento direto de oficiais milicianos nessa conspiração.[45]

Não se sabe se outros oficiais pardos compartilhavam do sentimento de Santana em relação a Teixeira, e não é impossível que alguns deles simpatizassem com os conspiradores de 1798, como sustenta Célio de Souza Mota em seu capítulo neste livro; mas a maioria aderiu a um tipo de resposta mais convencional, típica de Antigo Regime, às inovações do governador, redigindo um longo requerimento à rainha. Vinte e três oficiais pardos, dois terços do total, assinaram o documento em março de 1797. Aparentemente ainda não sabiam o que d. Fernando José pretendia fazer com os coronéis pardos, mas, desde a reforma do sargento-mor Barros, que faleceu em 10 de março de 1797, tinha "soado uma voz popular com que se divulga que há de ser provido o posto em pessoa branca tirada das tropas pagas, tomando-se por pretexto determinado na referida carta régia de 22 de março de 1766". Os suplicantes admitiram que fora necessário indicar homens tirados da tropa paga para os postos de ajudante e sargento-mor em 1773, quando o novo regimento só tinha oficiais vindos da vida civil, mas, 24 anos depois, seus capitães e tenentes estavam "disciplinados e instruídos" e eram capazes de servir nesses postos. Além disso, a possibilidade de promoção para esses postos pagos era "o melhor meio" para motivá-los a servir e a aprender o serviço. Também lembraram que a carta régia de 1767 havia determinado que, em Pernambuco, "para os Regimentos de pardos, e Henriques, se provessem os postos de Sargento-mor, e Ajudante tirados dos mesmos Corpos, os que fossem mais hábeis".[46] O documento também relatou o histórico do regimento e os serviços prestados por seus homens, e não deixou de denunciar os insultos sofridos por seus membros.

O requerimento coletivo, bem como um requerimento individual do capitão Miguel Rodrigues de Deus Cerqueira solicitando o posto de sargento-mor, chegou a Lisboa em fins de junho de 1797. O Conselho Ultramarino

45 Mota (2018, loc. 4284-91, 4299, 4307) liga a Conspiração dos Alfaiates às aspirações dos oficiais pardos.

46 Requerimento de Valentem da Maya Guim.^{z} et al. para Rainha, c. mar. 1797, AHU/CU 005 (Avulsos), cx. 206, doc. 14.735. Este requerimento foi analisado por Russell-Wood (1982, p. 90) e Mota (2018, loc. 3852-3990).

declarou ignorar as razões do procedimento do governador e, com urgência, demandou mais informações. Determinou que o governador não fizesse mais mudanças no regimento sem ordens reais explícitas, uma recomendação curiosa, pois, em agosto de 1796, a rainha havia aprovado a demissão dos coronéis e a indicação de homens brancos para os postos de sargento-mor e ajudante. A avaliação inicial do conselho era que "o direito dos suplicantes nesta parte é notório, e firmado desde a criação deste regimento", indicação clara de que a política do governador não tinha apoio pleno em Lisboa.[47] O tenente João Batista da Costa – aparentemente sem relação familiar com o primeiro coronel do regimento – levou o requerimento coletivo a Lisboa, e também requereu o posto de sargento-mor, lembrando que era um "homem pardo" que havia servido 18 anos na tropa paga antes de assentar praça na milícia.[48] O ajudante, José Machado Peçanha, também queria o posto de sargento-mor, mas o governador o reformou com soldo no mesmo dia em que reformou os coronéis pardos.[49]

Os requerimentos de 1797 não interromperam as mudanças feitas pelo governador no comando do 4º Regimento – alguns ainda estavam a caminho de Lisboa quando ele reformou os coronéis –, mas esses documentos demonstraram que os oficiais pardos sabiam como entrar no jogo político do Antigo Regime e que tinham aliados em Lisboa. Durante o restante de 1797 e o ano de 1798, todavia, nada impediu a atuação do governador, apesar das discordâncias do Conselho Ultramarino. Em outubro de 1798, o recém-chegado provedor da Casa da Moeda apoiou o governador em uma carta a d. Rodrigo de Souza Coutinho (secretário de Estado dos Negócios da Marinha e Domínios Ultramarinos), na qual relatou a recente conspiração de "uma associação de mulatos" (isto é, a Conspiração dos Alfaiates) e recomendou a abolição do 4º Regimento. Em sua opinião, a carta régia de

47 Ver as duas consultas, ambas de 28 jun. 1797, em AHU/CU 005 (Avulsos), cx. 206, doc. 14.735; e Provisão, CU, 4 set. 1797 (cópia), AHU/CU 005 (Castro e Almeida), cx. 127, doc. 25.067.

48 Requerimento de João Batista da Costa para Rainha, c. 1797, AHU/CU 005 (Castro e Almeida), cx. 92, doc. 18.130. Quando assentou praça na tropa paga, foi qualificado de "homem pardo, filho que não soube dizer quem era de Pai", fé de ofício de João Batista da Costa, 8 jun. 1796 (cópia), AHU/CU (Castro e Almeida), cx. 92, doc. 18.133.

49 Fernando José de Portugal para Rodrigo de Sousa Coutinho, Bahia, 25 nov. 1797, AHU/CU 005 (Castro e Almeida), cx. 90, doc. 17.512.

1766 teria sido um "erro de política em administração", pois apenas servia para estimular as "ideias vaidosas" desses homens pardos.[50]

O primeiro indício de que a posição do governador não estava tão forte apareceu no início de 1799, mas não ajudou os oficiais pardos. Chegou a notícia de que o príncipe regente havia conferido a Severino Pereira a patente de tenente-coronel agregado ao regimento. Na qualidade de "Capitão-mor das Entradas e Assaltos do Distrito de São José das Itapororocas", Severino havia liderado uma expedição que destruiu "dois formidáveis quilombos", depois da qual viajou a Lisboa para solicitar uma recompensa por esse serviço. O governador julgou os requerimentos "inteiramente destituídos de razão", mas em Lisboa seu antecessor sugeriu a patente de tenente-coronel agregado; o príncipe regente acatou a sugestão e conferiu a patente ao capitão-mor, com o soldo de 26$000, equivalente ao de sargento-mor.[51] Um tenente-coronel agregado, pago, de fora do regimento, mesmo se fosse homem pardo, não era o que os oficiais do 4º Regimento queriam – e contrariava também a política do governador.

Em janeiro de 1800, o Conselho Ultramarino enfim analisou os requerimentos dos oficiais pardos de 1797. Quanto ao temor deles de que um homem branco fosse nomeado sargento-mor – como o fora Teixeira, poucos meses depois do requerimento –, os ministros reconheceram que o regimento sempre teve oficiais superiores de cor parda. Ademais, os homens que serviam no regimento "se honram e gloriam com a igualdade que lhes é devida em pontos do Real Serviço". Nos regimentos de linha na Bahia, deviam existir muitos homens pardos, alguns dos quais certamente capazes de preencher os postos de ajudante e sargento-mor. Os conselheiros também analisaram os requerimentos do capitão Cerqueira (sem experiência na tropa paga, não tinha condições de ser promovido a sargento-mor), do ajudante José

50 José Venâncio de Seixas para Rodrigo de Souza Coutinho, Bahia, 20 out. 1798, AHU/CU 005 (Castro e Almeida), cx. 94, doc. 18.433. O estudo mais recente sobre a Conspiração dos Alfaiates é o de Valim (2018). Suas dimensões militares foram analisadas por Kraay (2011, p. 80-84, 127-32, 155-58) e Mota (2018).

51 Ver os requerimentos de Severino Pereira, Lisboa, c. 1798, AHU/CU 005 (Castro e Almeida), cx. 97, doc. 19.008; e cx. 105, doc. 20.395; e AHU/CU 005 (Avulsos), cx. 212, doc. 14.951; Fernando José de Portugal para Rodrigo de Sousa Coutinho, Bahia, 20 mar. 1799, AHU/CU 005 (Castro e Almeida), cx. 98, doc. 19.207; Rodrigo Joze de Menezes para Príncipe Regente, Lisboa, 30 mar. 1799; e Decreto, 11 abr. 1799, AHU/CU 005 (Avulsos), cx. 212, doc. 14.951.

Machado Peçanha (reformado pelo governador e agora falecido, não havia o que deferir) e do tenente João Batista da Costa (sem as devidas qualificações, apesar de ter servido na tropa de linha). Nas suas recomendações finais, o Conselho Ultramarino sustentou quase todas as demandas dos oficiais pardos: que o regimento voltasse a seu antigo estado, com homens pardos nos postos de coronel, tenente-coronel, sargento-mor e ajudante. Para preencher estes últimos dois postos, o governo devia fazer concursos para identificar os oficiais pardos mais qualificados entre os que haviam servido no Exército. Finalmente, o Conselho Ultramarino recomendou que o sargento-mor Teixeira fosse transferido para um dos regimentos pagos, na qualidade de agregado, para que não abusasse mais dos oficiais pardos (evidentemente, os conselheiros sabiam dos problemas criados pela nomeação dele).[52]

D. Fernando José respondeu ao Conselho Ultramarino com uma longa carta a Souza Coutinho, na qual relatou o que fizera com o regimento pardo, lembrando ao ministro que todas as suas mudanças no estado-maior do regimento foram aprovadas em Lisboa. Quanto ao desejo dos capitães pardos de serem promovidos aos postos superiores, afirmava tratar-se de ou fruto da "vaidade" ou resultado da convicção de que um comandante branco seria menos "indulgente" que um comandante pardo. Quanto à lembrança do Conselho de que deviam existir muitos homens pardos na tropa paga, o governador explicou que esses homens nunca eram promovidos a oficial e, portanto, não tinham a oportunidade de adquirir as "luzes, e [os] conhecimentos militares" necessários para servir de sargento-mor. Assim, reconheceu francamente os preconceitos da época, do qual reclamaram alguns dos soldados envolvidos na conspiração de 1798. A muito citada carta régia de 1766, de fato, não determinava que a seleção do sargento-mor se desse entre os capitães milicianos. D. Fernando José não mencionou o aviso de 1767 (que determinava a adoção dessa prática), talvez porque o julgasse limitado a Pernambuco (como veremos, ele sabia muito bem tomar as ordens régias no seu sentido mais restrito, quando isto lhe interessava). Quanto ao retorno do 4º Regimento "ao pé da sua criação", com o comando de oficiais pardos, isto poria em risco tudo o que o sargento-mor Teixeira havia feito desde 1797 e levaria o regimento a retornar a seu anterior "deplorável estado".

52 Consulta, Conselho Ultramarino, 13 jan. 1800 (cópia), Apeba/SACP, livro 91, doc. 71.

Caso fosse ordenado a restaurar os oficiais superiores e ajudantes pardos a seus postos, continuou o governador, seria necessário achar novos homens, pois quase todos os reformados em 1797 já tinham falecido. Existia, sim, o tenente-coronel agregado, Severino Pereira, mas o governador pouco confiava nele. Depois de todas essas ponderações, d. Fernando José de Portugal solicitou ordens claras.[53]

Depois de consultar novamente o Conselho Ultramarino, o príncipe regente decidiu contra d. Fernando José em julho e, por meio da provisão de 26 de agosto de 1802, ordenou que os "Regimentos de Milícias dos Homens Pardos", tanto em Salvador como no Rio de Janeiro, fossem restaurados "ao pé da sua criação" (isto é, com oficiais superiores pardos), mas organizados segundo o decreto de agosto de 1796 (com 10 companhias e um estado-maior). Ordenou que fossem realizados concursos para os postos de coronel, tenente-coronel, sargento-mor e ajudante nos regimentos pardos das duas capitanias. Caso não houvesse "pardos beneméritos", o vice-rei (no Rio de Janeiro) e o governador (na Bahia) podiam prover oficiais brancos, mas apenas os que voluntariamente tivessem feito o concurso. Os oficiais brancos que estavam servindo nos regimentos milicianos de homens pardos deviam ser transferidos como agregados para a tropa paga.[54] No final do ano, todas essas medidas foram incorporadas ao alvará de 17 de dezembro de 1802, que regulamentava todos os aspectos da milícia.[55]

O capitão baiano, Miguel Rodrigues de Deus Cerqueira, logo percebeu a importância da decisão do príncipe regente. Chegara a Lisboa em meados de 1802 para tratar de uma concordata com seus credores. Ainda estava organizando os documentos para mais um requerimento (dessa vez, solicitando a patente de coronel), quando soube da provisão de 26 de agosto. Oito dias depois, solicitou uma certidão da provisão, que apoiava todas as pretensões dos oficiais pardos, documento que foi emitido em 27 de setembro. No intervalo, Cerqueira entregou seu requerimento ao príncipe regente e tratou

53 Fernando José de Portugal para Rodrigo de Souza Coutinho, Bahia, 12 set. 1800, AHU/CU 005 (Avulsos), cx. 225, doc. 15.603.

54 Provisão, Príncipe-Regente para Vice-rei (Fernando José de Portugal), Lisboa, 26 ago. 1802 (cópia), AHU/CU 005 (Avulsos), cx. 226, doc. 15.669 (este documento menciona a resolução de 23 de julho, do mesmo teor). Ver também Consulta, Conselho Ultramarino, 20 maio 1802, AHU, cód. 255, fol. 157 (agradecemos a Richard Graham a indicação deste documento).

55 O alvará é analisado na introdução deste livro.

do seu regresso à Bahia.[56] Não sabemos quando chegou, com a preciosa provisão nas mãos, mas, como veremos, já estava na Bahia em fevereiro de 1803, e sua chegada deve ter animado os oficiais pardos.

A implementação das medidas de 1802 na Bahia

Quando as notícias das decisões do príncipe regente sobre o estado-maior do regimento pardo baiano chegaram à Bahia, d. Fernando José de Portugal já estava no Rio de Janeiro na qualidade de vice-rei (desde outubro de 1801). Coube ao seu sucessor no governo da Bahia, Francisco da Cunha Menezes (1801-1805), implementar essas medidas. Provavelmente antes mesmo que o alvará de 17 de dezembro chegasse à Bahia, o novo governador ordenou que o comandante das tropas baianas organizasse um concurso para avaliar os capitães pardos e selecionar, entre eles, o novo coronel. Mais uma vez, todavia, os oficiais pardos baianos ficariam decepcionados.

Em 22 de fevereiro de 1803, o marechal Florêncio José Correia de Melo, comandante das tropas baianas, examinou os seis capitães pardos que queriam ser promovidos a coronel e julgou todos incapazes. Sua avaliação sobre o capitão Cerqueira foi brutal – "muito poucas luzes militares, por ter gastado a maior parte do tempo em que serve, doente ou licenciado". O marechal foi igualmente crítico aos outros capitães. Apenas o alfaiate Manoel da Conceição Rodrigues Banha demonstrava "algum préstimo" para o serviço militar. Porém, para o marechal, o verdadeiro problema era que ele não sabia como "escolher um coronel entre homens, que vivem de ofícios mecânicos, sem educação alguma, nem meios suficientes de sustentar dignamente a autoridade daquele posto, igualado hoje nas honras com os outros coronéis das tropas pagas". Lembrou ao governador que, na tropa paga, servia um alferes, Antônio Manoel de Melo [e Castro], "homem pardo, filho reconhecido de

56 Requerimento de Miguel Rodrigues de Deus Cerqueira para Governador, Bahia, c. jan. 1802 (despacho de 20 jan. 1802), AHU/CU 005 (Castro e Almeida), cx. 127, doc. 25.072; Certidão da Provisão de 26 ago. 1802, feita a rogo de Miguel Rodrigues de Deus Cerqueira, 27 set. 1802 (cópia), AHU/CU 017, cx. 220, doc. 15.152; Requerimento de Miguel Rodrigues de Deus Cerqueira ao Príncipe-Regente, c. set. 1802, AHU/CU 005 (Castro e Almeida), cx. 127, doc. 25.055 (com 17 documentos comprobatórios, docs. 25.055-25.072).

um pai fidalgo, antigo governador de Moçambique, condecorado ele mesmo com o hábito de Cristo, e vivendo das suas próprias rendas", que poderia ser provido em coronel. Não era preciso indicar um tenente-coronel, pois já havia o agregado, Severino Pereira. Apenas um dos oficiais pardos se candidatou ao posto de sargento-mor, o capitão João Batista Costa; com 18 anos de serviço na tropa paga, tinha "alguma inteligência no serviço militar" e poderia ser provido. Três homens pardos da tropa paga se candidataram aos postos de ajudante, e dois deles eram mais qualificados.[57]

Depois dessa avaliação, o marechal Florêncio ponderou que não era conveniente manter um regimento separado para "uma classe de gente a mais orgulhosa e inquieta de todo o país". Desde 1773, homens pardos eram considerados iguais aos homens brancos para "todos os ofícios, honras e dignidade", e, portanto, não haveria necessidade de um regimento para eles. Existiam pelo menos alguns homens pardos em cada regimento, e, como os soldados e oficiais brancos toleravam essa "mistura", não haveria justificação para um corpo segregado. Abrir o 4º Regimento a todos os "cidadãos livres, sem distinção alguma de cores" seria, assim, "um testemunho autêntico de que [os pardos eram] considerados iguais aos brancos". Um regimento integrado (isto é, com o ingresso de homens brancos ao lado de homens pardos) seria "uma barreira inseparável entre as diferentes castas, que habitam neste país, de onde nascerão sem dúvida, além dos ódios particulares entre os membros da mesma sociedade, mil desordens contrárias ao sossego público", como evidenciara a conspiração de 1798, cujo resultado teria sido muito diferente se fosse apoiada "por um regimento, inteiramente composto de mulatos, seus semelhantes".[58] Para o marechal Florêncio, a lealdade à monarquia demonstrada pelos oficiais pardos em 1798 não contava; pesava mais a possível solidariedade racial. Na sua análise desse ofício, Priscila de Lima Souza (2017, p. 341-363) destaca que o marechal aceitou a interpretação, desenvolvida por homens pardos no Brasil, de que o alvará de 1773, que pôs

57 Florencio Jozé Corr.ª de Mello para Francisco da Cunha Menezes, 25 fev. 1803, AHU/CU 005 (Castro e Almeida), cx. 127, doc. 25.053. Por ele ter começado sua carreira militar em Angola, algumas fontes posteriores identificam Antônio Manoel de Melo [e Castro] como filho do governador daquela colônia (Kraay 2011, p. 161).

58 Florencio Jozé Corr.ª de Mello para Francisco da Cunha Menezes, 25 fev. 1803, AHU/CU 005 (Castro e Almeida), cx. 127, doc. 25.053.

fim à escravidão em Portugal e habilitou os pardos portugueses a "todos os ofícios, honras e dignidades", igualava pardos e brancos no Brasil. Pela lógica do marechal, não havia mais justificativa para um corpo separado de pardos.

Antes que o governador pudesse enviar o relato do marechal a Lisboa,[59] 22 oficiais do 4º Regimento escreveram mais um requerimento, dessa vez solicitando que o príncipe regente indicasse o capitão Miguel Rodrigues de Deus Cerqueira para ser coronel do regimento. Não disseram nada sobre as qualidades militares de Cerqueira, mas destacaram que era o capitão mais antigo, condecorado com o "hábito de Santiago da Espada". Lembraram ainda suas contribuições pecuniárias ao fardamento da companhia. Suspeitaram de que o tenente-coronel agregado, Severino Pereira, também estava requerendo o posto de coronel em um "regimento no qual nunca serviu"; acusaram-no de ter "agigantado os seus serviços" e de ter, "com ardil sutileza [...] extorquido" as assinaturas de alguns dos oficiais do regimento. Um indício claro de divisões entre os oficiais pardos.[60]

Tudo indica que esse requerimento coletivo não teve resposta em Lisboa. Severino faleceu em 18 de agosto de 1803 e, em 1804, Cerqueira recebeu um ano de licença para ir novamente à Corte. Em 1805, solicitou o posto de coronel ou de tenente-coronel com o mesmo soldo que Severino percebia, um indício das suas dificuldades financeiras e o custo das suas viagens.[61] Esses requerimentos provocaram apenas pedidos para mais informações da parte do governador, e, de fato, entre 1803 e 1808, a questão do comando do 4º Regimento ficou sem resolução. O sargento-mor Teixeira, antecipando a indicação de um sargento-mor pardo, requereu um posto agregado em outro regimento miliciano ou na tropa paga, mas o governador manteve-o

---

59 Francisco da Cunha Menezes para visconde de Anadia, Bahia, 18 mar. 1803, AHU/CU 005 (Castro e Almeida), cx. 127, doc. 25.052.

60 Requerimento de Ventura Alves dos Santos et al. para Príncipe-Regente, c. mar. 1803 (cópia). As assinaturas foram reconhecidas em 9 mar. 1803, e a mais antiga versão deste requerimento é a cópia anexa ao requerimento de Miguel Rodrigues de Deus Sequeira para Príncipe-Regente, c. 1805, AHU/CU 005 (Avulsos), cx. 227, doc. 15.791. No resumo do AHU, este último documento traz a data imprecisa de "post. 1803, Março, 9", mas ele é certamente da segunda metade de 1805. Entre outros indícios dessa data posterior, está a referência ao nascimento de uma infanta, a princesa Maria da Assunção, ocorrida em 25 jun. 1805.

61 Requerimentos de Miguel Rodrigues de Deos Serqueira para Rainha, c. 1805, AHU/CU 005 (Avulsos), cx. 227, doc. 15.791; cx. 236, doc. 16.296.

no 4º Regimento, pois precisava de um comandante.[62] O ajudante Falcão também obteve um posto agregado em um regimento miliciano de homens brancos, mas permaneceu na milícia parda.[63]

Os oficiais pardos baianos enviaram mais um requerimento a Lisboa em 1806, um documento mais curto que os requerimentos anteriores, ao qual anexaram uma cópia do requerimento coletivo de 1803. Explicaram que, há uma década, lutaram pela restauração do regimento "no pé da sua criação", o que o príncipe regente ordenara em 1802. Desde então, "toda a Corporação vive triste e sem consolação", pois o regimento de homens pretos tinha coronéis, um sargento-mor e ajudantes que não haviam servido na tropa paga. Os oficiais pardos que queriam esses postos precisavam ter serviços na tropa paga e fazer "repentinamente um rigoroso exame, que aterroriza, ataca e emudece aos mesmos oficiais das tropas de linha no ato de serem examinados, tendo estes a seu favor a escola de todos os dias". Lembraram que, desde 1767, os regimentos pernambucanos de homens pardos tinham coronéis, sargentos-mores e ajudantes promovidos dentro do regimento; portanto, serviam "contentes" e viviam "satisfeitos".[64] Sobre este requerimento, o novo governador, o conde da Ponte (1805-1809), explicou que não sabia por que nada fora feito desde o concurso de 1803. Não se julgava autorizado para "inovar coisa alguma neste objeto", pois o sargento-mor Teixeira mantinha o regimento em "bom estado de disciplina".[65]

Antes de receber essa informação, o príncipe regente e a sua Corte se retiraram de Lisboa para o Brasil. O príncipe regente aportou em Salvador em janeiro de 1808, e conheceu pessoalmente a tropa baiana. O conde da Ponte aconselhou que o 4º Regimento fosse estruturado da mesma forma que os outros regimentos milicianos, mas não endossou a posição dos capitães

62 Ver os três requerimentos de José Luiz Teixeira, todos de 1804, AHU/CU 005 (Castro e Almeida), cx. 134, doc. 26.785; AHU/CU 005 (Avulsos), cx. 231, doc. 15.950; e cx. 234, doc. 16.174. Francisco da Cunha Menezes para visconde de Anadia, Bahia, 10 jul. 1804, AHU/CU 005 (Castro e Almeida), cx. 132, doc. 26.059.

63 Requerimento de João Pereira Falcão para Rainha, c. 1804, AHU/CU 005 (Castro e Almeida), cx. 134, doc. 26.620.

64 Requerimento dos Capitães, e Mais Off.es Subalternos do 4º Regimento de Milícias, para Príncipe-Regente, c. 1806, AHU/CU 005 (Avulsos), cx. 246, doc. 16.972.

65 Conde da Ponte para Príncipe-Regente, Bahia, 2 nov. 1807, AHU/CU 005 (Avulsos), cx. 250, doc. 17.228.

pardos, pois recomendou a promoção do sargento-mor Teixeira para coronel (com seu salário de sargento-mor) e que Antônio Manoel de Melo e Castro fosse nomeado tenente-coronel, com seu salário de tenente (a sugestão do marechal Florêncio de 1803). Quanto a Melo e Castro, Ponte nutria algumas dúvidas e aconselhou que jamais fosse promovido a coronel-comandante. O inspetor-geral recomendou que o ajudante João Pereira Falcão fosse promovido a sargento-mor e indicou novos ajudantes, todos tirados da tropa paga. Todos esses provimentos foram logo aprovados pelo príncipe regente.[66]

Os oficiais pardos baianos que tinham requerido, havia uma década, a restauração do seu regimento ao pé da sua criação, devem ter ficado muito decepcionados, mas não há evidência disso. A essa altura, vale a pena lembrar, Teixeira comandara o regimento por mais de uma década, e muitos novos oficiais haviam sido providos; estes não conheciam outro comandante. Quando faleceu, em março de 1807, Cerqueira deve ter sido o último dos capitães indicados em 1773. Portanto, na década de 1810, não foi mais possível criar a unidade em torno da defesa dos privilégios do Antigo Regime que caracterizava os oficiais pardos baianos no final da década de 1790 e no início da década de 1800.[67]

A implementação do alvará de 1796 e da provisão de 1802 no Rio de Janeiro

Enquanto se desenrolava o longo debate sobre as reformas de d. Fernando José de Portugal e seu projeto de eliminar os oficiais superiores pardos na Bahia, no Rio de Janeiro o alvará de agosto de 1796 estimulou uma reforma completa do terço dos homens pardos. O antigo terço auxiliar "foi [ar]regimentado" em 8 de novembro de 1797.[68] Até então, como vimos, o terço não

66 Brigadeiro Inspetor Geral para Conde da Ponte, Bahia, 7 fev. 1808, BNRJ/SM, II-34, 2, 33; Conde da Ponte para Príncipe-Regente, Bahia, 9 fev. 1808, BNRJ/SM, II-34, 2, 23; Relação dos Officiaes de diversos Regimentos de Milicias da Capitania da Bahia que S.A.R. Houve por bem promover por Decreto de 10 de fevereiro de 1808, Apeba/SACP, v. 104, doc. 49A.

67 Sobre a história do regimento (depois, batalhão) dos pardos nas décadas de 1810 e 1820, ver Kraay (2011, p. 160-161, 204-211, 318-325).

68 Atestado, José Bento da Silva, Rio de Janeiro, 24 mar. 1800, anexo ao requerimento de Albino dos Santos Pereira ao Príncipe Regente, c. 1800, AHU/CU 017, cx. 187, doc. 13.532.

possuía coronel nem tenente-coronel. Além disso, os sargentos-mores eram oficiais brancos transferidos de regimentos portugueses. Como os soldados e oficiais pardos do Rio de Janeiro tinham notícias dos demais terços, especialmente do da Bahia, e sabiam que, em vários deles, os postos superiores eram ocupados por oficiais pardos, a notícia de um alvará regulamentando os antigos terços certamente gerou expectativas. Transformado em regimento, o terço ganharia oficialmente um estado-maior, com os postos de coronel e tenente-coronel.[69]

A arregimentação do antigo terço, todavia, decepcionou os capitães pardos do Rio de Janeiro, pois logo foi provido em coronel um oficial branco da tropa paga. José Bento da Silva, capitão do 2º Regimento de Infantaria da cidade, havia sido nomeado para equacionar um problema nas promoções das tropas de linha em 1797. Ele havia demandado apenas sua confirmação no posto de capitão do 2º Regimento, mas foi promovido a coronel, o primeiro coronel do regimento de homens pardos.[70] Na avaliação do tenente-general José Narcizo de Magalhães e Menezes, em 1804, o coronel José Bento "vivia doente e ausente do regimento".[71]

Na mesma época, um tenente-coronel foi indicado para o regimento. Manoel Luís Ferreira era oficial oriundo do Terço da Candelária e muito influente na cidade. Além de "professo da Ordem de Santiago da Espada", o novo tenente-coronel era um homem rico, tendo, entre 1803 e 1804, "a sua custa, beneficiado e aterrado grande parte do Campo da Lampadosa e da parte de trás da Sé Nova" e doado 300 mil-réis para ajudar nas despesas do Estado.[72] Quanto ao sargento-mor, o velho Albino dos Santos Pereira, doente de erisipelas, ficou no posto até sua reforma em 1801, com seu filho homônimo servindo de alferes-instrutor. Em abril de 1802, um sargento da tropa de linha, Francisco Desidério da Silva, foi nomeado ajudante.[73] A arregimentação do terço, enfim, não mudou a política dos vice-reis e das autoridades militares no Rio de Janeiro em vigor desde a época do marquês

69 Esse alvará é analisado na introdução deste livro.

70 Parecer do Conselho Ultramarino, 17 jan. 1800, AHU/CU, cx. 179, doc. 13.093.

71 Pública forma, José Narcizo de Magalhães e Menezes, Rio de Janeiro, 14 maio 1804, anexo ao requerimento de Manoel Luís Ferreira, c. 1806, AHU/CU 017, cx. 234, doc. 16.005.

72 Atestado, Senado da Câmara, Rio de Janeiro, 24 dez. 1803, anexo ao requerimento de Manoel Luís Ferreira, c. 1806, AHU/CU 017, cx. 234, doc. 16.005.

73 Documentos Biográficos, Francisco Desidério da Silva, BNRJ/SM, C, 0141, 019, n. 001.

do Lavradio, segundo a qual homens pardos não deveriam ser promovidos aos postos pagos e superiores do seu novo regimento.

Ainda em 1797, alguns oficiais do agora 4º Regimento de Milícias de Homens Pardos do Rio de Janeiro começaram a se organizar, mas o fizeram ainda seguindo uma lógica de Antigo Regime. O capitão Alexandre Dias Resende, por exemplo, peticionou à rainha, solicitando o posto de coronel agregado ao regimento. Na justificativa, elencou os vários serviços prestados e anexou um auto em que tentava provar que vivia à lei da nobreza. Cinco anos depois, em 1803, outro capitão pardo – José Inácio da Silva Costa – decidiu enviar uma petição à Coroa. Solicitava o posto de sargento-mor agregado e, para legitimar sua demanda, anexou diversos atestados passados por várias autoridades militares, sendo um deles assinado por um vice-rei.[74]

Até onde pudemos ver, ambos os requerimentos ficaram sem uma resposta formal. Os oficiais pardos do Rio de Janeiro seguiam, assim, sem acesso aos postos pagos e superiores de seu regimento, o que – tanto quanto na Bahia – aumentava a insatisfação e a tensão política local. Havia, no entanto, uma diferença: desde 1799, os soldados e oficiais pardos do Rio de Janeiro vinham contando com um aliado de peso, o tenente-general reinol, comandante das tropas, José Narciso de Magalhães e Menezes. Diferentemente do marechal Florêncio José Correia de Melo, comandante das tropas baianas, que julgou os seis capitães pardos que queriam ser promovidos a coronel e tenente-coronel como incapazes, o general Magalhães e Menezes foi um entusiasta das milícias de homens de cor. Elaborou entre 1801 e 1802 um plano amplo de reforma – como se pode ver no capítulo de Michel Mendes Marta – das milícias de homens pretos e, sobre o regimento de pardos, afirmou em 1801 que, "pela natural viveza e atividade destes mestiços e por uma certa emulação com os brancos, é um dos que se move com mais regularidade [na cidade], e com um certo ar militar: tem muito boa, ainda que pouca, gente; está muito bem fardado".[75]

---

74 Requerimento de Alexandre Dias Resende ao Príncipe Regente, c. 1798, AHU/CU 017, cx. 166, doc. 12.385; Requerimento de Jozé Ignacio da Silva Costa ao Príncipe-Regente, c. 1803, AHU/CU 017, cx. 213, doc. 14.773.

75 Tenente-general José Narciso de Magalhães de Menezes para Príncipe Regente, Rio de Janeiro, 10 abr. 1801, AHU/CU 017, cx. 192, doc. 13.766.

Essas avaliações seguramente estimularam os capitães pardos a peticionarem à Coroa, mas não só elas. Por essa época, a notícia das lutas dos oficiais baianos já tinha chegado ao Rio de Janeiro, e, em fins de 1802, oito oficiais do regimento de homens pardos da cidade se uniram para, através de uma petição coletiva, requerer ao vice-rei o "direito de serem encartados em todos os postos militares" do regimento. O teor do requerimento era outro. Os capitães, agora, evocavam a legislação real. Daí, a palavra "direito". No documento, citaram a resolução real de 23 de julho daquele ano, na qual o príncipe revogava a autorização que havia concedido ao governador da Bahia, d. Fernando José, de reformar o comando do regimento de pardos baiano. Como vimos, nessa época, d. Fernando José já não governava mais a Bahia. Ele era, desde outubro de 1801, vice-rei do Brasil e, nessa posição, iniciava seu combate feroz à milícia de pardos no Rio de Janeiro. Indeferiu, sem qualquer justificativa, o requerimento em janeiro de 1803.[76]

Tem início, então, uma triangulação instigante. Diante do indeferimento, em 1804 (não foi possível precisar a data), os oficiais pardos do Rio decidiram acionar diretamente o príncipe regente. Entretanto, o fizeram por meio de um procurador. Pascoal Luís Gabriel, o procurador, era tenente de infantaria do regimento de linha que guarnecia o presídio de Muxima, em Angola. Estava em Lisboa, muito provavelmente, desde o primeiro semestre de 1803 – oficialmente, para cuidar de sua saúde. Logo no início dessa estadia na Corte, porém, preparou um requerimento solicitando sua promoção a capitão agregado de seu regimento em Angola.[77]

Como o tenente Gabriel conheceu a demanda dos capitães e demais oficiais pardos do Rio de Janeiro, ainda não foi possível verificar. Todavia, sabemos que ele não só foi procurador daqueles oficiais, como, na montagem do requerimento coletivo, anexou uma cópia da provisão real favorável aos capitães baianos, datada de 26 de agosto de 1802.[78] Esta cópia – como é possível ver na certidão anexa ao requerimento – foi uma cópia da mesma

76 Requerimento dos capitães e mais oficiais do Quarto Regimento de Infantaria de Milicias ao Vice-Rei, c. 1802 (cópia), anexa ao requerimento dos Capitães e mais oficiais subalternos, c. 1804, AHU/CU 017, cx. 220, doc. 15.152. Não conhecemos o original do requerimento de 1802.

77 Há um conjunto de requerimentos de Pascoal Luís Gabriel. AHU/CU 001, cx. 184, doc. 13.844; cx. 110, doc. 07.965; cx. 115, doc. 08.215; cx. 120, doc. 08.515; cx. 118, doc. 08.396; cx. 120, doc. 08.574.

78 Requerimento dos capitães e mais oficiais subalternos, c. 1804, AHU/CU 017, cx. 220, doc. 15.152.

solicitada pelo capitão baiano Miguel Rodrigues de Deus Cerqueira em Lisboa, em setembro de 1802. Como Cerqueira voltou à Bahia no início de 1803, ao que tudo indica, só encontrou o tenente Gabriel em Lisboa em julho de 1804, quando voltou à Corte imperial e, provavelmente, passou a cópia da resolução real para o tenente Gabriel instruir o requerimento dos capitães pardos do Rio de Janeiro.

Ainda que essa seja apenas a ponta de uma história, certamente mais complexa e que talvez tenha envolvido outros personagens (quem sabe, um oficial pardo do Rio de Janeiro), o que ela nos mostra é uma circulação desses oficiais milicianos e uma clara conexão entre eles em busca do que, no requerimento dos oficiais do Rio de Janeiro, preparado por Pascoal Luís Gabriel, é definido como "direito" de ascenderem aos postos superiores de seus respectivos regimentos. Eles exerciam pressão e, nesse processo, acionavam uma legislação recente. Por isso, falavam em direitos. Além da resolução real favorável aos capitães baianos, em 1804, eles contavam com dois outros posicionamentos da Coroa: a provisão de 26 de agosto de 1802, na qual os oficiais pardos do Rio de Janeiro eram diretamente mencionados, e o alvará de 17 de dezembro de 1802. Neste, o príncipe regente negava formalmente que a "diferença das cores" fosse o princípio gerador de direitos em seu império. Dirigindo-se a seus "vassalos pretos e pardos", a fim de "dar provas" do quanto ele, príncipe, os julgava habilitados para "todas as honras e empregos militares", determinou que, concorrendo neles as "precisas circunstâncias", teriam sempre preferência no provimento dos postos de estado-maior de seus regimentos.[79]

Nem o tenente Pascoal Luís Gabriel nem os oficiais pardos da Bahia e do Rio de Janeiro conseguiram ter suas demandas atendidas. Do tenente Gabriel, foi solicitado o encaminhamento formal da demanda pelo governador capitão-general de Angola. Os capitães baianos, apesar da resolução real favorável, enfrentaram a oposição do marechal Florêncio José Correia de Melo, então comandante das tropas na Bahia. Quanto à demanda dos oficiais pardos do Rio de Janeiro, o príncipe regente preferiu não enfrentar a oposição de d. Fernando José de Portugal, então vice-rei. Não há, no requerimento

79 Uma análise do texto desse alvará encontra-se na introdução deste livro.

dos oficiais pardos do Rio de Janeiro, uma resposta formal. Entretanto, em uma anotação lateral, é possível ler que o caso foi considerado decidido e que reconsiderá-lo poderia – por "sua gravidade" – fazer nascer razões que, "se opondo à exata observância do que precedentemente" foi resolvido, teriam "consequências novas".[80]

A pressão dos oficiais pardos do Rio de Janeiro não parou por aí. No dia 27 de outubro de 1805, por volta das 16 horas, um dos capitães que assinou o requerimento coletivo de 1802, Antônio de Novaes Campos, liderou um ato de insubordinação no campo dos Ciganos (atual praça Tiradentes), no centro da cidade. Pouco antes do início dos exercícios da tropa, com todas as companhias do 4º Regimento de Milícias de Homens Pardos perfiladas no campo, Francisco Desidério da Silva, então ajudante do regimento, passou para recolher o registro das faltas. Passando em frente à 8ª Companhia, desconfiando do registro das faltas entregue pelo capitão Novaes Campos, decidiu conferi-las. Começou, então, a contar os soldados. Indignado com a atitude do ajudante, o capitão deu ordens de destroçar a tropa. Ele se recusava a aceitar ordens e ter sua honra posta à prova por um ex-sargento branco, que havia assumido o posto de ajudante a partir de uma política que desrespeitava a legislação real. Pela provisão de agosto e pelo alvará de 1802, Francisco Desidério não teria sido promovido – como o foi – a ajudante do regimento de homens pardos. Estava detonado o conflito.[81]

O episódio foi algo muito pontual, rapidamente controlado com a prisão dos capitães Novaes Campos e Manuel de Jesus Neves, que também havia assinado o requerimento coletivo e que, naquela tarde, tomou seu partido no conflito. Porém, da prisão, os capitães voltaram a acionar a justiça, denunciando ao tenente-general Magalhães e Menezes o arbítrio da prisão. O tenente-general abriu uma investigação e um auto de justificação na ouvidoria da cidade. Em ambos os processos, as queixas dos soldados e oficiais pardos foram ouvidas e registradas. Porém, mais uma vez, eles nada conseguiram. Ao final de 1805, provavelmente por pressão do vice-rei d. Fernando José de Portugal, o tenente-general José Narcizo de Magalhães e Menezes foi

---

80 Requerimento dos capitães e mais oficiais subalternos, c. 1804. AHU/CU 017, cx. 220, doc. 15.152.

81 ANRJ, Fundo Vice-Reinado, cx. 483, pacote 3, doc. 45. Uma análise desse conflito foi realizada por Souza (2020).

enviado pelo príncipe regente para a capitania do Pará. E, após alguns anos, os capitães pardos Antônio de Novaes Campos e Manuel de Jesus Neves voltaram a comandar suas companhias. Não foi possível identificar a data precisa em que foram soltos e retornaram a seu regimento. Sabemos, no entanto, que em 1811 eles figuram no *Almanaque do Rio de Janeiro* como capitães do 4º Regimento de Milícias de Homens Pardos. Os postos de coronel, tenente-coronel e sargento-mor estavam preenchidos, mas não por milicianos pardos. O que se repetiu foi a nomeação de parentes de oficiais brancos para o regimento. Se anos antes o filho do sargento-mor Albino dos Santos Pereira, em função das recorrentes licenças do pai, foi nomeado para instrutor-geral dos pardos, em 1811 o genro do coronel Manoel Luís Ferreira, Miguel da Silva Vieira Braga, também negociante de prestígio na cidade, constava como tenente-coronel.[82] Somente em 1816, um miliciano pardo, com trajetória construída no regimento, aparece ocupando um de seus postos superiores: José Inácio da Silva e Costa, sargento-mor.[83]

Considerações finais

Todas essas disputas apontam para a centralidade dos requerimentos (petições) nas sociedades anteriores à ruptura constitucional do século XIX. Por meio deles, grupos sociais, mesmo os subalternos, podiam se organizar, pautar temas e denunciar abusos de autoridades. No caso por nós analisado, ao cruzarem várias vezes o oceano, esses requerimentos explicitam a existência de conexões entre os oficiais milicianos pardos da Bahia, do Rio de Janeiro e também de Angola. Apoiando-se, esses oficiais lançaram mão tanto da antiga "lógica garantista" de direitos, baseada em experiências e entendimentos prévios (no caso dos oficiais baianos, já desfrutados pelo grupo), como de uma lógica nova, pautada na lei (Slemian, 2023). Por outro lado, esses requerimentos, ou melhor, as respostas que suscitaram, também evidenciam alguns dos mecanismos – políticos e institucionais – criados por

---

82 Almanaque do Rio de Janeiro para o ano de 1811. *Revista do Instituto Histórico e Geográfico Brasileiro*, 1969, p. 160-161.

83 *Almanaque do Rio de Janeiro para o ano de 1816.*

administradores coloniais para impedir a ascensão social desses oficiais de cor. É essa a dinâmica que Luiz Geraldo Silva (2018, p. 350) caracteriza como um "campo móvel de tensões no qual indivíduos e grupos sociais dos níveis mais alto e mais baixo tendiam a se enfrentar, e de onde os últimos poderiam, mesmo sob toda sorte de vexações, sair vitoriosos ou redondamente humilhados". Como vimos, apesar da legislação de 1766, 1767 e 1802 - medidas reais que apoiavam plenamente as pretensões dos capitães pardos do Rio de Janeiro e da Bahia - e apesar dos inúmeros requerimentos apresentados pessoalmente ou por procuradores, um governador e vice-rei conseguiu pôr em xeque o que parece ser uma política relativamente consistente da parte da monarquia. A oposição ferrenha de d. Fernando José de Portugal aos oficiais superiores pardos descendia de uma longa tradição de desconfiança em relação aos milicianos pardos e pretos, manifestada em diversas propostas para abolir os terços, regimentos e companhias segregadas. Que nenhum desses projetos fosse implementado foi uma vitória parcial, resultado de intervenções da parte dos oficiais pardos e pretos, semelhantes às analisadas neste capítulo.[84] Mas suas vitórias sempre tinham limites, e muitos oficiais, como o capitão Miguel Rodrigues de Deus Cerqueira, certamente se sentiam humilhados ao fim das suas vidas. Afinal, o projeto no qual tanto investiram - no caso de Cerqueira, a conquista do posto de oficial superior do seu regimento - havia fracassado. E homens como d. Fernando José de Portugal não desistiam. Em 1816, na qualidade de ministro da Guerra e Estrangeiros (e agora com o título de marquês de Aguiar), ele bloqueou a promoção de mais um capitão pardo e indicou um ajudante branco para sargento-mor do regimento de homens pardos de São Paulo (Souza, 2018, p. 400).

84 Sobre esses projetos, ver Silva (2018, p. 357-61, 414-23) e Souza (2018, p. 347-364).

Tabela 1
Efetivo do Terço de Infantaria de Homens Pardos Libertos (Rio de Janeiro) e do Regimento de Artilharia Auxiliar dos Homens Pardos (Bahia) (c. 1769-1788)

Ano	Terço (Rio de Janeiro)	Regimento (Bahia)
c. 1769	627	–
1770	486	–
1771	321	–
1774	–	320
1775	–	575
1776	–	755
1786	392	–
1788	–	655

Fontes: Mappa do Corpo Auxiliar dos homens mixtos de que hé Sargento Mayor, e Comandante, João Francisco Muzzi, Rio de Janeiro, 22 de agosto de 1771, AHU/CU 017, cx. 91, doc. 7.950 (apesar da data, parece que a informação desse mapa se refere a uma época anterior); Rezumo de toda a Tropa de Infantaria, Cavalaria paga, e dos Auxiliares de Pe, e Cavalo, e de toda Artilharia que guarnece a Capitania do Rio de Janeiro, Estado do Brazil [...], 19 nov. 1770, AHU/CU 017, cx. 91, doc. 17.976; Informe do marquês do Lavradio, Rio de Janeiro, 31 de outubro de 1771, AHU/CU 017, cx. 91, doc. 17.950; Mappa do novo Regimento d'Artelharia de que hé Coronel João Baptista da Costa [...], 4 out. 1774, AHU/CU 005 (Castro e Almeida), cx. 46, doc. 8.669; Mappa, 7 abr. 1775. In: Vilhena (1921, v. 1, p. 247); Mappa de toda a força que guarnece a Capitania da Bahia, 31 out. 1776, AHU/CU 005 (Castro e Almeida), cx. 49, doc. 9.130; José Correa Rangel, capitão do Real Corpo de Engenheiros. Guarnição do Rio de Janeiro com seus uniformes e mapas do número de homens dos regimentos pagos e dos auxiliares. Rio de Janeiro, 1786, BNRJ/SM, CF-50, 01, 32; Fernando José de Portugal para Martinho de Mello e Castro, c. 1788 (cópia), AHU/CU 005 (Castro e Almeida), cx. 74, doc. 14.397.

Referências

ALDEN, Dauril. *Royal government in colonial Brazil*: with special reference to the administration of the Marquis of Lavradio, viceroy, 1769-1779. Berkeley: University of California Press, 1968.

ALMANAQUE do Rio de Janeiro para o ano de 1816. Rio de Janeiro: Imprensa Régia, 1816.

ALMANAQUE do Rio de Janeiro para o ano de 1811. *Revista do Instituto Histórico e Geográfico Brasileiro*, Rio de Janeiro, v. 282, p. 97-236, jan./mar. 1969.

ALMEIDA, Kátia Lorena Novais. "Valer-se da autoridade do trono para obter sua liberdade": fuga e alforria – Bahia e Lisboa, 1761-1804. *Revista de História*, São Paulo, v. 179, p. 1-43, 2020.

APEBA. *Autos da Devassa da Conspiração dos Alfaiates*. Salvador: Secretaria da Cultura e Turismo; Arquivo Público do Estado da Bahia, 1998. v. 1.

CAVALCANTI, Nireu. *O Rio de Janeiro setecentista*: a vida e a construção da cidade da invasão francesa até a chegada da Corte. Rio de Janeiro: Zahar, 2004.

CRISPIN, Ana Carolina Teixeira. Além do acidente pardo: os oficiais das milícias pardas de Pernambuco e Minas Gerais (1766-1807). Dissertação (mestrado), UFF, Niterói, 2011.

KRAAY, Hendrik. *Política racial, Estado e forças armadas na época da Independência*: Bahia, 1790-1850. Trad. Magda Lopes. São Paulo: Hucitec, 2011.

LAVRADIO, Marquês do. Relatório do marquês do Lavradio, vice-rei no Rio de Janeiro, entregando o governo a Luiz de Vasconcellos e Souza, que o sucedeu no vice-reinado, 10 jun. 1779. *Revista do Instituto Histórico e Geográfico Brasileiro*, Rio de Janeiro, v. 4, n. 16, p. 409-486, jan. 1843.

MENIM, Francielly Giachini Barbosa. Sociogênese e institucionalização de milícias de africanos e afrodescendentes livres e libertos na América portuguesa: Bahia e Rio de Janeiro (1638-1766). Tese (doutorado), UFPR, Curitiba, 2019.

MOREIRA DE AZEVEDO, [Manuel Duarte]. *O Rio de Janeiro*: sua história, monumentos, homens notáveis, usos e curiosidades. Rio de Janeiro: Brasiliana, 1969. v. 1.

MORTON, F. W. O. The conservative revolution of independence: economy, society and politics in Bahia, 1790-1840. Tese (doutorado), Oxford University, Oxford, 1974.

MOTA, Célio de Souza. *A face parda da Conspiração dos Alfaiates*: homens de cor, corporações militares e ascensão social em Salvador no final do século XVIII. São Paulo: Ed. Wi, 2018. E-book.

RUSSELL-WOOD, A. J. R. *The black man in slavery and freedom in colonial Brazil*. Nova York: St. Martin's Press, 1982.

______. Ambivalent authorities: the African and Afro-Brazilian contribution to local governance in colonial Brazil. *The Americas*, Washington, v. 51, n. 1, 2000.

SILVA, Luiz Geraldo. Gênese das milícias de pardos e pretos na América portuguesa: Pernambuco e Minas Gerais, séculos XVII e XVIII. *Revista de História*, São Paulo, v. 169, n. 2, p. 111-144, 2013.

_____. Africanos e afrodescendentes na América portuguesa: entre a escravidão e a liberdade (Pernambuco, séculos XVI ao XIX). Tese (professor titular), UFPR, Curitiba, 2018.

SLEMIAN, Andréa. Entre graça e direitos: apontamentos sobre como entender as petições na América portuguesa (século XVIII). *Almanack*, Guarulhos, n. 34, p. 1-38, 2023.

SOUZA, Adriana Barreto de. O meio militar como arena política: conflitos e disputas por direitos no Regimento de Homens Pardos do Rio de Janeiro, 1805. *Tempo*, Niterói, v. 26, n. 2, p. 363-382, maio/ago. 2020.

SOUZA, Fernando Prestes de. Pardos livres em um campo de tensões: milícia, trabalho e poder (São Paulo, 1797-1831). Tese (doutorado), USP, São Paulo, 2018.

SOUZA, Priscila de Lima. *"Sem que lhes obste a diferença de cor"*: a habilitação dos pardos livres na América portuguesa e no Caribe espanhol (c. 1750-1808). Tese (doutorado), USP, São Paulo, 2017.

VALIM, Patrícia. *Corporação dos enteados*: tensões, contestação e negociação política na Conjuração Baiana de 1798. Salvador: Edufba, 2018.

VILHENA, Luis dos Santos. *Recopilação de notícias soteropolitanas e brasílicas*. Salvador: Imprensa Official do Estado, 1921. 2 v.

Insultos e insubordinação nos terços auxiliares e a ordem sociorracial em fins do Setecentos na vila de Sabará, Minas Gerais

Mariana L. R. Dantas

Na manhã de 5 de abril de 1785, o mestre de campo do Terço Auxiliar de Homens Pardos da vila de Sabará, Antônio Vieira da Costa, convocou todos os capitães sob seu comando para o quartel. O propósito era executar a revista das tropas auxiliares ordenada pelo governador da capitania de Minas Gerais. O exercício foi, contudo, interrompido por distúrbios causados por João Paulo Pereira, um dos capitães. Em carta e depoimentos de outros capitães que Costa enviou ao governador dias mais tarde, ele explicou que Pereira o atacara com insultos, "dizendo palavras e obrando ações indecorosas". Um desses atos consistiu em apresentar repetidamente as costas da mão quando o mestre de campo lhe ofereceu o juramento dos santos evangelhos. "Findo finalmente a fazê-lo como devia", Pereira perguntou, usando palavras ofensivas, se Costa "queria que lhe fizesse com o corpo". O "tenente capitão" Sebastião Marques de Almeida, o qual executava as ordens do mestre de campo, também foi alvo de "algumas injúrias", e Pereira "até cheg[ou] a querer dar-lhe com uma bengala". Antônio Vieira da Costa declarou, ainda, que "este capitão nunca me quiz obedecer e muito menos ao meu sargento-mor", e que Pereira se vangloriou a todos que encontrou naquele dia de tê-lo insultado. A insubordinação de Pereira, Costa salientou, não afetava somente a ele, mas também ao governador e à própria Coroa, pois consistia em um "ludíbrio das ordens de Sua Excelência e do Real Serviço". Finalmente, o mestre de campo requereu a prisão imediata de Pereira, advertindo que, se suas ações não fossem punidas imediatamente, outros poderiam ousar imitá-lo.[1]

[1] Antônio Vieira da Costa ao Governador, 9 abr. 1785, APM/SG, cx. 15, doc. 27.

Antônio Vieira da Costa explicou que a insubordinação de João Paulo Pereira resultava deste "sustentar pertencer à comandância dos brancos". A referência a brancos nessa declaração, apesar de ser a única menção em todo o documento a uma categoria de cor (branco, pardo ou preto), é significativa. O termo invoca a linguagem usada na carta régia de 22 de março de 1766, discutida na introdução deste livro.[2] João Paulo Pereira, quer tenha sido afrodescendente ou não (infelizmente, não pude encontrar documentos relativos a sua genealogia), recebeu provimento ao posto de capitão do Terço Auxiliar de Homens Pardos. Nessa condição, ele se viu subordinado à autoridade de Antônio Vieira da Costa – um mestre de campo que era conhecido como filho de uma africana escravizada e de um rico minerador português, que o alforriara. Ao longo de sua vida, Antônio Vieira da Costa foi descrito como pardo e forro em documentos coloniais.[3] Antônio Monteiro, sargento-mor com autoridade sobre Pereira, também era associado à qualidade de "pardo" (termo que, na documentação colonial, comumente suplantou "mestiço") através de uma irmã, descrita como parda em seu inventário.[4] Na visão que o capitão João Paulo Pereira aparentemente tinha da ordem militar, e talvez da social também, não lhe caberia, contudo, subordinar-se a pessoas pertencentes a outras classes que não a branca.

O conflito entre o mestre de campo e o capitão do Terço Auxiliar de Homens Pardos da vila de Sabará nos remete às tensões e distúrbios que afetaram intermitentemente a ordem nesses corpos militares. Tais episódios geraram inúmeras reclamações por parte de oficiais-comandantes e inspiraram decisões políticas por parte de governantes coloniais e metropolitanos.[5] Em trabalho recente, Adriana Barreto de Souza (2020, p. 363-382) examina um caso de insubordinação semelhante ao exposto aqui. Ocorrida em 1805 no Rio de Janeiro, a disputa envolveu dois capitães pardos e o ajudante branco do regimento de homens pardos da cidade. Este último, apesar de

---

2 Carta régia ao capitão-general Luís Diogo Lobo da Silva (cópia), 22 mar. 1766, APM/SG, cx. 6, doc. 15.

3 É o que se verifica, por exemplo, na Relação de Confessados da Freguesia de Santa Luzia de Sabará, 1790, ANRJ/MSS, cx. 267, doc. 1.

4 Inventário de Catarina Teixeira da Conceição, 5 maio 1788, MOS-ACBG/CSO-I cx. 64, doc. 476.

5 Mesmo que tais episódios não representem uma desordem colonial e tenham sido causados por frustrações ou protestos coletivos ou individuais locais, eles tiveram efeito cumulativo nas políticas militares portuguesas (Mello, 2009).

estar cumprindo as ordens do seu tenente-coronel, foi visto pelos capitães como indigno de sua obediência por ser de inferior patente: ele havia sido promovido de segundo-sargento da tropa de linha a ajudante do regimento auxiliar sem cumprir anos adicionais de serviço. Se, nesse caso, dois capitães classificados como pardos questionavam a legitimidade da autoridade de um oficial branco, no caso descrito anteriormente um capitão (de qualidade indefinida) se recusava a se subordinar à autoridade investida em oficiais superiores pardos. Tanto um quanto outro episódio revelam o entrelace ambíguo entre a prática de seleção e provimento de pessoas para o serviço militar, as expectativas de merecimento de membros ativos das forças auxiliares e noções dos privilégios e direitos que diferenciavam as classes (branca, parda, preta) coloniais. Ou melhor, eles sugerem que disputas de poder dentro do âmbito desses regimentos se resolveram interseccionalmente. Um oficial pardo poderia obter uma resolução favorável a seus interesses se suas reinvindicações, prioridades institucionais e diferentes noções discriminatórias da época se intersectassem positivamente, abrindo-lhe caminhos e oportunidades.[6] Se, por outro lado, esses fatores se intersectassem negativamente, obstruindo seu acesso a direitos e vantagens, ele poderia se ver preso por insubordinação ou pior.[7]

Cabe, então, perguntar: a ideia de classe que fora sugerida pelo rei português como parâmetro organizador dos terços auxiliares era imbuída de significado discriminatório? Como argumentam diferentes historiadores, a questão da classificação por cor no Brasil colonial estava associada às noções de qualidade que informaram a hierarquia sociopolítica no contexto da sociedade estamental imperial portuguesa (Fragoso, Guedes e Krause, 2013, p. 127-164). Títulos de nobreza, honrarias, distinção no serviço à Coroa marcavam a posse de qualidade. Por outro lado, o trabalho manual, a heterodoxia religiosa e, no contexto do Atlântico português, a escravidão e a origem ou descendência africana – às vezes, tidos como defeito, infâmia

---

6 Interseccionalidade é um conceito desenvolvido por Kimberlé Crenshaw para explicar o impacto do entrelace de diferentes identidades sociais na formação de sistemas e estruturas de discriminação e opressão. Para uma explicação e exemplos de aplicação do conceito, ver Cho, Crenshaw e McCall (2013).

7 Ver, por exemplo, Kraay (2022, p. 52-80). Também útil a essa análise é o conceito de "campo pendular de tensões", usado em Silva e Souza (2019, p. 61-63).

e mácula – marcavam a falta de qualidade (Carneiro, 2005, p. 260-277; Hespanha, 2010, p. 59-60). A genealogia tinha também um peso importante na experiência social de membros dessa sociedade. Filhos de nobres nasciam com qualidade de nobre e a promessa de privilégios. Filhos de plebeus, comumente marcados pelo defeito do trabalho manual, não tinham a qualidade necessária para o gozo de privilégios. No Brasil, gerações de pessoas africanas e afrodescendentes se viram associadas ao *status* de escravo, ao trabalho manual e a heterodoxias religiosas e, por isso, portaram os defeitos sociais que eram considerados marcas de uma qualidade deficiente ou ausente (Olival, 2015, p. 339-360). A obtenção de mercês reais concedendo tratamentos privilegiados podia, na política do Antigo Regime, alterar a qualidade ou apagar um defeito de um indivíduo ou família, gerando, assim, a possibilidade de mobilidade dentro da hierarquia social e acesso a privilégios políticos (Hespanha, 2006, p. 121-143). Tanto europeus quanto africanos, e os descendentes de ambos, se valeram desse mecanismo para se reposicionar na sociedade imperial portuguesa (Figueirôa-Rêgo, 2011, p. 115-145). Mas, como nos lembra Silvia Lara (2007, p. 137-147), a associação entre origem e descendência africana e defeitos ou falta de qualidade foi continuamente reforçada no contexto colonial brasileiro. Restrições impostas ao comportamento e atividades de pessoas classificadas como pardas e pretas (ou outras categorias não brancas), as conotações pejorativas atribuídas a esses termos e o tratamento opressivo e violento sofrido por esses grupos instituíram um sistema de discriminação agressivo e estrutural.

A experiência do mestre de campo Antônio Vieira da Costa ilumina, portanto, essa dinâmica social. Ele foi um entre vários indivíduos de reconhecida ascendência africana e escravização prévia que, no Brasil colonial, alcançaram reconhecimento social e as necessárias mercês para exercer uma posição de prestígio e poder.[8] Contudo, a cultura discriminatória da qual ele fazia parte, fundada na ideia de "qualidade de cor" – termo proposto por Roberto Guedes (2018), entre outros –, expôs Costa a insultos, desrespeito e humilhação por causa da sua linhagem e consequente associação com a "classe" parda. Ao mobilizar a autoridade do governador em defesa da sua própria autoridade e da sua reputação, Costa fez mais do que reforçar a or-

8 Para outros exemplos relativos às forças militares, ver Cotta (2010).

dem militar dentro do seu terço; ele também atacava a lógica discriminatória empregada por Pereira. Experiências como a desse mestre de campo revelam os terços e regimentos auxiliares de homens pardos e pretos de Minas Gerais como um importante microcosmo da sociedade colonial brasileira. Tanto neste contexto quanto naquele mais amplo, o uso de categorias sociais de cor almejou segregar e discriminar, encorajando esforços para negociar suas implicações por aqueles assim classificados (Kraay, 2001). Dessa forma, tanto a macropolítica imperial que regulamentava as forças coloniais de defesa quanto as microagressões e negociações cotidianas que permearam suas operações contribuíram para um processo de formação racial.[9] A partir desse processo, branco, pardo e preto adquiriram valores sociais capazes de realinhar ou reforçar a desigualdade de poder nessa sociedade estamental e escravista.

O mestre de campo Antônio Vieira da Costa

Antônio Vieira da Costa nasceu em 1732 na freguesia de Nossa Senhora da Glória da Vila do Carmo (cidade de Mariana). Sua mãe, Inácia Mina, era escrava de seu pai, Jacinto Vieira da Costa, homem português natural do arcebispado de Braga. Não é certo quando Antônio alcançou a liberdade. Em seu testamento, Jacinto declarou que libertava todos aqueles filhos que ainda não haviam sido emancipados "pelo amor que lhes tenho".[10] Se essa era a situação de Antônio, com a morte de seu pai em 1760, quando ele tinha 28 anos, ele passou do *status* jurídico de escravo ao de forro. Antônio tornou-se também o único herdeiro *de facto* dos numerosos bens do pai. Para garantir a transmissão de sua propriedade a seus herdeiros e impedir que ela fosse reclamada por credores, Jacinto vendeu tudo o que possuía ao filho Antônio, em sociedade com um primo e compadre seu, Antônio de Souza Lima. Os pagamentos pela compra seriam então passados aos demais filhos de Jacinto para cumprir os termos de sua herança. Esses bens incluíram várias terras

---

[9] Formação racial é um conceito teórico que propõe que raça é uma construção social e política mutável, formada em diálogo com práticas de diferenciação, com políticas de discriminação e opressão e com estratégias identitárias de resistência (Omi e Winant, 2014).

[10] Testamento de Jacinto Vieira da Costa, 9 maio 1760, MOS/ACBG/CPO, LT 14(24), fols. 77-83.

de minerar, fazendas de agricultura, roças e casas, além de em torno de 400 pessoas escravizadas.[11]

Jacinto Vieira da Costa era homem proeminente na comarca do Rio das Velhas em meados do século XVIII.[12] Sua trajetória, porém, começou quando, em princípios do século, jovem e sem muitos recursos, ele emigrou de Portugal para Minas Gerais. Recém-chegado à colônia, trabalhou com o abate de gado e a feitoria de escravos em Vila Rica e Mariana. Desenvolveu suas atividades mineradoras e recebeu uma sesmaria para plantar cana e produzir açúcar e cachaça para o mercado local.[13] Seus procuradores declararam que ele "sempre foi tratado com distinção e nobreza [...] sempre andando a cavalo, servindo cargos públicos [...] e sempre gozando dos privilégios da nobreza". Contudo, a ele foi negada a honra de receber o hábito da Ordem de Cristo, por ter "alguns impedimentos de falta de qualidade". Em apelo ao rei para ser dispensado dos impedimentos, Jacinto listou suas qualificações: seu bom procedimento de vida e temor a Deus; sua reputação de cristão-velho "sem raça alguma"; sua nomeação para juiz ordinário, fiscal da intendência e ouvidor interino; e seu serviço "condecorado no posto de mestre de campo Auxiliar da Comarca do Sabará". Mas, apesar dessa longa lista de honrarias e reconhecimento público de sua limpeza de sangue, os oficiais que investigaram sua família e seu passado julgaram-no "impedido para entrar na ordem". A decisão foi proferida a 7 de maio de 1760, poucas semanas antes de Jacinto falecer.[14]

A experiência de seu pai expôs o jovem Antônio Vieira da Costa a um dos mecanismos discriminatórios operantes na sociedade estamental portuguesa. Instituições, normas e práticas serviram para barrar as ambições sociais daqueles considerados desqualificados e reproduzir a estrutura hierárquica. As ordens religiosas e militares, que ofereciam honra, privilégios e poder a seus membros, ilustram bem essa realidade (Dutra, 1970, p. 3-25; Olival, 2002, p. 71-88). Jacinto, portanto, não se tornou cavaleiro da Ordem de Cristo, notícia que talvez lhe tivesse causado frustração e humilhação se recebida antes

11 Inventário de Jacinto Vieira da Costa, 10 jun. 1760, MOS/ACBG/CSO-I, cx. 21, doc. 189. Para semelhantes vendas, ver Dantas (2006, p. 153-181).

12 Relação dos homens abastados das comarcas destas Minas, 24 jul. 1756, AHU/CU 011, cx. 70, doc. 40.

13 Requerimento de Jacinto Vieira da Costa [...] solicitando licença régia para fazer um engenho, 11 fev. 1746, AHU/CU 011, cx. 46, doc. 18.

14 Diligência de habilitação para a Ordem de Cristo de Jacinto Vieira da Costa, c. 1760, ANTT/MCO/A-C/002-009/0073/00004.

do seu falecimento; mas o mais provável é que ele tenha morrido sem saber. Por outro lado, Jacinto tinha se beneficiado enormemente das oportunidades econômicas, sociais e políticas que Minas Gerais lhe proporcionara ao longo das décadas. Se uma das testemunhas que lhe custaram o hábito havia dito a verdade, ele chegara ali foragido e necessitado de trabalho assalariado para sobreviver. Graças a sua indústria (e à de seus escravos), acumulou recursos, privilégios e influência, alcançando o ápice da hierarquia colonial ao ocupar o posto de mestre de campo e o cargo de ouvidor interino. Não se pode dizer o mesmo de Inácia, a mãe de Antônio Vieira da Costa. Transportada contra sua vontade da África e escravizada em Minas Gerais, ela foi obrigada a servir e a sujeitar-se às mais diversas demandas de Jacinto. Teve sua própria experiência de mobilidade sociojurídica ao alcançar a alforria, passando da categoria escrava negra (descrição comumente usada em inventários da época) à de preta forra.[15] Porém, apesar dos serviços que ela também rendera à sociedade mineira e à Coroa portuguesa, os obstáculos que enfrentou para alcançar alguma prosperidade e quaisquer privilégios foram de uma ordem bastante maior do que os enfrentados por Jacinto.[16] Com seus pais, Antônio Vieira da Costa teria aprendido que diferentes "qualidades", ou "classes", resultavam em graus bem diferentes de discriminação.

A escassez de documentação sobre Antônio Vieira da Costa antes do falecimento de seu pai impede uma investigação precisa sobre suas possíveis experiências com a dinâmica sociorracial na comarca do Rio das Velhas durante sua juventude. Somente a partir da década de 1760 é que ele aparece com mais frequência nos arquivos. Antônio, ao contrário de Jacinto, não exerceu postos administrativos. Talvez ele tenha decidido se dedicar à propriedade da família em vez de tentar integrar a vida política da vila de Sabará. Afinal, o debate dentro das câmaras mineiras sobre o direito de pardos ocuparem cargos de vereador, juiz ordinário ou procurador estabeleceu que tais pessoas eram "notoriamente defeituosas e maculadas".[17] Somente

15 Inácia é descrita como preta forra no inventário do filho. Inventário de Antônio Vieira da Costa, 27 fev. 1796, MOS/ACBG/CSO-I cx. 72, doc. 561.

16 Para o papel de mulheres negras no Brasil colonial, ver Xavier, Farias e Gomes (2012).

17 Parecer do Concelho para que não possa ser eleito vereador ou juiz ordinário homem que seja mulato, 25 set. 1725, AHU/CU 011, cx. 7, doc. 26. Ver, também, episódio em que a câmara da Vila do Príncipe procurou impedir a eleição de homem pardo: representação dos Oficiais da Vila do Príncipe, 28 abr. 1762, AHU/CU 011, cx. 80, doc. 32.

indivíduos de "limpo nascimento", os oficiais das vilas declararam, deveriam ser considerados.[18] Apesar de ausente da vida política de Sabará, Antônio foi ativo na liderança dos negócios da família, vendendo uma ou duas fazendas para ajustar dívidas deixadas por seu pai, comprando uma ou duas fazendas de gado para investir no promissor setor pecuário.[19] A partir desses negócios, ele tratou com diversas pessoas consideradas brancas. Ao longo de sua vida, porém, parece ter lidado predominantemente com pessoas de ascendência africana semelhante à sua. Em 1764, por exemplo, ele forneceu a quantia de 200 mil-réis para que a "mulata por nome Maria das Neves" obtivesse sua alforria.[20] Naquele mesmo ano, entrou em um contrato com Rosa de São Gonçalo, descrita como preta forra, comprometendo-se a assumir todas as despesas necessárias para cobrar uma dívida que Francisco Borges Coelho tinha com ela, em troca de metade do valor da quantia recuperada.[21] Na fazenda do Rio Abaixo, moradia principal de Antônio, a maioria dos residentes eram, segundo a relação de confessados de 1790, classificados como preto ou crioulo forro.[22]

Assim como na sua vida doméstica, no âmbito da sua carreira no Terço Auxiliar de Infantaria de Homens Pardos, quando exercia comando sobre um corpo militar de 801 praças, Antônio Vieira da Costa também se viu cercado de outros afrodescendentes.[23] Ao que parece, ele começou sua carreira militar no início da década de 1770, quando passou a ser referido pelo título de capitão. Dada a impossibilidade de localizar sua patente, não é sabido

18 Apesar de alguns historiadores argumentarem que pessoas de ascendência africana exerceram funções administrativas em Minas Gerais, estas parecem ter sido principalmente a de escrivão e juiz de ofício (Russell-Wood, 2000, p. 13-36).

19 Escritura de compra e venda que faz o Capitão Antônio Vieira da Costa ao Capitão Bernardo Xavier Pereira da Costa, 20 jun. 1779, MOS/ACBG/CPON, LN 22(68)75, fol. 84; Escritura de compra e venda que faz o Mestre de Campo Antônio Vieira da Costa ao Furriel Manuel Francisco Guimarães, 4 jul. 1794, MOS/ACBG/CPON LN 33(80)60, fol. 69; Escritura de compra e venda que faz o Padre Antônio Moreira Barboza ao Mestre de Campo Antônio Vieira da Costa, 22 out. 1794, MOS/ACBG/CPON, LN 33(80)60, fol. 94v.

20 Carta de alforria da mulata Maria das Neves, 28 mar. 1765, MOS/ACBG/CSON LN 10(49), fol. 67.

21 Escritura de contrato que faz Rosa de São Gonçalo com Antônio Vieira da Costa, 29 mar. 1765, MOS/ACBG/CSON LN 10(49), fol. 69.

22 Das 24 pessoas listadas como cabeça de domicílio vivendo na fazenda do mestre de campo Antônio Vieira da Costa, 15 foram descritas como pretas ou crioulas forras. Relação de confessados da freguesia de Santa Luzia de Sabará, 1790, ANRJ/MSS, cx. 267, doc. 1.

23 Mapa dos regimentos de cavalaria, infantaria, e terços auxiliares de homens brancos, pardos, e pretos da capitania de Minas Gerais, 1º fev. 1787, AHU/CU 011, cx. 126, doc. 15.

quando ele começou a servir nesse posto. Também é incerto se Antônio havia servido previamente em uma das companhias militares locais como oficial inferior ou soldado. O prestígio de seu pai, além da influência econômica do próprio Antônio, depois de ele herdar o negócio de mineração, terras de agricultura e numerosa mão-de-obra escravizada, certamente ajudaram-no a acessar diretamente o posto de capitão. Se foi este o caso, o exemplo de Antônio corrobora a avaliação feita por Luiz Geraldo Silva (2013) de que a busca de patentes militares por homens afrodescendentes prósperos, que visavam consolidar seus direitos de súditos, moldou a organização e funcionamento das forças militares auxiliares em Minas Gerais.[24] O impacto da posição socioeconômica de Antônio na sua trajetória na infantaria auxiliar é, de toda forma, evidente na confirmação da patente de mestre de campo que a rainha d. Maria I lhe concedeu em junho de 1785. O documento cita o "incansável zelo e honra" que Antônio demonstrou no exercício do posto de "capitão de uma das companhias da ordenança de pé". E enfatiza, também, a contribuição que ele fazia ao "real erário com avultadas fábricas de minerar, animando-as laboriosamente".[25] Sua ascensão ao topo da hierarquia militar em Sabará se limitou, porém, à comandância sobre homens pardos como ele.

O Terço Auxiliar de Infantaria de Homens Pardos de Sabará

A confirmação da patente de mestre de campo a Antônio Vieira da Costa mencionou, entre outros detalhes, que o Terço de Infantaria Auxiliar de Homens Pardos Libertos que ele comandaria tinha sido "novamente formado e estabelecido no termo da Vila Real do Sabará". Esse comentário – assim como correspondências entre oficiais dos terços e o governador da capitania, e entre o governador e a Coroa portuguesa – invoca a dificuldade que autoridades coloniais e imperiais enfrentaram para manter uma força auxiliar regular e efetiva. Diante desses desafios, era essencial contar com pessoas influentes e capazes de manter as companhias dos terços em ordem e ativas para garantir sua mobilização quando a segurança local ou da co-

24 Ver também Silveira (2008, p. 131-156).

25 Carta patente de mestre de campo dos auxiliares, 22 jun. 1785, ANTT/RGM/E/001/0018/93112.

lônia o demandasse. A dependência em relação a esses oficiais encorajou, portanto, a concessão de direitos e privilégios nem sempre previstos pela lei ou prática, e motivou o suporte do governador e do monarca a seu exercício de poder (Silva, 2013, p. 136-144). A patente recebida por Antônio Vieira da Costa exemplifica esse suporte. Nota-se que a real mercê que oficializou suas reivindicações ao posto foi expedida em princípio de junho de 1785, dois meses depois do episódio de insubordinação do capitão João Paulo Pereira. Antônio exercia aquele posto com provisão do governador. Porém, a eficácia da sua liderança dependia da disposição dos demais oficiais a aceitar suas ordens como legítimas e a obedecê-las. Ao reforçar seu direito de punir Pereira e ao confirmar a patente com o poder de uma real mercê, governador e rainha equipavam Antônio Vieira da Costa para fazer cumprir sua autoridade sobre uma força militar composta de 14 oficiais de patente, dezenas de oficiais inferiores e 707 anspeçadas e soldados.[26]

A trajetória do terço de homens pardos de Sabará foi marcada, contudo, por problemas recorrentes de comando. Em janeiro de 1783, Antônio Monteiro, que recebera meses antes carta patente de sargento-mor do recém-formado terço, escreveu ao governador de Minas Gerais para justificar por que ele ainda não remetera a Vila Rica um preso que se encontrava em Sabará. A causa da falha fora uma desavença entre seu primeiro e segundo ajudantes. Como explicou Monteiro, João Luiz de Sá, o primeiro ajudante, havia arrematado o ofício de porteiro da câmara, o que lhe impedia o uso de sua farda ou porte de espada. Monteiro, portanto, passou ao segundo ajudante, Joaquim Fagundes de Souza, a ordem de convocar soldados do terço para conduzir o preso ao governador. Sá, porém, em resposta ao que considerara uma afronta a sua primazia, prendeu e destratou publicamente Souza à porta da cadeia, afirmando, sem ser verdade, agir sob ordens do mestre de campo. Diante de tal "autoridade usurpada, este despotismo e procedimento absoluto", o sargento-mor requeria que tal "sujeito [...] despótico e mesmo desatento ainda com seus superiores" fosse rebaixado do seu posto ou removido do terço.[27] Apesar de o sargento-mor Antônio Monteiro ter

---

26 Mapa dos regimentos de cavalaria, infantaria, e terços auxiliares de homens brancos, pardos, e pretos da capitania de Minas Gerais, 1º fev. 1787, AHU/CU 011, cx. 126, doc. 15.

27 Informação de serviço do sargento-mor Antônio Monteiro a d. Rodrigo José de Menezes, 27 jan. 1783, APM/SG, cx. 13, doc. 09.

centrado sua queixa contra João Luiz de Sá sobre o seu caráter, o episódio revela uma importante discordância entre os dois oficiais. Monteiro havia assumido que o exercício de um cargo civil desqualificava Sá para cumprir sua obrigação em relação ao terço, e que isso justificaria a quebra da cadeia de comando entre os dois ajudantes. Sá, por sua vez, acreditara poder exercer concomitantemente seu cargo civil remunerado e a autoridade do seu posto sobre seus subordinados. Visto que o serviço às forças auxiliares não era recompensado financeiramente, a atitude de João Luiz de Sá tinha certa lógica.

O alistamento, quer como oficial ou como soldado, dos moradores da colônia nos terços auxiliares e de ordenança, tanto da cavalaria quanto da infantaria, impunha um serviço notoriamente não remunerado. A satisfação dessa obrigação devia ser fundada, explicou a carta régia de 1766, na fidelidade que tais súditos deviam ao monarca. Ficava, portanto, ao cargo e custo dos alistados a responsabilidade de providenciar suas próprias armas e fardas, e, no caso dos membros da cavalaria, um cavalo e um escravo para dele se ocupar. De fato, Antônio Teixeira de Queirós, um dos capitães servindo sob o comando do mestre de campo Antônio Vieira da Costa e, como ele, descendente de africana, possuía, quando faleceu, uma farda de pano azul fina com enfeite de prata, uma farda de pano azul velha, uma casaca de pano azul e mais uma farda de algodão. Também incluídos no seu inventário estavam uma espingarda aparelhada, um jogo de pistolas e um florete de prata com guarnição.[28] O mestre de campo também teve inventariados uma farda de pano azul decorada com galões e seu calção com forro encarnado, tudo já com bastante uso. Ele também possuía um par de meias brancas e um par de luvas acamurçadas. Curiosamente, sua inventariante (e irmã) Ana Vieira da Costa declarou que um par de pistolas e uma faca com cabo de prata pertencentes ao defunto foram furtadas.[29]

Mas os custos e obrigações envolvidos em cumprir o serviço real do Terço Auxiliar de Infantaria não se limitavam a possuir farda e armas. As grandes distâncias e a precariedade de caminhos e estradas dos territórios onde atuavam os terços impunham inúmeros desafios e inconveniências aos membros dessas forças (Fonseca, 2011, p. 311-324). Esses fatores causaram

28 Inventário de Antônio Teixeira de Queirós, 30 ago. 1804, MOS/ACBG/CSO-1 cx. 81, doc. 660.

29 Inventário de Antônio Vieira da Costa, 27 fev. 1796, MOS/ACBG/CSO-I cx. 72, doc. 561.

também atrasos e falhas no cumprimento das ordens de governantes coloniais e imperiais. Foi essa situação que fez com que o mestre de campo Antônio Vieira da Costa enviasse, em 1785, petição ao governador da capitania, requerendo esclarecimento sobre a forma como ele deveria conduzir a revista das companhias do seu terço. Pela ordem do governador, a revista deveria ser feita pelo mestre de campo em companhia do sargento-mor Manuel da Rocha Brandão (que era, possivelmente, oficial da tropa regular). O mestre de campo propunha ir de "arraial em arraial onde existem as companhias em seus quartéis na atenção do cômodo ou incômodo de muitos". Mas o sargento-mor resolveu que "em um arraial faria revista em seis e mais companhias que deviam estar prontas a esse fim". O mestre de campo advertiu o sargento-mor que a distância entre os arraiais e a vila de Sabará impediria as pessoas de comparecer à revista, ao que o sargento-mor respondeu que a revista seria feita no arraial de Santa Luzia e que as companhias teriam quatro dias para se apresentar. Incrédulo da viabilidade desse plano e desgostoso do posicionamento do sargento-mor, Costa perguntou ao governador "se em um só arraial se deve chamar seis ou mais companhias de tão longas distâncias ou se de arraial em arraial deve ir o dito major pelo cômodo de tantos homens".[30]

A documentação disponível não elucida se foi a opinião do mestre de campo do Terço Auxiliar de Infantaria de Homens Pardos ou a do sargento--mor que prevaleceu em 1785. Mas, dois anos após Antônio Vieira da Costa apresentar sua petição ao governador, a rainha d. Maria I enviou ordem ao vice-rei do Brasil para que em todas as capitanias, nos distritos onde houvesse "corpos de Auxiliares ou de Ordenanças destineis um ou mais lugares de parada e reunião [...] para ali serem vistos, examinados e passados em revista". A razão para esse procedimento, ela explicou, era o fato de muitos desses corpos existirem somente em listas e relações, sem nunca terem sido efetivamente formados. Da mesma forma, muitos oficiais nomeados "presentemente subsistem tão inúteis como os corpos que não há, e a que se supõem [sic] pertencerem". Alegando que a situação causava abusos de privilégios por pessoas que não os mereciam, assim como "uma considerá-

30 Petição de Antônio Vieira da Costa ao Governador Luís da Cunha e Meneses, 8 maio 1785, APM/SG, cx. 15, doc. 34.

vel e inútil despesa à minha Real Fazenda", ela exigia uma cuidadosa revista para determinar os corpos que "se devem reputar por supostos e fictícios". Conduzir tais revistas em poucos centros urbanos permitiria que os próprios governadores examinassem os corpos auxiliares e declarassem aqueles inoperantes "desde logo abolidos e extintos como se nunca houvessem existido".[31]

O tom da carta régia pressupõe certa malícia ou, pelo menos, negligência por parte de moradores da colônia, interessados em fraudar não somente a real fazenda, mas também o sistema de concessão de privilégios a partir de mercês reais. De fato, essa ordem fez parte de uma série de medidas centralizadoras e fiscalizadoras tomadas em fins do século XVIII, que almejaram fortalecer as prioridades metropolitanas dentro do seu império pluricontinental. Seu objetivo talvez tenha sido, também, aliviar as inquietações que a distância, o fortalecimento econômico e político de elites coloniais e as ameaças atlânticas e globais (guerras interimperiais e revoluções) causavam aos governantes imperiais (Fragoso, Bicalho e Gouvêa, 2001, caps. 9 e 10; Maxwell, 2004, p. 52-97; Guedes, 2013). Comunicações datadas de 1800 e 1801 entre o governador de Minas Gerais e Antônio Teixeira de Queirós, então promovido de capitão a sargento-mor do Regimento Auxiliar de Homens Pardos, revelam os esforços feitos para manter um controle mais cerrado sobre esse corpo militar. Queirós manteve o governador informado sobre a qualificação de candidatos a postos de oficiais, assim como sobre a veracidade das alegações de membros ativos que se diziam molestos e incapazes de servir. Uma dessas comunicações era referente ao mesmo João Paulo Pereira que causara tantos problemas, 15 anos antes. Queirós informou ao governador que, apesar de Pereira querer comandar a 5ª Companhia, ele não tinha patente "regulada", uma vez que passara a ser "capitão das sobras da Igreja Grande" (uma das paróquias da vila de Sabará). Além disso, "ele não cumpre com a obrigação do Real Serviço, nem ao menos dá satisfação das ordens que se lhe dirige apoiado da desculpa de andar continuamente molesto". Era o sargento-mor, consequentemente, que vinha, ele próprio, suprindo "as faltas do dito capitão com exação e prudência".[32] Antônio

31 Carta régia ao vice-rei Luis Vasconcelos e Souza, 2 nov. 1787, APM/SG, cx. 17, doc. 28. Para uma discussão mais detalhada dessa carta, ver Ferreira (2023).

32 Parecer do sargento-mor Antônio Teixeira de Queirós ao governador, 15 out. 1801, APM/SG, cx. 54, doc. 22.

Teixeira de Queirós confirmava em uma única e curta missiva que alguns moradores da capitania abusavam dos privilégios que os corpos auxiliares de pardos e pretos ofereciam, mas que a ordem militar dependia do serviço útil e meritório de homens pardos, como ele próprio.

A ordem sociorracial na virada do século XVIII para o XIX

Em observações que ajuntou ao mapa do Regimento de Infantaria de Milícias dos Homens Pardos da Vila de Sabará de 1808, o capitão João Batista de Souza Fremes, que servia de comandante do regimento, listou os principais problemas encontrados. Notou que muitos soldados reportaram estar doentes, mas que as necessárias indagações sobre sua saúde ainda não haviam sido feitas - por isso, ele não os havia incluído nos números do regimento. Ele comentou, também, que o capitão da 1ª Companhia não tinha sua farda por "impossibilitado", e que "sua inabilidade e incapacidade tem semelhança a outros mais oficiais". A 4ª Companhia e a Companhia de Granadeiros estariam sem exercício porque seus capitães haviam, respectivamente, se empregado como meirinho do auditório (além de não possuir farda) e se escusado de servir. Finalmente, ele reclamou da dificuldade que tinha para preencher a 1ª e a 8ª Companhias, "não obstante a abundância de pardos deste país, que podia fazer este o mais brilhante dos regimentos". O motivo, segundo Fremes, era que os comandantes das ordenanças viam o serviço à milícia "como ofensa" e se recusavam a entregar recrutas, e quando o faziam "[era] de tão má vontade que sempre escolhem os indivíduos mais inúteis, mais impossibilitados e mais incapazes". Por outro lado, "brancos, que nutridos de orgulho defendem seus filhos, ou com supostas patentes ou com o valor dos seus respeitos, cargos e riquezas", ajudavam os descendentes a evitar o recrutamento ou a obter um posto na cavalaria.[33] A suspeita de que moradores da colônia continuavam a fraudar ou negligenciar o serviço real transparece de novo nessa comunicação. Fremes admite, no entanto, que parte do problema era a conotação social negativa (e mesmo ofensiva) que

---

[33] Mapa do Regimento de Infantaria de Milícias dos Homens Pardos, 14 set. 1808, APM/SG, cx. 75, doc. 18.

o serviço na milícia de pardos adquirira, e parte era o ônus de fardar-se e armar-se, que, para alguns, impossibilitava o serviço miliciano.

Estudos sobre os terços auxiliares (regimentos de milícias depois de 1796) demonstram que estes ajudaram na formação de uma identidade corporativa que, imbuída de valor e merecimento, foi empregada por homens pardos e pretos para negociar os termos e recompensas do seu serviço ao império (Cotta, 2010, p. 91-132; Silva, 2013, p. 136-144). O exemplo do terço comandado pelo mestre de campo Antônio Vieira da Costa reforça essa interpretação. Por um lado, uma investigação preliminar das teias familiares e sociais dos oficiais de patente (sargento-mor, capitães, tenentes e alferes) desse corpo sugere várias conexões entre eles.[34] Uns e outros aparecem juntos como genros, sogros, consogros e testemunhas nos assentos de matrimônio da freguesia de Nossa Senhora da Conceição do Sabará.[35] Ou seja, compartilhavam o entrelaço entre sua afrodescendência, seu serviço militar e suas redes de sociabilidade. Por outro lado, documentos do governo da capitania e do Conselho Ultramarino revelam que oficiais do terço invocaram sua patente e a influência que ela lhes concedia para requerer o respaldo do governador e da monarca, assim como benefícios para si e para aqueles sob seu comando.

A coesão identitária e a negociação de privilégios que marcaram parte da experiência do Terço Auxiliar da Milícia de Homens Pardos de Sabará não impediram, porém, que os membros desses corpos militares sofressem discriminação em decorrência da sua associação com a classe parda. A carta régia de 1766, ordenando que os oficiais dos terços auxiliares fossem "despachados como oficiais das tropas pagas" e permitindo o uso "de uniformes, divisas e cairéis no chapéu" (ouro ou prata para os oficiais e lã para os soldados), não garantiu um tratamento igualitário.[36] Em 1794, por exemplo, quando o senado da câmara de Sabará preparava 10 dias de festejos "por

34 As pesquisas em registros paroquiais têm produzido estudos sobre redes de sociabilidade em diferentes contextos da sociedade colonial e imperial brasileira (Fragoso, Guedes e Sampaio, 2014). Mas o potencial dessa documentação para revelar relações interpessoais e corporativas entre membros das forças auxiliares pardas e pretas precisa ser mais explorado.

35 Por exemplo, dos cinco filhos do sargento-mor Antônio Monteiro, três casaram-se com cônjuges cuja informação genealógica aponta para uma ascendência africana e título de alferes ou patente de tenente. Adicionalmente, o capitão João Paulo Pereira foi testemunha, junto com o sargento-mor, no casamento da neta deste. Assentos de Casamento da Paróquia de Sabará, 1758-1820, Arquivo Arquidiocesano de Belo Horizonte /L1.

36 Carta régia ao capitão-general Luiz Diogo Lobo da Silva (cópia), 22 mar. 1766, APM/SG, cx. 6, doc. 15.

ocasião do feliz nascimento da sereníssima Princesa da Beira", seus planos para a participação dos comandantes das tropas auxiliares brancas, pardas e pretas foram bastante diferentes. Antônio Vieira da Costa foi convocado, com conhecimento do governador, para "dispor os soldados do Corpo que vossa mercê comanda para que [...] tomem conta de guardar revezadamente com o terço dos pretos e entre si a cadeia desta vila". Gonçalo Dias, mestre de campo do terço auxiliar de infantaria dos homens pretos de Sabará, recebeu a mesma convocação. Já Francisco de Abreu Guimarães, coronel dos regimentos de cavalaria de homens brancos da vila, recebeu um convite para assistir, em companhia do ouvidor, corregedor e intendente, às ações de graça que seriam rendidas na matriz no dia 29 de abril. O senado da câmara também rogou que ele expedisse "as ordens necessárias para que o seu regimento se poste no largo da matriz para dar as descargas de manhã e de tarde concorrendo deste modo a fazer mais brilhante esta festiva".[37] As multidões que congregaram no largo da matriz no dia 29 de abril e que transitaram pela cidade durante os festejos certamente notaram que às tropas brancas coube a honra de celebrar o nascimento da princesa, enquanto aos soldados e oficiais pardos e pretos coube o trabalho de policiar os presos.

Ecos da discriminação sofrida pelos terços auxiliares de pardos e pretos em 1794 estão presentes na carta que Miguel Ferreira de Sousa, homem pardo e capitão do terço auxiliar da cidade de Mariana, enviou à rainha d. Maria I em 1796. Na mensagem, ele salientava a importância dos terços de homens pardos e pretos para a defesa de Minas Gerais, notando ainda a atuação dessas companhias em conflitos ocorridos no Rio de Janeiro, São Paulo, Mato Grosso e Paraguai e durante as guerras com os espanhóis. Reconheceu e agradeceu devidamente os esforços feitos até então pela Coroa para ampará-los, mas lamentava que, apesar de tanto sacrificarem ao serviço real, homens pardos e pretos eram "desprezados e aperreados, e por isso a maior parte deles vivem pobres e miseráveis".[38] Ele concluiu sua carta à monarca

---

[37] Registro de uma carta que o Senado da Câmara escreveu ao mestre de campo Antônio Vieira da Costa, 25 abr. 1794, APM/CMS 206, fol. 23; Registro de uma carta que o Senado da Câmara escreveu ao coronel Francisco de Abreu Guimarães, 24 abr. 1794, APM/CMS 206, fol. 22.

[38] Carta de Miguel Ferreira de Souza [...] expondo à d. Maria I a situação dos homens pardos e pretos, 19 jun. 1796, AHU/CU 011, cx. 142, doc. 23. Para uma discussão desse documento, ver também Silveira (2008, p. 148-150).

requerendo receber patente de sargento-mor pago, mas não antes de pedir que ela tomasse as necessárias providências para que homens pardos e pretos dos terços auxiliares fossem tratados com respeito e honras.

As reclamações e acusações de Miguel Ferreira de Sousa expunham a tensão que existia entre a população afrodescendente miliciana e as elites governantes e sociais de Minas Gerais. A necessidade de alistar membros dessa população em corpos militares que pudessem ser mobilizados em defesa dos interesses imperiais inspirou políticas de incentivos e práticas de mercês que, ao longo dos anos, os próprios milicianos afrodescendentes refinaram com suas petições (Silva e Souza, 2017). Os limites desses ganhos, porém, foram muitas vezes traçados localmente, através de decisões e atitudes discriminatórias de diferentes atores sociais e políticos da capitania.[39] Um exemplo dessa resistência ao avanço social, econômico e político de pardos e pretos é a resposta do governador de Minas Gerais à carta de Miguel Ferreira de Sousa. Primeiro, o governador repudiou a relação que os homens pardos e pretos da capitania apresentaram das injustiças que sofriam como "uma patranha e um bando de mentiras". Em seguida, ele desacreditou Sousa, descrevendo-o como "velho pobre e de má conduta". Finalmente, advertiu à monarca que "favorecer mais em geral aquela casta de gente, de que a tem já favorecido pelas suas sábias e justíssimas leis", arriscaria causar nas Minas os "fatos acontecidos nas Antilhas", ou seja, as revoltas de afrodescendentes livres e escravizados que assolaram a colônia francesa de São Domingos.[40] Na virada do século XVIII para o XIX, homens como Sousa persistiam em suas demandas pelos direitos e privilégios que acreditavam merecer em decorrência dos seus serviços à Coroa. Membros das elites coloniais como o governador, por sua vez, continuavam a usar insultos e acusações para restringir as ambições daquela "casta de gente", os pardos e pretos mineiros.

---

39 Para uma discussão dos limites locais da aplicação de mercês reais, ver Twinam (2015, p. 300-315).

40 Carta de Bernardo José de Lorena, governador de Minas Gerais, a d. Rodrigo de Sousa Coutinho, secretário de Estado dos Domínios Ultramarinos, 17 abr. de 1798, AHU/CU 011, cx. 144, doc. 21. Essa carta é examinada em Silva e Souza (2017, p. 47-48).

Considerações finais

Durante os últimos anos do governo colonial no Brasil, o coronel do Regimento de Infantaria de Milícias de Homens Pardos de Sabará apresentou anualmente ao governador da capitania relações nominativas dos oficiais desse corpo militar. Nesses documentos, ele declarou qual era o tempo do serviço de cada homem e adicionou comentários sobre sua conduta e utilidade.[41] Na última das relações disponíveis no Arquivo Público Mineiro, a de 1821, consta que os postos de tenente-coronel e sargento-mor do estado-maior estavam vagos. Os sargentos-mores Antônio Monteiro e Antônio Teixeira de Queirós, que haviam servido diretamente sob o comando do mestre de campo Antônio Vieira da Costa, faleceram respectivamente em 1803 e 1804.[42] Ao que parece, nenhum outro oficial da milícia parda foi escolhido para substituí-los. João Batista de Souza Fremes, que em 1808 comandara o regimento da milícia e em 1815 foi promovido de capitão a sargento-mor, foi listado em 1821 no posto de capitão da 3ª Companhia. Não consta informação sobre o seu tempo de serviço "por não apresentar patente ou documento legal". Comandando a 2ª Companhia estava o capitão Gonçalo Rodrigues da Cruz, que contava com 48 anos de serviço, sendo 15 neste posto. Gonçalo era, como Antônio Vieira da Costa o fora, filho de um próspero minerador português e sua escrava africana alforriada. Ele aparece em inúmeros documentos coloniais descrito como pardo forro.[43] Na relação de 1820 ele é descrito como de "boa conduta, pronto para o real serviço, falto de inteligência e velho". Servindo no posto de tenente junto com Gonçalo estava seu sobrinho de 39 anos, filho de sua irmã, também parda forra, Antônio Teixeira de Queirós (homônimo do sargento-mor falecido). Antônio foi descrito como de "boa conduta, incapaz para o real serviço por muito pobre". Pelo menos três outros membros da família Rodrigues da Cruz aparecem na relação de 1820. Outro sobrinho de Gonçalo e um irmão

---

41 Relações nominais dos oficiais do Regimento de Infantaria de Milícias de Homens Pardos, 1815, APM/SG, cx. 93, doc. 1; 1816, APM/SG, cx. 98, doc. 3; 1818, APM/SG, cx. 107, doc. 20; 1819, APM/SG, cx. 111, doc. 8; 1820, APM/SG, cx. 114, doc. 2; 1821, APM/SG, cx 120, doc. 2.

42 Testamento de Antônio Monteiro, 3 maio 1803, APM/CMS 209, fol. 59; Inventário de Antônio Teixeira de Queirós, 1804, MOS/ACBG/CSO-I cx. 81, doc. 660.

43 Sobre a família Rodrigues da Cruz, ver Dantas (2016).

serviam, respectivamente, como capitão e tenente da 1ª Companhia; ambos foram descritos como "incapaz por muito pobre". O filho de Gonçalo, João Rodrigues da Cruz, era alferes da 3ª Companhia, e sobre ele foi dito que estava "pronto para o real serviço, mas de pouca inteligência".

As referências às "incapacidades" desses oficiais por velhice, pobreza ou falta de inteligência, assim como a ausência de oficiais de patente no estado-maior e o aparente rebaixamento de João Batista Fremes, são dados notáveis. Como discutido na introdução deste livro, o alvará real de 17 de dezembro de 1802 ordenou que os postos do estado-maior das milícias preta e parda fossem ocupados por oficiais das suas próprias cores. Mas, na contramão das intenções da Coroa, a administração da milícia de homens pardos de Sabará parece ter seguido a recomendação do governador de Minas Gerais em 1798 de não "favorecer mais aquela casta de gente". Nesse sentido, o discurso pejorativo sobre os oficiais desse corpo ajudava a lançar suspeitas sobre sua capacidade para o serviço e justificar sua exclusão de postos de prestígio. Esse mesmo discurso ajudou também a promover a imagem dos homens pardos de Sabará como uma classe, uma casta, quiçá uma raça de pessoas que, no contexto brasileiro, deixaram de merecer as mercês e as honras prometidas em 1766 e reiteradas em 1802. Entre 1785, quando Antônio Vieira da Cruz, homem afrodescendente nascido escravo, foi agraciado com patente para exercer o posto mais alto do terço auxiliar em reconhecimento ao seu zelo e honra, e 1821, a "comandância dos brancos" então desejada pelo capitão João Paulo Pereira se fortaleceu em Sabará.

Referências

CARNEIRO, Maria Luiza Tucci. *Preconceito racial em Portugal e Brasil Colônia*: os cristãos-novos e o mito da pureza de sangue. São Paulo: Perspectiva, 2005.

CHO, Sumi; CRENSHAW, Kimberlé Williams; MCCALL, Leslie. Toward a field of intersectional studies: theory, applications, and praxis. *Signs*, Boston, v. 38, n. 4, p. 785-810, 2013.

COTTA, Francis Albert. *Negros e mestiços nas milícias da América portuguesa*. Belo Horizonte: Crisálida, 2010.

DANTAS, Mariana. Inheritance practices among individuals of African origin and descent in 18th century Minas Gerais. In: KLEIJWEGT, Marc. *The faces of freedom*: the manumission and emancipation of slaves in Old World and New World slavery. Leiden: Brill, 2006.

_____. Picturing families between black and white: mixed descent and social mobility in colonial Minas Gerais, Brazil. *The Americas*, Washington, v. 73, n. 4, p. 405-426, 2016.

DUTRA, Francis A. Membership in the order of Christ in the seventeenth century: its rights, privileges and obligations. *The Americas*, Washington, v. 27, n. 1, p. 3-25, 1970.

FERREIRA, Gabriela de Andrade. *A metamorfose do Antigo Regime na América portuguesa*: uma análise da reforma militar lusitana nas tropas de homens pretos e pardos (Rio de Janeiro, 1762-1808). Curitiba: Appris, 2023. E-book.

FIGUEIRÔA-RÊGO, João de. Cor da pele, distinções e cargos: Portugal e espaços atlânticos portugueses (século XVI e XVIII). *Tempo*, Niterói, v. 16, n. 30, p. 115-145, 2011.

FONSECA, Cláudia Damasceno. *Arraiais e vilas d'el Rei*: espaço e poder nas Minas setecentistas. Belo Horizonte: Ed. UFMG, 2011.

FRAGOSO, João; BICALHO, Maria Fernanda; GOUVÊA, Maria de Fátima (Org.). *O Antigo Regime nos trópicos*: a dinâmica imperial portuguesa (séculos XVI-XVIII). Rio de Janeiro: Civilização Brasileira, 2001.

_____; GUEDES, Roberto; KRAUSE, Thiago (Org.). *A América portuguesa e os sistemas atlânticos na época moderna*: monarquia pluricontinental e Antigo Regime. Rio de Janeiro: FGV Ed., 2013.

_____; GUEDES, Roberto; SAMPAIO, Antonio Carlos Jucá de (Org.). *Arquivos paroquiais e história social na América Lusa, séculos XVII e XVIII*: métodos e técnicas de pesquisa na reinvenção de um *corpus* documental. Rio de Janeiro: Mauad X, 2014.

GUEDES, Roberto. *Dinâmica imperial no Antigo Regime português*. Rio de Janeiro: Mauad, 2013. E-book.

_____. Senhoras pretas forras, seus escravos negros, seus forros mulatos e parentes sem qualidades de cor: uma história de racismo ou de escravidão? (Rio de Janeiro no limiar do século XVIII). In: DEMÉTRIO, Denise Vieira et al. (Org.). *Doze capítulos sobre escravizar gente e governar escravos*: Brasil e Angola, séculos XVII-XIX. Rio de Janeiro: Mauad, 2018. p. 17-50.

HESPANHA, António Manuel. A mobilidade social na sociedade de Antigo Regime. *Tempo*, Niterói, v. 11, n. 21, p. 121-143, jun. 2006.

_____. *Imbecillitas*: as bem-aventuranças da inferioridade nas sociedades de Antigo Regime. São Paulo: Annablume, 2010.

KRAAY, Hendrik. *Race, state, and armed forces in Independence-era Brazil*: Bahia, 1790s-1840s. Stanford: Stanford University Press, 2001.

_____. O tenente-coronel Francisco Xavier Bigode (1772-1838) e a Independência na Bahia. *Antíteses*, Londrina, v. 15, n. especial, p. 52-80, nov. 2022.

LARA, Silvia. *Fragmentos setecentistas*: escravidão, cultura e poder na América portuguesa. São Paulo: Companhia das Letras, 2007.

MAXWELL, Kenneth. *Conflicts and conspiracies*: Brazil and Portugal, 1750-1808. Nova York: Routledge, 2004.

MELLO, Christiane Pagano de. *Forças militares no Brasil colonial*: corpos de auxiliares e de ordenanças na segunda metade do século XVIII. Rio de Janeiro: E-Papers, 2009.

OLIVAL, Fernanda. The military orders and the nobility in Portugal, 1500-1800. *Mediterranean Studies*, University Park, v. 11, p. 71-88, 2002.

_____. Questões raciais? Questões étnico-religiosas? A limpeza de sangue e a exclusão social (Portugal e conquistas) nos séculos XVI e XVIII. In: SILVA, Isabel Correa da et al. (Org.). *Ciências sociais cruzadas entre Portugal e o Brasil*: trajetos e investigações no ICS. Lisboa: Imprensa de Ciências Sociais, 2015.

OMI, Michael; WINANT, Howard. *Racial formation in the United States*. Nova York: Routledge, 2014.

RUSSELL-WOOD, A. J. R. Ambivalent authorities: the African and Afro-Brazilian contribution to local governance in colonial Brazil. *The Americas*, Washington, v. 57, n. 1, p. 13-36, jul. 2000.

SILVA, Luiz Geraldo. Gênese das milícias de pardos e pretos na América portuguesa: Pernambuco e Minas Gerais, séculos XVII e XVIII. *Revista de História*, São Paulo, n. 169, p. 111-144, jul./dez. 2013.

_____; SOUZA, Priscila de Lima. "Sem nota de libertos": mudanças nas petições de afrodescendentes livres na América portuguesa ao longo do século XVIII. *El Taller de História*, Cartagena, n. 9, p. 28-56, 2017.

_____; _____. Escravos marinheiros, senhores e locadores: leis pombalinas, faina marítima e economia mundial (1761-1810). *Afro-Ásia*, Salvador, n. 60, jul./dez. 2019.

SILVEIRA, Marco Antônio. Acumulando forças: luta pela alforria e demandas políticas na Capitania de Minas Gerais (1750-1808). *Revista de História*, São Paulo, n. 158, p. 131-156, jun. 2008.

SOUZA, Adriana Barreto de. O meio militar como arena política: conflitos e disputas por direitos no Regimento de Homens Pardos do Rio de Janeiro, 1805. *Tempo*, Niterói, v. 26, n. 2, p. 363-382, maio/ago. 2020.

TWINAM, Ann. *Purchasing whiteness*: pardos, mulattos, and the quest for social mobility in the Spanish Indies. Stanford: Stanford University Press, 2015.

XAVIER, Giovana; FARIAS, Juliana Barreto; GOMES, Flávio (Org.). *Mulheres negras no Brasil escravista e do pós-emancipação*. São Paulo: Selo Negro, 2012.

"Cada um soldado é cidadão, mormente os homens pardos e pretos": experiências e política da cor (Salvador, c. 1772-1798)

Célio de Souza Mota

A capitania da Bahia no final do século XVIII era marcada pela diversidade de cores, miscigenada, calcada por hierarquias decorrentes da sociedade escravocrata e do Antigo Regime católico português.[1] A organização militar refletia essas classificações, sendo seus espaços de privilégios palco de disputas, tensões e conflitos. O Regimento de Infantaria e Auxiliar de Artilharia – a partir de 1796, denominado 4º Regimento de Milícia dos homens pardos[2] –, formado por pardos libertos e livres, constituiu um espaço de reconhecimento social e criou expectativa de afastamento dos estigmas da escravidão, pelo menos no imaginário daqueles homens. A possibilidade de ascensão social nesse regimento,[3] ao que tudo indica, dinamizou as relações sociais marcadas pela cor entre as classes subalternas, as elites locais e os representantes da Coroa – principalmente a partir de 1790, quando a população de Salvador aumentou, por conta da retomada da economia agroexportadora, e afloraram as experiências decorrentes das opressões de cor (Mattoso, 2004, p. 139; Barickman, 2003, p. 47-85).

---

1 Sobre a articulação entre as relações constitutivas do império colonial português e as "relações escravistas propriamente ditas", ver: Lara (2007); Borges (2017, p. 19-20); Fragoso, Bicalho e Gouvêa (2001); Fragoso, Guedes e Krause (2013).

2 Em 1772, recebeu a denominação de Regimento Auxiliar de Artilharia. Cf. Ofício, 20 jun. 1774, AHU/CU 005 (Castro e Almeida), cx. 46, doc. 8.643. Posteriormente, aparecerá na documentação como Regimento de Infantaria e Auxiliar de Artilharia dos Homens Pardos. Cf. Ofício, 26 jun. 1789, AHU/CU 005 (Castro e Almeida), cx. 69, doc. 13.254. Vale salientar que mesmo antes desse decreto, por vezes, os corpos auxiliares baianos eram chamados de regimento de milícias. Ver: Ofício, 29 set. 1761, AHU/CU 005 (Castro e Almeida), cx. 29, doc. 5.558. Para saber mais sobre a formação das milícias de cor, ver: Silva (2001); Silva (2003, 2013); Kraay (2011); Cotta (2010).

3 Sobre mobilidade social via postos militares, ver Cotta (2010, 2002), Klein, (1978) e Kraay (2003).

Assim, a proposta deste capítulo é compreender em que medida a guarnição da Bahia no final do século XVIII, marcada pelas hierarquias de cor e classe, que distinguiam os homens publicamente através dos uniformes (Kraay, 2003, p. 526), influenciava nos sentimentos de pertencimento e subsidiava ações individuais e coletivas de militares e milicianos pardos na luta por dignidade social e inclusão política. Outro objetivo é verificar qual foi a contribuição da criação do Regimento de Infantaria e Auxiliar de Artilharia dos pardos na ressignificação da cor e na mobilização política. Assim, os sujeitos preferenciais desta análise são os pardos militares e milicianos lotados na parte urbana de Salvador. Ao que parece, o preconceito de cor alimentou dois movimentos que se desenvolveram e dialogaram entre si, no interior dos corpos militares e milicianos, mas não se confundiram. Os oficiais do 4º Regimento de Milícias dos homens pardos lutavam para preservar os espaços de autonomia e desobstruir outros, sem tocar nas cercanias da escravidão. Já outro movimento, conhecido na historiografia como Conspiração dos Búzios, envolvendo um grupo heterogêneo, fez soar na boca dos mais radicalizados o entendimento de que a distinção de cor só seria eliminada com a extinção da escravidão.[4] Para esses indivíduos, foram reservadas as penas mais severas.

A cor era um importante marcador social. Silvia Lara (2007, p. 147) argumenta que a associação entre cores e condição social não era evidente nem imediata, podendo estar articulada a uma variedade de aspectos ou percepções, que além da cor incluíam a riqueza, o nascimento, a ocupação, o grau de crioulização, o modo de se apresentar publicamente, entre outros. Hendrik Kraay (2011, p. 24-25) argumenta que "a classificação racial (ou por cor) é formada pelo aparato do Estado que a considera útil para classificar os homens e as mulheres segundo essas categorias" e pelas "ações dos indivíduos que as reproduzem". O padre Raphael Bluteau (1799, p. 159) sugere similaridade entre os termos mulato e pardo. Entretanto, na linguagem cotidiana seus significados ganharam contornos distintos ao longo do século XVIII, sendo o termo pardo preferível a mulato (Lara, 2007, p. 142; Viana, 2007). Pardo era um termo polissêmico resultante de construções sociais que remetiam a hierarquizações dentro de contextos históricos

---

4 Para saber mais sobre as reformas militares na América espanhola e portuguesa e a politização dos pardos, ver Souza (2017, especialmente cap. 2).

delimitados.[5] Portanto, seus significados e usos podiam variar no tempo e espaço. Na documentação pesquisada encontramos pessoas classificadas como pardas com condições socioeconômicas e jurídicas distintas, como: comerciantes, lavradores de cana, oficiais mecânicos, escravos, libertos e livres. A ambuiguidade classificatória, segundo Silvia Lara (2007, p. 143-144), "estava associada à condição que separava a liberdade da escravidão". Assim, é importante compreender como os militares e milicianos pardos lidavam com a identificação e se identificavam.

A milícia de pardos além das "cores humildes"

As expectativas de ascensão social cresciam em momentos de ameaças externas e arrefeciam quando havia certa estabilidade (Mattos, 2007, p. 7). A Coroa necessitava do braço armado de pretos e pardos para manter a conquista e o funcionamento da economia escravista; por outro lado, os representantes régios na colônia temiam pôr em armas uma crescente população que poderia estreitar laços de solidariedade política e ameaçar seus domínios.[6] A Coroa e seus representantes manejavam essa relação de interdependência ao sabor de seus interesses. Entretanto, a população livre de cor em armas estava consciente de sua importância e barganhava direitos. O pertencimento a uma instituição armada do Estado luso favorecia negociações para o atendimento de suas demandas.[7]

Na Bahia do início do século XVIII os pardos distribuídos em companhias de ordenanças de sua própria cor e nas tropas regulares (Caldas, 2017, p. 140, 145) amargavam as opressões perpetradas pelos oficiais brancos. Mesmo no comando de companhias de ordenanças, não recebiam as devidas continências dos sargentos das tropas pagas.[8]

---

5 Para saber mais sobre pardos, ver: Mattos (2000); Russell-Wood (2005); Viana (2007); Kraay (2011); Reginaldo (2011); Santos (2013); Souza (2017).

6 Ofício, 4 abr. 1799, AHU/CU 005 (Castro e Almeida), cx. 99, doc. 19.326.

7 Essa barganha por direitos não se restringia à América portuguesa (Vinson III, 2001, p. 2).

8 Em 28 de junho de 1726, o capitão de infantaria Miguel Mendes de Vasconcelos, da companhia de ordenança dos homens pardos da Bahia, escreve ao rei reclamando das descortesias dos sargentos de infantaria paga. Ver Requerimento, 28 jun. 1726, AHU/CU 005 (Avulsos), cx. 27, doc. 2.436. No início do século XVIII, a Coroa relutava em permitir a separação das companhias por cor, mas acabou cedendo. Para essa discussão, ver Russell-Wood (2005, p. 135-136).

Um conflito com a Espanha iria obrigar a metrópole a determinar a reorganização da guarnição na Bahia.[9] Em 22 de março de 1766, o rei d. José I ordenou o alistamento de todos os moradores para servir nos terços auxiliares e ordenanças de cavalaria e infantaria, sem "exceção de nobres, plebeus, brancos, mestiços, pretos, ingênuos e libertos", formando terços para a defesa de cada comarca (sobre essa carta régia, ver a introdução deste livro).[10] Embora não se possa restringir a complexidade das classificações sociais da América portuguesa a essa carta, vê-se nela, de antemão, uma amostra da classificação pelo Estado luso da população por cor, classe e condição jurídica. O documento não menciona "pardo" nem "mulato", mas "mestiço". Apesar das ordens da carta régia de 1766, somente no governo do conde de Povolide, em 6 de junho de 1772, foi criado o Regimento de Artilharia Auxiliar formado por pardos libertos e livres. Seu primeiro comandante foi João Batista da Costa, pardo, nomeado para o posto de coronel, filho de Francisco Xavier da Costa,[11] mestre de campo do Terço Auxiliar da Bahia (Vilhena, 1969, v. 2, p. 414). A partir de então, os homens pardos, libertos e livres tinham um regimento formado por homens de sua própria cor, podendo receber "patentes assinadas pelo próprio rei". Por conseguinte, era oficialmente conferido a eles "*status* igual a todos os outros oficiais do exército e da milícia" (Kraay, 2003, p. 527). Para esses oficiais e soldados, aquele regimento foi criado para "honrar e premiar em nossas pátrias" os "vassalos de cores humildes".[12] Entretanto, na prática eles sofriam discriminação dos representantes régios e de frações das elites locais. Em 1774, o regimento já contava com 320 homens devidamente fardados à custa do comandante. Este, para disciplinar a tropa e completar o arsenal, requereu ao governador interino 320 armas de fogo. A Vedoria Geral resistiu a entregar as armas, alegando que a carta régia de 22 de março de 1766 obrigava os soldados milicianos a "terem armas a sua custa". Todavia, a própria Vedoria já havia disponibilizado armas para outros terços auxiliares, tanto de brancos como dos pretos forros. Diante das ameaças externas e da pobreza dos soldados, o

---

9 Cartas (minutas), c. 1762, AHU/CU 005 (Avulsos), cx. 150, doc. 11.485.

10 Carta régia, 22 mar. 1766, AHU/CU 005 (Avulsos), cx. 156, doc. 11.890.

11 Francisco Xavier da Costa ao rei, solicitando carta de legitimação ao seu filho João Batista da Costa. Ver Requerimento, 3 set. 1747, AHU/CU 005 (Avulsos), cx. 91, doc. 7.374.

12 Representação, 18 set. 1787, AHU/CU 005 (Avulsos), cx. 189, doc. 13.900.

governador determinou o empréstimo das armas do Regimento de Artilharia de Linha ao então Regimento Auxiliar de Artilharia.[13]

O ano de 1774 foi extremamente crítico para a organização da defesa da Bahia. Tão logo assumiu o governo, Manuel da Cunha Menezes se viu obrigado a enviar os dois regimentos de infantaria de linha para o Rio de Janeiro para acudir as capitanias do Sul contra os castelhanos.[14] Destituído de suas tropas de infantaria paga, Menezes tomou conhecimento de que a Espanha iria atacar pelo norte, com 16 ou mais naus de guerra (Vilhena, 1969, v. 2, p. 415). O terror se alastrou. A responsabilidade pela defesa recaiu sobre as tropas auxiliares e as diversas forças locais. A estratégia para o controle desse contingente consistia na distribuição assimétrica de poder militar e de privilégios entre os corpos militares, o que gerava concorrência e mitigava solidariedades. Em novembro de 1774, Manuel da Cunha Menezes, diante da decadência das tropas auxiliares e da "imensidão de privilégios", principalmente do "corpo do comércio", estabeleceu um novo regimento, denominando-o "da gente escolhida e útil ao Estado",[15] conhecido depois como Regimento dos Úteis, formado por brancos do comércio. A criação visava afagar a classe mercantil. Manuel da Cunha Menezes assumiu a patente de coronel, algo inusitado até então. Conforme Luis dos Santos Vilhena (1969, v. 2, p. 416),[16] os comerciantes e seus caixeiros ficaram "honrados e ufanos" por terem o governador como seu coronel.

Em 1776, Martinho de Melo e Castro, em resposta ao governador acerca de material bélico necessário à defesa, argumentou "que toda a defesa de um Estado consiste essencialmente na união das forças dele", capaz de superar, inclusive, a falta de disciplina, uma das mais importantes determinações régias na carta de 1766. Assim, o governador deveria juntar os habitantes da capital e do Recôncavo capazes de pegar em armas e valer-se do conhecimento e vantagens da topografia do país.[17] Manuel da Cunha Menezes organizou um corpo de indígenas. Uma multidão deles, convocados em vilas e aldeias da capitania e armados de arcos e armas próprias, chegou a Salvador

[13] Ofício, 20 jun. 1774, AHU/CU 005 (Castro e Almeida), cx. 46. doc. 8.643.

[14] Ofício, 20 out. 1774, AHU/CU 005 (Castro e Almeida), cx. 46. doc. 8.673.

[15] Ofício, 2 nov. 1774, AHU/CU 005 (Castro e Almeida), cx. 46. doc. 8.667.

[16] Professor de grego em Salvador, contemporâneo aos fatos narrados.

[17] Aviso, 11 ago. 1776, BNRJ/SM, I-31, 30, 15.

(Vilhena, 1969, v. 2, p. 416). Havia, ainda, índios pescadores para auxiliar na queima de navios,[18] e em terra, conforme mapa enviado em outubro, tinha duas companhias de indígenas: a Companhia da Vila de Abrantes e a Companhia da Aldeia dos Índios de Massarandupió. Naquele mesmo mês, em obediência à ordem de Martinho de Mello e Castro, Manuel da Cunha Menezes avisou os "senhores de engenho e de roças" para acudirem Salvador com seus escravos, ressaltando a obrigação da população em defender o Estado, as suas casas e propriedades contra o perigo a que todos estavam expostos.[19] No "teatro de operações", ou seja, no campo de batalha, parecia que a cor não importava tanto.[20] Em novembro, o governador regulou o regimento de artilharia e os terços auxiliares de brancos, pardos e pretos. Deslocou para a capital as tropas auxiliares do Recôncavo, para guarnecerem a Marinha. Alistou 5.510 escravizados, "sendo 357 pardos cativos e 5.153 negros cativos capazes de guerra e moradores na cidade".[21] Todos armados e distribuídos pelas praças, terreiros e largos dos templos, escoltados pelos seus senhores ou algum dos familiares destes (Vilhena, 1969, v. 2, p. 416). Vilhena não relata, mas vale ressaltar que muitos senhores de engenho eram comandantes de tropas auxiliares (Schwartz, 1988, p. 232), podendo, em certa medida, controlar os escravos – como de fato ocorreu, uma vez que não aconteceu nenhuma rebelião. Talvez o terror das "nuvens com raios artificiais" (Vilhena, 1969, v. 2, p. 415) que a Espanha iria descarregar sobre a Bahia através de suas naus de guerra, as condições materiais e a ausência, naquele momento, de um exemplo exitoso como o Haiti tenham mitigado as ações. O fato é que a defesa da capitania da Bahia estava praticamente sob o braço armado não branco. Naquele contexto, o termo pardo era utilizado tanto para designar cativos quanto livres. Já o termo negro era usado para designar cativo, e o termo preto referia-se a forro, uma vez que o Terço dos Henriques era formado por forros naquela época.

---

18 Ofício, 1 nov. 1776, AHU/CU 005 (Castro e Almeida), cx. 50, doc. 9.252.

19 Ofício, 29 out. 1776, AHU/CU 005 (Castro e Almeida), cx. 50, doc. 9.238.

20 Para Clausewitz (s.d., p. 325), "teatro de operações" é um setor da área total da guerra que possui limites protegidos com certo grau de independência, como uma fortificação. Isto é, trata-se do local onde pode ocorrer um conflito na área da guerra.

21 Ofício, 1 nov. 1776, AHU/CU 005 (Castro e Almeida), cx. 50, doc. 9.252.

Em 1777, a rainha suspendeu as hostilidades contra os espanhóis,[22] e, a partir da década de 1780, ocorreu certa estabilidade interna na colônia, notadamente nas fronteiras do sul. Nesse período, foram concedidas patentes para oficiais das tropas auxiliares, com a justificativa dos serviços prestados durante a ausência dos dois regimentos de infantaria ou em nome de seus antepassados.[23] Pardos e pretos iam alcançando, através das patentes, espaços de poder e prestígio. No entanto, essas posições eram alvo de constantes vilipêndios públicos das elites locais e dos representantes régios. Numa sociedade em que a ostentação pública do lugar ocupado e das prerrogativas de cada um se revestia de significado político (Lara, 2007, p. 86), as descortesias e o desrespeito às continências militares por conta da cor eram motivo de grande consternação por parte dos milicianos pardos e pretos. Em setembro de 1787, os oficiais e soldados daquele regimento se queixaram ao secretário de Estado da Marinha e Ultramar da desonra pública causada pelo governador d. Rodrigo José de Menezes por não os convidar para a solenidade de inauguração do hospital de São Lázaro. Ressaltaram que todos os oficiais das tropas pagas e auxiliares da cidade e das vilas foram convidados, tendo o governador desprezado somente o "quarto regimento e o terço de Henrique Dias", distinguindo-os e isentando-os "desta tão grande honra pública pelas nossas humildes cores".[24] Acrescentaram, ainda, que no governo de Manuel da Cunha Menezes eles tinham sido honrados pelos serviços prestados de seus antepassados.

A luta dos pardos fardados por dignidade e inclusão política

Na década de 1790, as transformações políticas e econômicas que ocorriam na América do Norte, na Europa e em São Domingos afetavam significativamente as relações na Bahia. Ideais e valores liberais como igualdade, liberdade e democracia eram ressignificados e incorporados por pardos militares e milicianos nas disputas por mobilidade social. As reformas do

22 Ofício do vice-rei ao secretário de Estado da Marinha e Ultramar, 11 ago. 1777, AHU/CU 017, cx. 103, doc. 8.786.

23 Representação, 18 set. 1787, AHU/CU 005 (Avulsos), cx. 189, doc. 13.900.

24 Ibid.

marquês de Pombal na metrópole, autorizando o acesso dos libertos aos cargos públicos através do alvará de janeiro de 1773, ressoaram na colônia, contribuindo para os discursos de reafirmação de direitos dos pardos. Embora o alvará se restringisse à metrópole, os pardos buscavam a igualdade perante a lei reivindicando direitos que seus semelhantes usufruíam em outras partes do império.

A economia açucareira se recuperava, mas a produção dos gêneros alimentícios de primeira necessidade sofria com o aumento dos preços, sobretudo a farinha e a carne bovina (Maxwell, 1999; Tavares, 1995; Jancsó, 1996, p. 68-69). Com efeito, o crescimento econômico não garantia a harmonia social.[25] Essa retomada demandava braços escravizados fornecidos pelo tráfico negreiro (Hora, 2017, p. 177), contribuindo para o aumento populacional. Salvador, cidade portuária, era a segunda mais populosa do império português, superada apenas por Lisboa (Jancsó, 1996, p. 57). Além do tráfico, esse contingente populacional se explicava pelo grande número de pessoas brancas pobres "excedente da metrópole europeia" e pela população nascida na América portuguesa diversificada pela cor, condição civil e econômica (Araújo, 1999, p. 8). Os descendentes de africanos livres que habitavam a zona urbana cresciam e superavam os escravizados, sendo a população composta de "37,3% escravos e 41,8% livres de cor" (Mattoso apud Araújo, 1999, p. 10). Esse aumento populacional da gente de cor, em particular de pardos, era uma preocupação de d. Fernando José de Portugal, governador de 1788 a 1801, sobretudo em razão de estarem postos em armas.[26] Em levantamento realizado em 1791 pelo governador, constatava-se que as tropas auxiliares formadas por brancos – e "outras qualidades de brancos" – em Salvador totalizavam 1.152 homens em armas, sendo que o terço dos homens pretos denominado Henrique Dias e o Regimento de Infantaria e Artilharia Auxiliar dos homens pardos somavam um efetivo de 1.367 indivíduos. Logo, possuía 215 homens a mais do que as milícias de brancos.[27] Apesar de não podermos afirmar com exatidão o número de homens de cor arrolados nos terços de ordenanças e nos regimentos de milícias do Recôncavo baiano,

---

25 Segundo James (2010, p. 65), a estabilidade social depende do equilíbrio entre as classes, que muda frequentemente.

26 Ofício, 4 abr. 1799, AHU/CU 005 (Castro e Almeida), cx. 99, doc. 19.326.

27 Ofício, 11 jun. 1791, AHU/CU 005 (Castro e Almeida), cx. 74, doc. 14.394.

é razoável inferir que fosse significativo (Mota, 2010, p. 121). Em 1798, de acordo com Luis dos Santos Vilhena (1969, v. 1, p. 261), as tropas regulares possuíam um efetivo de 1.860 homens, enquanto as milícias possuíam 2.237. Desse modo, em Salvador, 53,43% dos soldados serviam nos regimentos de milícias. Ainda conforme o professor de grego, era desses "corpos de milícias que deve esperar-se a defesa da cidade". Os pardos estavam conscientes disso. O soldado Lucas Dantas, persuadindo Manuel Faustino para participar do movimento de 1798, teria dito: "eu conheço mais de cem, com capacidade, para entrarem em um levante nesta cidade: Diga-me que Regimentos há nesta Cidade de brancos? Há mais pretos, e pardos, e então se estes quiserem, quem lhes há de resistir?".[28]

Em 1791, ao regular os corpos auxiliares e ordenanças, d. Fernando José de Portugal destituiu diversos oficiais providos pelos governos anteriores. Prevendo a representação desses oficiais junto à Coroa, invocou a legislação – esquecida durante a guerra contra a Espanha, por exemplo – para se justificar. Elencou moléstias e idades avançadas, mas justificou a dispensa desses homens principalmente "por não serem brancos" e não terem recursos para se "sustentarem com algum decoro".[29] Em 1793, ao reformar os corpos militares regulares e auxiliares, novamente se queixou, alegando grandes dificuldades para o recrutamento, uma vez que se encontrava em "um país em que a maior parte dos habitantes são negros e mulatos", revelando, portanto, sua predileção por brancos no comando das tropas.[30]

O enegrecimento das tropas ocorria no período em que a Coroa centralizava seu poder na colônia mais importante do império luso (Prado Júnior, 1980). Temendo a solidariedade da gente de cor posta em armas, d. Fernando José de Portugal tratou de acirrar a concorrência, concedendo privilégios a uns e cerceando a outros. Possivelmente, o governador adaptava as táticas adotadas com a importação de escravizados de variadas etnias. Em 1795, respondendo sobre a compra privativa de escravos do reinado de Daomé, d. Fernando José alegava que era perigoso juntar muitos escravos da mesma etnia na capitania, pois disso poderiam "resultar perniciosas consequências".[31]

28 Apeba (2022, p. 484).

29 Ofício, 11 jun. 1791, AHU/CU 005 (Castro e Almeida), cx. 74, doc. 14.394.

30 Ofício, 8 ago. 1793, AHU/CU 005 (Castro e Almeida), cx. 79, doc. 15.310.

31 Ofício (minuta), 21 out. 1795, AHU/005 (Avulsos), cx. 199, doc. 14.399.

Em 1797, o governador acabou com o predomínio dos pardos no comando do regimento, nomeando José Luiz Teixeira, homem branco, tenente da tropa paga, para o posto de sargento-mor, mas preservou o comando do 3º Regimento de Milícias dos homens pretos. Antes da decisão do governador, o coronel Valentim da Maia Guimarães e 22 oficiais do 4º Regimento requereram à rainha que os postos permanecessem com homens do próprio regimento. Argumentavam que havia oficiais disciplinados e instruídos o suficiente para serem ajudantes e sargento-mor nas tropas auxiliares. Ademais, nos regimentos de pardos e dos Henriques de Pernambuco esses postos eram ocupados por homens dos próprios regimentos – portanto, das mesmas cores, respectivamente. Para eles, se os postos de sargento-mor fossem providos por homens brancos, acabaria a disciplina, porque os brancos tratavam "com desprezo os pardos entendendo com sinistro entusiasmo que a cor branca influía nos indivíduos alguma virtude ou merecimento". Consideravam a nomeação de brancos para os postos mais altos uma violenta infração, pois excluía os pardos da possibilidade de concorrerem a prêmios pelos seus merecimentos, contrariando o alvará de janeiro de 1773 que habilitava os libertos a assumirem cargos públicos.[32] Nesse requerimento, os oficiais se identificavam como pardos por serem filhos de "pai branco com mãe de diversas cores".[33] Havia comerciantes, lavradores de cana, cirurgiões-mores. Tendo em vista que os oficiais tinham nascido livres, argumentavam que estavam devidamente habilitados para os cargos civis e militares.

Segundo Vilhena (1969, v. 2, p. 424), d. Fernando José de Portugal proibiu os homens não formados em direito de advogar, bem como impediu que todos os "pardos ou mulatos" requeressem causas nos tribunais. Por conta disso, alguns pardos saíram da cidade; outros ficaram, pois não tinham outro modo de viver, restando-lhes confiar na benevolência do governador em revogar a decisão. Em pouco tempo, segundo o cronista, o governador acabou tolerando, fechando os olhos para que requeressem e advogassem

32 Em 1802, com base no alvará de 16 de janeiro de 1773, o capitão Miguel Rodrigues de Deus Sequeira, signatário da carta de 1797, já professo na Ordem de Santiago, pede instruções para que pardo, professo em uma das ordens militares, filho ou neto de branco, fosse admitido como irmão na Ordem Terceira. Ver Requerimento, 15 nov. 1802, AHU/CU 005 (Castro e Almeida), cx. 126, docs. 24.767-24.768. Possivelmente o uso corrente dessa lei acompanhava uma leitura feita à luz da isonomia, típica dos ideais liberais. Assim, buscavam-se os mesmos direitos de pardos em outras partes do reino.

33 Consulta, 28 jun. 1797, AHU/CU 005 (Avulsos), cx. 206, doc. 14.735.

como dantes. Entretanto, isso pode ter prejudicado o miliciano pardo requerente de causa Domingos da Silva Lisboa, alferes do 4º Regimento de Milícias dos Pardos que elaborava petições em nome de várias pessoas junto à Ouvidoria do Crime e à Mesa de Inspeção. Esse alferes foi o primeiro suspeito da autoria dos panfletos, chamados boletins sediciosos, expostos em locais públicos no dia 12 de agosto de 1798, que deflagraram a Conspiração dos Búzios. Na casa dele, foram encontrados vários documentos referentes a causas junto aos cartórios. Inclusive, Domingos da Silva Lisboa foi o responsável pelo testamento do coronel Cosme Pires de Vasconcelos, pardo, liberto, lavrador de cana, ex-comandante do 4º Regimento de Milícias dos Pardos, o que sugere uma espécie de comunidade dentro do regimento.[34]

O coronel Valentim da Maia Guimarães e demais oficiais diziam não verificar na cor branca qualquer mérito que justificasse sua assunção àqueles postos em detrimento dos pardos. Claramente se distinguiam dos brancos. Assim, com deferência dissimulada, afirmaram que se "os postos de sargento-mor, e ajudante do mesmo regimento fossem providos em pessoas estranhas, eivadas de outros corpos compostos de homens brancos", a harmonia à união civil seria prejudicada.[35] Um dos signatários da representação, o capitão Miguel Rodrigues de Deus Sequeira, pretendia substituir o sargento-mor José Raimundo Barros, pardo, falecido em 29 março de 1797, como até então fazia, quando o sargento-mor adoecia. Em sua argumentação à rainha, ressaltou que o regulamento das milícias, ao ordenar o provimento de oficiais brancos das tropas regulares para os postos de sargento-mor e ajudantes nas tropas auxiliares, aparentava não atingir "os dois regimentos de pretos e pardos que tiveram motivos particulares na sua criação, cujos oficiais foram tirados da sua classe e mereceram a particular provisão".[36]

Instado a se posicionar sobre a representação, em 13 de janeiro de 1800, o Conselho Ultramarino deliberou em favor dos homens de cor, salientando que: (1) a extinção dos postos ocupados pelos oficiais pardos estava em contradição com a recente política real pela qual o príncipe regente determinara a criação de regimentos de homens pardos milicianos em outras partes do Brasil; (2) os regimentos daqueles homens pardos eram importantes em

34 Apeba (2022, p. 739).

35 Consulta, 28 jun. 1797, AHU/CU 005 (Avulsos), cx. 206, doc. 14.735.

36 Carta régia, 4 set. 1797, Apeba/SACP, cód. 83, doc. 94.

termos militares e a lealdade de seus oficiais poderia diminuir se a promoção além do posto de capitão fosse fechada às pessoas de cor; (3) os oficiais brancos desprezariam seus subalternos de cor, uma vez que, no Brasil, "ser mulato ou negro é considerado um defeito pessoal e não um acaso da natureza"; e (4) havia pardos servindo voluntariamente nos regimentos das tropas pagas que detinham conhecimento militar suficiente para ocupar os postos superiores nos regimentos milicianos de pardos (Russell-Wood, 2005, p. 141).

Entretanto, o governador já tinha nomeado o tenente da tropa paga José Luiz Teixeira, promovendo-o a sargento-mor do regimento para comandá-lo. Isto gerou insatisfação na milícia dos pardos,[37] especialmente porque o 3º Regimento de pretos forros mantinha o posto de coronel e um homem preto do mesmo regimento ocupando-o como comandante (Vilhena, 1969, v. 1, p. 245). A questão que estava posta não se restringia à assunção aos postos de sargento-mor e ajudante, mas ao comando do regimento.[38]

Contudo, não eram apenas os oficiais do 4º Regimento de pardos que estavam descontentes. Trilhando rumos distintos, mas intrinsecamente ligada a essas experiências de discriminações, a mobilização da cor foi construída também entre os militares pardos de baixa patente e soldados das tropas pagas, sendo muitos desses oficiais mecânicos, como alfaiates, cabeleireiros, ferreiros, carpinteiros. Um dos líderes da Conspiração dos Búzios, Luiz Gonzaga das Virgens e Veiga, pardo, soldado granadeiro do 1º Regimento de Linha, filho legítimo do capitão Joaquim da Cunha Rubim e da parda Rita Gomez Veiga, alfaiate, leitor voraz de textos oriundos da Revolução Francesa, ao requerer ao governador da capitania o posto de ajudante no 4º Regimento de Milícias, possivelmente entre 1796 e 1797, expressou seu descontentamento em documento encontrado em sua casa, por não ver sua "classe" ter avanço na carreira das tropas pagas. Para ele, os pardos eram iguais aos demais "habitantes da sociedade militar e civil, sem maior diferença que a da cor, acidente dissimilar com que os distinguiu a natureza", e, por conseguinte, aptos a ocuparem cargo público. Luiz Gonzaga

37 Para Kenneth Maxwell (1999, p. 168), essa nomeação "cruzou as linhas raciais e colocou o regimento mulato em uma relação desfavorável com o regimento dos pretos livres".

38 Consulta, 17 jan. 1800, AHU/CU 017, cx. 1798, doc. 13.092; Informação, 28 nov. 1797, BNRJ/SM, II-33, 29, 63; Aviso, 25 jun. 1801, AHU/CU 005 (Avulsos), cx. 221, doc. 15.441; Parecer, 20 maio 1802, AHU/CU 005 (Avulsos), cx. 225, doc. 15.603.

das Virgens e Veiga argumentou que a lei de 16 de janeiro de 1773 habilitava os pardos manumissos à assunção a cargos "públicos militar e civil com honra, acesso e isenção de Vileza". Contudo, nas tropas pagas e auxiliares dos homens brancos, viviam desprezados como "objetos da escravidão", "exterminados ou espúrios do mínimo acesso e graduação dos postos" por conta da cor parda.[39] Não era raro oficiais de linha, brancos, desprezarem os sinais de respeito e continências devidos aos seus superiores hierárquicos pardos das tropas auxiliares, tanto particularmente quanto em público. Luis dos Santos Vilhena (1969, v. 1, p. 245-246) relata que testemunhou várias vezes os oficiais brancos comandantes das tropas de linha não prestarem as continências de tropas ao regimento dos pardos durante solenidades. Além disso, o governo não confiava aos regimentos de pardos a guarda principal, em caso de impedimentos dos regimentos de linha. Ciente de que não teria acesso ao oficialato das tropas pagas, Luiz Gonzaga requereu patente de ajudante do 4º Regimento de Milícias dos pardos, pois para ele esse regimento foi criado para atender a subsistência de seus semelhantes.[40] Novamente a coincidência no discurso. Ocorre que em 1796 o posto de ajudante seria ocupado por sargento ou alferes da tropa de linha. O soldado deve ter tido conhecimento desse decreto após requerer a patente – que foi negada –, conforme consta na relação dos documentos apreendidos em sua casa.[41] Agora, também não poderia ascender na milícia.

Muito embora esses homens pertencessem a corpos militares e posições hierárquicas distintas, o discurso era semelhante entre os oficiais pardos milicianos e os soldados das tropas de linha. Possivelmente, eles integravam uma comunidade de pardos onde debatiam a legislação e as diversas situações que ocorriam nas capitanias e no mundo. As opressões da cor no seio da organização militar, bem como a própria separação das tropas por cor, contribuíam para o desenvolvimento de uma consciência de classe lastreada na cor (Kraay, 2011).[42] Muito embora os oficiais do regimento das milícias de

---

39 Apeba (2022, p. 102, 760-761).

40 Ibid., p. 101, 761.

41 Ibid., p. 121.

42 Como sugerem Klein e Vinson III (2015, p. 343), para a colonização espanhola, essas opressões da cor podiam colaborar para o surgimento de afinidades raciais que ultrapassavam a etnicidade e se entrelaçavam aos vínculos oriundos tanto do serviço militar como da cor.

pardos signatários da representação junto à Coroa não constem como réus nos autos da devassa da Conspiração dos Búzios, os interesses e os ressentimentos decorrentes das discriminações estavam presentes. Todavia, as diferentes condições socioeconômicas dos pardos ensejavam objetivos distintos, mitigando as solidariedades políticas intragrupo. Do mesmo modo, a diversidade dos envolvidos na Conspiração dos Búzios contribuiu para seu malogro.

Os militares e milicianos na Conspiração dos Búzios

Segundo Luis Henrique Dias Tavares (2016, p. 103-106), a sedição intentada, como ele denominou a Conspiração dos Búzios, teve duas fases. A primeira, abrangendo o período de 1793 a 1797, englobava "homens de consideração" que repudiavam a exploração colonial e sentiam atração pela França e seus ideais democrático-burgueses. Nessa fase, já aparecia a inquietação da tropa de linha. A segunda, iniciada em fins de 1797, seria a dos soldados e artesãos e disseminava a proposta de "um levante para estabelecer uma república que acabasse com as discriminações sociais e de cor". É dessa segunda fase que trataremos a seguir.

O movimento deflagrado através dos panfletos instigava a população e os membros das tropas de linha, ordenanças e milícias, brancos, pretos e pardos, à revolução[43] para a instauração de um governo republicano e democrático na capitania da Bahia.[44] Os envolvidos formavam um grupo heterogêneo – homens e mulheres, brancos, pardos, escravos, libertos, livres, letrados, eclesiásticos, "homens de posses", pobres, oficiais e soldados das tropas regulares e milicianas – cujos interesses não eram harmônicos entre si. Entre os principais objetivos do movimento estavam: o fim da discriminação de cor, a abolição da escravidão, o estabelecimento de fábricas e manufaturas, a formação de um governo republicano livre de Portugal, a defesa do pleno direito de propriedade, a plena igualdade do cidadão perante a lei e a revisão das relações do Estado com a Igreja.

43 Para uma discussão sobre o conceito de revolução no período colonial, ver Pimenta e Fanni (2019, p. 1-25) e Falcon (1988, p. 73-85).

44 Apeba (2022, p. 38-43).

O movimento não se restringia ao descontentamento dos militares, mas a presença deles foi significativa. As experiências decorrentes das opressões da cor ardiam naqueles manuscritos e nas vozes dos militares pardos, amordaçadas anos a fio, que buscavam reafirmar a positividade de sua identidade de cor.[45] Um dos boletins anunciava a presença de 513 militares de linha e auxiliares, entre oficiais e soldados, sem especificar a tropa ou a cor dos homens, um número possivelmente superdimensionado. Todavia, os mapas dos efetivos e as constantes queixas do governador de regular as tropas por conta da escassez de brancos, bem como o fato de a maioria da população ser de não brancos, levam-me a crer na possibilidade de a maioria dos militares ser parda. Os boletins do "partido da liberdade" conclamavam que "os membros militares de linha, milícias e ordenanças; homens brancos, pardos e pretos concorram para a liberdade popular"; pois "cada um soldado é cidadão, mormente os homens pardos e pretos que vivem escornados e abandonados, todos serão iguais, não haverá diferença". Os panfletos também exibiam forte teor anticlerical e estampavam que todos os mercadores, mascates e lavradores de cana teriam o direito sobre suas mercadorias.[46] Esse tema coincidia com os interesses dos comerciantes e lavradores de cana do 4º Regimento, como era o caso do capitão Miguel Rodrigues de Deus Sequeira.

Incialmente, Domingos da Silva Lisboa foi preso. No entanto, dias depois, foram encontradas duas cartas na Igreja do Carmo que levaram o governador a imputar o crime a Luiz Gonzaga. Os interesses dos oficiais milicianos e comerciantes estavam estampados nos panfletos e coadunavam com o discurso de Luiz Gonzaga das Virgens e Veiga. Por outro lado, como atesta Luis dos Santos Vilhena (1969, v. 1, p. 245), era público e notório o descontentamento dos oficiais pardos por serem comandados por um homem branco no posto de sargento-mor, enquanto a milícia dos pretos forros era comandada por um coronel de sua cor. A testemunha Antonio Rodrigues Machado, homem branco, administrador da Casa da Ópera, relatou que ouviu dizer que os autores dos folhetos foram os soldados e oficiais do 1º Regimento de Milícias dos pardos, pois estavam descontentes com o sargento-mor branco, coman-

45 A positividade da cor nas milícias não foi um fenômeno exclusivo da América portuguesa. Na América hispânica ocorreu evento semelhante (Vinson III, 2000, p. 87-106).

46 Apeba (2022, p. 38-43).

dante do regimento.[47] Por sua vez, Francisco Pereira Rabello, branco, alferes de um terço auxiliar da cidade, teria declarado que não fora Domingos da Silva Lisboa o "autor dos papéis, mas sim que seus maiores", isto é, oficiais de patente de tenente a coronel.[48] Outrossim, o capitão João Machado, pardo forro, foi denunciado, mas não foi processado.[49] Foram punidos o oficial inferior Antônio Simões da Cunha, pedreiro, pardo livre, e o soldado José do Sacramento, alfaiate, pardo forro, que tiveram também seus bens sequestrados, ambos pertencentes ao regimento de milícias dos pardos.[50]

Para o soldado Ignácio da Silva Pimentel, da tropa regular, pardo e alfaiate, a gente de cor somente teria acesso a todos os postos públicos e honrosos caso transformasse o "continente do Brasil" em uma república mediante um "levantamento no povo, chamando os cativos com a voz de liberdade, atacando as guardas, assassinando o governador e todas as mais pessoas da administração pública".[51] Vários escravos da cidade e da zona rural foram aliciados (Silva, 1999, p. 37). A proposta que circulava, segundo o escravo "pardo ou cabra" Luís de França Pires, era de que o levante "libertaria os cativos para viverem em igualdade sem distinção de cores".[52] Os revoltosos tentaram uma aliança também com os pretos forros milicianos, mas sem sucesso. O cabo de esquadra do 2º Regimento de Milícias, João de Deus do Nascimento, pardo, mestre-alfaiate, convidou o capitão de uma companhia do regimento de Henrique Dias, Joaquim José de Sant'ana, preto, cabeleireiro, argumentando que ele poderia chegar a coronel da tropa paga.[53] O capitão lamentava, pois temia a nomeação de um sargento-mor branco para seu regimento. João de Deus o animou, pois brevemente ele veria as tropas de linha comandadas por brancos, pardos e pretos, sem distinção de qualidade e sim de capacidade. Porém, o capitão

47 Ibid., p. 670.

48 Ibid., p. 689.

49 Ibid., p. 290.

50 Ibid., p. 289; Apeba (1998, p. 1078-1079, 1236, 1241). Contudo, não encontrei nos depoimentos dos condenados menção aos oficiais signatários da súplica de 1797 à rainha.

51 Apeba (2022, p. 485, 494).

52 Apeba (2022, p. 419). Na documentação, Luís de França Pires ora é identificado como cabra, ora é considerado pardo, demonstrando a polissemia do termo pardo.

53 Embora se identificasse como "francês", o miliciano João de Deus possuía um regulamento de soldos e um projeto de corpo militar inspirado nas tropas inglesas. Fruto das características de cidade portuária de Salvador.

não apenas não se aliou, como denunciou o movimento, relatando que o levante visava libertar os escravos pardos e pretos.[54] Vale ressaltar que João de Deus do Nascimento pertencia a um regimento de milícia formado por brancos, mas se identificava como pardo. Além dele, foi implicado Felix Martins dos Santos, pardo, tambor-mor do mesmo regimento. Para Luis dos Santos Vilhena, o 2º Regimento de Milícias era composto de artífices, vendeiros, taberneiros e "outras qualidades de homens brancos". É possível que essa "outra qualidade de branco" esteja associada justamente à classe social a que pertenciam esses homens dentro da complexa estrutura social e taxonomia das cores da sociedade baiana.[55] Desse modo, a separação por cor não era estanque e dependia de como o indivíduo se identificava e era identificado, o que nem sempre coincidia.

A heterogeneidade dos grupos envolvidos e de seus interesses contribuiu para o malogro do movimento, sobretudo quando o tema da escravidão aflorou na boca dos mais radicalizados. Como assevera Hendrik Kraay (2011, p. 82), "o discurso de igualdade racial e fraternização" ficou nos pasquins. No julgamento, os brancos "invocaram a solidariedade racial" para se beneficiar. Das 51 pessoas detidas, 35 foram condenadas, sendo nove brancas, 25 pardas e uma preta. Entre os escravos, eram 10 pardos e um preto-mina (Tavares, 1998, p. 12-14). Os pardos e oficiais mecânicos foram os que receberam as penas mais duras. Os pardos libertos e livres considerados os líderes tombaram no patíbulo. Foram eles: João de Deus do Nascimento, pardo livre, cabo de esquadra do 2º Regimento de Milícias, mestre-alfaiate; Luiz Gonzaga das Virgens e Veiga, soldado granadeiro do 1º Regimento de Linha, alfaiate, pardo livre; Lucas Dantas de Amorim Torres, soldado do Regimento de Artilharia, pardo liberto; e Manoel Faustino dos Santos Lira, pardo forro, alfaiate. Luís Pires, pardo livre, oficial de lavrante, também condenado à morte, nunca foi encontrado (Tavares, 2016, p. 150). Os escravos pardos foram degredados para a África e chicoteados. Os brancos tiveram suas penas reduzidas: dois tenentes e um soldado da tropa de linha, condenados a um ano na prisão, passaram seis meses encarcerados. Outros brancos tiveram a pena de açoite e degredo reduzidas para um ano de prisão (Tavares, 2016, p. 83).

---

54 Apeba (2022, p. 809-810).

55 Sobre a intersecção entre cor e classe, ver Kraay (2011, especialmente caps. 1 e 4).

Para Kraay (2011, p. 84), essa seletividade na punição ocorreu porque "o monarca estava destituído de aparato repressivo necessário para sufocar pela força" uma possível insurreição que contaminava a oficialidade. De fato, era mais cômodo punir os soldados e oficiais mecânicos do que frações das elites locais e todo o estado-maior de uma tropa. O governador se esforçou sobremaneira para restringir o movimento aos pardos, depreciando a capacidade dos envolvidos com base em sua cor e classe, como feito com Luiz Gonzaga das Virgens e João de Deus, alfaiates, Lucas Dantas, marceneiro, e Luiz Pires, lavrante. Considerava-os de "péssima conduta, falsos de religião, sem as luzes necessárias", olvidando os conhecimentos de Luiz Gonzaga das Virgens, por exemplo, versado em latim e cirurgia (Lopes, 2014). Para o governador, portanto, no movimento não entraram "nem pessoas de consideração, nem de entendimento".[56] A visão que se tinha dos pardos, pretos e brancos pobres, ao que parece, era essa. O próprio advogado dos réus usou esse tipo de argumento. Para José Barbosa de Oliveira, aqueles homens eram pessoas ignorantes, escravos, sem respeito, sem forças e, portanto, sem sabedoria para conhecerem perfeitamente o peso do delito de lesa-majestade (Tavares, 2016, p. 83).

Entretanto, mesmo ciente de que os envolvidos careciam de organização, material bélico e efetivo, o governador receava que, no contexto convulsionado da época, a voz da liberdade chegasse aos escravos em um país de conquista.[57] As notícias do Haiti invadiam os salões, lembrando a possibilidade de apoio e aliança entre escravizados e a população livre de cor. O "poder negro" do Atlântico esmorecia o medo ao branco (Maxwell, 1999, p. 164-165). Era preciso sufocar essas vozes com o apoio das elites locais. Um bode expiatório deveria ser sacrificado. D. Fernando José de Portugal, em resposta a d. Rodrigo de Souza Coutinho sobre as medidas adotadas, afirmou que uma das causas da conspiração estava no fato de a Coroa conceder à "classe dos homens pardos" distinções e mercês de hábitos, o que aumentava a presunção dos pardos, "característica do caráter deles". Para o governador essa concessão de mercês não convinha, pois se tratava de um país em conquista, onde os pardos constituíam uma parte grande demais

56 Apeba (2022, p. 793-794).

57 Ibid., p. 83.

da população para serem igualados "à classe dos homens brancos".[58] Daí a repressão violenta aos pardos, que crescia e adentrava a estrutura do Estado luso-brasileiro responsável pela ordem na colônia.

Considerações finais

Para os conspiradores, a igualdade social só seria possível com uma república democrática. Eles não viam na cor um empecilho para ocuparem cargos públicos. Suas cores atrelavam-se às relações sociais e políticas que estabeleciam. Reconheciam as diferenças, mas não as consideravam fator de desigualdade. Os pardos sabiam que dos seus braços armados dependiam as elites locais e a Coroa. Assim, usavam essa interdependência para barganhar condições de vida mais favoráveis. Resistiram circunscritos às condições materiais e às limitações daquela cultura política. Para alguns pardos militares e milicianos, desempenhar um cargo militar, civil ou eclesiástico não significava negar a sua ancestralidade africana, mas sim o estigma da escravidão, que os acompanhava mesmo estando eles afastados do cativeiro. Desse modo, floresceu em alguns, ao que parece, a consciência da necessidade de se extinguir definitivamente a escravidão, para que sua honra e dignidade pudessem ser preservadas, como o que ocorria na América espanhola (Vinson III, 2001; Fernández, 2019).[59] A intenção era desobstruir empecilhos à assunção a certos cargos em razão da cor. Por outro lado, outros resistiram por dentro da ordem, ciosos que estavam das posições conquistadas.

O alvo do governo eram os homens pardos libertos e livres. Tratava-se de cercear os direitos dessa camada de cor, que crescia na capitania e estava adentrando os locais de poder em uma das mais importantes estruturas do Estado luso-brasileiro na manutenção da terra em conquista. Uma ação violenta de repressão a determinados grupos poderia inibir solidariedades e situar os limites políticos e sociais das classes subalternas numa sociedade escravocrata e em uma terra em conquista.

58 Ofício, 4 abr. 1799, AHU/CU 005 (Castro e Almeida), cx. 99, doc. 19.326.

59 Para o século XIX em Cuba, ver Mata (2015).

Referências

APEBA. *Autos da devassa da Conspiração dos Alfaiates*. Salvador: Secretaria da Cultura e Turismo; Arquivo Público do Estado, 1998.

_____. *Edição comemorativa 220 anos da Revolta dos Búzios*. Salvador: Egba, 2022.

ARAÚJO, Ubiratan Castro de. A Bahia no tempo dos Alfaiates. In: _____ et al. (Org.). *II Centenário da Sedição de 1798 na Bahia*. Salvador: Academia de Letras da Bahia; Brasília: Minc, 1999. p. 7-19.

BARICKMAN, B. J. *Um contraponto baiano*. Açúcar, fumo, mandioca e escravidão no Recôncavo, 1780-1860. Trad. Maria Luiza X. de A. Borges. Rio de Janeiro: Civilização Brasileira, 2003.

BLUTEAU, Raphael. "Pardo" In: *Diccionario da língua portugueza*. Reformado e acrescentado por Antonio de Moraes Silva. Lisboa: Oficina de Simão Thadeo Ferreira, 1799. v. 1.

BORGES, Eduardo José Santos. *O Antigo Regime no Brasil colonial*: elites e poder na Bahia do século XVIII. São Paulo: Alameda, 2017.

CALDAS, Jozé Antonio. *Notícia geral de toda a capitania da Bahia desde o seu descobrimento até o prezente anno de 1759*. 2. ed. Salvador: Memória e Arte, 2017.

CLAUSEWITZ, Carl von. *Da guerra*. 1. ed. Lebook, [s.d.]. Kindle.

COTTA, Francis Albert. Os terços de homens pardos e pretos libertos: mobilidade social via postos militares nas Minas do século XVIII. *Mneme*, Caicó, v. 3, n. 6, p. 17-95, 2002.

_____. *Negros e mestiços nas milícias da América portuguesa*. Belo Horizonte: Crisálida, 2010.

FALCON, Francisco J. C. Luzes e revolução na colônia. *Estudos Avançados*, São Paulo, v. 2, n. 2, p. 73-85, 1988.

FERNÁNDEZ, Juan Marchena. Las clases de las razas: el temor a la guerra de razas en la costa Caribe de la Nueva Granada a fines del siglo XVIII. In: CHUST CALERO, Manuel; ROSAS LAURO, Claudia (Org.). *Los miedos sin patria*: temores revolucionarios en las Independencias. Madri: Silex, 2019. p. 151-195.

FRAGOSO, João; BICALHO, Maria Fernanda; GOUVÊA, Maria de Fátima (Org.). *O Antigo Regime nos trópicos*: a dinâmica imperial portuguesa (séculos XVI-XVIII). Rio de Janeiro: Civilização Brasileira, 2001.

______; GUEDES, Roberto; KRAUSE, Thiago. *A América portuguesa e os sistemas atlânticos na época moderna*: monarquia pluricontinental e Antigo Regime. Rio de Janeiro: FGV Ed., 2013.

HORA, Raiza Cristina Canuta da. Escravidão, cor, gênero e mobilidade social: a trajetória de Antônia Gomes na cidade da Bahia setecentista. *Interfaces Científicas – Humanas e Sociais*, Aracaju, v. 6, n. 2, p. 175-186, 2017.

JAMES, Cyril Lionel Robert. *Os jacobinos negros*: Toussaint L'Ouverture e a Revolução de São Domingos. Trad. Afonso Teixeira Filho. São Paulo: Boitempo, 2010.

JANCSÓ, István. *Na Bahia contra o império*: história do ensaio de Sedição de 1798. São Paulo: Hucitec; Salvador: Edufba, 1996.

KLEIN, Herbert S. Os homens livres de cor na sociedade escravista brasileira. *Dados*, Rio de Janeiro, v. 17, p. 3-27, 1978.

______; VINSON III, Ben. *A escravidão africana na América Latina e Caribe*. Trad. Laura Teixeira Motta. Brasília: Ed. UnB, 2015.

KRAAY, Hendrik. Identidade racial na política (Bahia, 1790-1840): o caso dos Henriques. In: JANCSÓ, István (Org.). *Brasil*: formação do Estado e da nação. São Paulo: Hucitec; Ed. Unijuí; Fapesp, 2003.

______. *Política racial, Estado e forças armadas na época da Independência*: Bahia, 1790-1850. Trad. Magda Lopes. São Paulo: Hucitec, 2011.

LARA, Silvia Hunold. *Fragmentos setecentistas*: escravidão, cultura e poder na América portuguesa. São Paulo: Companhia das Letras, 2007.

LOPES, Nei. Luiz Gonzaga das Virgens. In: ______. *Dicionário escolar afro-brasileiro*. 2. ed. São Paulo: Selo Negro, 2014. Kindle.

MATA, Iacy Maia. *Conspiração da raça de cor*: escravidão, liberdade e tensões raciais em Santiago de Cuba (1864-1881). Campinas: Ed. Unicamp, 2015.

MATTOS, Hebe Maria. *Escravidão e cidadania no Brasil monárquico*. Rio de Janeiro: Zahar, 2000.

______. Da guerra preta às hierarquias de cor no Atlântico português. In: *Anais do XXIV Simpósio Nacional de História – Anpuh*, São Leopoldo, 2007. Disponível online em set. 2023.

MATTOSO, Katia M. de Queirós. Os escravos na Bahia no alvorecer do século XIX: estudo de um grupo social. In: ______. *Da Revolução dos Alfaiates à riqueza dos baianos no século XIX*. Salvador: Corrupio, 2004. p. 135-159.

MAXWELL, Kenneth. *Chocolate, piratas e outros malandros*: ensaios tropicais. Trad. Irene Hirch e Lólio Lourenço de Oliveira. São Paulo: Paz e Terra, 1999.

MOTA, Célio de Souza. *A face parda da "Conspiração dos Alfaiates"*: homens de cor, corporações militares e ascensão social em Salvador no final do século XVIII. 2010. Dissertação (mestrado), Uefs, Feira de Santana, 2010.

PIMENTA, João Paulo; FANNI, Rafael. Revolução no Brasil, séculos XVIII a XXI: a história de um conceito, um conceito na história. *Revista de História*, São Paulo, n. 178, p. 1-25, 2019.

PRADO JÚNIOR, Caio. *Evolução política do Brasil*. 12. ed. São Paulo: Brasiliense, 1980.

REGINALDO, Lucilene. *Os Rosários dos Angolas*: irmandades negras, experiências escravas e identidades africanas na Bahia setecentista. São Paulo: Alameda, 2011.

RUSSELL-WOOD, A. J. R. *Escravos e libertos no Brasil colonial*. Trad. Maria Beatriz de Medina. Rio de Janeiro: Civilização Brasileira, 2005.

SANTOS, Jocélio Teles dos. De pardos disfarçados a brancos pouco claros: classificações raciais no Brasil dos séculos XVIII-XIX. In: _____. *Ensaios sobre raça, gênero e sexualidades no Brasil (séculos XVIII-XX)*. Salvador: Edufba, 2013. p. 9-34.

SCHWARTZ, Stuart B. *Segredos internos*: engenhos e escravos na sociedade colonial (1550-1835). Trad. Laura Teixeira Motta. São Paulo: Companhia das Letras; CNPq, 1988.

SILVA, Kalina Vanderlei. *O miserável soldo e a boa ordem da sociedade colonial*: militarização e marginalidade na capitania de Pernambuco dos séculos XVII e XVIII. Recife: Fundação de Cultura Cidade do Recife, 2001.

SILVA, Luiz Geraldo. Raça e identidade social na formação do Estado-nação. In: ISTVÁN, Jancsó (Org.). *Brasil*: formação do Estado e da Nação. São Paulo: Hucitec; Ed. Unijuí; Fapesp, 2003. p. 497-520.

_____. Gênese das milícias de pardos e pretos na América portuguesa: Pernambuco e Minas Gerais séculos XVII e XVIII. *Revista de História*, São Paulo, n. 169, p. 111-144, 2. sem. 2013.

SILVA, Maria Beatriz Nizza da. Conflitos raciais e sociais na sedição de 1798 na Bahia. In: ARAÚJO, Ubiratan Castro de et al. (Org.). *II centenário da sedição de 1798 na Bahia*. Salvador: Academia de Letras da Bahia; Brasília: Minc, 1999. p. 37-49.

SOUZA, Priscila de Lima. *"Sem que lhes obste a diferença de cor"*: a habilitação dos pardos livres na América portuguesa e no Caribe espanhol (c. 1750-1808). Tese (doutorado), USP, São Paulo, 2017.

TAVARES, Luís Henrique Dias. *Bahia, 1798*. São Paulo: Ática, 1995.

_____. Os escravos na sedição de 1798 na Bahia. *Revista de Cultura da Bahia*, Salvador, n. 17, p. 11-51, 1998.

_____. *História da sedição intentada na Bahia em 1798*: a conspiração dos alfaiates. 2. ed. Salvador: Edufba, 2016.

VIANA, Larissa. *O idioma da mestiçagem*: as irmandades de pardos na América portuguesa. Campinas: Ed. Unicamp, 2007.

VILHENA, Luis dos Santos. *A Bahia no século XVIII*. Salvador: Itapuã, 1969. 3 v.

VINSON III, Ben. Los milicianos pardos y la construcción de la raza em el México colonial. *Signos Históricos*, Cidade do México, n. 4, p. 87-106, dez. 2000.

_____. *Bearing arms for His Majesty*: the free-colored militia in colonial Mexico. Stanford: Stanford University Press, 2001.

A disputa pelo comando da milícia parda: competição entre milicianos pardos e militares brancos das tropas regulares (São Paulo, 1797-1831)

Fernando Prestes de Souza

As milícias, forças militares auxiliares ao Exército, têm sido encaradas pela historiografia como instituições centrais no estabelecimento de laços de interdependência entre as diferentes esferas de poder político luso-americano e os súditos. Pardos e pretos encontraram nesses corpos militares as principais vias para ascensão social nos termos do Antigo Regime, já que poderiam ser investidos nas patentes militares que enobreciam seus ocupantes (Oliveira, 1806, p. 41-44). Além disso, os serviços militares constituíam o fundamento de muitos pedidos – alguns dos quais, aceitos – para o ingresso nas ordens militares (Silva, 2005). Em termos coletivos, a milícia era uma base dos esforços dos pardos na luta pela habilitação a todos os ofícios públicos ou, o que era o mesmo, pela igualdade política (P. Souza, 2017; Silva, 2015).

Ocorre que o acesso de pardos e de pretos às posições honoríficas da milícia estava longe de ser ponto pacífico entre as autoridades coloniais e imperiais e variou ao longo do tempo e nas diferentes configurações sociais. Conhece-se particularmente bem o processo de supressão da oficialidade parda e preta e de abolição dos seus corpos de ordenanças ocorrido entre 1728 e 1735 e a reversão dessa medida nos anos seguintes, assim como as iniciativas reformistas que desde fins dos anos 1770 miravam naquelas mesmas milícias e oficialidades. Insere-se aí a campanha promovida pelo governador da Bahia, d. Fernando José de Portugal, para trocar os oficiais pardos do estado-maior do 4º Regimento por militares brancos, a qual provocou as consultas do Conselho Ultramarino que embasariam os artigos do alvará de 17 de dezembro de 1802 acerca das milícias pardas e pretas (ver o capítulo de Adriana Barreto de Souza e Hendrik Kraay neste livro).[1] E, uma vez efetivada a ingerência dos militares brancos em tais corporações militares, conflitos e tensões de todo tipo tomavam conta do cotidiano daquelas milícias (Souza, 2020). Menos explorada historiograficamente é a maneira como, entre a segunda metade do século XVIII e as primeiras décadas do XIX, os milicianos de cor e os militares brancos disputaram os postos do estado-maior das milícias de pardos e de pretos e empregaram as normas legais que concediam preferência aos primeiros. Assim, examina-se aqui a competição pelos cinco principais postos do estado-maior do regimento miliciano de pardos de São Paulo – coronel, tenente-coronel, sargento-mor e primeiro e segundo ajudantes –, uma disputa entre milicianos pardos e oficiais brancos da tropa de linha que valia o acesso a funções sociais de prestígio e o controle da corporação.

Os diferentes aspectos dessa competição são interpretados à luz dos "modelos de jogos" eliasianos (Elias, 2008), que tratam das relações de interdependência – e poder – estabelecidas entre indivíduos e grupos. Eles aguçam o olhar para a estrutura e o objeto da competição, as estratégias desenvolvidas pelos competidores, seus perfis e a dinâmica do jogo. No caso em questão, a dinâmica do provimento dos postos do estado-maior da milícia parda é o próprio jogo. Os jogadores estão situados em diferentes níveis, considerando-se seu potencial relativo de concentração de poder, e consistem nos milicianos pardos, no nível inferior, e nos militares brancos com carreira na tropa de linha, no nível superior. Embora os soberanos, ministros, governadores, governadores das armas e inspetores da milícia fossem formalmente os árbitros, muitas vezes se comportaram como jogadores identificados com os jogadores do nível mais alto. Ademais, as jogadas individuais, concretizadas por meio dos requerimentos pelos quais se demandavam os postos, forneciam como prêmio aos vencedores o exercício de autoridade, poder e prestígio; mas seus resultados, eventualmente imprevisíveis, também tinham uma face coletiva, já que construíam e reforçavam a hegemonia de um grupo. Uma sequência consistente de vitórias dos milicianos pardos sobre os militares brancos era a única maneira de alterar o equilíbrio de poder interno àquele regimento em favor dos homens de cor.

1 Ver ainda: Russell-Wood (2005); Silva (2017); Kraay (2011, p. 154-164); F. Souza (2017).

A história das milícias de cor em São Paulo remonta ao início do século XVIII, quando as primeiras companhias de pardos e de pretos foram formadas no litoral. Elas se difundiram para o planalto apenas na década de 1760, em contexto marcado pelas guerras no Sul. Contudo, somente em 1797 foram organizadas nos moldes de um regimento miliciano, como determinava o decreto de 7 de agosto de 1796, formando-se o Regimento dos Úteis.[2] Este foi o último regimento de pardos a ser formado no período colonial, em um momento relativamente tardio, mas extremamente dinâmico e prolífico, da história das milícias de cor. Naquela altura, tais milícias já atuavam em várias capitanias luso-americanas havia mais de um século e meio e apresentavam níveis elevados de coesão interna e um longo histórico de serviços prestados à monarquia (F. Souza, 2017, p. 56-86).

Apesar disso, a questão do acesso aos postos do estado-maior das milícias de pardos e de pretos ainda estava em aberto: eram poucos os terços/regimentos em que os estados-maiores eram mantidos completos com seus próprios integrantes; mais comumente, os postos superiores eram providos em militares brancos provenientes da tropa regular ou, quando ocupados por homens de cor, formavam estados-maiores atrofiados, centralizados em um sargento-mor ou um capitão-mandante (F. Souza, 2017, p. 65-66, 101-103, 317-320, 340-353, 367-377). Somente com o alvará de 1802, que regulou o provimento dos postos de estado-maior dos regimentos milicianos, a Coroa estabeleceu diretrizes gerais relativamente à oficialidade das milícias de cor. Os artigos XVI e XVII do alvará determinaram que os postos do estado-maior dos regimentos milicianos de pardos e de pretos fossem ocupados prioritariamente por oficiais milicianos "de suas próprias cores", desde que fossem tecnicamente hábeis e capazes de manter a "decência" dos postos. Caso contrário, oficiais brancos da tropa de linha poderiam prestar concurso para aqueles postos, seguindo o padrão vigente nas milícias brancas.[3] Essa norma representou um ganho para os oficiais de cor diante das medidas restritivas implementadas por governadores coloniais, mas forneceu ao mesmo tempo uma brecha para que militares brancos ocupassem os principais postos daquelas milícias. Por isso, tornou-se elemento central na competição aqui abordada.

---

2 Decreto, 7 ago. 1796 (Silva, 1828, p. 295-297).

3 Sobre o alvará, ver a introdução deste livro.

É pertinente considerar algumas dimensões desse jogo, atentando, primeiramente, para as características da estrutura militar paulista e para a inserção da milícia parda nesse universo; em segundo lugar, para o equilíbrio de poder interno ao regimento dos pardos ao longo do tempo; em terceiro, para a conexão entre as etapas de seu desenvolvimento institucional e as sucessivas configurações do pequeno grupo que controlava aquela milícia no que diz respeito à cor e à origem militar (regular ou miliciana) de seus integrantes.

Estrutura militar paulista, postos e o Regimento dos Úteis

Em São Paulo, o Regimento de Infantaria Miliciana dos Úteis, depois denominado 3º Regimento (1822) e Batalhão de Caçadores de 2ª Linha nº 34 (1824), era o único formado por pardos e coexistia com outros 10 regimentos milicianos e com dois corpos militares de primeira linha. No início do século XIX, cerca de 1.875 homens serviam na tropa paga paulista, e 7.063, nas milícias.[4] Na década de 1820, esses contingentes estavam ainda mais descompassados, pois havia apenas 388 homens em serviço na primeira linha e 6.228 nas milícias.[5] Em virtude do pequeno contingente de tropa regular, parte do qual era tragado para as guerras no Sul, a guarnição paulistana e as demais atribuições militares – tais como participação em solenidades, mostras e exercícios – recaíam sistematicamente em milicianos. Como o quartel do Regimento dos Úteis e cinco das suas 10 companhias situavam-se na região da capital, os milicianos pardos sempre estavam mobilizados (Souza, 1962; F. Souza, 2017, p. 45-56, 146-171).

Outro aspecto característico da estrutura militar paulista que merece destaque aqui porque se articula com o problema da disputa pelos postos milicianos é a dimensão da oficialidade da primeira e da segunda linhas. O estado completo dos dois corpos militares regulares previa o seguinte contingente de oficiais em 1807: no estado-maior, dois coronéis, dois tenentes-coronéis, quatro sargentos-mores e 10 ajudantes; nas companhias,

4 Ofício do governador Franca e Horta remetendo mapas dos corpos militares, 12 fev. 1807. AHU/CU 023, cx. 29, doc. 1.299; Ofício do governador Franca e Horta remetendo mapas dos regimentos milicianos, 22 fev. 1803. AHU/CU 023, cx. 19, doc. 950.

5 Mapa de força militar do Brasil em 182[ ]. BNRJ/SM, II-30, 28, 1.

13 capitães, 22 tenentes e 19 alferes com patente, além de 55 oficiais inferiores e 89 cabos de esquadra.[6] A base da pirâmide hierárquica era bastante alargada, e os níveis superiores se estreitavam à medida que se atingia o topo. Essa configuração favorece, ao menos teoricamente, uma contínua pressão proveniente do conjunto de militares alocados nas posições mais baixas e direcionada ao lugar superior que almejavam. Por décadas, esses homens alimentavam expectativas quanto às próximas movimentações hierárquicas e se colocavam como competidores nas inúmeras e corriqueiras batalhas pelo acesso aos postos de maior prestígio, mesmo sabendo que, nos pequenos círculos da oficialidade de patente das companhias e sobretudo dos estados-maiores, não havia espaço para todos.

No universo da milícia não era diferente, ainda que, pelo número de corpos militares, as oportunidades aparentemente se multiplicassem. Ora, considerando-se o estado completo dos 11 regimentos milicianos de São Paulo (que era ligeiramente diferente do dos corpos regulares), os competidores poderiam brigar, no âmbito do estado-maior, pelo acesso a 11 vagas nos postos de coronel e igual número para tenente-coronel, sargento-mor, primeiro ajudante, segundo ajudante, quartel-mestre – totalizando 66 vagas. Havia ainda os cobiçados postos de patente das companhias, que superavam as três centenas. Abaixo, vinham os conjuntos quantitativamente maiores de oficiais inferiores e de cabos de esquadra, dotados de menor potencial de retenção de poder, mas suficiente para distingui-los da enorme massa formada pelos simples soldados.

Ocorre que as possibilidades de milicianos serem promovidos aos postos do estado-maior das milícias se reduziram drasticamente desde que a monarquia estabeleceu que tais funções – especialmente as de sargentos-mores e ajudantes – deveriam ser providas com homens oriundos da tropa regular.[7] Além disso, a equiparação dos postos de patente da primeira e da segunda linhas elevou o brio da oficialidade miliciana, mas também atraiu os militares pagos para as milícias. Com esse trânsito de oficiais da primeira para a segunda linha, a milícia ganhava experiência e instrução militar, mas

---

6 Ofício do governador Franca e Horta, 12 fev. 1807. AHU/CU 023, cx. 29, doc. 1.299.

7 Para a legislação colonial a respeito, ver a introdução deste livro. Decretos, 4 dez. 1822 e 5 mar. 1823, *CLB*.

via agravado o problema das pressões por promoções. A primeira linha, ao contrário, encontrava uma válvula de escape para a demanda represada por acesso aos postos superiores.

Os corpos militares de pardos e de pretos, porém, foram formalmente poupados dessa intromissão de oficiais brancos das tropas regulares através do alvará de 1802. Por outro lado, no contexto da Independência brasileira e da formação de um exército nacional, os decretos imperiais de 4 de dezembro de 1822 e 5 de março de 1823, que versavam sobre o provimento dos postos nas milícias e se justapunham à legislação anterior, ignoraram a realidade das milícias de cor e forneceram e/ou ampliaram as brechas para o assédio dos oficiais da tropa de linha. Na prática, verificou-se um predomínio quase absoluto de oficiais brancos no estado-maior do regimento dos pardos em São Paulo. Cabe, então, examinar como se processou a competição pelos postos do estado-maior no Regimento dos Úteis.

Desenvolvimento institucional e equilíbrio de poder interno ao Regimento dos Úteis

O Regimento dos Úteis teve quatro coronéis entre 1797 e 1831, sendo eles Modesto Antônio Coelho Neto (1797-1801), José Joaquim Mariano da Silva César (1801-1803, 1808-1810), Manoel José Ribeiro (1814-1821) e José Joaquim César de Cerqueira Leme (1821-1831). Apenas Ribeiro era pardo. Já o posto de tenente-coronel foi ocupado por nove homens: José Mendes da Costa (1797), Francisco Gonçalves Cordeiro (1797-1798), José Florêncio de Oliveira (1798-1799), José dos Santos Souza (1799-1801), Theobaldo da Fonseca e Souza (1801-?), Manoel José Ribeiro (1810-1814), José da Silva Lisboa (1815-1820), Antônio de Pádua de Gusmão (1823-1826) e Manoel José da Costa Ribeiro (1826-1831). Destes, somente os Ribeiros, pai e filho, eram pardos. Completando os três postos superiores, o de sargento-mor foi exercido por seis homens: Prudente Borges da Costa (1798-?), Pedro da Silva Gomes (1808-1809), Pedro José de Brito (1810-1811), Antônio de Pádua de Gusmão (1816-1823), Manoel José da Costa Ribeiro (1823-1826) e Jerônimo Isidoro de Abreu (1826-1831). Novamente, exceto Costa Ribeiro, todos eram brancos e oriundos da tropa regular. Por fim, os postos de primeiro e de segundo ajudante sempre estiveram nas mãos de homens brancos egressos da primeira linha.[8]

Essa enfadonha listagem de nomes é bastante reveladora: apesar de o alvará de 1802 determinar que pardos e pretos teriam preferência no acesso aos postos superiores de seus regimentos milicianos, os pardos de São Paulo tiveram enorme dificuldade para ocupá-los e para exercerem o controle de sua corporação. É significativo que apenas dois milicianos pardos, membros da mesma família, tenham ascendido aos postos superiores. Por outro lado, oficiais da tropa de linha, brancos, viam no Regimento dos Úteis uma possibilidade adicional de escalarem a hierarquia militar. Eles comandaram aquela milícia durante a maior parte do tempo.

Estando já evidente que o equilíbrio de poder interno ao regimento miliciano dos pardos paulistas permaneceu favorável aos homens brancos por largo tempo, é pertinente examinar o quão mutável foi esse equilíbrio de forças. Para isso, serão considerados os contextos de desenvolvimento institucional da corporação marcados pelos quatro coronelatos. A criação do Regimento dos Úteis em São Paulo, em 1797, resultou de uma negociação entre os pardos e o governo. E mesmo que todo o trabalho de recrutamento de homens para o regimento tenha sido feito às custas e pelo capitão pardo Manoel José Ribeiro, o comando da corporação foi entregue para oficiais de linha, como visto. Os milicianos pardos aceitaram essa medida, pois decerto estavam entusiasmados com o novo *status* de sua instituição – que avançara das meras companhias avulsas para a condição de um regimento – e reconheciam a falta de experiência para administrar uma corporação tão estruturada quanto aquela. Esse momento formativo, correspondente ao coronelato de Modesto Antônio Coelho Neto, foi caracterizado não apenas pelo absoluto predomínio de oficiais da tropa de linha no estado-maior do regimento, mas por grande volatilidade no exercício dos postos, especialmente os de tenente-coronel e ajudantes.

---

8 Para o período de 1797 a 1802: Apesp, C00407, livro 130, fols. 20v-21, 24-24v, 31v-32, 34, 47v-48, 111v, 134v-135, 170v, 188v-189. Para 1810-1831: Apesp, C00446, Livro mestre do Regimento dos Úteis. A lista dos ocupantes dos postos inclui aqueles cujos registros foram localizados, e não necessariamente o total dos providos. Algumas das lacunas situadas entre o ano em que um oficial deixou um posto e o ano em que outro oficial o assumiu devem-se à exigência de que um posto vago fosse provido somente após a confirmação da nova patente do ex-ocupante. Nesse caso, a função era exercida por comissão.

Após o falecimento do primeiro coronel, em 1801, ascendeu ao posto outro militar da tropa paga, José Joaquim Mariano da Silva César, também branco, mas dessa vez alguém notavelmente antipático à oficialidade parda e à existência do regimento. Sob esse aspecto, o coronel Silva César estava em sintonia com o governador Antônio José da Franca e Horta e o inspetor-geral de milícias José Arouche de Toledo Rendon, que atuavam na década de 1800. Os três se opunham vigorosamente à indicação de milicianos pardos até mesmo para os postos de patente das companhias (alferes, tenentes e capitães) e elaboraram projetos visando a extinção do regimento. A base dos seus argumentos era que os milicianos pardos não possuíam os meios necessários para "viver à lei da nobreza" e "manter o decoro" dos postos, como exigia o artigo XVIII do alvará de 1802.[9]

A instalação da Corte portuguesa no Rio de Janeiro, em 1808, aproximou os milicianos pardos paulistas do centro de poder monárquico e deu ocasião para que buscassem superar a enorme distância que os separava do núcleo de comando de sua própria milícia. Em uma representação encaminhada ao príncipe regente, entre julho e agosto de 1808, os oficiais pardos denunciaram a inobservância do alvará de 1802 e a posição adotada pelo governador Franca e Horta de não prover os postos da oficialidade das companhias e de preencher o estado-maior com oficiais brancos.[10] Essa mobilização política foi vitoriosa: manteve-se o regimento e passou-se a prover os postos de patentes das companhias. Em 1810, o coronel Silva César adoeceu e obteve reforma. Assim, durante grande parte do seu coronelato houve um atrofiamento do regimento, decorrente da resistência das autoridades militares da capitania em prover homens pardos nos postos de patente. Esse quadro começou a ser revertido em 1808.

O terceiro coronel foi Manoel José Ribeiro, que exerceu o comando do Regimento dos Úteis inicialmente como tenente-coronel (1810-1814) até obter a patente de coronel (1814-1821). Era a primeira vez que um miliciano pardo ascendia a tal posição em São Paulo e que o controle da corporação escapava das mãos de oficiais brancos. Ribeiro nasceu escravo em 1752, obteve a alforria, ingressou na tropa regular como soldado e participou da

9 Ver a introdução deste livro.

10 Ofício do governador Franca e Horta, 5 set. 1808. Apesp, C00405, livro 122, fol. 25.

guerra contra os espanhóis na década de 1770. Casou-se com uma mulher liberta, tornou-se mestre-alfaiate e, já senhor de escravos, converteu-se em comerciante e capitão de uma companhia auxiliar avulsa de homens pardos. Conduziu a formação do Regimento dos Úteis, obteve a graduação de tenente-coronel e, em 1810, ano em que assumiu o comando do regimento, tornou-se cavaleiro professo na Ordem de Cristo (F. Souza, 2017, p. 463-476). Enquanto esteve à frente da corporação, entre 1810 e 1821, Ribeiro encaminhou a institucionalização do regimento (providenciou o livro mestre, bandeiras, caixas de guerra, fardamentos e organizou a música), manteve o recrutamento e preservou os milicianos pardos na oficialidade de patente das companhias. Também encaminhou uma rápida ascensão de seus dois filhos e de seu neto na hierarquia miliciana. Enquanto isso, o inspetor-geral das milícias de São Paulo insistia na extinção do regimento dos pardos, tendo apresentado ao governo três projetos com tal finalidade (F. Souza, 2017, p. 353-367). Nesse contexto, em 1813, ocorreu nova mobilização política: 15 oficiais de patente pardos subscreveram um abaixo-assinado solicitando à Coroa que um pardo – e não um branco, como ocorria até então – fosse provido no posto de sargento-mor do regimento. Dessa vez, essa nítida demonstração de coesão interna ao grupo dos pardos foi imediatamente repreendida.[11]

Uma agudização das tensões no universo dos milicianos pardos e entre estes e as autoridades e oficiais militares brancos da capitania, incluindo-se o próprio governador e capitão-general João Carlos Augusto de Oeynhausen-Gravenburg, levou, em 1821, à deposição do coronel Ribeiro, pardo, e à nomeação de um militar branco da tropa regular, José Joaquim César de Cerqueira Leme, filho do antigo coronel Silva César. Ele comandou o Regimento dos Úteis até a extinção das milícias, mantendo a organização anterior e o provimento dos postos. Em sua gestão, o regimento atuou na conjuntura da Independência e vivenciou o acirramento da competição entre brancos e pardos, militares de linha e milicianos, pelos postos do estado-maior.

11 Abaixo-assinado dos oficiais pardos, 6 ago. 1813. Apesp, C00416, livro 160, fol. s. n.

O estado-maior do Regimento dos Úteis e a competição entre pardos e brancos

A tabela 1 condensa informações essenciais de 55 circunstâncias em que militares, da tropa regular e da milícia, demandaram acesso aos referidos postos ou graduações no Regimento dos Úteis durante o período do segundo coronelato até a extinção das milícias. Trata-se de uma amostragem baseada em requerimentos, informações, despachos, propostas e outros vestígios documentais que, apesar de provavelmente não abarcar a totalidade das demandas pelos postos do regimento, representa uma base documental robusta, constante e que recobre três décadas de atividade da milícia parda.

O alvará de 1802 estabeleceu que, nos regimentos milicianos de pardos e de pretos, os postos superiores e de ajudantes fossem providos preferencialmente com seus próprios integrantes por via de concursos. Quando um desses postos vagasse, haveria um edital público, seria efetuada a inscrição dos milicianos interessados e iriam se realizar os exames teóricos e práticos. Com o resultado do concurso em mãos, o governador e capitão-general deveria enviar uma proposta ao soberano indicando o candidato mais bem colocado. Porém, a dinâmica das relações estabelecidas entre as altas autoridades militares de São Paulo, a oficialidade da tropa de linha e os oficiais milicianos pardos fez com que esse fluxo fosse alterado, deturpando-se a opção secundária expressa no item XVII do referido alvará: "quando, porém, aconteça que entre os oficiais dos Regimentos de pretos ou pardos se não encontrem tantos dignos de ocupar os postos superiores e de ajudantes quantos sejam necessários, nesse caso os ditos postos se porão a concurso por editais, e se proverão em oficiais brancos tirados da Tropa de Linha". Veio daí a avassaladora pressão exercida pelos oficiais brancos junto ao Regimento dos Úteis e a intensa guerra travada entre brancos e pardos por meio de requerimentos e outros artifícios.

Chama atenção a grande quantidade de manifestações de interesse para apenas cinco postos (coronel, tenente-coronel, sargento-mor, primeiro ajudante e segundo ajudante), aspecto que sugere a dimensão da pressão que incidia sobre tais posições. Entretanto, deve-se levar em consideração que, das 55 demandas, 31 se referiam a pessoas que requereram postos ou graduações por três ou mais vezes. Trata-se de Antônio de Pádua de Gusmão (oito ocorrências), Manoel José da Costa Ribeiro (seis), Antônio Joaquim da Costa Ribeiro (quatro), José da Silva Lisboa (quatro) e Jerônimo Isidoro de Abreu, José Rodrigues da Silva e Meneses e Manoel José Ribeiro (três ocorrências cada). Esses requerentes, tipicamente, tiveram longas trajetórias no Regimento dos Úteis e, entre deferimentos e indeferimentos, escalaram gradualmente na hierarquia da milícia parda. Exceto os Ribeiros, membros de uma família parda, os demais eram brancos. De fato, estes encaminharam a maior parte dos pedidos por postos e graduações. Dos 55 casos localizados, apenas 16 se referiam a milicianos pardos e 39 diziam respeito a militares brancos que pretendiam deixar o serviço na tropa regular ou que, já assentados na milícia, queriam escalar na hierarquia dos Úteis. O número de demandantes acentua esse contraste: os postos ou graduações do estado-maior do regimento foram pleiteados por 20 brancos e somente cinco pardos.

Essa distribuição tão desigual da quantidade de demandas e de demandantes entre milicianos pardos e militares brancos tem como pano de fundo a configuração militar paulista já descrita: parte da escassa tropa regular estava envolvida com as campanhas do Sul, ao passo que o contingente miliciano, mais abundante, intercalava os seus labores habituais com o serviço militar, fazendo as vezes da tropa paga. Os primeiros retornavam da guerra sedentos por mercês e progressões na carreira. Examinavam o minguado quadro de oportunidades disponíveis em sua tropa e optavam por tentar uma sorte melhor na milícia; os segundos, por sua vez, adquiriam conhecimentos e experiências no serviço ativo, de modo que alguns deles passavam a aspirar às posições superiores de seus regimentos. No caso específico dos pardos, uma aspiração alimentada pelo disposto no alvará de 1802.[12]

Quanto às 39 ocasiões em que oficiais militares brancos demandaram posições no Regimento dos Úteis, em nove delas requereu-se o posto em qualquer regimento miliciano, incluindo-se, portanto, a milícia parda, e em 30 situações o Regimento dos Úteis foi citado expressamente – exclusiva ou opcionalmente. Os veteranos da tropa de linha espreitavam as movimentações no âmbito miliciano e mantinham-se atentos ao surgimento de qualquer oportunidade. A depender das circunstâncias, direcionavam o pedido

---

12 Acerca das pressões exercidas pela oficialidade de linha e miliciana sobre os postos disponíveis na guarnição de Salvador na década de 1820, ver Kraay (2011, p. 176-192, 202-212).

a um corpo militar específico ou o estendiam a quaisquer regimentos que disponibilizassem vagas. Quando não as havia, requeriam ocupar postos na condição de agregados e ser efetivados na primeira ocasião. Tornou-se habitual, também, que requeressem junto com o posto, ou logo após ocupá-lo, a elevação de suas graduações: os primeiros ajudantes tinham a graduação de tenente e desejavam a de capitão; os sargentos-mores solicitavam a graduação de tenente-coronel. Isto porque, além de buscarem se adiantar em relação aos adversários na competição pelos postos, eles cuidavam de estar sempre, no mínimo, no mesmo nível hierárquico dos oficiais pardos. Não viam problema em ocupar as posições superiores em um regimento de pardos, mas apenas em subordinar-se àqueles homens. O resultado é que, como visto, a vasta maioria dos ocupantes do estado-maior do regimento dos pardos de São Paulo era formada por homens brancos egressos da tropa paga.

Mas por que apenas cinco milicianos pardos estavam dispostos a competir pelos postos superiores da corporação? A resposta pode iniciar com a única situação em que o conjunto da oficialidade parda se expressou acerca da disputa e do exercício daqueles postos. Em 1817, quando o coronel Ribeiro divulgou a abertura de concurso para o posto de ajudante do regimento, ouviu dos tenentes e alferes pardos que "não queriam" participar, "pois não estão nas circunstâncias de passarem por esse incômodo".[13] Provavelmente se referiam aos constrangimentos inerentes à participação em concurso público e para que exercessem os postos com o "decoro" e a "decência" convenientes, situações em que mediriam forças com os brancos e em posição de absoluta desigualdade. Em primeiro lugar, os oficiais pardos que se colocassem como opositores no concurso deviam encarar a pressão social exercida pelos oficiais brancos que, desde dentro e de fora do Regimento dos Úteis, aspiravam aos postos. Essa pressão era reforçada por governadores e autoridades militares, que de tempos em tempos moviam esforços para entregar o comando das companhias e do estado-maior daquele corpo militar aos oficiais da tropa paga ou, no limite, acabar com o regimento miliciano dos pardos. Em segundo lugar, o perfil socioeconômico da oficialidade parda, constantemente lembrado pelas autoridades em tom desabonador, era muito diferente do perfil da oficialidade miliciana branca – cujos estados-maiores já incluíam os

---

13 Ofício de Manoel José Ribeiro, 26 mar. 1817. Apesp, C00286, doc. 49-1-9.

veteranos da tropa paga: a começar pelo aspecto fundamental de que muitos oficiais pardos eram descendentes de escravos e alguns eram libertos; eram majoritariamente artesãos (especialmente alfaiates, sapateiros e carpinteiros), os quais compunham 70% do oficialato do regimento na década de 1820, ao passo que nos demais regimentos milicianos de São Paulo o percentual de artesãos jamais passava de 10%; finalmente, a maioria dos oficiais pardos possuía níveis irrisórios de riqueza quando comparados com os oficiais brancos dos outros regimentos milicianos (F. Souza, 2017, p. 261-298). Além disso, os pardos livres e libertos compunham cerca de 20% da população paulista e como grupo social tinham uma história relativamente recente, dada a inserção tardia de São Paulo nas redes de exploração da mão de obra escrava africana (Luna e Klein, 2006, p. 25-53, 197-222). Quanto à sua atuação na milícia, cabe recordar que o Regimento dos Úteis foi o último regimento de pardos e de pretos a ser criado no período colonial. Tomadas em conjunto, essas características estruturais do grupo dos pardos livres e libertos e da milícia parda paulista sugerem que o nível de coesão existente entre os milicianos pardos de São Paulo foi suficiente para manter em pé a sua corporação, mas não para rechaçar o controle exercido pela oficialidade branca. Elas também ajudam a compreender a escassez de homens pardos dispostos a competir pelos postos mais elevados daquela milícia.

Mas havia quem estivesse disposto. É revelador que 15 dos 16 requerimentos ou manifestações de interesse enviados pelos pardos fossem em nome de integrantes da família do coronel Manoel José Ribeiro. Ou seja, se dependesse apenas dos milicianos pardos, o controle do regimento estaria nas mãos de uma única família, já que o restante dos oficiais não se dispunha a pleitear os postos superiores. Exceção é o alferes Joaquim Teodoro, que, em 1825, solicitou singelamente ser autorizado a participar dos concursos para os postos vagos de primeiro e segundo ajudante; este recebeu informação desfavorável por parte do governador das armas José da Silva Brandão, "à vista do que dispõe o decreto de 5 de março de 1823, que ordena serem somente admitidos para os postos de ajudantes da 2ª Linha os cadetes e sargentos da 1ª".[14] Havia, é verdade, outros milicianos pardos no estado-

[14] Requerimento de Joaquim Teodoro, 29 abr. 1825. Apesp, C00438, livro 223, fols. 20v-21, e E00892, fol. 27v.

-maior, os quais ocupavam os postos de quartel-mestre e de secretário; mas, como tais cargos eram ocupados por indivíduos investidos nas patentes de alferes e de tenentes, que não habilitavam seus ocupantes a candidatar-se aos postos superiores, eram pouco procurados pelos pardos e nunca pelos brancos. Os Ribeiros, por outro lado, haviam atingido certa prosperidade econômica, pois na década de 1820 viviam em um sobrado, possuíam uma loja de fazenda seca, cerca de 10 escravos e quantidade de riqueza suficiente para não serem questionados nos termos do artigo XIX do alvará de 1802.[15] Vinham demandando postos de patente nas companhias desde a década de 1800 e, após consegui-los, miraram escalar nos postos do estado-maior utilizando diversas estratégias: requereram acesso aos postos, concessão de graduações e privilégio em relação ao critério de antiguidade e recorreram à prática da doação/recebimento de serviços militares. Após muita insistência, o patriarca Manoel José Ribeiro tornou-se coronel e viu a ascensão de seus filhos e neto: o primogênito, Manoel José da Costa Ribeiro, alcançou o posto de tenente-coronel; o neto, Antônio Joaquim da Costa Ribeiro, permaneceu como capitão, mas obteve a graduação de sargento-mor; o filho mais jovem, José Manoel da Costa Ribeiro, tentou duas vezes obter a mesma graduação do sobrinho, mas recebeu negativas e manteve-se no posto de capitão de companhia. Outro dado acerca da concentração de poder nessa família parda é o fato de que, entre os Ribeiros, apenas o segundo filho do coronel não obteve o hábito da Ordem de Cristo (F. Souza, 2017, p. 463-476). Tratava-se, portanto, de uma pequena elite entre os milicianos pardos, a qual protagonizou os embates com oficiais brancos da tropa regular pelos postos superiores do regimento e encabeçou uma diminuição das diferenças de poder entre os dois grupos no interior daquela milícia, reduzindo as suas desigualdades e tornando o equilíbrio de poder mais flexível (Elias, 2008, p. 96). Após essa análise panorâmica da competição pelos postos, é relevante examinar o texto dos requerimentos e das informações e pareceres para obter uma perspectiva mais próxima à dos competidores.

Merece atenção a utilização do alvará de 1802 pelos militares brancos. Em 1803, Silva César, o segundo coronel do regimento, requereu ser restituído ao posto "a que tinha o mais incontestável direito" por "ser conforme

---

15 Apesp, Maços de População, capital: 1818, 4ª companhia, fogo 29; 1822, 4ª Companhia, fogo 29.

as reais ordens [...] que se provam semelhantes corpos de chefes tirados da tropa paga, como V.A.R." estabeleceu "pelo Alvará de 17 de dezembro de 1802".[16] Em 1811, o veterano da tropa regular José da Silva Lisboa servia em outro corpo miliciano e demandou o posto de sargento-mor dos Úteis, animado pelo mesmo alvará, que permitiu aos ajudantes das tropas milicianas procurarem "pelo ascenso ao posto de sargento-mor" na milícia.[17] Também os pareceres a tais requerimentos eram embasados no alvará de 1802 e costumavam citar seus trechos. Em 1810, o governador Franca e Horta recomendou o indeferimento à pretensão de Antônio Pinto do Rego para tornar-se sargento-mor dos Úteis, já que esse oficial não atendia à determinação do referido alvará de "que para estes postos sejam admitidos aqueles oficiais que pelos seus serviços e moléstias estejam em termos de ser reformados". Ao requerimento de José Diógenes Ferreira de Noronha, de 1812, o governador marquês de Alegrete afirmou que o alvará "manda que o ajudante de milícias só tenha acesso ao posto de sargento-mor do seu mesmo regimento, e não de outro". Em 1815, o governador conde de Palma propôs para tenente-coronel do Regimento dos Úteis, "na conformidade do disposto no § 5º do Alvará de 17 de dezembro de 1802, a José da Silva Lisboa, sargento-mor pago do mesmo Regimento". E, em 1818, o governo provisório ponderou que, apesar de o alvará de 1802 determinar que "os postos de ajudantes supras dos regimentos de milícias [...] sejam providos nos sargentos e furriéis dos Regimentos de Linha, e por exames teóricos e práticos", Luiz Pedroso da Silva, cabo da Legião de São Paulo, poderia ser dispensado "nas leis para poder ser ajudante supra, e sem exame, do Regimento Miliciano dos Úteis".[18] Como se vê, diversos pontos da legislação eram recuperados nos requerimentos e nas informações. Mas, notavelmente, nesses e em quase todos os casos, ocultava-se que se tratava de um regimento miliciano de pardos e silenciava-se convenientemente quanto aos artigos XVI e XVII do

16 Consulta do Conselho Ultramarino sobre o requerimento de José Joaquim Mariano da Silva César, 23 set. 1805. AHU/CU 023, cx. 26, doc. 1.198.

17 Requerimento de José da Silva Lisboa, a. 28 fev. 1811. Apesp, C00416, livro 159, fols. 11v-12v.

18 Informação ao requerimento de Antônio Pinto do Rego, 8 jun. 1810. Apesp, C00402, livro 111, fols. 134v-135; Informação ao requerimento de José Diógenes Ferreira de Noronha, 31 jan. 1812. Apesp, C00403, livro 114, fols. 76-76v; Ofício propondo José da Silva Lisboa para tenente-coronel, 21 abr. 1815. Apesp, C00403, livro 114, fols. 188v e 190; Informação ao requerimento de Luiz Pedroso da Silva, 19 nov. 1818. Apesp, C00403, livro 115, fols. 143-143v.

referido alvará, que concediam a primazia a pardos e a pretos no acesso aos postos do estado-maior de suas próprias milícias.

Do outro lado, não demorou para que os pardos abandonassem a disposição inicial para servir sob o comando de brancos e recorressem aos termos presentes no alvará de 1802. Como visto, em 1808 os oficiais pardos dos Úteis representaram ao príncipe regente sobre o estado de "abatimento" em que se encontravam, pois o governador mantinha o regimento incompleto e negava-lhes o acesso aos postos, "pondo em abandono o Alvará de 17 de dezembro de 1802, em que manda dar preferência aos oficiais das suas próprias cores, para pôr oficiais brancos no Regimento".[19] E, no abaixo-assinado enviado ao regente em 1813, em favor do capitão pardo Manoel José da Costa Ribeiro, que exercia interinamente a função de sargento-mor e se tornaria o oficial pardo que por mais vezes demandou postos e graduações, afirmavam que "os majores de Tropa de Linha não servem melhor e nem com maior gosto e satisfação a S.A.R. do que este" e que "o Regimento faz tanto gosto servir [...] com este, por ser da própria cor, e não vivermos no total abatimento em que temos vivido".[20] O antagonista na ocasião era o militar branco José da Silva Lisboa, que afinal obteve o posto de sargento-mor em 1814 por meio de uma indicação em proposta, e não via concurso. E mesmo que os Ribeiros dobrassem a aposta no ano seguinte, demandando para Costa Ribeiro o posto vago de tenente-coronel, as informações do inspetor-geral de milícias e do governador conde de Palma driblaram novamente as normas do alvará de 1802 relativas às milícias pardas e pretas e garantiram que o branco Lisboa se posicionasse como o candidato prioritário ao posto.[21]

Daí em diante, Costa Ribeiro protagonizou uma acirradíssima disputa pelos postos de sargento-mor e tenente-coronel com outro militar branco, Antônio de Pádua de Gusmão, que já servia há alguns anos no regimento e que naquela altura era 1º ajudante. Seus caminhos se cruzaram definitivamente em 1816, quando pela primeira vez houve concurso para o posto de sargento-mor do regimento e ambos se apresentaram. Dessa vez, os artigos XVI e XVII do alvará de 1802 foram expressamente evocados por Costa

19 Ofício do governador Franca e Horta, 5 set. 1808. Apesp, C00405, livro 122, fol. 25.

20 Abaixo-assinado dos oficiais pardos, 25 jun. 1813. Apesp, C00416, livro 160, fol. s. n.

21 Informação ao requerimento de Manoel José da Costa Ribeiro, 11 jan. 1815. Apesp, C00403, livro 114, fols. 180-180v.

Ribeiro no requerimento para admissão ao concurso. Realizados os exames, o governador conde de Palma considerou que o miliciano pardo "apresentou mais conhecimentos no exame teórico, e, no prático, se não excedeu, ao menos igualou ao outro concorrente". Porém, quanto aos serviços de um e de outro, "encontro neles uma grande diferença em favor" de Gusmão, já que "Manoel José da Costa Ribeiro nunca serviu na Tropa de Linha", ao passo que seu desafiante "marchou para a campanha do Rio Grande do Sul". Assim, beneficiado por um parecer que novamente silenciava sobre as cláusulas do alvará de 1802 específicas para as milícias de pardos e de pretos e que ignorava o resultado dos exames teóricos e práticos em prol de critérios atinentes à folha de serviço na primeira linha, Gusmão desbancou as pretensões do oponente pardo.[22] Indignado, Costa Ribeiro encaminhou um eloquente e audacioso requerimento ao príncipe regente pedindo que se tornasse sargento-mor agregado. Reportando-se ao alvará de 1802, afirmou ver "agravada a sua reputação, granjeada no centro da honra, e ultimamente abandonada aquela confiança irrefragável que ele suplicante e todos os mais da sua cor têm posto na proteção do trono".[23] No centro do argumento estava a denúncia do descumprimento da legislação, afinal, o oficial pardo havia provado em concurso estar à altura do posto em todos os quesitos, mas foi preterido com base em variáveis não contempladas nos artigos referentes às milícias de cor. Em 1819, o governo provisório da capitania informou favoravelmente a esse requerimento e, reconhecendo o cometimento de uma injustiça, considerou que "ele já seria efetivo na conformidade do alvará de 17 de dezembro de 1802".[24] Costa Ribeiro obteve o posto.

Mas o prejuízo já estava estabelecido e seus dois adversários brancos consolidaram-se à frente na competição pelos postos. Com a reforma de José da Silva Lisboa, em 1820, Antônio de Pádua de Gusmão avançou para o posto de tenente-coronel. A situação para Costa Ribeiro piorou quando seu pai sofreu acusações de corrupção e abuso de autoridade e foi destituído do comando da milícia, em 1821. O coronelato do regimento passou para José

---

22 Requerimento de Manoel José da Costa Ribeiro, a. 11 jan. 1816. Apesp, C00286, doc. 49-1-1a; Ofícios do Conde de Palma, 20 abr. e 11 jul. 1816. Apesp, C00403, livro 115, fols. 13v-14 e 28v-30.

23 Requerimento de Manoel José da Costa Ribeiro, c. 1818. Apesp, C00439, livro 226, fol. s. n.

24 Informação ao requerimento de Manoel José da Costa Ribeiro, 22 mar. 1819. Apesp, C00440, livro 233, fols. 17v-18.

Joaquim César de Cerqueira Leme, filho do antigo coronel branco (F. Souza, 2017, p. 407-428). Assim, o sargento-mor pardo encontrava-se isolado em um estado-maior formado por brancos.

No contexto da Independência, as milícias paulistas estavam permanentemente mobilizadas para o serviço, pois boa parte da tropa de linha foi destacada para o Sul. Nesse cenário, as tensões entre os grupos políticos que orbitavam o príncipe regente d. Pedro e as cortes lisboetas redundaram no episódio do Dia do Fico, em 9 de janeiro de 1822, fato que provocou a marcha de uma coluna de tropas chamada de Leais Paulistanos em socorro do príncipe, no Rio de Janeiro (Neves, 2009, p. 275-318). Era uma ocasião extraordinária para os competidores ampliarem suas listas de serviços e encorparem suas demandas. Os oficiais brancos aproveitaram a oportunidade: o coronel Cerqueira Leme comandou os Leais Paulistanos na marcha e o tenente-coronel Gusmão permaneceu em São Paulo chefiando o regimento dos pardos. Já entre os pardos, o sargento-mor Costa Ribeiro e seu sobrinho, o capitão Antônio Joaquim da Costa Ribeiro, voluntariaram-se para a marcha ao Rio de Janeiro, mas, estrategicamente, apenas o segundo foi aceito pelo comandante dos Leais Paulistanos. No fim das contas, a participação valeria àquele capitão pardo o hábito da Ordem de Cristo e mais tarde a graduação de sargento-mor.[25] Já do ponto de vista do sargento-mor pardo, a nova preterição rendeu-lhe uma diminuição de suas chances na competição com Gusmão.

Entre 1822 e 1823, a situação de Costa Ribeiro tornou-se complicadíssima. Em maio de 1822, ocorreu a Bernarda de Francisco Inácio, um movimento político-militar que destituiu os membros do governo alinhados a um grupo rival e formou uma nova junta de governo em São Paulo. Uma devassa foi instaurada e testemunhas foram ouvidas. Apurou-se que o regimento dos pardos estava em serviço na ocasião, mas antes que se formalizasse a acusação e se fizessem os interrogatórios, d. Pedro suspendeu as investigações e visitou a cidade de São Paulo com o intuito de pacificar os grupos políticos (nessa circunstância, ocorreu o Sete de Setembro). Mas os oficiais brancos do regimento dos pardos não aceitaram o ponto-final na questão e promo-

25 Decreto condecorando com o Hábito da Ordem de Cristo a Antônio Joaquim da Costa Ribeiro, 18 maio 1822. AN, Decretos Honoríficos, cx. 788, pac. 2, doc. 25.

veram uma campanha persecutória ao sargento-mor pardo. Nesse contexto, o tenente-coronel Gusmão comandava o regimento dos pardos e registrou que seu desafeto Costa Ribeiro "não tinha adesão à causa do Brasil" - uma tentativa de enquadrá-lo em um requisito recentemente estabelecido para a ocupação de empregos e postos militares.[26] Simultaneamente, o coronel Cerqueira Leme era o governador das armas da província e utilizou-se da posição para desabonar o sargento-mor pardo. Acusou-o de ser um "inimigo do soberano", de ter participado ativamente da Bernarda de Francisco Inácio e, especialmente, de fazer parte de um grupo de "demagogos e sectários das cortes de Portugal, sendo a sua casa o ponto de reunião de homens que não gozam da opinião pública e de Clubs".[27] Um conselho de averiguação foi formado e toda a trajetória daquele oficial pardo foi investigada. Em meados de 1823, a comissão designada concluiu que nada se provava contra Costa Ribeiro e, ao contrário, considerou "suspeito todo e qualquer escrito ou dito do autor [o coronel Cerqueira Leme] contra o acusado".[28] Por fim, apenas após o falecimento de Gusmão, em 1826, Costa Ribeiro ascendeu ao posto de tenente-coronel que tanto almejara. Ademais, em 1828, obteve o hábito da Ordem de Cristo. Era o terceiro membro da família a poder ostentar essa graça honorífica.[29]

Considerações finais

Mais do que reafirmar o predomínio dos militares brancos com carreira na tropa de linha nos postos do estado-maior do Regimento dos Úteis e relembrar que o equilíbrio de poder interno à milícia parda quase sempre lhes foi favorável, cabe ponderar que tal situação resultou das interações estabelecidas na configuração social de São Paulo ao longo do tempo.

---

26 Aviso da Secretaria de Estado dos Negócios da Guerra, 21 jun. 1822. Apesp, C00418, livro 164, fol. s. n.; Informação sobre os oficiais do 3º Regimento de Infantaria da 2ª Linha, 1º jan. e 1º jul. 1823. Apesp, C02366, docs. s. n.

27 Ofício nº 33 do governo provisório, 10 abr. 1823. Apesp, C07776, livro 327, fol. 24v; Ofício do governador das armas, 11 abr. 1823. Apesp, E00716, fols. 9-9v.

28 Ofício nº 79 do governo provisório, 20 ago. 1823. Apesp, C07776, livro 327, fols. 42-43v.

29 Decreto fazendo mercê do Hábito da Ordem de Cristo a Manoel José da Costa Ribeiro, 2 dez. 1828. AN, Decretos Gerais, livro 11, fols. 148v.

O resultado desse jogo espelhou a posição social dos envolvidos, mas a vitória dos brancos não foi dada de partida. Ora, o exame ao transcorrer da competição revelou os malabarismos efetuados pelos requerentes e pelos avaliadores brancos na interpretação do alvará de 17 de dezembro de 1802 como forma de favorecer certo grupo de jogadores. Essa desigualdade de condições forçou os pardos a efetuar jogadas ousadas, disputando o texto legal com os brancos, mobilizando-se coletivamente e tensionando em termos tão audaciosos as relações com o soberano. Os pardos também tiveram que enfrentar perseguições políticas movidas por governadores, governadores das armas e coronéis, como a que resultou na deposição do único coronel pardo e a que acusou o então sargento-mor pardo de gravíssimos crimes políticos durante o sensível contexto de afirmação da soberania brasileira. Daí se vê a dimensão da luta e dos esforços dos pardos que se dispuseram a disputar com os brancos os postos superiores e o controle do Regimento dos Úteis, especialmente evidentes na história de uma família que tinha um pé no cativeiro e outro nos signos de nobreza atrelados às patentes e aos hábitos das ordens militares.

Tabela 1
Milicianos pardos e militares brancos que demandaram postos e/ou graduações no estado-maior do Regimento dos Úteis (1798-1830)

Posto/ graduação pretendida	Pardos		Brancos			Total de demandas
	Demandas	Mercês obtidas	Demandas	Mercês obtidas	Se especificou o Reg. dos Úteis	
Coronel	1	1	3	3	3	4
Tenente-coronel	4	3	6	6	6	10
Sargento-mor*	9	3	9	5	7	18
1º ajudante	0	---	8	3	6	8
2º ajudante	2	0	10	3	5	12
Outros**	0	---	3	3	3	3
Totais	16	7	39	23	30	55

Fontes: F. Souza (2017, p. 382-383 para o quadro 6.1 e p. 386 para o quadro 6.2); Req. de Antônio de Pádua, a. 19 mar. 1803, AHU/CU 023 (Avulsos), cx. 21, doc. 991; Proposta contemplando Antônio Pereira da Silva, 5 abr. 1804. AHU/CU 023-01 (Gouveia), cx. 54, doc. 4144; Req. de José Joaquim Mariano da Silva César, post. 1806. AHU/CU 023-01 (Gouveia), cx. 61, doc. 4613; Carta de Antônio Pereira da Silva, 15 maio 1808. AHU/CU 023-01 (Gouveia), cx. 64, doc. 4858; Inf. ao req. de José Diógenes Ferreira de Noronha, 31 jan. 1812. Apesp, C00403, livro 114, fols. 76-76v; Req. de Antônio de Pádua de Gusmão, a. 30 abr. 1814. Apesp, C00264, doc. 32-2-43; Inf. sobre o concurso para sargento-mor do Regimento dos Úteis, 20 abr. 1816. Apesp, C00403, livro 115, fols. 13v-14; Inf. ao req. de Antônio José Brandão e outros, 21 ago. 1819. Apesp, C00403, livro 115, fols. 173v-174; Ofício sobre o req. de José Joaquim César de Cerqueira Leme, 16 fev. 1821. Apesp, C00418, livro 164, folha s. n.; Inf. à Proposta de Caçadores e req. de Francisco de Lima, 11 maio 1822. Apesp, C00403, livro 115, fols. 271v-272v; Inf. ao req. de Antônio de Pádua de Gusmão, 12 fev. 1823. Apesp, E00891, fol. 12; Inf. ao req. de José Alves Machado de Oliveira, 19 fev. 1824. Apesp, E00891, fols. 58-58v; Inf. ao req. de José Rodrigues da Silva e Meneses, 10 mar. 1825. Apesp, E00892, fols. 18v-19; Inf. ao req. de Jerônimo Isidoro de Abreu, 11 jan. 1828. Apesp, E00892, fols. 155v-156; Inf. ao req. de José Rodrigues da Silva e Meneses, 14 ago. 1829. Apesp, E00893, fol. 22v; Inf. ao req. de João Homem Guedes Portilho, 15 jul. 1830. Apesp, E00893, fol. 46v; Inf. ao req. de Jerônimo Isidoro de Abreu, 11 set. 1830. Apesp, E00893, fols. 56v-57; Inf. ao req. de João Homem Guedes Portilho, 22 out. 1830. Apesp, E00893, fols. 65-65v.

* "Sargento-mor" inclui duas demandas por "preferência na antiguidade" oriundas de um capitão graduado sargento-mor que objetivava o acesso ao posto para o qual era graduado.

** A categoria "Outros" inclui demandas de passagem para o Batalhão Nº 34 (o Regimento dos Úteis) no mesmo posto e de graduação de capitão.

Referências

ELIAS, Norbert. *Introdução à sociologia*. Trad. Maria Luísa Ribeiro Ferreira. 4. ed. Lisboa: Edições 70, 2008.

KRAAY, Hendrik. *Política racial, Estado e forças armadas na época da Independência*: Bahia, 1790-1850. Trad. Magda Lopes. São Paulo: Hucitec, 2011.

LUNA, Francisco Vidal; KLEIN, Herbert S. *Evolução da sociedade e economia escravista de São Paulo, de 1750 a 1850*. São Paulo: Edusp, 2006.

NEVES, Lúcia Maria Bastos P. das. São Paulo e a Independência. In: SILVA, Maria Beatriz Nizza da (Org.). *História de São Paulo colonial*. São Paulo: Ed. Unesp, 2009. p. 275-318.

OLIVEIRA, Luiz da Silva Pereira. *Privilégios da nobreza, e fidalguia de Portugal*. Lisboa: Oficina de João Rodrigues Neves, 1806.

RUSSELL-WOOD, A. J. R. *Escravos e libertos no Brasil colonial*. Trad. Maria Beatriz Medina. Rio de Janeiro: Civilização Brasileira, 2005.

SILVA, António Delgado da. *Collecção da legislação portugueza – legislação de 1791 a 1801*. Lisboa: Typ. Maigrense, 1828.

SILVA, Luiz Geraldo. Afrodescendentes livres e libertos e igualdade política na América portuguesa. Mudança de *status*, escravidão e perspectiva atlântica (1750-1840). *Almanack*, Guarulhos, n. 11, p. 571-632, dez. 2015.

______. Indivíduo e sociedade: Brás de Brito Souto e o processo de institucionalização das milícias de afrodescendentes livres e libertos na América portuguesa (1684-1768). *Tempo*, Niterói, v. 23, n. 2, p. 174-203, 2017.

SILVA, Maria Beatriz Nizza da. *Ser nobre na Colônia*. São Paulo: Ed. Unesp, 2005.

SOUZA, Adriana Barreto de. O meio militar como arena política: conflitos e disputas por direitos no Regimento de Homens Pardos do Rio de Janeiro, 1805. *Tempo*, Niterói, v. 26, n. 2, p. 363-382, maio/ago. 2020.

SOUZA, Fernando Prestes de. *Pardos livres em um campo de tensões*: milícia, trabalho e poder (São Paulo, 1797-1831). Tese (doutorado), USP, São Paulo, 2017.

SOUZA, J. A. Soares de. O Brasil e o Prata até 1828. In: HOLANDA, Sérgio Buarque de (Dir.). *História geral da civilização brasileira*. São Paulo: Difel, 1962. t. II, v. 1.

SOUZA, Priscila de Lima. *"Sem que lhes obste a diferença de cor"*: a habilitação dos pardos livres na América portuguesa e no Caribe espanhol (c. 1750-1808). Tese (doutorado), USP, São Paulo, 2017.

O coronel José dos Santos Teixeira e a reestruturação da milícia de pretos (Rio de Janeiro, 1756-1834)

Michel Mendes Marta

Outubro de 1834. Rua de Matacavalos. No interior de uma "casa térrea assobrada", feita de pedra e cal, o "Reverendo Pároco" seguia os ritos católicos da extrema unção e encomendava a alma do velho proprietário do sobrado.[1] A residência – composta por uma sala, "duas alcovas", varanda, despensa, cozinha e o sótão com três janelas voltadas para os fundos – estava mobiliada com uma dúzia de cadeiras, duas bancas com gavetas, bancos de corredor, um armário e uma cama. Havia ainda, espalhados pelos cômodos, um par de botas, sapatos e três espadas. No armário, entre outras roupas, quatro fardas do "uniforme da milícia".[2] O moribundo, com seus 78 anos, era o coronel José dos Santos Teixeira, membro proeminente da antiga milícia de homens pretos da cidade do Rio de Janeiro.

A lembrança daquelas milícias, apesar de terem sido extintas em 1831 e substituídas pela Guarda Nacional, seguia presente.[3] Santos Teixeira, em seus momentos finais, ainda era reconhecido por sua patente de coronel da milícia de pretos. Apesar de ostentar a honrosa patente, não foi um personagem célebre, cuja biografia figurou nos livros e compêndios

1 Livro de óbitos da Freguesia de São José (1831-1844), *FamilySearch*, imagem 34.

2 Inventário de José dos Santos Teixeira, vara cível do Rio de Janeiro, c. 1835, ANRJ/CG, cx. 290, nº 319.

3 O enraizamento social dos milicianos (brancos, pardos e pretos) era uma realidade reconhecida pelos periódicos de época. Conforme informava o jornal *Aurora Fluminense*, os oficiais da milícia tinham o hábito de "tratarem uns aos outros com o pronome dos seus postos". O dono de uma loja – se membro da milícia – não era reconhecido tão somente pelo seu nome de batismo. A patente tinha precedência. Como exemplifica o jornal, o "Sr. Tenente Fulano" era dono de loja; já o "Sr. Capitão Sicrano" era proprietário de fazendas. As patentes permaneciam como marcas de distinção e reconhecimento. Para uma análise mais detalhada sobre os milicianos nos periódicos, ver Figueiredo (2021).

de história do século XIX. Os fragmentos que lançaram luz sobre a sua existência foram encontrados espalhados em arquivos diversos. Dono de uma trajetória singular - único homem que alcançou, na cidade do Rio de Janeiro, a patente de coronel da milícia de pretos –, Santos Teixeira destacou-se por permanecer no comando da milícia até o momento da sua extinção, em 1831.

Não pretendemos, no entanto, ressaltar tão somente a singularidade da sua existência. Pensar a carreira de José dos Santos Teixeira significa lançar luz sobre o processo de reestruturação e consolidação da milícia de pretos na cidade do Rio de Janeiro. Para tanto, precisamos recuar aos anos finais do século XVIII. Nesse contexto, Santos Teixeira era capitão-comandante da milícia de pretos e ainda não havia conquistado a patente de coronel.[4] A construção da sua carreira esteve fortemente relacionada com a relação de confiança que construiu com o tenente-general das tropas, José Narcizo de Magalhães de Menezes. De acordo com o tenente-general, José dos Santos Teixeira era um "preto que muitos brancos deveriam imitar", um homem de "zelo incansável, inteligência e direitura".[5]

Iremos adentrar o complexo mundo militar da cidade do Rio de Janeiro, em fins do século XVIII e início do século XIX, através das ações do tenente-general e do capitão-comandante. O primeiro era português, natural da cidade de Braga. Serviu sob as ordens do conde de Lippe e integrou uma geração cuja experiência no serviço das armas foi forjada em meio às reformas pombalinas (Souza, 2020, p. 368). Ocupou o posto de marechal de campo e, em abril de 1799, foi promovido a tenente-general e nomeado comandante das tropas da cidade do Rio de Janeiro.[6] O segundo era "crioulo", filho de africanos escravizados - Maria e José, ditos de "nação Mina". Nasceu na cidade do Rio de Janeiro, no ano de 1756.[7] Viveu sua infância como cativo, cresceu, aprendeu o ofício de pedreiro (tornando-se "mestre"), conquistou

4 Requerimento de José dos Santos Teixeira, c. 1800, AHU/CU 017, cx. 181, doc. 13.214.

5 Ofício de José Narcizo de Magalhães de Menezes, c. 1801, AHU/CU 0017, cx. 192, doc. 13.766.

6 Decreto do príncipe-regente d. João, c. 1799, AHU/CU 017, cx. 170, doc. 12.638.

7 As principais informações sobre os ancestrais de José dos Santos Teixeira foram obtidas no processo de *genere* de um de seus filhos, em 1803, quando o rapaz almejava uma "dispensa de cor" para tornar-se sacerdote. Através deste processo, acessamos a documentação eclesiástica (batismo e nascimento) sobre nosso personagem e seus pais. Conferir: Habilitações Sacerdotais, c. 1803, Arquivo da Cúria Metropolitana do Rio de Janeiro, notação 4096.

sua alforria e ingressou na milícia. Em 1793, por patente do vice-rei conde de Resende, foi promovido ao posto de capitão e comandante do "quinto terço auxiliar de infantaria dos homens pretos forros" – como era denominada à época a milícia de pretos.[8]

A trajetória desses dois personagens esteve intimamente relacionada a um ambicioso projeto de reestruturação da milícia de pretos da cidade do Rio de Janeiro, desenhado pelo tenente-general em 1802. Suas vidas se uniram, nos primeiros anos do século XIX, pela possibilidade de implantar um sistema mais "regular" para a milícia de pretos da cidade. A perspectiva metodológica aqui adotada – pensada através das "escalas" (Revel, 1998) – articula a construção da carreira de Santos Teixeira com acontecimentos mais amplos, como as reformas que atingiram a oficialidade das milícias de pretos e pardos, em fins do século XVIII.

O capítulo foi dividido em duas seções. Na primeira, partindo da discussão sobre o armamento das tropas, analisamos a precariedade do investimento nas milícias de homens pretos na cidade do Rio de Janeiro. Nesse contexto, a situação de precariedade foi articulada ao projeto de reforma proposto pelo tenente-general José Narcizo de Magalhães de Menezes. Buscamos compreender o projeto e a proposta de promoção de José dos Santos Teixeira, inserindo-os num contexto mais amplo de tensões e disputas sobre o provimento dos postos do oficialato que marcaram os debates no meio militar da virada para o século XIX. Na seção seguinte, avançamos para o contexto de estabelecimento e formação da nova cidade-Corte, em 1808. Nesse período, buscamos compreender as avaliações políticas produzidas sobre a milícia de pretos na cidade e como a ação do príncipe regente – através do decreto de 13 de maio de 1810 – colocou em prática o antigo decreto de 1796 e o alvará de dezembro de 1802, processando uma efetiva reestruturação da milícia de homens pretos da cidade do Rio de Janeiro.[9]

8 Requerimento de José dos Santos Teixeira, c. 1800, AHU/CU 017, cx. 181, doc. 13.214.

9 O decreto de 1796 e o alvará de 1802 foram analisados na introdução deste livro.

O projeto de reforma e a promoção aos postos do oficialato

Criadas em Pernambuco no contexto das guerras luso-holandesas, no século XVII, as chamadas milícias de homens pretos – também conhecidas como "Henriques", em homenagem ao seu fundador, Henrique Dias – mantiveram-se ativas, durante um longo período, em diferentes capitanias da América portuguesa (Bahia, São Paulo, Minas Gerais e Rio de Janeiro), tendo um crescimento numérico bastante significativo ao longo do século XVIII. Não à toa, os terços de pretos (e, posteriormente, regimentos) estiveram presentes no cotidiano de cidades, vilas e arraiais. Seus componentes – trajando as tradicionais fardas verdes – circulavam pelo ambiente urbano e rural, faziam parte de irmandades religiosas, interagiam com distintos grupos sociais e se destacavam como membros ativos daquela sociedade.

Em fins do século XVIII e início do XIX, na capitania do Rio de Janeiro, a milícia de pretos estava organizada em 16 companhias de infantaria. Quando em serviço, os milicianos pretos realizavam uma variedade de funções. Faziam rondas, cuidavam da vigilância da cidade, escoltavam prisioneiros condenados a trabalhos forçados e efetuavam prisões.[10] Com a chegada do tenente-general José Narcizo de Magalhães de Menezes, em 1799, a efetividade do serviço dos milicianos pretos foi avaliada. Após um período de observação, o tenente-general concluiu que os Henriques "pouco avultavam a respeito das prisões".[11] Magalhães de Menezes fazia uma avaliação técnica e entendia que a situação precária dos armamentos inviabilizava o serviço. Afinal, para que prisões fossem efetuadas, era preciso que as armas estivessem em bom estado de uso.

Entre os anos de 1800 e 1802, conforme informações compiladas nos mapas das milícias da cidade do Rio de Janeiro, os Henriques possuíam 184 "espingardas arruinadas".[12] A comparação com os demais regimentos de milícias da cidade – de brancos e pardos – revelava uma realidade diferente. Os três primeiros, compostos por homens brancos, contavam – cada

---

10 Plano de constituição para o corpo dos Henriques ou Pretos Libertos da cidade do Rio de Janeiro, c. 1802, ANRJ, Vice-reinado, cx. 484, pct. 01, doc. 28.

11 Ibid.

12 Ofício do tenente-general José Narcizo de Magalhães de Menezes, c. 1800, AHU/CU 0017, cx. 181, doc. 13.282. ANRJ, Vice-reinado, cx. 746.

um – com 680 baionetas e 680 espingardas. O 4º Regimento, formado por homens pardos, possuía 462 espingardas e 456 baionetas. Apenas a milícia de pretos destoava desse cenário. Apesar de os Henriques estarem providos com 411 soldados – um número bastante elevado em comparação aos outros regimentos –, o armamento da tropa era bastante irregular. Enquanto 184 homens trabalhavam utilizando "espingardas arruinadas", outros 227 prestavam o serviço desarmados. O regimento de pretos estava francamente em desvantagem em relação ao armamento do regimento de brancos e pardos. Ainda que a milícia dos pardos, em comparação com os milicianos brancos, também se encontrasse com um número menor de armas, apresentava uma melhor condição em relação aos Henriques. Os pardos, ao contrário dos pretos, não possuíam soldados desarmados.

Essa rápida avaliação sobre o armamento das milícias permite-nos vislumbrar a precariedade do investimento na milícia de homens pretos da cidade. Infelizmente não localizamos qualquer documentação – administrativa ou militar – que tratasse dos motivos para tal. Podemos, no entanto, apresentar hipóteses. Talvez, por conta da trajetória irregular de formação da milícia de pretos na cidade do Rio de Janeiro, em meados do século XVIII, o investimento nesses corpos tenha sido pouco efetivo. A segunda hipótese diz respeito ao temor de armar um grande contingente de homens pretos, africanos e descendentes, livres e libertos. Na prática, tais temores nunca se concretizaram. Não temos notícias – no Rio de Janeiro ou em outras capitanias – da eclosão de motins, revoltas ou rebeliões promovidas por milicianos pretos.[13]

O fato é que, na cidade do Rio de Janeiro, o investimento no armamento da milícia de pretos era precário. Nessas circunstâncias, o tenente-general optou por afastar os milicianos pretos do serviço de infantaria. Magalhães de Menezes passou, então, a trabalhar no "Plano de constituição para o Corpo

---

13 Em Salvador, no contexto da chamada Conspiração dos Alfaiates de 1798, o capitão mais antigo dos Henriques, Joaquim José de Santana, delatou os conspiradores ao governador. Em troca, como reconhecimento do serviço prestado, foi nomeado sargento-mor do regimento de pretos, cargo que tanto ambicionava. Em 1800, na capitania de Goiás, o governador João Manuel de Menezes escreveu a d. Rodrigo de Souza Coutinho elogiando o desempenho e utilidade do Regimento dos Henriques na destruição dos "quilombos dos pretos". As provas de lealdade dessas milícias eram muitas e, portanto, possíveis temores em relação ao armamento dos soldados pretos não encontravam amparo na realidade. Ver Kraay (2011, p. 156-157), Mota (2010, p. 148) e Karasch (1996, p. 257).

de Henriques ou Pretos Libertos" do Rio de Janeiro.[14] Em linhas gerais, o plano consistia na reestruturação da milícia de pretos, transformando-a em um corpo de artilharia. Santos Teixeira engajou-se e colaborou ativamente para o bom andamento do projeto de reforma. Para isso, através dos "mais escrupulosos exames", calculou o número dos pretos forros "hábeis e robustos" capazes de compor o regimento de artilharia que se pretendia formar. Habilidade e robustez seriam, aliás, qualidades indispensáveis para os homens arregimentados. Entre as "gentes decididamente úteis" ficou definido o número de 244 praças, visto que – na avaliação do capitão-comandante – o número de pretos forros da cidade não poderia fornecer maior força.[15]

A hipótese sobre a falta de contingente a ser recrutado – especialmente de pretos e pardos – não era uma novidade. Tal retórica foi utilizada por diferentes agentes da administração. O historiador Hendrik Kraay (2011, p. 139-140) pontua que, ao se basear na retórica das fontes coevas, a literatura especializada por vezes perde a visão da extensão da atuação das milícias nas cidades. A milícia de Salvador alistava, em 1791, um total de 2.519 homens. Deste número, 655 estavam na milícia de pretos; 712, na de pardos. Em 1812, a milícia de Salvador alcançou o impressionante número de 4 mil homens (871 no regimento de pretos e 867 no de pardos). Para Kraay, tais números dificilmente seriam atingidos se o serviço na milícia (de brancos, pretos ou pardos) não fosse realmente atrativo.

Na cidade do Rio de Janeiro, a avaliação que insistia no pequeno número de homens a serem arregimentados também não se sustentava. Em 1800, de acordo com o "Mapa Geral das Milícias Estacionadas na Capital do Rio de Janeiro",[16] as milícias possuíam um contingente de 1.946 homens. Desse total, 1.031 estavam nos regimentos de brancos (1º, 2º e 3º Regimentos), correspondendo a 53% das milícias em atividade. O regimento de pardos, com 363 homens, totalizava 19% do contingente arregimentado. Já o regimento de pretos, composto por 552 homens, perfazia 28% dos milicianos da cidade. Juntos, entre soldados e oficiais, pretos e pardos somavam 915 homens, totalizando 47% da tropa. Apesar do contingente menor, os regimentos "de

14 Plano de constituição [...], 1802, ANRJ, Vice-reinado, cx. 484, pct. 01, doc. 28.

15 Ibid.

16 Mapa geral das milícias estacionadas na capital do Rio de Janeiro segundo o seu estado atual, c. 1800, ANRJ, Vice-reinado, cx. 746, folha solta, sem número.

cor" possuíam, então, um número relativamente próximo ao dos regimentos de brancos.[17] Portanto, os cálculos de José dos Santos Teixeira, ao determinar o número de 244 pretos forros "hábeis e robustos", pareciam condicionados a atender as demandas e interesses imediatos do tenente-general.

Além dos cálculos sobre recrutamento, Santos Teixeira também investiu no fardamento da tropa. Tal investimento estava relacionado às queixas de Magalhães de Menezes. O tenente-general informava, em seus relatórios, que muitos soldados da milícia de pretos encontravam-se sem farda.[18] A questão era um problema constante entre os regimentos milicianos. Oficiais e soldados – fossem eles brancos, pretos ou pardos – deviam se fardar por suas próprias custas. Os uniformes eram caros e, muitas vezes, representavam as roupas de maior valor que soldados e oficiais possuíam. Era esperado que os oficiais de companhia – capitães, tenentes e alferes – dispusessem de meios para comprar os trajes e se vestissem decentemente (Kraay, 2011, p. 136). No entanto, se para alguns oficiais a compra da farda representava um desafio, para parte dos soldados era inteiramente inviável, justificando o número de homens desfardados na milícia.

Ao fardar os soldados das companhias por suas próprias custas, Santos Teixeira visava estreitar ainda mais os laços com Magalhães de Menezes. Ao longo do plano de reforma – documento destinado à aprovação régia –, o tenente-general evidenciou a competência e a capacidade de articulação do capitão-comandante. Em pouco tempo, grande parte dos soldados foi fardada com "zelosa eficácia".[19] Portanto, em 1802, o estreitamento de vínculos entre o tenente-general e o capitão-comandante já estava consolidado. Como o próprio Magalhães de Menezes escrevia, Santos Teixeira era "um daqueles que eu tenho ao lado", um homem que possuía "gravidade e decência".[20] Tamanha identificação resultou na solicitação de uma patente de sargento-mor para o capitão-comandante. A solicitação da promoção fazia parte da estratégia de Magalhães de Menezes para regular a milícia de

---

17 Os dados foram construídos somente com os homens ditos "prontos". Os milicianos destacados em outras praças, doentes e de licença não foram computados. Estamos considerando, portanto, somente o conjunto de homens que estavam efetivamente em atividade.

18 Plano de constituição [...], 1802, ANRJ, Vice-reinado, cx. 484, pct. 01, doc. 28.

19 Ibid.

20 Ofício de José Narcizo de Magalhães de Menezes, c. 1801, AHU/CU 0017, cx. 192, doc. 13.766.

pretos. Afinal, na cidade do Rio de Janeiro, desde meados do século XVIII, as maiores patentes do oficialato dos regimentos de pretos e pardos não eram providas.

O alvará de 7 de agosto de 1796, amplamente discutido na introdução deste livro, transformou os antigos "terços auxiliares" em regimentos milicianos, fornecendo-lhes um estado-maior completo (em ordem decrescente, com um coronel, um tenente-coronel, um sargento-mor, dois ajudantes e quartel-mestre). Quando estruturou o seu plano de reforma, estabelecendo novas funções para os milicianos pretos, Magalhães de Menezes – informado sobre o alvará de 1796 – ressaltava "a falta de constituição e regularidade" que vinha observando no "Corpo dos Henriques". De modo geral, quando o objetivo era alertar para a necessidade de reestruturação dos corpos militares, a ideia de "falta de constituição e regularidade" era evocada na documentação. No entanto, no caso dos milicianos pretos, muito além de uma simples expressão retórica, a ideia diagnosticava um problema que afligia a milícia de pretos da cidade do Rio de Janeiro – ou seja, os Henriques não possuíam uma hierarquia interna bem definida. Para Magalhães de Menezes, só seria possível alcançar certa regularidade na milícia de pretos se o princípio do provimento de postos do oficialato fosse respeitado. Para tanto, em seu projeto de 1802, estabeleceu um estado-maior composto por um sargento-mor comandante, dois ajudantes, dois quartéis-mestres e um cabo de tambores para "formar e dirigir" as companhias.[21]

Magalhães de Menezes propunha um estado-maior cuja patente mais elevada era a de sargento-mor. As patentes de coronel e tenente-coronel não seriam providas. O tenente-general não estava formando, portanto, um estado-maior completo. Previa apenas o provimento da patente de sargento--mor. Tendo em vista que, desde meados do século XVIII, os postos de mestre de campo (antigo posto, que correspondia a coronel) e sargento-mor não eram providos no terço de pretos da cidade e que após 1796 – com a reorganização dos terços em regimentos de milícias – as patentes de coronel, tenente-coronel e sargento-mor também não eram providas, o movimento de Magalhães de Menezes, embora muito inicial, estava mexendo em estruturas bem consolidadas na cidade do Rio de Janeiro.

21 Plano de constituição [...], 1802, ANRJ, Vice-reinado, cx. 484, pct. 01, doc. 28.

Uma análise panorâmica sobre a estruturação da milícia de pretos na cidade revela-nos o impacto da ação proposta pelo tenente-general. Como é amplamente reconhecido pela historiografia, em consequência da carta régia de 1766 – cujas instruções ordenavam o recrutamento de "nobres, plebeus, brancos, mestiços, pretos, ingênuos e libertos"[22] –, ocorreu um aumento significativo do número dos terços de homens pretos e pardos em todo o território da América portuguesa.[23] Na capitania do Rio de Janeiro, no entanto, a organização dos terços de homens pretos não aconteceu de forma imediata. O então vice-rei Antônio Álvares da Cunha, o conde da Cunha, não nutria grande simpatia pela ideia de formar terços compostos por homens pretos. Sua argumentação buscava demonstrar que o número de pretos "com capacidade para o exercício militar" era "tão diminuto" que seria impossível arregimentar, na capitania, um contingente suficiente para formar duas companhias.[24]

Em maio de 1767, o vice-rei encaminhou um ofício ao secretário de estado da Marinha e Ultramar, Francisco Xavier de Mendonça Furtado, informando que, em virtude do recrutamento de soldados e oficiais para a formação dos terços de auxiliares e de ordenanças, tornou-se necessário o envio de armas para a guarnição do Rio de Janeiro. De acordo com os cálculos do conde da Cunha, "o número de gente branca e parda" disponível para a tropa de auxiliares demandava "nove mil armamentos".[25] Ao deixar claro que os principais alvos do recrutamento eram "gente branca e parda", o vice--rei evidenciava – pela falta de menção – que os homens pretos não faziam parte dos seus planos. Não localizamos nenhuma patente ou requerimento de confirmação do oficialato de homens pretos no período do vice-reinado do conde da Cunha.

A primeira patente localizada, datada de 1769, correspondia ao período do vice-reinado de d. Antônio Rolim de Moura, o conde de Azambuja. No documento, Thomé Galvão foi provido no "posto de *capitão da companhia* dos homens pretos forros da Freguesia da Candelária".[26] A análise pormenori-

22 Secretaria de Estado do Brasil, c. 1766, ANRJ, códice 73, v. 1, fol. 243.

23 Para um estudo sobre a formação das milícias de pretos e pardos, ver Silva (2013).

24 Ofício do vice-rei conde da Cunha, c. 1767, AHU/CU 0017, cx. 80, doc. 7180.

25 Ibid.

26 Requerimento de Thomé Galvão, c. 1769, AHU/CU 0017, cx. 97, doc. 8382.

zada da patente, tendo em conta expressões e termos utilizados na construção da carta, revela indícios preciosos sobre o processo de formação do terço de pretos na cidade do Rio de Janeiro. Nessa patente, não havia qualquer indicação da existência do terço auxiliar, ao contrário, estava apenas referenciada a companhia na freguesia da Candelária. Sob o governo do vice-rei conde de Azambuja, quatro companhias de pretos foram formadas de forma dispersa. Tal fato reforça a hipótese de que, nos primeiros anos de vigência da carta régia de 1766, o terço auxiliar de homens pretos ainda não estava efetivamente organizado. Naquele momento, apenas companhias dispersas de homens pretos estavam em atividade nas freguesias centrais da cidade.

As ordens contidas na carta régia de 1766 só foram executadas sob o comando do vice-rei marquês do Lavradio. De acordo com os relatos de Monsenhor Pizarro, a "regularidade e disciplina militar" dos terços "foi obra dos desvelos mui ativos do Vice Rei Marquês" (Araújo, 1820, p. 134-135). Foi em seu período de governo que novas companhias foram criadas na cidade. Em 1771, por exemplo, Faustino de Almeida recebeu a carta patente de capitão "da *nova companhia* que se levantou dos homens pretos forros da cidade".[27] Naquele momento, o terço de auxiliares ainda não era citado na patente, havendo apenas a indicação da criação de uma "nova companhia". Em 1777, por conta do falecimento de Faustino de Almeida, o posto de capitão ficou vago. O alferes João da Serra foi indicado, então, para ocupar o "posto de capitão de uma das companhias do Terço de Auxiliares dos homens pretos forros".[28] Temos aqui, portanto, o primeiro registro em que os homens pretos da cidade do Rio de Janeiro estavam organizados em um terço de auxiliares. Não podemos afirmar que o terço de pretos tenha sido formado apenas no ano de 1777. No entanto, podemos perceber que, entre os anos de 1771 e 1777, o marquês do Lavradio formou companhias em número suficiente para a constituição de um terço.

É importante destacar também que Lavradio estabeleceu um certo padrão – seguido por seus sucessores – que desfigurava os postos superiores dos terços de pretos e pardos, recém-formados naquele período (Souza, 2018, p. 318). Os pardos eram comandados e disciplinados por sargento-mor e

27 Requerimento de Faustino de Almeida, c. 1771, AHU/CU 0017, cx. 101, doc. 8705.

28 Requerimento de João da Serra, c. 1777, AHU/CU 0017, cx. 104, doc. 8828.

ajudantes brancos, saídos da tropa de linha (ver o capítulo de Adriana Barreto de Souza e Hendrik Kraay neste livro). Em 1782, o então governador da capitania de Pernambuco, José César de Menezes, saudou o padrão adotado por Lavradio na cidade do Rio de Janeiro. Segundo o governador, o vice-rei "fizera os oficiais maiores dos corpos em questão homens brancos, de cuja honra se pudesse fiar".[29]

Os pretos, assim como os pardos, não tinham acesso aos postos superiores de seus terços – mestre de campo e sargento-mor (Marta, 2013, p. 26-71). Do mesmo modo, após 1796, com a regulamentação do estado-maior, os milicianos pretos do Rio de Janeiro continuaram afastados dos mais altos postos do oficialato. Nenhuma patente de coronel, tenente-coronel ou sargento-mor havia sido provida para os homens pretos da cidade. Portanto, a proposta de Magalhães de Menezes – de nomear José dos Santos Teixeira para sargento-mor – colidia com uma prática que, durante muitos anos, organizou a milícia de pretos da cidade.

O provimento de postos do oficialato era uma questão controversa não só no Rio de Janeiro. Em 1796, o então governador da capitania da Bahia, d. Fernando José de Portugal, propunha reformar parte da estrutura de comando do regimento dos pardos (coronel, tenente-coronel e ajudantes). Naquele momento, o governador passou o comando do regimento para um sargento-mor branco, vindo da tropa de linha. Os oficiais pardos não tardaram a reagir e enviaram uma representação ao Conselho Ultramarino, defendendo os seus postos. Para o Conselho, por ser uma questão delicada, era preciso agir com prudência, e nenhuma alteração devia ser executada sem expressa autorização régia.

D. Fernando José de Portugal foi nomeado vice-rei do Estado do Brasil e chegou ao Rio de Janeiro em 1801, justamente quando o tenente-general José Narcizo de Magalhães de Menezes defendia com entusiasmo a milícia de pretos e o provimento de José dos Santos Teixeira no posto de sargento-mor. Na cidade, os postos mais graduados da milícia de pretos e pardos – coronel, tenente-coronel e sargento-mor – não eram providos. A ascensão ao oficialato se dava até o posto de capitão. Tal fato era diagnosticado pelo tenente-general como uma das causas da "falta de constituição e regularidade"

29 Ofício de José César de Menezes, c. 1782, AHU/CU 015, cx. 144, doc. 10.544.

que assolava a milícia de pretos do Rio de Janeiro. O tenente-general seguiu caminho contrário ao que era comumente praticado na cidade.

Vale destacar que o pensamento de Magalhães de Menezes – um homem cuja trajetória esteve inteiramente dedicada ao serviço das armas – estava fundamentado na importância e consolidação das hierarquias militares. Somente com uma hierarquia interna bem estruturada, com possibilidade de ascensão a partir do merecimento (e não da cor), seria possível manter a tropa em "regularidade". Assim, o tenente-general demonstrava grande empenho na promoção do capitão-comandante da milícia de pretos. No último parágrafo do projeto de reestruturação – sem economia de elogios –, reforçava o "distinto préstimo" de José dos Santos Teixeira. Só ele seria o "mais bem vindo e digno de meter-se a testa deste Corpo". Santos Teixeira – avaliava o tenente-general – tinha o "legítimo direito" de ocupar o posto de sargento-mor. Em paralelo à ideia de "direito" e legitimidade, Magalhães de Menezes acionava a lógica de Antigo Regime de "premiar os bons e zelosos serviços" dos vassalos do rei.[30]

Na milícia, os únicos postos remunerados eram os de sargento-mor e ajudante. No entanto, em capitanias diversas, os milicianos pretos e pardos reclamavam que os seus soldos não eram pagos. No início da década de 1790, alguns requerimentos de milicianos pretos e pardos foram fundamentais para alterar a situação. Carlos Barbosa Cardoso, Antônio José da Cunha e Manuel Mendes Prazeres eram, respectivamente, sargento-mor do Terço Novo dos Henriques da capitania de Pernambuco, ajudante do Terço de Pardos de Olinda e ajudante do Terço Velho dos Henriques de Pernambuco. Os três homens demandavam, por meio de requerimentos, o pagamento dos seus soldos. Os requerimentos foram atendidos e geraram um importante precedente que informou a provisão régia de 26 de julho de 1797. Essa provisão ordenou que todos os sargentos-mores e ajudantes dos Henriques passassem a receber o soldo tal como os oficiais dos outros regimentos. A medida foi instituída em benefício dos sargentos-mores e ajudantes da capitania de Pernambuco e, de modo mais amplo, do conjunto das capitanias da América portuguesa. Portanto, fruto da pressão dos requerimentos do início da década, a provisão de 1797 arbitrou favoravelmente aos milicianos pretos (Souza, 2017, p. 248).

30 Plano de constituição [...], 1802, ANRJ, Vice-reinado, cx. 484, pct. 01, doc. 28.

O alvará de 17 de dezembro de 1802, direcionado ao vice-rei e aos demais governadores, regulamentou a milícia e tratou, em particular, dos regimentos de pretos e pardos da América portuguesa.[31] De acordo com o alvará, os milicianos pretos e pardos deviam ser providos com as mais altas patentes do oficialato, sem que a cor fosse um critério. Hendrik Kraay (2011, p. 159) destaca o caráter ambíguo do documento ao constatar que ele abria a possibilidade de que, na hipótese da falta de homens pretos e pardos tidos como qualificados, os oficiais brancos, saídos da tropa de linha, deveriam assumir os postos de sargento-mor e ajudante. Tal fato abriu espaço para que governadores julgassem incapazes todos os pretendentes pretos e pardos. Portanto, o alvará não significou a superação das tensões envolvendo as questões do provimento dos postos de comando das milícias.

Toda a ação do tenente-general José Narcizo de Magalhães de Menezes, em 1802, inseria-se nesse contexto mais amplo, diretamente relacionado aos debates dos anos finais da década de 1790. Esse período, na opinião de Fernando Prestes de Souza (2018, p. 319), constituiu um marco nas trajetórias das milícias de pretos e pardos da América portuguesa. O decreto de agosto de 1796, a provisão de julho de 1797 e o alvará de dezembro de 1802 – vistos em conjunto – representaram um *corpus* legislativo fundamental para a oficialidade das milícias de pretos e pardos. Era nesse contexto mais amplo de discussões que o plano de Magalhães de Menezes estava inserido.

Analisando as milícias de homens pardos – especialmente o conflito pelo provimento dos postos do oficialato –, Adriana Barreto de Souza (2020, p. 372) ressalta o fato de o tenente-general, em seus relatórios, mostrar-se satisfeito com o regimento dos pardos, "um dos que se move com mais regularidade, e um ar militar". De acordo com Magalhães de Menezes, o bom estado da tropa estava relacionado com a "natural viveza e atividade dos mestiços". Os elogios do tenente-general, na avaliação de Souza, eram prova do seu entusiasmo com o sistema de milícias organizadas por cor. Nesse mesmo sentido, o plano de reforma da milícia de pretos – transformada em um corpo de artilharia – também pode ser lido como uma demonstração de apoio de Magalhães de Menezes aos milicianos de cor.

31 O alvará foi analisado na introdução deste livro.

As ações do tenente-general, vistas em seu contexto mais amplo, estavam inseridas nos debates da virada para o século XIX sobre o provimento dos postos superiores dos regimentos de pretos e pardos. No entanto, apesar dos esforços do tenente-general e do empenho do capitão-comandante, o provimento da patente de sargento-mor para José dos Santos Teixeira permaneceu em suspensão até 1808. Somente com a vinda da Corte, em contexto que será analisado na seção seguinte, os postos do oficialato foram efetivamente providos. Enquanto isso, entre 1802 e 1807, Santos Teixeira manteve-se atuando – "com zelo incansável e direitura" – no comando do regimento, agora uma força de artilharia.

Tensões, conflitos e a reestruturação da milícia de pretos

A chegada da família real, em 1808, causou um impacto profundo na vida da população da cidade do Rio de Janeiro.[32] De início, a figura do vice-rei desapareceu. Em seguida, estabeleceu-se uma complexa rede de órgãos administrativos (a Casa de Suplicação, a Mesa de Desembargo do Paço, o Erário Régio, o Conselho da Fazenda, entre outros). Entre essas instituições – indispensáveis ao bom funcionamento e à transformação do Rio de Janeiro na nova Corte –, foi criada a Intendência Geral da Polícia da Corte e do Estado do Brasil, uma nova instância de governo que tinha como algumas de suas preocupações "civilizar" (Schultz, 2008b) e proteger a nova sede da monarquia.

O intendente de polícia, Paulo Fernandes Viana – homem altamente empenhado no fortalecimento das instituições repressivas –, era um crítico ferrenho das milícias de pretos. Em 1808, relembrava com "muita mágoa" a apresentação dos milicianos pretos no "campo de exercícios", desejando que esses homens ignorassem "o manejo das armas".[33] A referida apresentação ocorreu em abril de 1802, quando a milícia de pretos conduziu publicamente "as peças de artilharia", fazendo manobras e executando uma salva de tiros de

32 A historiografia discutiu vastamente os aspectos sociais, políticos e econômicos da transmigração portuguesa em 1808 (Malerba, 2000; Schultz, 2008a).

33 Ofício ao Ministro do Estado da Guerra, c. 1808, ANRJ, Polícia da Corte, códice 318, v.1, fol. 15v.

canhão. A exibição, segundo os relatos do então tenente-general das tropas, José Narcizo de Magalhães de Menezes, recebeu os "aplausos públicos" e os seus "louvores particulares".[34]

Onde o tenente-general via "espírito de honra, verdade, desinteresse e patriotismo", o intendente via um "mal natural", solidariedade entre "negros seus parceiros" e, consequentemente, a explosão de "motins".[35] A construção de narrativas antagônicas sobre os Henriques foi uma constante na documentação produzida por agentes da administração. Alguns relatos enfatizavam e reconheciam sua valiosa ação militar. O próprio príncipe regente d. João, em decreto de 1810, fazia referência à "doce memória da lealdade e fidelidade" dos milicianos pretos.[36] Outros relatos – especialmente os do intendente de polícia – diminuíam sua importância e imaginavam o estabelecimento de perigosas solidariedades entre as tropas de pretos e a massa da escravaria.

A cidade do Rio de Janeiro, tornada Corte imperial, tinha como uma de suas principais características a presença de homens e mulheres, africanos e descendentes, que trabalhavam, se reuniam e circulavam cotidianamente por suas ruas, praças e mercados (Karasch, 2000, p. 102; Algranti, 1988; Soares, 1988, 2007, p. 405-406; Debret, 1985, p. 306). Os discursos produzidos sobre essa imensidão de "não brancos" faziam uma avaliação moral contra essa "multidão" que, grosso modo, era identificada com ideias de "ruína", "desonra", "lascívia", "má conduta", "vida escandalosa", "vadiagem", entre outros designativos bastante pejorativos (Lara, 2007).

Embora a prática não corroborasse plenamente o discurso das autoridades – afinal, boa parte dessa "multidão" que circulava pelas ruas estava exercendo um ofício (para si ou para seus senhores) –, a ideia de perigo constante e iminente atravessou grande parte das avaliações dos agentes administrativos e militares. De acordo com o intendente Paulo Fernandes Viana, a milícia de pretos representava um espaço de perigos e "motins". Essa visão ficou bem expressa, em maio de 1808, quando, em resposta a d. Rodrigo de Souza Coutinho, secretário de Negócios Estrangeiros e da Guerra, o intendente deu seu parecer sobre dois ofícios assinados pelo "Marechal-de-Campo Ajudante

34 Plano de constituição [...], 1802, ANRJ, Vice-reinado, cx. 484, pct. 01, doc. 28.

35 Ofício ao Ministro do Estado da Guerra, c. 1808, ANRJ, Polícia da Corte, códice 318, v.1, fol. 15v.

36 Decreto, 13 maio 1810, *CLB*.

General", João Baptista de Azevedo Coutinho de Montaury, e pelos "chefes dos Regimentos de Linha" da cidade (as tropas pagas, o Exército regular) para a substituição no trabalho de vigilância dos prisioneiros.[37] Originalmente, essas tropas eram responsáveis pela guarda dos escravizados condenados a galés. Com o aumento das fugas – e o medo da punição –, as tropas de linha solicitaram que as milícias de pretos assumissem o trabalho.

O intendente de polícia ficou responsável por analisar o requerimento e prontamente se colocou contra a substituição. Para Fernandes Viana, não era possível empregar os milicianos pretos no trabalho, pois grande parte dos prisioneiros eram "negros e mulatos". Para o intendente, os milicianos eram "pretos sem educação nem moral alguma" e "propensos a favorecer outros seus semelhantes". O intendente vislumbrava a existência de solidariedades que poderiam levar os soldados da milícia de pretos a soltar os prisioneiros. Fernandes Viana recorria às suas lembranças do tempo de "menino", no governo do marquês do Lavradio, e informava que, naquele período, as milícias de pretos também tinham como serviço a vigilância de prisioneiros. No entanto, o marquês os havia retirado do serviço "por estas mesmas razões", ou seja, por libertarem os prisioneiros "negros e mulatos".[38] Para o intendente, "Negros neste país não devem guardar outros negros e até eu quisera que eles ignorassem o manejo das armas, e muito menos o das peças de artilharia em que com muita mágoa minha os vi adestrar de poucos anos a esta parte".[39]

Ao considerar que esses homens não eram aptos ao trabalho de escolta dos prisioneiros, que deviam ignorar o manejo de armas e que não podiam conduzir as "peças de artilharia", Fernandes Viana entendia, no limite, que os homens pretos deveriam estar apartados do "serviço das armas". Se, como desejava o intendente, os milicianos pretos da cidade fossem afastados de suas funções, um número bastante significativo de homens seria impactado. Esses homens, para o intendente, não eram dignos de confiança; ao contrário, haveria sempre o perigo de que laços de solidariedade – entre prisioneiros e milicianos pretos – se impusessem e, de modo extremo, resultassem em "motins".

37 Ofício ao Ministro do Estado da Guerra, c. 1808, ANRJ, Polícia da Corte, códice 318, v.1, fol. 15v.

38 Ibid.

39 Ibid.

A leitura atenta do relatório, além da retórica do medo, revela um projeto político cujo objetivo era exercer um controle rigoroso sobre as milícias de homens pretos. O suposto perigo da eclosão de "motins" mostrava que, na realidade, o intendente de polícia não reconhecia o papel dos milicianos pretos como uma força legítima ou confiável para o exercício de guarda dos prisioneiros. O exame empreendido por Fernandes Viana era, portanto, eminentemente político. Ao detectar "problemas" no comportamento dos Henriques, como a tendência à libertação dos prisioneiros das galés, e ao apontar os perigos da concentração daqueles milicianos no serviço da guarda e condução dos prisioneiros, ele estava preocupado com o governo da cidade-Corte e, em sentido mais amplo, com a ação da milícia de pretos propriamente dita.

Apesar da argumentação contundente do intendente, d. Rodrigo de Souza Coutinho autorizou que a milícia de pretos fosse empregada no serviço de vigilância dos presos nas obras públicas. Fernandes Viana, mesmo contrariado, teve de acatar a decisão. No entanto, sempre que surgia uma oportunidade, enviava ofícios ao general das tropas, João Batista de Azevedo Coutinho, reclamando da atuação dos milicianos pretos.

Em meio a esse contexto, o príncipe regente e seus ministros fizeram um movimento em direção à reorganização da milícia de pretos. Em 13 de maio de 1810, d. João assinou um decreto mandando organizar "o regimento de caçadores dos Henriques da Cidade do Rio de Janeiro". De acordo com esse decreto, o "batalhão miliciano dos Henriques" encontrava-se desorganizado e, portanto, precisava ganhar regularidade.[40] A busca por "constituição e regularidade" era uma questão antiga para as milícias de pretos, que se repetia em todas as capitanias ao longo do tempo. Como discutido na seção anterior, os Henriques – na cidade do Rio de Janeiro – não eram graduados com os maiores postos da milícia (coronel, tenente-coronel, sargento-mor). A ascensão ao oficialato, de meados do século XVIII até a vinda da Corte, se dava até o posto de capitão.

Portanto, até 1808, os milicianos pretos exerciam suas funções sem possuir efetivamente uma organização interna, o que mantinha a milícia de pretos em uma situação de "falta de constituição e regularidade" – como denun-

40 Decreto, 13 maio 1810, *CLB*.

ciava, em 1802, o tenente-general José Narcizo de Magalhães de Menezes. Somente com o decreto de 13 de maio de 1810, buscando "conservar a doce memória da lealdade e fidelidade com que estes Corpos sempre serviram nos Estados do Brasil", o príncipe regente ordenou que a milícia de pretos recebesse "uma nova forma".[41]

E aqui vale ressaltar que, apesar das desconfianças do intendente de polícia, a milícia de pretos continuou a merecer a confiança do príncipe e de seus ministros. Não podemos esquecer que, mesmo diante de um parecer altamente desfavorável aos milicianos pretos, d. Rodrigo de Souza Coutinho autorizou que fossem empregados no serviço de vigilância dos prisioneiros. O ministro desconsiderou os temores do intendente de polícia e o contrariou em sua decisão. Havia, portanto, um descompasso entre as preocupações do intendente e as ações do príncipe regente e seus ministros. Tratava-se, em última análise, de avaliações políticas diversas sobre as milícias de pretos e sobre as funções a serem exercidas por esse corpo miliciano na cidade do Rio de Janeiro.

A forma como d. João se referia ao corpo de pretos, no decreto de 1810, era bastante reveladora. O príncipe propunha uma reorganização da milícia para "conservar a doce memória da lealdade e fidelidade" daqueles milicianos. Certamente tais memórias de lealdade e fidelidade estavam relacionadas ao contexto de formação desses corpos, no século XVII, e a ação de Henrique Dias. Além disso, não podemos perder de vista que esses homens, através de diferentes gerações, construíram uma longa tradição de serviço e de lealdade à monarquia.

Considerações finais

No Rio de Janeiro, ao serem empregados no serviço de artilharia, os milicianos pretos criaram uma memória sobre a sua atuação. Tal memória, relacionada aos serviços prestados, atravessou os anos e foi acionada com objetivos diversos. Em 1808, o intendente de polícia Paulo Fernandes Viana lamentava que a milícia de pretos, em anos anteriores, tivesse exercido as funções "das

41 Ibid.

peças de artilharia".[42] Já em 1822, no contexto pós-Independência, d. Pedro demonstrava sua confiança na milícia de pretos e, por decreto de 2 de outubro, transformava os Henriques num "Batalhão de Artilharia de Milícias". No decreto, o príncipe regente relembrava que os milicianos pretos foram "anteriormente empregados neste serviço" e que bem desempenharam suas funções.[43] Portanto, os serviços prestados ao longo do tempo, na cidade do Rio de Janeiro, forjaram tradições e memórias sobre os milicianos pretos.

Em resumo, sob o ponto de vista dos Henriques da cidade do Rio de Janeiro, a transmigração da família real introduziu – ao assegurar o provimento de todos os postos do oficialato – mudanças fundamentais na hierarquia de comando da tropa. Daquele momento em diante, com a chancela do príncipe regente, estava instituído um estado-maior completo, composto por coronel, tenente-coronel e sargento-mor. Portanto, o decreto de 1810 efetivou a elevação institucional da milícia de homens pretos a um patamar nunca experimentado na cidade do Rio de Janeiro, colocando-a em pé de igualdade com seus congêneres da Bahia e de Pernambuco.

Na prática, o príncipe regente acionou um *corpus* legislativo já existente, mas que na cidade não era respeitado. Estamos nos referindo ao decreto de 1796, à provisão de 1797 e ao alvará de 1802. Ao garantir que o provimento para os postos superiores das milícias de pretos seria feito por "oficiais de suas próprias cores", d. João dotou essas milícias de legitimidade institucional, garantindo assim a "constituição e regularidade" tão buscadas pelo tenente-general José Narcizo de Magalhães de Menezes, em 1802.

Em 1811, de acordo com o *Almanaque da cidade do Rio de Janeiro* (p. 161), José dos Santos Teixeira era coronel da milícia. Após um longo período como capitão-comandante, Santos Teixeira ascendeu ao posto máximo na hierarquia dos Henriques, consolidando sua carreira de sucesso no interior da milícia de pretos. A confiança e proximidade com o antigo tenente-general das tropas resultou em um pedido de patente. O posto pretendido, à época, era o de sargento-mor. Até a chegada da Corte, em 1808, o pedido não foi respondido. No entanto, após o decreto de 1810, Santos Teixeira tornou-se coronel, posto que ocupou até 1831, quando as milícias foram extintas, e

42 Ofício ao Ministro do Estado da Guerra, c. 1808, ANRJ, Polícia da Corte, códice 318, v.1, fol. 15v.

43 Decreto, 2 out. 1822, *CLB*.

a Guarda Nacional, criada. Ao longo do tempo, Santos Teixeira conseguiu demarcar importantes espaços sociais, se fez respeitado e reconhecido, chegando à velhice, com seus 78 anos, tendo alcançado o honroso título de coronel. Uma trajetória marcada por prestígio e distinção no "serviço das armas" da milícia de pretos da cidade do Rio de Janeiro.

Referências

ALGRANTI, Leila Mezan. *O feitor ausente*: estudo sobre a escravidão urbana no Rio de Janeiro, 1808-1821. Petrópolis: Vozes, 1988.

ALMANAQUE do Rio de Janeiro para o ano de 1811. *Revista do Instituto Histórico e Geográfico Brasileiro*, Rio de Janeiro, v. 282, p. 97-236, 1969.

ARAÚJO, José de Sousa Azevedo Pizarro e. *Memórias históricas do Rio de Janeiro e das províncias anexas a jurisdição do vice-rei do Estado do Brasil*. Rio de Janeiro: Impressão Régia, 1820. v. 7.

DEBRET, Jean Baptiste. *Viagem pitoresca e histórica ao Brasil*. São Paulo: Círculo do Livro, 1985.

FIGUEIREDO, Maria Clara Aredes de. *"O Comandante geral seria Branco?"*: o fim das milícias segregadas por cor na imprensa carioca e no parlamento (1830-1834). Dissertação (mestrado), UFRRJ, Seropédica, 2021.

KARASCH, Mary. Os quilombos do ouro na capitania de Goiás. In: REIS, João José; GOMES, Flávio dos Santos (Org.). *Liberdade por um fio*: história dos quilombos no Brasil. São Paulo: Companhia das Letras, 1996. p. 240-262.

_____. *A vida dos escravos no Rio de Janeiro, 1808-1850*. São Paulo: Companhia das Letras, 2000.

KRAAY, Hendrik. *Política racial, Estado e forças armadas na época da Independência*: Bahia, 1790-1850. Trad. Magda Lopes. São Paulo: Hucitec, 2011.

LARA, Silvia Hunold. *Fragmentos setecentistas*: escravidão, cultura e poder na América portuguesa. São Paulo: Companhia das Letras, 2007.

MALERBA, Jurandir. *A Corte no exílio*: civilização e poder no Brasil às vésperas da Independência, 1808-1821. São Paulo: Companhia das Letras, 2000.

MARTA, Michel Mendes. *Em busca de honras, isenções e liberdades*: as milícias de homens pretos forros na cidade do Rio de Janeiro (meados do século XVIII e início do XIX). Dissertação (mestrado), UFF, Niterói, 2013.

MOTA, Célio de Souza. *A face parda da Conspiração dos Alfaiates*: homens de cor, corporações militares e ascensão social em Salvador no final do século XVIII. Dissertação (mestrado), Uefs, Feira de Santana, 2010.

REVEL, Jacques. Microanálise e construção do social. In: _____ (Org.). *Jogos de escalas*: a experiência da microanálise. Rio de Janeiro: FGV Ed., 1998. p. 15-38.

SCHULTZ, Kirsten. *Versalhes tropical*: império, monarquia e a Corte real no Rio de Janeiro, 1808-1821. Rio de Janeiro: Civilização Brasileira, 2008a.

_____. Perfeita civilização: a transferência da Corte, a escravidão e o desejo de tornar metropolitana uma capital colonial – Rio de Janeiro, 1808-1821. *Tempo*, Niterói, n. 24, p. 5-27, 2008b.

SILVA, Luiz Geraldo. Gênese das milícias de pardos e pretos na América portuguesa: Pernambuco e Minas Gerais, séculos XVII e XVIII. *Revista de História*, São Paulo, v. 169, n. 2, p. 111-144, 2013.

SOARES, Luiz Carlos. Os escravos de ganho no Rio de Janeiro do século XIX. *Revista Brasileira de História*, São Paulo, v. 8, n. 16, p. 107-142, 1988.

_____. *O "povo de Cam" na capital do Brasil*: a escravidão urbana no Rio de Janeiro do século XIX. Rio de Janeiro: 7Letras, 2007.

SOUZA, Adriana Barreto de. O meio militar como arena política: conflitos e disputas por direitos no Regimento de Homens Pardos do Rio de Janeiro, 1805. *Tempo*, Niterói, v. 26, n. 2, p. 363-382, maio/ago. 2020.

SOUZA, Fernando Prestes de. Pardos livres em um campo de tensões: milícia, trabalho e poder (São Paulo, 1797-1831). Tese (doutorado), USP, São Paulo, 2018.

SOUZA, Priscila de Lima. *"Sem que lhes obste a diferença de cor"*: a habilitação dos pardos livres na América portuguesa e no Caribe espanhol (1750-1808). Tese (doutorado), USP, São Paulo, 2017.

PARTE III

Guerra preta: trajetórias e conflitos militares em Angola

Guerra preta, cangoandas e Henriques: trajetórias militares no reino de Angola (século XVII)

Guilherme Oliveira da Silva

Um dos maiores desafios enfrentados pela Coroa portuguesa na colonização de territórios na América e na África foi a precariedade das suas forças militares. Portugal nunca foi uma grande potência militar, se o compararmos com outras nações europeias do mesmo período. O Exército português do século XVII era resultado da centralização de poder no reino ao longo do tempo e das experiências lusitanas no norte da África e na Índia entre os séculos XV e XVI. Antes das guerras travadas contra o Marrocos no século XV, os exércitos eram essencialmente compostos por fidalguias independentes e, após esses conflitos, eles foram reorganizados pelo rei. A Coroa passou a pagar soldos e mantimentos para os soldados e criaram-se as primeiras tropas fixas, localizadas em praças, presídios e fortalezas (Cruz e Rodrigues, 2018, p. 434). Apesar da centralização de poder e da reformulação do Exército, havia grande dificuldade em arregimentar gente para as tropas e evitar a deserção de soldados em Portugal e nas colônias (Moreira e Loureiro, 2012, p. 19). No século XVII, pelo menos um terço dos homens convocados para servir militarmente a Coroa fugiam da obrigação. No Brasil, a deserção ultrapassava 60% dos homens requisitados (Hespanha, 2004, p. 25-26). No território africano, a situação não era muito diferente.

Como solução para a fraca estrutura militar da Coroa e para obter o êxito que desejavam no domínio sobre territórios e pessoas, os portugueses realizaram alianças com forças nativas na África e na América, e inseriram populações e estruturas militares indígenas e africanas em seus contingentes de guerra (Ferreira, 2007, p. 5-6). No reino de Angola, desde o final do século XVI, essas forças nativas ficaram conhecidas como "guerra preta".

Na maioria das vezes, eram formadas por escravizados dos portugueses, por homens cedidos pelos líderes locais do estado do Dongo (ngolas e sobas) aliados aos lusos e por combatentes centro-africanos livres que viviam nos arredores dos presídios portugueses e dos sobados. Sempre descritos aos milhares, esses combatentes compunham a maioria das forças militares dos portugueses em Angola.[1]

Ao longo do tempo, a guerra preta se tornou um dos principais elos de articulação entre portugueses e centro-africanos. Essas articulações envolveram interesses distintos, os quais ficam nítidos ao analisarmos os percursos realizados pelos comandantes militares centro-africanos no decorrer de diversas batalhas do século XVII. Para os capitães portugueses, a incorporação de africanos nos exércitos de Angola e a apropriação de suas estruturas militares demonstrou ser uma forma eficaz de efetivar a conquista colonial e manter o tráfico de escravizados. Para os comandantes militares centro-africanos, a aproximação com os lusos e a apropriação de elementos políticos e militares do reino de Angola se tornaram uma oportunidade para ampliar seus poderes pessoais. A análise da trajetória de alguns comandantes militares permite verificar como se deram essas interações e articulações e vislumbrar os diversos interesses convergentes e conflitantes nas disputas por poder entre africanos, crioulos e portugueses na África central no século XVII.

Tendalas e quilambas de Angola: os capitães da guerra preta

No Dongo, o responsável por exercer a justiça do ngola nas guerras era chamado tendala. Ele atuava como conselheiro e principal auxiliar administrativo do ngola, e, na ausência deste, era ele quem tomava as decisões políticas no estado (Heintze, 2007, p. 220-222). Depois da fundação de Luanda e da criação do reino de Angola, os portugueses incorporaram o cargo de tendala para Angola, ressignificando suas funções. Enquanto no Dongo o tendala era o principal representante administrativo do ngola, responsável por governar o estado temporariamente e exercer a justiça do soberano durante os confrontos militares, em Angola o tendala se tornou

1 Regimento de Fernão de Sousa a Bento Banha Cardoso, 1626 (Heintze, 1985, p. 204-207).

o capitão-mor dos combatentes africanos da guerra preta e o intérprete de quimbundo-português. O primeiro tendala de que se tem registro atuando como capitão das tropas africanas aliadas aos lusos foi o mani Pedro. Ele foi descrito como "um homem mui esforçado e muito temido dos contrários", tendo morrido em uma batalha na qual os portugueses lutaram contra o Exército de Matamba, em 1589.[2]

No decorrer do tempo, os tendalas de Angola se transformaram em um dos principais elos entre os sobas, os ngolas e os administradores portugueses, intermediando as relações de poder entre europeus e centro-africanos. Num contexto de colonização e com o desenvolvimento do comércio de escravizados, as pessoas que ocupavam postos intermediários foram essenciais para os colonizadores entrarem em contato com as elites africanas. Elas atuavam como intérpretes de quimbundo, quicongo e português, traduzindo não apenas os diálogos, mas também os rituais, os costumes e as práticas sociais de uma sociedade para outra (Heintze, 1999, p. 105-107; Mello e Souza, 2014, p. 51-63).

À medida que os tendalas promoviam a inserção de elementos africanos nas estruturas militares dos lusos em Angola, eles também se apropriavam de elementos portugueses. Além de falarem a língua portuguesa, vestiam roupas europeias e geralmente seus nomes mesclavam termos centro-africanos e europeus. Essa mistura de nomes e elementos foi muito comum nas relações estabelecidas entre portugueses e lideranças políticas e militares locais, desde os primeiros contatos estabelecidos entre os colonizadores e o Congo no final do século XV (Heywood e Thornton, 2007, p. 208-210).

Além dos tendalas, havia também no reino de Angola comandantes militares menores da guerra preta, chamados quilambas. Em cada batalha iam um único tendala, na função de comandante-geral da guerra preta, e diversos quilambas, com seus próprios grupos de combatentes (Cadornega, 1972, t. 3, p. 241). Existem algumas especulações acerca do título quilamba e seus sentidos no Dongo antes da presença portuguesa na África central. Conforme os relatos orais investigados por Virgílio Coelho (2010, p. 210-213), quilamba era o título do "senhor da terra" ou "mestre da terra e da

2 História da Residência dos Padres da Companhia de Jesus em Angola, e cousas tocantes ao Reino e Conquista, 1º maio 1594. *MMA*, v. 4, doc. 132, p. 574.

fertilidade", um líder que prometia, por meio de um juramento aos deuses, tratar bem das terras, rios e lagos e, em troca, tirar o sustento daquele território. Segundo esses relatos, os quilambas surgiram a partir da fixação dos primeiros grupos de pessoas às margens do rio Lucala, antes mesmo da criação do Dongo.

No século XVII, no reino de Angola, os quilambas eram considerados comandantes militares mercenários alheios ao Dongo, que migraram para áreas de influência portuguesa no decorrer dos confrontos militares. Eles viviam ao redor dos presídios e sobados com seus combatentes e conseguiam reunir facilmente mais de 200 pessoas para compor as forças militares.[3]

Em meados de 1680, todas as tropas dos presídios portugueses eram reforçadas por quilambas e seus comandados. Assim como os tendalas e sobas, muitos deles eram batizados e recebiam nomes e títulos que mesclavam o português e o quimbundo. O único presídio a respeito do qual não possuímos informações acerca da quantidade de quilambas é Muxima. Em Massangano, havia pelo menos seis. No presídio de Cambambe, moravam quatro. Ambaca era o presídio português com o maior número de combatentes africanos, concentrando 16 quilambas (Cadornega, 1972, t. 3, p. 241-244).

Atuando juntamente aos quilambas, o reino de Angola teve no mínimo oito tendalas entre as décadas de 1610 e 1670. O que esteve por mais tempo ao lado dos portugueses foi Antônio Dias Mussungo a Anga, descrito por Cadornega (1972, t. 1, p. 134) como um "valente homem, ainda que de cores pretas". Mussungo ocupou o cargo de tendala por mais de 20 anos, entre as décadas de 1610 e 1640, morrendo pouco antes da invasão holandesa de Luanda. Lutou contra Ginga e esteve envolvido em sua expulsão do Dongo entre 1628 e 1630.[4]

Mussungo não foi somente um comandante militar da guerra preta, mas um dos homens mais poderosos da África central no século XVII. Através de sua articulação militar com os portugueses, o tendala conquistou para si mais de 600 escravizados, criando um exército forte o suficiente para amea-

---

3 Carta de Constantino Cadena a Fernão de Sousa, 16 set. 1626. *MMA*, v. 7, doc. 161, p. 479-481; Cadornega (1972, t. 3, p. 235-245); Miller (1995, p. 120).

4 Obrigação do baculamento do Musseque [...], 29 jul. 1619 (Freudenthal e Pantoja, 2013, p. 87); Ordem de Fernão de Sousa a Paio de Araújo Azevedo, 14 set. 1629 (Heintze, 1988, p. 307-308); Cadornega (1972, t. 1, p. 179-185).

çar as forças militares portuguesas de Luanda e dos presídios. Seu poder era tamanho que Fernão de Sousa, governador de Angola, mandou Mussungo em uma embarcação para Madri em dezembro de 1624, pois sentia que sua presença era nociva no reino de Angola.[5] Nas palavras do governador, Mussungo era "muito temido de todos os sobas e ainda dos portugueses por ser muito soberbo e ter debaixo de sua jurisdição toda a gente preta com que faz grandes danos e roubos".[6]

Além disso, segundo Sousa,[7] o tendala vivia embriagado de vinho e falava coisas que levavam os portugueses a temer um levante. Para o governador, a saída era despachar o tendala o quanto antes para fora de Angola, visto que sua permanência poderia resultar em um motim dos sobas contrários aos portugueses, que tinham em Mussungo um ídolo. Para Sousa, cabia ao rei decidir como punir as ações danosas do tendala, desde que ele não mais retornasse a Angola. O governador inclusive reconheceu que Mussungo era um bom combatente e disse ao rei que ele poderia servir em qualquer outra parte do reino. Foi o que o tendala fez.

Entre os anos de 1625 e 1627, Mussungo combateu os holandeses com soldados portugueses e espanhóis na Europa, sendo responsável por impor importantes derrotas aos inimigos da União Ibérica. A fama de bom combatente de Mussungo chegou aos ouvidos do rei, que o chamou para conhecê-lo pessoalmente em Madri. D. Filipe não apenas mandou perdoar Mussungo das acusações de Fernão de Sousa na Mesa do Desembargo do Paço, como lhe restituiu seus bens, recompensando-o com uma mercê que lhe permitiu voltar a Angola, embarcando para a África via São Tomé, em 1628, onde seguiu atuando em combates pelo resto de sua vida (Cadornega, 1972, t. 1, p. 185).

As mais importantes batalhas do reino de Angola no século XVII contaram com a atuação dos tendalas. De Ginga ao mani congo Antônio I, de vários sobas ao ngola Aire, diversas lideranças políticas que representavam ameaças para os portugueses foram derrotadas devido à atuação dos combatentes centro-africanos aliados aos lusos. Entretanto, se por um lado os tendalas e

5 Carta do governador Fernão de Sousa ao governo, 10 dez. 1624; Carta de Fernão de Sousa à Mesa do Paço, 10 dez. 1624 (Heintze, 1988, p. 116).

6 Ibid.

7 Ibid.

quilambas contribuíram para a ampliação dos poderes do reino de Angola e cooperaram com os interesses dos portugueses, por outro seu desempenho e suas trajetórias indicam que eles tinham seus próprios interesses.

Fica explícito o jogo político dos tendalas e quilambas e a busca pelo domínio sobre pessoas, a ponto de em poucos anos angariarem para si mais de 600 escravizados, além de mercês da Coroa. Não apenas Mussungo, mas outros líderes militares centro-africanos aliados aos lusos buscaram poder e enriquecimento ao longo do século XVII (Silva, 2023). Um dos mais emblemáticos foi Francisco da Mata Falcão, o primeiro capitão da guerra preta e o primeiro africano do reino de Angola a adquirir um hábito da Ordem de Santiago, em 1648.[8]

Analisar essas trajetórias permite aprofundar a compreensão das relações de poder na África central no século XVII, a partir de indivíduos africanos que encontraram nas alianças com os portugueses formas de lidar com a colonização e a escravização. Permite também evidenciar as tensões e contradições envolvendo as alianças que protagonizavam, uma vez que em determinados momentos os próprios tendalas e quilambas se mostraram uma ameaça para os interesses da Coroa portuguesa.

Cangoandas de São Tomé: milícias crioulas e conexões atlânticas

Além da guerra preta, liderada pelos quilambas e tendalas, e dos escassos soldados de Portugal, o reino de Angola também contou com a atuação militar de combatentes crioulos oriundos de São Tomé e da América. Nos momentos em que o apoio militar dos centro-africanos não era suficiente, os portugueses buscaram combatentes de outros espaços do Atlântico, sobretudo homens que, ao contrário de soldados europeus, estivessem familiarizados com ambientes como o africano. O contexto de interações atlânticas conectou africanos e crioulos de diferentes partes das colônias portuguesas com os conflitos militares da África central. A observação da

[8] Diligência de habilitação para a Ordem de Santiago de Francisco da Mata Falcão, 23 dez. 1647. ANTT/MCO, Habilitações para a Ordem de Santiago, Letra F, m. 2, nº 46; Dutra (2011, p. 107).

atuação desses indivíduos é pertinente para a análise das inúmeras conexões e trocas existentes no desenvolvimento das experiências de guerra centro-africanas no século XVII.

A ocupação territorial de São Tomé esteve diretamente relacionada com o desenvolvimento de relações entre sociedades europeias, africanas e orientais a partir do século XV. Local estratégico para os portugueses que navegavam até as Índias, para a feitoria construída na Costa da Mina e para o desenvolvimento de relações comerciais com o Congo, São Tomé passou a receber africanos escravizados de origens distintas entre o final do século XV e meados do XVI (Alencastro, 2000, p. 63-64). Nesse período, a maioria dos escravizados era oriunda do Benim, mas já no início do século XVI São Tomé recebia também indivíduos do Dongo e do Congo (Seibert, 2015, p. 100-101).

À medida que se ampliava o número de escravizados, aumentava proporcionalmente o número de revoltas e fugas na ilha. Na década de 1520, um relatório registrava um movimento de fuga em massa de escravizados dos engenhos de açúcar da Praia Preta para outras regiões, sobretudo por conta da falta de alimentos nos engenhos.[9] As fugas e revoltas de escravizados atingiram o auge em 1595, quando um grupo de africanos e crioulos,[10] liderados por um crioulo de nome Amador, matou diversos brancos e mestiços da ilha e ateou fogo em vários engenhos. Apenas no dia 11 de julho daquele ano, os revoltosos incendiaram 15 engenhos de açúcar. O movimento chegou a somar cerca de 2 mil rebelados e dezenas de plantações incendiadas (Seibert, 2010, p. 37-38).

A fim de fazer frente às revoltas e fugas, foram criadas milícias em São Tomé para realizar a "guerra do mato", que consistia em tentativas de recuperar escravizados fugitivos e reprimir os movimentos de rebelião que ocorriam nas regiões de mata densa (Caldeira, 2017, p. 130-132). Em 1546, diante da escassa presença de colonos portugueses para realizar as atividades administrativas e militares, a Coroa permitiu que mestiços ocupassem essas milícias e possuíssem patentes. Africanos, crioulos e mestiços livres,

[9] Relatório de João Lobato a d. João III, 13 abr. 1529. *MMA*, v. 1, doc. 151, p. 505-518.

[10] Nesse contexto, crioulos eram descendentes de africanos nascidos em São Tomé. Ver Seibert (2015, p. 100-101).

inclusive, formavam a maioria da população livre da ilha, enquanto a população branca não passava de algumas centenas (Seibert, 2015, p. 104-105). Considerando o número muito superior de população de origem africana em relação aos portugueses e seus descendentes, os contingentes militares de São Tomé foram essencialmente compostos por africanos e crioulos livres, escravizados e mestiços.

Com a guerra do mato, surgiu o título militar de capitão-do-mato, que poderia também ser chamado de capitão da guerra do mato ou capitão-mor da guerra do mato (Caldeira, 2017, p. 140-141). A primeira referência a um capitão-do-mato na documentação de São Tomé é de 1537, sendo possível que o cargo já existisse antes disso. Entre os séculos XVI e XVII, havia uma variação de um a três capitães disponíveis para toda a ilha. No século XVII, o cargo de capitão-do-mato era ocupado por crioulos livres. Em 1685, o capitão-do-mato Manuel Tavares era descrito como: "preto mui valoroso, de que todos na ilha tinham medo" (apud Caldeira, 2017, p. 142).

Na década de 1640, durante o período de ocupação holandesa em Luanda, uma dessas milícias crioulas de São Tomé se deslocou para o reino de Angola, para ampliar as forças militares portuguesas. Seus componentes eram chamados de cangoandas ou calombas (Cadornega, 1972, t. 2, p. 391). Não há informações sobre a origem dos cangoandas em São Tomé e do significado da palavra. É possível, inclusive, que eles tenham adquirido o nome cangoanda no contexto de migração da ilha são-tomense para o reino de Angola. Não existem também referências a eles no período anterior à década de 1640 em Angola, o que indica que o início de sua presença no território centro-africano esteve intrinsecamente relacionado ao contexto da presença holandesa na região.

Não apenas os holandeses ameaçavam as possessões portuguesas na África central; havia também Ginga e sobas contrários aos lusos que causavam grande preocupação. Os contingentes militares dos sobas aliados ao reino de Angola estavam reduzidos, e os lusos encontravam-se acuados no interior do território. Convocar combatentes de São Tomé pareceu uma boa solução. Em 1644, as forças militares dos quilambas aliados aos lusos estavam reforçadas por um grupo de 130 cangoandas. Segundo Cadornega (1972, t. 1, p. 346), eles eram necessários devido "à pouca possibilidade de infantaria do nosso Reino".

Os crioulos de São Tomé foram descritos em pelo menos três momentos da *História geral das guerras angolanas* de Cadornega, além de serem mencionados em uma relação de viagem de Francisco de Sotomaior, governador de Angola, em 1645.[11] De acordo com Cadornega (1972, t. 1, p. 346), os cangoandas eram "crioulos de São Tomé e da terra vestidos à portuguesa". A descrição é semelhante a outras feitas dos tendalas e quilambas de Angola, citados como africanos que falavam português e vestiam roupas europeias.

Um dos maiores adversários dos lusos na década de 1640 foi o soba Angolomem a Caita. Por volta de 1644, os portugueses receberam denúncias de que Caita estava atacando e saqueando sobas vassalos nos arredores do presídio de Ambaca. Foi então preparado um ataque punitivo ao soba, reunindo forças dos quilambas e da guerra preta, somados aos 130 cangoandas de São Tomé. Os cangoandas eram liderados pelos crioulos Ambrósio Fernandes e Manuel Álvares Cassange (Cadornega, 1972, t. 1, p. 346-352).[12] Cassange ficou muito ferido, e Ambrósio Fernandes levou tantas flechadas que, de acordo com Cadornega (1972, t. 1, p. 351-352), parecia "um São Sebastião"; ainda assim, Ambrósio lutou "com grande valor, que era valente soldado, fazendo proezas com a espada em sua defesa, matando a muitos dos inimigos". Os cangoandas acabaram derrotados nesse confronto.

Em 1646, durante a Batalha de Sengas de Cavanga, responsável por impor a derrota a Ginga e destruir seu quilombo, os cangoandas atuaram novamente. É provável que, na batalha contra o soba Caita e em outros confrontos, os crioulos de São Tomé tenham sofrido grandes baixas e seu contingente não tenha sido reposto. Em 1644, o grupo tinha 130 crioulos; em 1646, apenas 30 homens, liderados pelo crioulo brasílico Paulo Pereira, do Terço dos Henriques, o qual foi enviado do Brasil para combater os holandeses em Angola (Cadornega, 1972, t. 1, p. 395). O fato de os cangoandas estarem lutando sob liderança de um crioulo brasílico demonstra a existência de um contingente militar que reunia crioulos de origens distintas no contexto de trocas e interações atlânticas.

Ao longo da Batalha de Sengas de Cavanga, os 30 cangoandas e seu líder ficaram na retaguarda com a guerra preta do já citado tendala Francisco

---

11 Relação da viagem de Sotomaior em socorro de Angola, maio-set. 1645. *MMA*, v. 9, doc. 113, p. 380.
12 Ibid.

da Mata Falcão. Dessa vez, os cangoandas ficaram do lado vitorioso do confronto, sendo seu líder, Paulo Pereira, amplamente recompensado com uma patente militar.[13]

A última informação acerca dos cangoandas é de 1679. Na ocasião, um soba do Libolo chamado Quitequi Cabenguela matou um traficante português e se apropriou de 60 escravizados dele. Como punição, os portugueses reuniram vários quilambas dos arredores de Muxima e de Massangano, guerra preta dos sobas, além de um terço de cangoandas, com seu líder chamado Calomba. Nessa batalha, os cangoandas também saíram vitoriosos, e o soba Cabenguela foi punido com a morte (Cadornega, 1972, t. 2, p. 396-397).

Indubitavelmente, os crioulos de São Tomé participaram de muitas outras batalhas entre as décadas de 1640 e 1670. De todo modo, as aqui citadas dão uma boa dimensão da função desses indivíduos no reino de Angola. Os cangoandas desempenhavam em Angola, guardadas as inúmeras especificidades, papéis semelhantes às milícias crioulas de São Tomé que realizavam a guerra do mato na ilha. Eram combatentes requisitados para conter revoltas, para punir lideranças consideradas rebeldes pelos colonizadores e matar indivíduos que de uma forma ou outra ameaçavam os planos dos portugueses. Trata-se do mesmo papel desempenhado pelos quilambas, descritos por Cadornega (1972, t. 3, p. 238) como indivíduos que "serviam de freio" para os sobas, pois impediam revoltas e contestações contra os lusos.

Apesar de as fontes possuírem informações muito limitadas acerca dos cangoandas e das vantagens que obtinham nos confrontos militares, com soldos, patentes, produtos ou escravizados, é pertinente analisá-los como mais uma parte dos diversos interesses envolvidos no campo de batalha. Assim como é pertinente enxergá-los como resultados das conexões entre sociedades distintas no século XVII. Em um contexto de escravização africana e colonização em diversas regiões da África e da América, surgiram indivíduos de origem africana que não eram pertencentes ao grupo de colonizadores ou de líderes políticos africanos, mas também não estavam inseridos na escravidão.

13 Patente do sargento-mor reformado Paulo Pereira para sargento-mor da gente preta de Benguela, 30 set. 1648. *Arquivos de Angola* (1943-1944, p. 193-194).

Assim, mais do que representar as ambições do domínio colonial, a resistência dos sobas e demais líderes regionais e mesmo os interesses dos líderes militares locais, as guerras centro-africanas também foram espaços de atuação de indivíduos crioulos são-tomenses. Eles transitaram entre São Tomé e o reino de Angola e encontraram nas atividades militares não apenas possibilidades de sobrevivência, mas também caminhos para o enriquecimento e a mobilidade social.

Terço dos Henriques: tendalas pernambucanos em Angola

Tamanha era a vulnerabilidade militar portuguesa no reino de Angola que, além da dependência da guerra preta local e da milícia crioula de São Tomé, os portugueses também necessitaram da ajuda de combatentes do outro lado do Atlântico, oriundos da América. Em 1645, foi enviado do Brasil um destacamento com 100 soldados do Terço dos Henriques, composto por africanos e crioulos livres, para combater os holandeses.[14]

As possessões coloniais na Bahia e em Pernambuco, fracamente protegidas, foram ocupadas pelos holandeses em 1624-1625 e 1630-1654, e faltavam recursos de armas e pessoas para retomar o território. Em Pernambuco, foi graças ao apoio militar proporcionado por grupos indígenas e africanos que os holandeses foram derrotados e expulsos da colônia (Raminelli, 2015, p. 140-155).

Em 1633, Henrique Dias, crioulo de origem centro-africana, e um grupo de africanos e crioulos forros se apresentaram voluntariamente para combater os holandeses em Pernambuco (Mello, 1988, p. 9). Os documentos não apontam se Henrique Dias nasceu livre ou se conquistou a alforria em algum momento de sua vida, mas, quando se apresentou para lutar ao lado dos portugueses em 1633, era um homem livre (Mello, 1988, p. 10-11). A situação era crítica, e todo apoio seria bem-vindo. Foi, então, criado o Terço de Henrique Dias, também conhecido como o Terço dos Henriques, um corpo militar composto por angolas, minas, ardas e crioulos.[15] Ou seja, africanos

14 Relação da viagem de Sotomaior em socorro de Angola, maio-set. 1645. *MMA*, v. 9, doc. 113, p. 375.

15 Patente lavrada [...], 15 maio 1645 (Costa, 1983, p. 202).

de distintas regiões e seus descendentes nascidos no Brasil. Apesar dessa descrição de diversas identidades, provavelmente o terço era constituído essencialmente pelos ditos angolas, que eram centro-africanos embarcados em Luanda e outros portos situados entre o reino de Angola e o Congo, e seus descendentes crioulos. Nesse período, em meados do século XVII, a maioria dos escravizados do Brasil era proveniente daquela região (Heywood e Thornton, 2007, p. 38).

Em 1633, o contingente de combatentes negros não passava de 50 pessoas; em 1636, o Terço dos Henriques possuía cerca de 80 homens e, em 1652, somava cerca de 400, totalizando 13% dos efetivos militares de Pernambuco (Mello, 2007, p. 193). Por proporcionar o fim do cativeiro e uma ocupação fora das fazendas de cana-de-açúcar, o Terço dos Henriques se tornou um mecanismo de ascensão social para as pessoas de origem africana em Pernambuco no século XVII (Silva, 2003, p. 161-163). Assim como os tendalas e quilambas de Angola se articulavam com os portugueses por interesses pessoais de enriquecimento e ampliação de poderes, os africanos e crioulos de Pernambuco liderados por Henrique Dias, dentro de suas especificidades, também buscaram a articulação com os lusos como forma de obter vantagens. Não era exclusivamente a lealdade ou a fidelidade à Coroa portuguesa que motivava a atuação dos Henriques, e sim a oportunidade de viver fora do cativeiro e de obter cargos e outros benefícios.

Por sua eficaz atuação a favor dos lusos, após três anos de combate, Dias recebeu o título de fidalgo e "governador dos crioulos, negros e mulatos", foi condecorado com a Cruz da Ordem do Cristo e passou a receber soldo mensal (Cotta, 2010, p. 10; Mello, 1988, p. 16). O rei d. João IV também teve a intenção de conceder-lhe um hábito militar, ignorando inclusive as "provanças" da Mesa de Consciência e Ordens, que exigiam a pureza e a nobreza de sangue para conceder os títulos de cavaleiro para qualquer soldado.[16] Embora a concessão do hábito tenha sido negada por falta de qualidades de nobreza, Henrique Dias e outros comandantes de seu terço continuaram recebendo soldo da Coroa, e a atuação dos militares negros se tornou cada vez mais preciosa para Portugal.

16 Carta régia, 21 jul. 1638 (Costa, 1983, p. 89; Olival, 2006; Dutra, 2011).

Henrique Dias faleceu em 1662, com a patente de mestre de campo, e o Terço dos Henriques continuou existindo e atuando de maneira relevante mesmo após sua morte. É pertinente notar que, em Pernambuco e na Bahia, Henrique Dias, na qualidade de "governador dos crioulos, negros e mulatos", atuou com funções semelhantes aos tendalas e quilambas de Angola, capitães do mato e cangoandas de São Tomé: agrupou e comandou combatentes africanos e crioulos e se utilizou da cooperação com os lusos em prol de seus próprios interesses, para ascender socialmente e buscar benefícios para si e seus familiares em um contexto de guerras e escravidão.

Dadas as especificidades dos contextos de Pernambuco, São Tomé e o reino de Angola, em ambos os lados do Atlântico, durante o desenvolvimento de sociedades escravagistas, esses combatentes exploraram várias possibilidades de se beneficiar com as guerras. Entre as décadas de 1640 e 1660, no decorrer da Restauração portuguesa, soldados Henriques, cangoandas e a guerra preta de Angola ficaram ainda mais próximos, estreitando as conexões existentes entre os grupos.

Tamanha era a importância dos combatentes africanos e crioulos na defesa de Pernambuco, que o Terço dos Henriques foi deslocado para atuar em outras regiões. Na perspectiva dos portugueses, Henrique Dias e seu terço, assim como os indígenas de Felipe Camarão, representavam aquilo que era o ideal para os planos coloniais na América e na África: tropas locais, com conhecimentos de geografia e de táticas de guerra locais, mas que atuavam com total fidelidade aos interesses da Coroa.

Diante de alianças tão instáveis e conflituosas com os militares centro-africanos, alguns portugueses perceberam que, se desejavam ter um Henrique Dias no reino de Angola, teriam que transportar o próprio "governador dos negros" de Pernambuco para lá. Foi o que sugeriu Antônio Teixeira de Mendonça, militar português que atuou na expulsão dos holandeses em Luanda. Em consulta ao Conselho Ultramarino em agosto de 1644, Mendonça recomendou que Henrique Dias e seu terço fossem enviados para servir em Angola. Como incentivo, sugeriu que o rei deveria conceder um hábito de Santiago para Dias e nomeá-lo tendala, ou capitão-mor de toda a guerra preta do reino de Angola, "que era o mesmo cargo que tinha no Brasil".[17] O rei

[17] Consulta do Conselho Ultramarino, 17 ago. 1644. *MMA*, v. 9, doc. 44, p. 154.

não apenas aceitou a sugestão do envio dos Henriques para Angola, como mandou pessoalmente uma carta para Henrique Dias tratando do assunto em novembro daquele mesmo ano (Mello, 1988, p. 29-30).

Cadornega (1972, t. 1, p. 183-184) traça comparações entre Henrique Dias e o tendala Antônio Dias Mussungo, considerando ambos valentes homens de cores pretas que lutavam bravamente. A confirmação da paridade entre o título de "governador dos negros" em Pernambuco e o cargo de capitão-mor ou tendala da guerra preta em Angola aponta para pelo menos duas questões. A primeira é que havia, por parte dos portugueses, a nítida intenção de estruturar nos dois lados do Atlântico contingentes militares formados por combatentes de origem africana, a respeito dos quais projetavam objetivos e expectativas semelhantes, sobretudo nas décadas de 1630 e 1640, quando a estrutura militar portuguesa demonstrou ser extremamente frágil e ineficaz para proteger os vastos territórios ocupados. A segunda questão é que a presença de escravizados oriundos da África central era tão forte em Pernambuco nesse período, que facilmente Henrique Dias e seus combatentes poderiam transitar entre os dois continentes desempenhando as mesmas funções sem grandes estranhamentos.

A ideia de transpor os Henriques para a África central foi levada adiante alguns meses após a sugestão de Teixeira de Mendonça ao rei.[18] Henrique Dias, entretanto, continuou em solo americano. Provavelmente consideraram sua presença em Pernambuco imprescindível. Os soldados do Terço dos Henriques integravam um socorro que partiu da Bahia, reunindo militares negros, luso-brasileiros e portugueses. Um dos líderes do terço, o comandante crioulo Paulo Pereira, acabou tendo uma importante carreira militar em Angola.

A origem de Paulo Pereira é desconhecida. Em Pernambuco, atuou como alferes e ajudante no Terço de Henrique Dias, tendo demonstrado seu valor em várias ocasiões, até alcançar o cargo de capitão de uma companhia do terço. Em 1645, Paulo Pereira foi enviado a Angola com o título de capitão de infantaria, sendo, portanto, responsável pelo comando dos 100 soldados que compunham a sua companhia.[19]

---

18 Carta de Antônio Teixeira de Mendonça a el-rei d. João IV, 14 set. 1645. *MMA*, v. 9, doc. 110B, p. 503.

19 Relação da viagem que fizeram o capitão-mor Antônio Teixeira de Mendonça e o sargento-mor Domingos Lopes de Siqueira, 1645. *Arquivos de Angola* (1943-1944, p. 136-137).

Pereira atuou como capitão dos crioulos e cangoandas, tendo combatido Ginga e os holandeses, ao lado da guerra preta de Angola (Cadornega, 1972, t. 1, p. 490-492). Em 1646, o militar participou da Batalha de Sengas de Cavanga, quando o quilombo que Ginga instalou próximo ao Congo foi derrotado e destruído (Cadornega, 1972, t. 1, p. 394-432). Com a expulsão dos holandeses de Luanda, em 1648, ampliaram-se os esforços da Coroa para proteger e efetivamente conquistar e colonizar Benguela. Em outubro de 1648, Salvador de Sá concedeu a Paulo Pereira a patente de "sargento-mor da gente preta de Benguela", que incluía o pagamento de soldo.[20] Na patente, Salvador de Sá exigia que o comandante crioulo fosse respeitado e obedecido pela população local. Sem citar ao certo o ano, Cadornega (1972, t. 2, p. 316-317) afirma que Pereira morreu em combate na região de Calumbo, às margens do rio Cuanza.

A trajetória de Paulo Pereira é exemplar no sentido de evidenciar que as guerras centro-africanas eram palco para o confronto de inúmeros interesses, incluindo os dos combatentes de origem africana. Pereira lutou em Pernambuco, levou seus combatentes para o reino de Angola, liderou os crioulos de São Tomé, combateu ao lado da guerra preta e conquistou patente militar para um posto em Benguela. Apesar de não ter sido a realidade da grande maioria de centro-africanos que transitaram pelo Atlântico no século XVII, o percurso desse combatente demonstra as possibilidades de ascensão e mobilidade social que as guerras proporcionaram para africanos e crioulos.

Outra participação significativa do Terço dos Henriques em Angola ocorreu em 1665. No contexto da Guerra de Restauração, no qual o Congo se tornou o principal inimigo centro-africano dos portugueses, foi enviado de Pernambuco, Bahia e Lisboa um socorro de 650 soldados – entre eles, os homens de Henrique Dias – para combater o mani congo e seus aliados.[21] O confronto, envolvendo os portugueses, o reforço do Brasil e os aliados centro-africanos contra os líderes do Congo, ficou conhecido como Batalha de Ambuíla. Não dispomos da informação de quantos homens do Terço dos Henriques lutaram em Ambuíla, mas estima-se que havia algumas dezenas deles, liderados pelo capitão-mor Manuel Soares, crioulo oriundo do Brasil.

20 Patente do sargento-mor reformado Paulo Pereira para sargento-mor da gente preta de Benguela, 30 set. 1648. *Arquivos de Angola* (1943-1944, p. 193-194).

21 Relação da Batalha de Ambuíla, 29 out. 1665. *MMA*, v. 12, doc. 242, p. 582-591.

Os soldados enviados do Brasil combateram na vanguarda rente aos combatentes da guerra preta, sob comando do tendala Simão de Matos. Juntos, Matos e Soares foram responsáveis por derrotar o Congo, proporcionando uma das maiores vitórias alcançadas pelos portugueses na África central do século XVII.[22]

Há poucas referências acerca de Manuel Soares e da atuação dos Henriques nessa batalha, mas eles sem dúvida foram fundamentais para a derrota do mani congo. Afinal, o mais importante veículo de comunicação impressa do reino de Portugal naquele período, *Mercurio Portuguez*, noticiou que o capitão do Terço dos Henriques foi um dos principais responsáveis pela "mais gloriosa vitória que jamais se viu" no reino de Angola.[23]

Analisando tanto as batalhas travadas por Henrique Dias em Pernambuco como a atuação do Terço dos Henriques no reino de Angola entre as décadas de 1640 e 1660, é possível afirmar que, nos dois lados do Atlântico, foram os combatentes africanos e crioulos do terço que protagonizaram a luta contra os holandeses e o processo de Restauração do reino de Portugal, ao lado dos quilambas, tendalas e cangoandas. Os "valentes homens de cores pretas" mencionados por Cadornega lutaram bravamente para, em simultâneo, vencer os inimigos dos portugueses e alcançar os mais diversos objetivos que projetavam ao se articularem com os lusos.

Considerações finais

Portugal foi extremamente dependente dos não europeus para criar, consolidar e manter seu império ultramarino (Raminelli, 2015, p. 175). Não fosse pelos tendalas, quilambas e demais combatentes da guerra preta em Angola, e pelo apoio de africanos, crioulos e indígenas no Brasil, os exércitos lusitanos não teriam conseguido preservar suas colônias por falta de recursos em pessoas e armas em ambos os lados do Atlântico. Os capitães do mato e seus combatentes também foram, até certo ponto, essenciais para manter o funcionamento do sistema escravocrata em São Tomé.

22 Ibid.

23 Ibid., p. 587-588.

Os portugueses não somente reconheceram as similaridades entre a África central e a colônia americana, como buscaram criar contingentes militares de origem africana com as mesmas estruturas em todas as suas colônias. Buscou-se replicar a atuação dos tendalas e capitães do mato em todos os espaços envolvendo a manutenção do domínio territorial e a exploração de mão de obra escravizada.

As batalhas travadas em Pernambuco e no reino de Angola eram movidas por interesses distintos, que se articulavam e se conflitavam. O esforço realizado por Henrique Dias e seu terço para expulsar os holandeses e combater inimigos internos dos portugueses estava ligado a seus interesses em manter a liberdade e, possivelmente, conquistar títulos militares importantes na sociedade colonial. Esses indivíduos souberam utilizar oportunidades criadas pela vulnerabilidade militar portuguesa em proveito próprio.

O contexto de disputas entre portugueses e holandeses, portugueses e chefes militares africanos e as formações de resistências de escravizados proporcionou para pessoas de origem africana – angolas, minas, ardas, crioulos, pardos e mulatos do Brasil, São Tomé e Angola – a possibilidade de circulação pelos espaços coloniais e de atuação em várias atividades como homens livres, além de, em alguns casos, obtenção de patentes militares. No contexto de um processo cada vez mais intenso e violento de escravização de pessoas, aliar-se aos portugueses tornou-se um mecanismo de defesa, proteção e enriquecimento.

A criação de contingentes militares compostos por homens negros livres e articulados à Coroa não deve ser vista como uma sinalização de harmonia interétnica ou como algo que alterou a ordem da sociedade escravista do século XVII. Ao contrário, a Coroa sempre tentou controlar as atividades das milícias dos homens de cor (Mello, 2007, p. 196-197). Os militares centro-africanos do reino de Angola estavam em um território onde eram maioria e dominavam os conhecimentos de geografia, língua e táticas de guerra nativas. Por isso, era muito mais difícil para os portugueses terem controle sobre esses grupos. Em São Tomé, a população de origem africana também era maioria, sendo mais difícil controlar os movimentos de revoltas e formações de espaços autônomos de africanos.

Na América, ocorria o oposto: os combatentes africanos e crioulos eram minoria, assim como os portugueses, em um território ainda dominado por povos indígenas. Mesmo tendo existido grandes organizações de resistência contra a colonização portuguesa na América do século XVII, como os mocambos dos Palmares, em linhas gerais, a conjuntura centro-africana proporcionava mais possibilidades para os combatentes entrarem em conflito com os interesses dos portugueses do que o contexto americano. Não cabe, portanto, classificar os soldados Henriques como combatentes leais à Coroa e os tendalas, quilambas e demais militares centro-africanos como potencialmente rebeldes, conforme os portugueses enxergavam. Cada circunstância gerou mecanismos distintos de acordos, negociações e conflitos, envolvendo indivíduos de origem africana que enxergaram na articulação com os portugueses formas e estratégias diversas de obter vantagens em ambos os lados do Atlântico.

Referências

ALENCASTRO, Luis Felipe de. *O trato dos viventes*: formação do Brasil no Atlântico Sul, séculos XVI e XVII. São Paulo: Companhia das Letras, 2000.

ARQUIVOS de Angola. 2. série, v. 1, n. 3-6, 1943-1944.

CADORNEGA, Antônio de Oliveira. *História geral das guerras angolanas*. Lisboa: Agência Geral do Ultramar, 1972. t. 1-3.

CALDEIRA, Arlindo Manuel. A guerra do mato: resistência à escravatura e repressão dos fugitivos na ilha de São Tomé (séculos XVI-XVIII). *Povos e Culturas*, Lisboa, v. 20, p. 125-144, 2017.

_____; PINTO, Manuel do Rosário. *Relação do descobrimento da ilha de São Tomé*. Lisboa: Centro de História de Além-Mar, 2006.

COELHO, Virgílio. *Em busca de Kabàsà*: estudos e reflexões sobre o reino de Ndongo. Luanda: Kilombelombe, 2010.

COSTA, F. A. Pereira da. *Anais Pernambucanos*. Recife: Governo do Estado de Pernambuco, 1983. v. 3.

COTTA, Francis Albert. *Negros e mestiços nas milícias da América*. Belo Horizonte: Crisálida, 2010.

CRUZ, Miguel Dantas da; RODRIGUES, Vítor Luís Gaspar. Instituições, contingentes e culturas militares na monarquia portuguesa (séculos XV-XIX).

In: XAVIER, Ângela Barreto et al. (Org.). *Monarquias ibéricas em perspectiva comparada (séculos XVII-XVIII)*. Lisboa: Imprensa de Ciências Sociais, 2018. p. 431-480.

DUTRA, Francis A. Ser mulato em Portugal nos primórdios da época moderna. *Tempo*, Niterói, v. 16, n. 30, p. 101-114, 2011.

FERREIRA, Roquinaldo. O Brasil e a arte da guerra em Angola (sécs. XVII e XVIII). *Estudos Históricos*, Rio de Janeiro, v. 1, n. 39, p. 3-23, 2007.

FREUDENTHAL, Aida; PANTOJA, Selma. *O Livro dos Baculamentos que os Sobas deste reino pagam a Sua Majestade (1630)*. Luanda: Arquivo Nacional de Angola, 2013.

HEINTZE, Beatrix. *Fontes para História de Angola no séc. XVII*: memórias, relações e outros manuscritos da Colectânea Documental de Fernão de Sousa (1622-1635). Stuttgart: Franz Steiner Verlag Wiesbaden, 1985.

_____. *Fontes para História de Angola no séc. XVII*: cartas e documentos oficiais da Colectânea Documental de Fernão de Sousa (1624-1635). Stuttgart: Franz Steiner Verlag Wiesbaden, 1988.

_____. Ethnographic appropriations: German exploration and fieldwork in West-Central Africa. *History in Africa*, v. 26, p. 69-128, 1999.

_____. O estado do Ndongo no século XVI. In: _____. *Angola nos séculos XVI e XVII*: estudos sobre fontes, métodos e história. Luanda: Kilombelombe, 2007. p. 190-222.

HESPANHA, António Manuel. Introdução. In: BARATA, Manuel Themudo; TEIXEIRA, Nuno Severiano (Org.). *Nova história militar de Portugal*. Lisboa: Círculo de Leitores, 2004. v. 2, p. 9-33.

HEYWOOD, Linda M.; THORNTON, John K. *Central Africans, Atlantic Creoles, and the foundation of the Americas, 1585-1660*. Nova York: Cambridge University Press, 2007.

MELLO, Evaldo Cabral de. *Olinda restaurada*: guerra e açúcar no Nordeste, 1630-1654. São Paulo: Ed. 34, 2007.

MELLO, José Antônio Gonsalves de. *Henrique Dias*: governador dos crioulos, negros e mulatos do Brasil. Recife: Massangana, 1988.

MELLO E SOUZA, Marina de. Catolicismo e poder no Congo: o papel dos intermediários nativos, séculos XVI a XVIII. *Anos 90*, Porto Alegre, v. 21, n. 40, p. 51-63, 2014.

MILLER, Joseph C. *Poder político e parentesco*: os antigos estados Mbundu em Angola. Luanda: Arquivo Nacional de História, 1995.

MOREIRA, Luiz Guilherme Scaldaferri; LOUREIRO, Marcello José Gomes. A nova história militar e a América portuguesa: balanço historiográfico. In: POSSAMAI, Paulo (Org.). *Conquistar e defender*: Portugal, Países Baixos e Brasil – estudos de história militar na Idade Moderna. São Leopoldo: Oikos, 2012. p. 13-31.

OLIVAL, Fernanda. An elite? The meaning of knighthood in the Portuguese military orders of the seventeenth and eighteenth centuries. *Mediterranean Studies*, University Park, v. 15, p. 117-126, 2006.

RAMINELLI, Ronald. *Nobrezas do Novo Mundo*: Brasil e ultramar hispânico, séculos XVII-XVIII. Rio de Janeiro: FGV Ed., 2015.

SEIBERT, Gerhard. São Tome's Great Slave Revolt of 1595: background, consequences and misperceptions of one of the largest slave uprisings in Atlantic history. *Portuguese Studies Review*, Ontário, v. 18, n. 2, p. 29-50, jul. 2010.

______. Colonialismo em São Tomé e Príncipe: hierarquização, classificação e segregação da vida social. *Anuário Antropológico*, Brasília, v. 40, n. 2, p. 99-120, 2015.

SILVA, Guilherme Oliveira da. *"Valentes homens de cores pretas"*: guerra e poder na África central no século XVII. Dissertação (mestrado), Unicamp, Campinas, 2023.

SILVA, Kalina Vanderlei. *"Nas solidões vastas e assustadoras"*: os pobres do açúcar e a conquista do sertão de Pernambuco nos séculos XVII e XVIII. Tese (doutorado), UFPE, Recife, 2003.

Bento Pereira Henriques e Domingos Ferreira de Assunção (Quitúbia): trajetórias de homens pretos militares a partir de Angola

Bruna Almeida
Crislayne Alfagali

Tu, deusa de cem bocas, que nos pintas
As ondas do Mar Negro em sangue tintas,
E o Niester incerto, e irresoluto
Sem saber a quem pague o seu tributo,
Eterno assunto de doiradas liras;
Agora, que dos Reis dormem as Iras,
Teus olhos sobre a escura África estende;
Depois, alada Deus, os ares fende,
E entoa, ao som de bárbara trombeta,
O forte Capitão da Guerra Preta
Esforçado Quitúbia, o Tejo sabe
Quanto valor dentro em teu peito cabe.
José Basílio da Gama, *Quitúbia*.

Esses são os últimos versos escritos pelo poeta mineiro José Basílio da Gama, em fins de 1791, que contam as aventuras de Domingos Ferreira de Assunção, apelidado de Quitúbia, que quer dizer fogo, "filho de preta e de mulato, criado no sertão" do reino de Angola e sobrinho da rainha Ginga.[1] O poeta exalta o valor do nobre guerreiro, "esforçado", familiar aos olhos

1 Grafado "Quitubia" à maneira portuguesa, o apelido deriva do radical quimbundo (língua falada em muitas das regiões referidas no poema). A grafia mais próxima do original seria "Kitubya": "bya" significa fogo, "tu" é indicativo de número, e "ki", artigo. Carta do governador de Angola, Antonio de Vasconcelos. Luanda, 4 jan. 1759. AHU/CU (Angola), cx. 45, doc. 4.183.

dos deuses e deusas, e deve ter conhecido Quitúbia em audiência solene que este teve com a rainha portuguesa. Em 1790, o "forte capitão da guerra preta" viajou com o barão de Moçâmedes, governador de Angola, para o reino, onde foi condecorado com o hábito de cavaleiro da Ordem de Cristo e recebeu o soldo de capitão de infantaria de 28 mil-réis por mês. Portanto, era um militar de relevo, legitimado tanto pelos poderes africanos em Angola, pois era sobrinho da rainha Ginga – não se trata de d. Ana de Sousa, mas da sua descendência dinástica da linhagem Ginga – e ativo soldado da "guerra preta", quanto pelas pompas da lógica das mercês portuguesa, em Lisboa. Sua trajetória de vida elucida o conceito de guerra preta e desvela percursos de ascensão social pela via militar.

O objetivo deste capítulo é acompanhar as trajetórias de dois homens "pretos" livres que se destacaram no serviço militar em Angola: um era um reconhecido militar, parente de pessoas importantes em Angola; outro, um militar de baixa patente que, por meio do serviço militar, queria ascender socialmente. Quitúbia, que já conhecemos, se consagrou na poesia de Basílio da Gama. Analisaremos o poema e a documentação coeva que retratam a trajetória de Domingos, que foi descrito em uma ocasião como "um insolente filho de preta e de mulato, criado no sertão com costumes quase gentios e por sobrinho de Ginga já convidado para lá ir ser Rei"[2] – o que mostra que nem sempre foi bem-visto pela administração colonial. Bento Pereira Henriques, por sua vez, em 1743 apresentou um requerimento ao rei luso em busca de melhor posicionamento social: o título de mestre de campo de um terço de homens pretos que queria reformar em Luanda. Ele justificou seu pedido relatando suas experiências no serviço real, em sucessivas batalhas, no reino de Angola e em Benguela. Ressaltou que a atuação de um terço de homens pretos em Angola seria fundamental para destruir os mocambos e quilombos, sobretudo as comunidades de fugitivos da Quissama, uma região ao sul do rio Kwanza considerada "indomável" que permaneceu livre da colonização portuguesa até o século XX, para onde fugiam muitos escravizados, soldados desertores, entre outros. Nas suas correspondências com gente de variada

[2] Ofício do governador de Angola ao secretário de estado do ultramar. Luanda, 4 jan. 1759. AHU/CU (Angola), cx. 45, doc. 4.183.

procedência social, o nome de Henrique Dias inspirava seus pedidos e as promessas de ser um braço importante da manutenção da ordem colonial. Uma das razões para não ser considerado para os cargos que pleiteou foi a "indignidade de suas cores".[3]

As histórias desses dois indivíduos permitem discutir a representação dos homens "pretos" no serviço militar na historiografia, analisando as conexões atlânticas que estabeleceram, os marcadores da diferença que os impediram de galgar degraus em busca de ascensão social e a ideia de guerra preta que circulava no Atlântico Sul no século XVIII.

Não há textos acadêmicos que se debrucem sobre a trajetória desses dois homens, embora estudos sobre militares sejam frequentes. Segundo Roquinaldo Ferreira (2007), entre os séculos XVII e XVIII Angola recebeu de Portugal e do Brasil constante auxílio militar, com soldados e cavalos, para atuar junto às tropas locais de guerra preta. Tal dinâmica permitiu a instrumentalização de mecanismos estatais e licenças especiais para a ampliação do fluxo de trocas entre os domínios ultramarinos. Além disso, Ferreira mostra que muitos capitães-mores não eram brancos ou foram recrutados localmente. Entre eles, havia Manoel Antunes da Cunha, que, apesar de ser negro, era o capitão-mor das terras do Dembo Quitexi; Pedro Ferreira, "um mulato que usava tangas e havia sido escravo"; Manoel de Oliveira de Figueiredo, que "havia muito tempo vivia lá [em Casanje] com os negros e [havia] adotado seus costumes"; além do próprio Quitúbia (Ferreira, 2012, p. 37-38). Ariane Carvalho (2020) e Guilherme da Silva (2023) são outros autores que descreveram os mecanismos e agentes da guerra no interior de Angola (ver o capítulo de Guilherme da Silva nesta coletânea). Nesta oportunidade, queremos em especial saber como Bento Pereira Henriques pleiteou o título de mestre de campo, desejando refundar um terço de homens pretos em Angola, e as estratégias de Quitúbia para ascender socialmente por meio da guerra preta.

[3] Carta régia de d. João V a João Jacques de Magalhães, Lisboa, 4 jun. 1745, ANA, códice 2-A-1-2 (Padab, BR RJIHGB 126 DVD08,11 DSC00059).

Bento Pereira Henriques, um ajudante de Muxima

Em 1743, foi iniciada uma intensa troca de correspondências entre os domínios do Ultramar e a Coroa portuguesa. A partir dessa comunicação - que se estende de forma conhecida até o ano de 1751 –, podemos conhecer parte da vida e atuação de Bento Pereira Henriques.[4] Ele se apresentava como um homem preto, livre e natural do presídio de Muxima, tendo passado parte de sua trajetória preso nas galés do Rio de Janeiro. Nosso personagem se declarava, já em 1743, um homem munido de longa trajetória militar, que somava 26 anos de atuação direta em frentes de combate em Angola, recebendo inicialmente um soldo de cinco cruzados por mês. Dessa forma, estamos falando de um militar de baixa patente que já nasceu dentro da dinâmica colonial e que, talvez por isso, se mostrava bem versado no funcionamento da administração colonial.

A documentação que expõe sua trajetória desenha um cenário em que ele, como suplicante condenado ao trabalho nas galés na cidade do Rio de Janeiro, submetia um requerimento ao rei de Portugal em busca de contestar sua pena e obter um melhor posicionamento social, solicitando o título de mestre de campo de um terço de homens pretos que queria reformar em Luanda. Após algum tempo, que não conseguimos precisar, também solicitou o título de capitão-mor de presídios pelo sertão do reino de Angola. Por toda a extensão do processo, os pedidos eram justificados pela atuação em batalhas no reino de Angola e em Benguela. A grande dependência lusa das fileiras militares africanas para formar tropas e fazer guerras naquela região (Thornton, 1988) também foi usada como justificativa.

As fontes utilizadas correspondem a documentos administrativos, uma troca de correspondências manuscritas entre o Conselho Ultramarino e o governador de Angola de 1743 a 1751, sobre o caso de Bento Pereira Henriques. É possível perceber as intervenções coloniais em todo esse conjunto de requerimentos e informes, devido à presença e atuação dos redatores, em uma escrita mediada. Essas fontes foram, portanto, produzidas com e a partir de um olhar colonial, funcionando muitas vezes como ferramenta

---

4 Consulta de Bento Pereira Henriques ao Conselho Ultramarino requerendo postos militares, Lisboa, Luanda e Rio de Janeiro, 1743-1751. AHU/CU 001, cx. 39, doc. 3.697.

depreciativa de homens e mulheres de cor, o que torna necessário nosso contínuo questionamento a esse contexto de dominação, no esforço para buscar o protagonismo dos africanos e de seus descendentes.

Como outros indivíduos, Bento Pereira Henriques utilizou os mecanismos administrativos para fazer valer suas reivindicações, através da intermediação de escrivães que registravam os discursos orais em forma grafada. Segundo Silvia Rachi (2016), essa forma de intermediação era o caminho encontrado pela maioria dos africanos e afrodescendentes que almejavam transpassar as barreiras impostas pela oralidade em uma administração que funcionava por burocracia escrita.

Diante disso, por ser Bento Pereira Henriques um homem preto, livre e intimamente ligado à atuação militar, a reconstituição de sua história permite discutir as dinâmicas do sertão, o interior de Angola, com especial atenção para o serviço e empreendimento militar luso na região. Torna-se possível, também, apontá-lo como um homem atuante no país africano, que fez seus requerimentos a partir de outros lugares, como Rio de Janeiro e Lisboa. E, mesmo estando fisicamente afastado de Angola, ele conseguiu mobilizar toda uma rede de conexões, trazendo ao debate gente do interior – do sertão e dos presídios – ligada ao sacerdócio cristão e à atuação militar, ao mesmo tempo em que estabelecia relações com pessoas associadas à Corte de Lisboa.

A leitura desses documentos permite-nos, ainda, observar as práticas administrativas desenvolvidas pelo Governo do Ultramar na tentativa de se estabelecer como principal controlador da região. Ao olhar para a trajetória de Bento Pereira Henriques, também estamos nos voltando para a sociedade centro-africana e aos seus modos de se fazer guerra.

Por tudo isso, torna-se impossível, e mesmo inaceitável, negar que as ambições, desejos e vontades desse indivíduo estejam fixados e expressos ao longo dos oito anos de processo a que temos acesso. O que nos resta questionar e tentar entender é por que homens como Bento Pereira Henriques escolhiam se articular com forças coloniais, já que os interesses desses combatentes poderiam divergir das ambições de seus dirigentes e superiores. Considerar a perspectiva desses indivíduos se mostra fundamental para uma compreensão profunda das relações de poder desenvolvidas nesse espaço do Atlântico, em que, de modo geral, as guerras eram uma somatória de ambições que ora convergiam, ora divergiam. Esses homens desenvolviam atuações, intervinham em processos corporativos, exigiam privilégios, cobravam recompensas, denunciavam quebras de regras – e, por vezes, também iam além das regras, apresentando suas próprias interpretações delas.

Assim como Bento Pereira Henriques, seus pais, Pedro de Abreu Cabral e Anna Matheus, ambos com nomes cristãos, pretos, livres e residentes no presídio da Muxima, freguesia de Nossa Senhora da Conceição do reino de Angola, desenvolviam funções a serviço da Coroa lusa. A partir da organização cronológica das fontes consultadas, torna-se possível indicar que nosso personagem teria começado sua carreira e vida militar em julho de 1718, atuando no presídio de Muxima como soldado. Foi um combatente pago, recebendo a remuneração de cinco cruzados por mês, até 25 de agosto de 1727. Os primeiros 10 anos de sua trajetória militar transcorreram em Muxima; logo depois, Bento Pereira Henriques foi transferido para o presídio de Benguela, a mando do governador Paulo Caetano Albuquerque (1726-1732).

Não há indicação do ano em que ocorreu essa transferência, mas podemos elencar alguns possíveis, e importantes, motivos que teriam resultado nessa ação. Entre eles, destaca-se um provável desacordo entre Bento Pereira Henriques, o capitão-mor Francisco de Almeyda – do presídio de Muxima – e outros homens, que também teriam sido transferidos após a desavença. Podemos encarar essa transferência como uma punição coletiva, já que as regiões de Benguela e Caconda eram caracterizadas nessa época como territórios inseridos em zonas de guerra.

No período em que atuou em Benguela e Caconda, Bento Pereira Henriques esteve em empreitadas contra potentados da região, em conflitos marcados pela disputa por controle de terras e pessoas. Ele sobressaiu na companhia do capitão Francisco de Carvalho Velho, que era um destacamento da companhia do capitão Felix Correia. Suas atuações foram elogiadas em carta escrita pelo sargento-mor João da Silva Coutinho, do presídio de Caconda. Além de afirmar que Bento Pereira Henriques era merecedor das mercês que solicitava, João da Silva Coutinho descreveu como eram organizadas as investidas militares que buscavam desertores, informando que a estrutura contava com a atuação de soldados, pretos forros empacaceiros e "gente" da guerra preta.[5] Na documentação que trata desse período, encon-

---

[5] Processo sobre Bento Pereira Henriques. AHU/CU 001, cx. 39, doc. 3.716, fol. 51.

tram-se descrições de como se organizavam emboscadas e investidas para a destruição e saques de potentados, regiões revoltosas e quilombos.[6] Nesse momento de atuação, em Benguela e Caconda, portanto, nosso personagem já se apresentava como figura de destaque, e no dia 25 de agosto de 1727 foi promovido a cabo de esquadra no presídio de Benguela, por ordem do capitão-mor João Soares, também de Benguela.

No ano de 1732, Bento Pereira Henriques retornou ao presídio de Muxima e teria desenvolvido funções de cabo de esquadra durante seis anos. O que chama atenção nesse momento é que temos conhecimento da data exata dessa mudança de patente, indicando que ele teria ficado no cargo de soldado pago de julho de 1718 a agosto de 1727, totalizando nove anos e um mês. Entretanto, na documentação é destacado por Bento Pereira Henriques que ele teria atuado durante 10 anos nessa função, e em seguida mais seis anos no posto de cabo de esquadra.[7] O problema é que essa mesma documentação indica que ele teria sido promovido a cabo de esquadra só em 1735, oito anos depois de ter deixado a patente de soldado. Ou seja, temos cerca de dois anos sem explicações. Esse pequeno ponto suscita questões, pois nesse período nosso personagem pode ter atuado em outra função que não está registrada, passado por alguma forma de preparação para o novo cargo que viria a assumir, ou ter enfrentado problemas que o mantiveram afastado de suas funções militares.

De volta a Muxima, Bento Pereira Henriques novamente convivia e respondia diretamente ao capitão-mor Francisco de Almeyda, com quem já havia tido alguma forma de desentendimento, que culminou em sua transferência para Benguela. Com seu retorno, ocorreram mais desavenças. Segundo a documentação – sendo as informações expostas por Bento Pereira Henriques no requerimento, pelo governador Antonio de Almeida Soares (1749-1753) em informe de 1751 e reproduzidas pelo rei d. João V –, nosso personagem teria passado algum tempo hospedado na casa da "parda" Maria de Souza Jaques, então viúva e recém-casada com o capitão-mor Francisco de Almeyda.[8] Dessa estadia surgiram as primeiras acusações processuais contra

6 Ibid., fol. 53.

7 Ibid., fol. 35.

8 Ibid., fols. 35, 25, 103.

Bento Pereira Henriques, de roubos e latrocínios. Ele também foi acusado de armar uma tentativa de emboscada para o capitão-mor e de ter "desonrado" a esposa do mesmo. Possivelmente esse crime de desonra se refere a alguma relação de adultério ou a uma violação sexual, como o crime de estupro. E é importante destacar que o crime de adultério em sociedades da África central era considerado uma ofensa grave e passível de escravização.[9]

Bento Pereira Henriques foi preso pela primeira vez em 15 de julho de 1733, a mando do capitão-mor Francisco de Almeyda, por João Jacques, que naquele momento era uma pessoa influente no reino de Angola – tanto que viria a ser governador em 1738, permanecendo no cargo até 1748. Essa primeira prisão não teve justificativas apresentadas administrativamente e, por isso, causou estranheza e foi considerada arbitrária pelo então governador de Angola, Rodrigo Cezar Menezes. Dessa forma, Bento Pereira Henriques foi solto após quatro meses de prisão. Esse tempo em que esteve afastado de suas funções ajuda-nos a preencher parte do período de dois anos que aparece "em falta" dentro de sua cronologia.

Em algum momento, ele retornou às funções como cabo de esquadra no presídio de Muxima. Em 1735, foi promovido a ajudante pago no mesmo presídio. Permaneceu nessa função cerca de 10 anos,[10] mas no final desse tempo sua relação com o capitão-mor de Muxima, Francisco de Almeyda, tornou-se ainda mais delicada. Em 1743, Bento Pereira Henriques encontrava-se preso novamente – dessa vez, condenado à "pena vil das Galés" na Ilha das Cobras, Rio de Janeiro. Tal decisão foi tomada novamente por João Jacques, que, naquele momento, era o governador de Angola e figura próxima do capitão-mor Francisco de Almeyda.

Ao chegar à Ilha das Cobras, Bento Pereira Henriques iniciou um processo de contestação da pena, estabelecendo diálogo com o Conselho Ultramarino e enviando requerimentos e petições. Buscava não só defender sua inocência, como também adquirir mercês do rei de Portugal, pleiteando, em um primeiro momento, o posto de mestre de campo de um terço de homens pretos que queria reformar. Conseguir essas mercês significaria também a

---

9 Nas Ordenações Filipinas, há uma norma que estabelece punições para o homem que forçar (travar), estuprar ou raptar uma mulher, segundo a condição da vítima e do agressor. Livro V, título 18 (Almeida, 1985, p. 1168-1170).

10 Processo sobre Bento Pereira Henriques. AHU/CU 001, cx. 39, d. 3.716, fol. 9.

possibilidade de retornar a Angola – e com cargo militar mais elevado. Bento Pereira Henriques pedia para "conceder-lhe Vossa Majestade árbitro de formar nas conquistas daquele dito Reino um terço de homens pretos sem despesa da Real Fazenda e o suplicante por Mestre de Campo do dito terço por haver exemplos, porque se conserva nesta forma na cidade da Bahia, e o de Pernambuco, e não falta ao conhecimento desta verdade".[11]

Bento Pereira Henriques justificava a necessidade da criação e reforma de um terço de homens pretos com a necessidade da própria administração lusa de ampliar sua presença pelos sertões de Angola. Destacou a fragilidade da administração colonial na região e até mencionou o decreto instaurado pelo governador Ayres e Saldanha (1676-1680), que foi responsável pela introdução do regimento de terços de homens pretos em Angola, indicando que permaneciam nessa função apenas três destacamentos. Assim, o requerente defendia que um novo terço contribuiria para o "ordenamento" desse interior do território, marcado por guerras e disputas entre forças lusas e centro-africanas, com os potentados e os quilombos.[12]

Tal justificativa se mostrava muito bem fundamentada, pois a preocupação com o domínio e a permanência do comércio no sertão de Angola conectava-se diretamente com o projeto imperial português (Carvalho, 2020, p. 46). A sustentação desse projeto dependia justamente do estabelecimento de um controle sobre essa região, que se destacava por ser o principal centro exportador de pessoas escravizadas da Era Moderna – prática econômica que compunha a base da economia do reino de Portugal.

A construção argumentativa de Bento Pereira Henriques salientava ainda que, frente a essa real necessidade de atuação militar no sertão, seria ele o homem ideal para assumir a liderança do terço como mestre de campo. Ao destacar sua experiência de 26 anos de atuação direta em guerras e empreitadas militares junto ao destacamento de guerra preta pelo interior de Angola, enfatizava também características positivas, como sua honra e lealdade à Coroa lusa – apontamentos endossados pela apresentação de testemunhas, antigos superiores e sacerdotes, que falavam em seu favor e atestavam suas ditas qualidades. Assim, Bento Pereira Henriques acionava

11 Ibid., fol. 101.

12 Ibid.

sua rede de relações em Angola e também no Brasil. Nesse diálogo, aparecem correspondências escritas por antigos companheiros de serviço militar, como o já mencionado sargento-mor João da Silva Coutinho, do presídio de Caconda, que escreveu em seu favor,[13] e personagens ligados ao sacerdócio em Luanda.

Podemos destacar dois desses informes: o primeiro, escrito por Damião Antonio da Silva, identificado como presbítero do hábito de São Pedro, indicava que na fortaleza da Ilha das Cobras havia outros homens que, como Bento Pereira Henriques, estariam cumprindo pena devido a ações do então governador de Angola a mando do capitão-mor do presídio de Muxima.[14] Já a segunda correspondência, escrita por Antonio Vas Obudo, do mesmo ano de 1744, destacava que tal prisão se mostrava arbitrária e resultado de uma já antiga perseguição, concluindo que não haveria motivos para Bento Pereira Henriques continuar detido e submetido a uma rotina de trabalhos exaustivos nas galés.[15]

Por causa dessa movimentação, o governador Gomes de Andrade, do Rio de Janeiro, mandou soltar o prisioneiro, estabelecendo fiança de 12 mil-réis a ser paga posteriormente, retirou o impedimento de retorno a Angola e liberou Bento Pereira Henriques para ir à Corte Ultramarina, apresentar pessoalmente seus requerimentos ao rei.

Após ser solto, em 1744, Bento Pereira Henriques começou a atuar como "assistente" na cidade do Rio de Janeiro e prosseguiu com os requerimentos e pedidos pela mercê real de reformar, em Angola, um terço de homens pretos do qual queria ser mestre de campo. Nesses pedidos destacava que essa reforma seria sem custos à fazenda e solicitava apenas o pagamento de meio soldo por seu trabalho, recurso este que também seria voltado para a conservação do terço.

Para sua infelicidade, em julho de 1745 chegou a resposta, em que o rei d. João V indeferia tanto o pedido de patente de mestre de campo como a reforma do terço de homens pretos no reino de Angola. Depois de trocas de correspondências entre o rei e o então governador de Angola, buscando saber

13 Processo sobre Bento Pereira Henriques. AHU/CU 001, cx. 39, d. 3.716, fol. 51.
14 Ibid., fol. 77.
15 Ibid., fol. 80.

mais sobre o requerente, d. João V concluiu que Bento Pereira Henriques seria indigno de receber tais mercês, por ter cometido roubos e latrocínios na região de Angola e pela "indignidade de suas cores", indicando que existiriam homens mais aptos e brancos para assumir tão alto posto. Em carta ao Conselho Ultramarino, o governador de Angola dizia: "Menos me parece, senhor, lugar de ser provido o dito preto em uma das companhias desta praça sendo das do Regimento pago dele, não só pela indignidade das suas cores por serem todos os capitães dele brancos".[16] Destaca-se, também, a falta de necessidade da formação de um terço em terras do reino de Angola, pois já existia o destacamento de guerra preta – em que o próprio Bento Pereira Henriques atuara – realizando o trabalho de auxílio militar à Coroa lusa.

Mesmo após essa resposta, o envio de solicitações e requerimentos ao rei continuou, e, após poucos meses, mesmo sem quitar a fiança, Bento Pereira Henriques foi até Lisboa. Começou a atuar como "assistente" na própria Corte, ainda em 1745, e permaneceu solicitando mercês. Entretanto, após a primeira recusa do rei, ocorreu uma mudança nos pedidos, com o requerente afirmando que, na falta da patente de mestre de campo, aceitaria um cargo de capitão-mor que estivesse vago. Tratava-se de mais uma patente de alto grau de autoridade, e Bento Pereira Henriques indicava os presídios de Ambaca, Cambambe ou Muxima como possíveis postos de trabalho.

Nesse período em que esteve em Lisboa, ele também ampliou sua rede de conexões. Em 1750, foi citado em outro conjunto documental – dessa vez, um requerimento movido por Manoel Soares, homem escravizado da Casa Real de Lisboa.[17] Essa mobilização se referia a uma reivindicação de bens da parda Jacinta, falecida esposa de Manoel Soares e natural de Angola. Esses bens eram Antônia Filgueira e Maria João, também naturais e residentes de Angola. Essas duas mulheres, descendentes das escravizadas que formariam a herança de Jacinta, após tomarem ciência dessa solicitação e diante do perigo da reescravização reivindicaram sua liberdade – o que indica que, antes de falecer, Jacinta já teria sido deserdada, e as escravizadas a que teria direito, libertadas.

---

16 Carta régia de d. João V a João Jacques de Magalhães, 4 jun. 1745, Lisboa. ANA, códice 2-A-1-2 (Padab BR RJIHGB 126 DVD08,11 DSC00059).

17 Carta de Marco Antônio de Azevedo Coutinho ao conde do Lavradio, Lisboa, 30 jan. 1749, ANA, códice 2-A-1-2 (Padab BR RJIHGB 126 DVD08,11 DSC00069).

Nesses documentos, Manoel Soares indica Bento Pereira Henriques como um homem de confiança a quem, caso os obtivesse, confiaria seus bens para que os enviasse para Portugal. Ou seja, em 1750, podemos inferir que Bento Pereira Henriques já teria retornado ao reino de Angola. Mas essa história também suscita algumas inquietações: como um homem preto e escravizado em Portugal teria acesso e conhecimento sobre práticas jurídicas do sistema administrativo luso? Ou melhor: que tipo de conexões tornariam isso possível?

Por fim, sobre a vida de Bento Pereira Henriques, a última documentação de que temos conhecimento é do ano de 1751,[18] e não temos notícia de como o caso se encerrou ou se houve outros modelos de solicitações. Mas, dentro desse conjunto documental, podemos perceber diversas formas de organização e estratégias engendradas por Bento Henriques. Possivelmente, a busca por altas patentes era uma tentativa de retornar a Angola com alguma garantia de proteção contra as perseguições do capitão-mor Francisco de Almeyda. O que é possível concluir é que as ações desenvolvidas demonstram grande conhecimento do funcionamento do aparato administrativo colonial e uma compreensão considerável acerca das formas de ascensão social via participação militar.

Quitúbia, o forte capitão da guerra preta

Não há muitos estudos que se debrucem sobre a trajetória de Quitúbia. Um livreto que traz o poema de Basílio da Gama sobre esse personagem, com notas feitas pelo próprio poeta, além de outros dois textos que registram, de forma mais completa e documentada, mais informações sobre sua vida, foi publicado em 1973 por Gabriel de Sousa, da Agência do Ultramar portuguesa, que trabalhou em Angola. É essa a fonte que mais citaremos ao longo deste texto. Dada a ocupação de seu autor, esse formidável livrinho, apesar de sua atenção documental, tem o objetivo de glorificar a pátria e o colonialismo português. Por isso, é preciso dizer que Gabriel de Sousa não

18 Trata-se de uma carta escrita por Antônio de Almeida Soares, o marquês do Lavradio, que foi governador de Angola no período de 1749 a 1753, para o rei de Portugal, na qual descreve a vida e as complicações da trajetória de Bento Pereira Henriques. AHU/CU 001, cx. 39, d. 3716, fols. 25 e 26.

poupa elogios ao lusotropicalismo – que, resumidamente, foi um conjunto de ideias desenvolvidas sob a ditadura salazarista segundo as quais os portugueses tinham uma maneira particular de estar no mundo, harmoniosa, que não levava a preconceitos, discriminações ou racismo. Não é difícil entender, assim, por que, para Gabriel de Sousa (1973, p. 8), o poema de Basílio da Gama inscrevia-se no *mare nostrum* luso, marcado pelos três continentes, no "triângulo do lusotropicalismo", onde não havia "distinção de raças nem de cores".

Por que um funcionário da colonização portuguesa, tão afeito aos ideais do lusotropicalismo, aprofundaria documentalmente o conhecimento sobre um capitão africano cantado por um poeta de Minas Gerais, em fins do século XVIII? A resposta está no livro, e o objetivo de Sousa (1973, p. 44) era usar a trajetória de Quitúbia como um "testemunho" do "tradicional integracionismo da política ultramarina portuguesa", que não tinha quaisquer resquícios de "segregação racial".

Por isso, o presente texto afasta-se do referencial teórico de Gabriel de Sousa, que tentou de tal modo apregoar que a "maneira do português estar no mundo" não levou à constituição do racismo nas colônias portuguesas, que apagou documentos em que Quitúbia não foi bem-visto pelas autoridades coloniais. Quando os documentos provavam que "o sangue que circula sob a pele escura" não era visto do mesmo modo que o que "corre nas veias dum branco da Europa" (Sousa, 1973, p. 44), era preciso silenciar. Um exemplo, para aguçar a curiosidade da leitura: quando narra as origens de Domingos Ferreira de Assunção, Gabriel de Sousa omite uma reclamação documentada do governador de Angola, na qual o funcionário régio lamentava que os "empregos" (como o de capitão-mor) ficassem nas mãos de "mulatos, fuscos e negros" – que, para ele, eram pessoas "sem sombra de merecimentos". O governador via "escandalosamente" o que acontecia na fortaleza de Ambaca, governada à época (1759) por Domingos, que era assim descrito: "um insolente filho de preta e mulato, criado no sertão com costumes quase gentios e por sobrinho de Ginga já convidado para lá ir ser rei".[19] Ora, esses trechos da documentação, nos quais Quitúbia era chamado

[19] Carta do governador de Angola, Antonio de Vasconcelos. Luanda, 4 jan. 1759. AHU/CU (Angola), cx. 45, doc. 4.183.

de insolente, filho de "preta e mulato", com comportamentos distantes do mundo branco e europeu ("criado nos sertões" e com "costumes gentios"), não são citados pelo ilustrado Gabriel de Sousa. E, como ele tinha acesso a arquivos portugueses e africanos, é difícil imaginar que esse documento não tenha caído em suas mãos. Mas tais provas não condiziam com a pretensa (e falaciosa) harmonia racial que o autor arquitetava elaborar, reconstruindo a vida de Domingos...

De fato, a vida de Quitúbia revela uma colonização portuguesa longe do ideal lusotropicalista, mas que ainda abria espaços para homens como ele ascenderem socialmente por meio das guerras, embora seus esforços nem sempre fossem bem-sucedidos. O avô de Domingos, seu homônimo, fazia parte do clero no presídio das Pedras de Pungo Andongo. Seu pai, que também tinha o mesmo nome, governou o presídio de Ambaca e foi capitão-mor do presídio das Pedras. Além disso, lutou ao lado dos portugueses contra uma das descendentes da rainha Ginga, que se chamava d. Bingue ou d. Verônica (Sousa, 1973, p. 39-44). Portanto, Quitúbia vinha de uma família integrada ao mundo luso, sobretudo nas Pedras, e que conhecia os mecanismos de ascensão política e econômica oriundos desse universo, como o clero e o serviço militar.

"Em vão o pai te quis às letras dado", canta o poema. E elucida o poeta em uma nota: "Na sua mocidade, aplicou-se aos estudos na capital de São Paulo de Luanda; mas apenas se preparou a primeira expedição, deixou os livros e foi guerrear" (Gama, 1973, p. 22 e nota 7). É possível que Quitúbia tivesse estudado no colégio dos jesuítas, em Luanda, único estabelecimento de ensino da capital. Porém, não encontramos documentação que o comprove. Fato é que, assim que uma guerra estourou, ele largou os estudos e correu aos inimigos no Encoge, um penhasco quase inacessível, ao norte de Luanda, onde os estrangeiros trocavam mercadorias variadas, sobretudo tecidos, por escravizados, como canta Basílio da Gama. A guerra foi planejada na época do governo de Antonio de Vasconcelos (1758-1764) e comandada pelo tenente de granadeiros Francisco Manuel de Lira: além de serem convocadas forças da infantaria e cavalaria da capital, foi formado um exército de "gente preta" (como Quitúbia), composto pelos dependentes dos sobas vassalos ao rei português, habitantes das fortalezas (presídios) e sobados vizinhos. Após a batalha, que teve vitória lusa, instituiu-se um novo presídio, chamado São José do Encoge (Sousa, 1973 p. 46).

Em seguida, a guerra dirigiu-se para o sul, em Benguela, contra o soba Bailundo, e nossa personagem seguiu os tambores da batalha. No *Catálogo dos governadores do reino de Angola* (1826, p. 531), temos uma descrição do poderio bélico do Bailundo, que se defendia em "um entrincheiramento levantado todo de roda com baluartes formados de grandíssimos troncos de pau a pique e outros, trincados uns por outros, barreados com [...] cautela e arte".

Do outro lado, o governador dividiu suas forças militares em duas frentes, uma partindo do litoral, por Benguela e Novo Redondo, e outra pelo interior, pelo presídio das Pedras. O corpo da guerra preta era, novamente, o mais importante. O governador o qualificou de "todos os pretos de armas de fogo a que chamam empacaceiros, Jagas e Sobas vassalos".[20] A guerra durou dois anos, após os quais mais de 30 líderes locais foram vencidos. Bailundo refugiou-se em uma furna remota; porém, a fome falou mais alto, e ele foi preso com dois sobrinhos. Esses homens tiveram fim nas cadeias de Penedo, em Luanda, onde morreram. Pelo poema, sabemos que o "valoroso" Quitúbia tomou parte nesses conflitos: "duas vezes do incógnito Bailundo, o sertão penetraste valoroso" (Gama, 1973, p. 23).

Em 1778, há outra referência a nossa personagem, numa expedição ao Libolo, em confronto contra o soba Gunza Bambi. A condição de Quitúbia como militar da guerra preta assumiu novos contornos: ele foi nomeado comandante do Exército, por causa da sua "inteligência e capacidade".[21] Em seguida, contam os versos de Gama: "tentaste então, em guerra trabalhosa,/ A bárbara Quiçama sequiosa" (Gama, 1973, p. 23). A aventura pela Quissama não passou de tentativa; fracassou completamente. A região era temida pelos lusos, pois ali eles perderam guerras históricas e porque ela era um reduto de escravizados e soldados desertores, que eram acolhidos pelos sobas locais. A Quissama aparece em diferentes estudos historiográficos (entre outros, Castelbranco, 1929; Delgado, 1953-1955), mas inicialmente era identificada como área inóspita e pela qual a colonização portuguesa tinha pouco interesse. O historiador René Pélissier, que se dedicou a escrever sobre as campanhas

20 Carta de d. Antonio de Lencastre para Martinho de Melo e Castro. Luanda, 1º jun. 1776 (Gama, 1973, p. 23).

21 Carta do governador Antonio de Lencastre para Joaquim de Beça Teixeira, capitão-mor das Pedras, 2 abr. 1778. ANA, Ofícios para Angola, códice A-17-4.

militares em Angola e as modalidades de resistência à colonização europeia, enfatizava na década de 1970 a necessidade de estudos sobre a região. Em sua obra, a Quissama é apresentada como "inútil para os portugueses", e as notícias que encontrava na documentação eram de uma terra de canibais e de doenças, árida, sem possibilidade de exploração de produções rentáveis; enfim, uma "das mais misteriosas zonas de toda a Angola" (Pélissier, 2013, p. 16). Contrária a essa perspectiva, Beatrix Heintze (1970, 1972, 2007) mostrou como a resistência dos líderes da Quissama foi a principal causa de ela permanecer livre por séculos. Heintze retratou a história da Quissama anterior à chegada dos portugueses, descreveu as trajetórias de alguns dos seus principais líderes e preocupou-se em historicizar as relações culturais, religiosas, econômicas e sociais dos dependentes dos *sobas*, revelando aspectos até então desconhecidos sobre o assunto.

A próxima guerra foi contra as ilhas que se formam ao longo do rio Kwanza e eram da rainha Ginga. Ao incendiar essas ilhas, que pertenciam a seus próprios parentes, Quitúbia obedecia a ordens do governo em Luanda. Apesar de os laços consanguíneos serem inegáveis, as relações não eram sempre de paz. Segundo dados colhidos por Gabriel de Sousa (1973, p. 61), esses acontecimentos ocorreram em 1788.

Entre 1788 e 1799, Quitúbia teria cerca de 50 anos e envolveu-se na Guerra dos Dembos, ainda que os registros de sua participação sejam raros. Para o governador que começou esses conflitos, o barão de Moçâmedes (1784-1797), Quitúbia era "amigo" e "célebre guerreiro", pois foi ele quem, com seus bravos homens, foi para o norte em direção a Namboangongo, vencendo os dembos rebeldes.[22] Quando o governador voltou ao reino, ao fim de seu mandato, Quitúbia foi junto e recebeu o hábito de Cristo, além de outros favores reais.

"Tu viste com teus olhos a Rainha. De seus povos felizes adorada", cantou o poeta Basílio da Gama (1973, p. 28) sobre esse guerreiro. A proximidade de Quitúbia com o barão de Moçâmedes lhe rendeu muitas honrarias. Recebido em audiência pela rainha, ele deve ter conhecido também o príncipe herdeiro, d. João, e contado suas histórias das guerras em Angola. A soberana deve ter se comovido com a cena, pois concedeu-lhe, como já sabemos, o

22 Carta do governador Manuel de Almeida e Vasconcelos para o ministro José de Seabra da Silva, 25 jan. 1792. ANA, Ofícios para o Reino, A-1-4, fol. 25v.

hábito de Cristo, honraria da mais alta ordem militar do reino, e o soldo de capitão da infantaria, que era de 28 mil-réis por mês. Fora isso, a soberana ofereceu regalos para Quitúbia levar em seu regresso, como vemos a seguir:

> Sua Majestade, e Sua Alteza, atenderão, e honrarão o Quitúbia, e foram servidos, por ele lho pedir, mandar-lhe dar os seus retratos, para os conduzir ao Presídio das Pedras, e se colocarem na Casa que aí há de Sua Majestade, para Residência dos Capitães-mores.
>
> [...] Também leva Quitúbia armas que Sua Majestade manda distribuir por alguns sertanejos, que lhe consta terem servido na guerra com distinção, como Vossa Senhoria verá da lista junta, para na conformidade dela fazer Vossa Senhoria a distribuição.[23]

Interessante observar, ainda, que quem ficou no lugar de Quitúbia no posto de capitão-mor da guerra preta foi Luís Gonçalvez Vaz, o Canzaca, outrora seu discípulo. Assim, percebemos uma rede de militares que ia se constituindo com base nas experiências compartilhadas no campo de batalha e nas mercês concedidas pelos seus superiores.[24]

Quitúbia regressou para Luanda na fragata Golfinho, lá chegando em 18 de janeiro de 1792. Continuou nas batalhas contra os dembos, afinal, era o capitão-geral da guerra preta. E, nesse confronto, encontramos uma característica importante da história da guerra preta a que ainda não nos referimos: a deserção, ou seja, o abandono do posto militar e a fuga como estratégia de sobrevivência nos sertões do reino de Angola. Dizia o governador: "a total falta da guerra preta, tendo-lhe toda desertado, sendo sem ela impraticável qualquer ação nos Sertões de África".[25] Nada é tão emblemático quanto essa frase. Na ausência da guerra preta, não havia conquista dos sertões, e, nesses mesmos espaços distantes do poder colonial, a deserção sempre foi uma alternativa para os empacaceiros e demais soldados. Essa situação deixou Quitúbia sem condições de cumprir as ordens que vinham do governo em

---

23 Carta régia para o governador de Angola Manuel de Almeida e Vasconcelos, 2 dez. 1791. ANA, Ofícios do Exterior, C-10-5.

24 Ibid.

25 AHU, Angola, Papéis avulsos, transcrita por Ralph Delgado. Documentos históricos de Angola, XI, ms. da Biblioteca do Museu de Angola (Sousa, 1973, p. 95).

Luanda. Por causa da deserção, em setembro de 1793, Quitúbia foi a Luanda a serviço e partiu da capital para o interior, a fim de recrutar os dependentes dos sobas e quem mais encontrasse para a guerra. Era imperativo conseguir mais braços, e parece que ele foi bem-sucedido no recrutamento de nova tropa.

Finda a guerra, Quitúbia dizia adeus às armas e agora era encarregado de tarefas de paz. Adentrava os sertões do reino de Benguela, onde era muito experimentado, para negociar gado e, assim, tentar aplacar a crise de abastecimento que recaiu sobre Luanda. Mais do que isso, a missão tinha por objetivo conhecer as terras ao sul e compreender quais eram seus maiores potentados. Quitúbia foi chamado a Luanda e mostrou-se tanto um hábil comerciante – remessas de gado chegavam em segurança – quanto um versátil espião. Ao escrever ao soba Bailundo, o governador se refere à carta "que trouxe e me mostrou o Quitúbia, a quem gostei muito de ouvir as notícias que de vós me trouxe".[26]

Quitúbia faleceu provavelmente por volta de 1796 (há informações de que estava doente). Foi um dos mais importantes capitães da guerra preta de que temos notícia. Sua biografia pode ser reconstituída por meio de uma documentação que registra diferentes opiniões sobre ele. A trajetória desse personagem acompanhou os planos coloniais de conquista do sertão, e Quitúbia soube valer-se de toda a sua rede de solidariedade para conquistar postos que lhe favoreciam pessoalmente.

Considerações finais

Domingos Ferreira de Assunção descendia de uma família bem-sucedida em suas estratégias de inserção econômica e social e, por meio da atuação na guerra preta, alcançou as mais prestigiosas benesses de seu tempo. O poema de Basílio da Gama lamenta a cor de sua tez: "Que ainda que essa cor escura o encobre, verteste-o por teu rei: é sangue nobre". A cor escura aparece como empecilho pequeno diante da coragem e nobreza da personagem, mas, ainda assim, marca uma distância entre dois mundos: o luso e suas ânsias de con-

[26] Carta do governador Manuel de Almeida de Vasconcelos ao soba do Bailundo, d. Manuel Messo Ababa, 14 dez. 1795. ANA, A-19-2, fol. 263v (Sousa, 1973, p. 105).

quista e o africano ou luso-africano, que tem personagens diversas que se adequaram às novas exigências impostas pelo mundo colonial. Quitúbia foi um homem que fez da guerra preta e dos conhecimentos que tinha sobre os sertões de Angola e seus líderes um mecanismo de ascensão política e social.

Já Bento Pereira Henriques tinha uma ascendência mais cifrada e talvez mais humilde, que não lhe permitiu ascender aos cargos que desejava. Suas estratégias de mobilidade social se ligam à história do terço dos homens pretos em Angola, que, à época, carecia de restauração, pois estava abandonado. Por outro lado, ele acionou uma grande rede de contatos em Luanda, Benguela, Lisboa e Rio de Janeiro para conseguir a liberdade e pleitear suas lutas na Corte. Dessa maneira, sua atuação, além de trazer ao debate a ideia de guerra preta que circulava pelo Atlântico Sul no século XVIII, também apresenta questões que envolvem a representação de homens "pretos" no serviço militar, as possibilidades de mobilidade e as conexões pelas margens do Atlântico, deixando evidente a existência de marcadores de diferença que dificultavam ou mesmo impediam que homens pretos ascendessem socialmente. Toda a execução desse processo destaca também uma apropriação do sistema burocrático colonial. E, ao passo que havia essa apropriação das tecnologias de comunicação – com cartas, súplicas e petições –, ampliava-se o espaço para negociações e surgiam mais possibilidades de lutar por direitos, reivindicar melhores condições de vida ou trabalho e até buscar privilégios. Foi o que fez nosso personagem, Bento Pereira Henriques, que moveu ações por dentro do sistema colonial, seguindo seus códigos, mobilizando a própria burocracia colonial portuguesa em benefício de interesses pessoais.

O uso estratégico do sistema colonial feito por esses dois indivíduos naturais de Angola indica, ainda, a utilização de ferramentas que auxiliavam homens e mulheres centro-africanos a se aproximar das práticas dos registros escritos; permite-nos, além disso, compreender as formas como esses sujeitos sociais se enxergavam, pois, por meio da linguagem utilizada, era também construída uma autorrepresentação. Os sujeitos se colocavam no centro da discussão e, como feito por Quitúbia e Bento Pereira Henriques, trabalhavam com discursos de merecimento.

É interessante notar que "petição" se refere a todo um léxico forjado desde a Antiguidade, difundido pelo direito comum e utilizado pelas monarquias europeias para uma ampla comunicação dos súditos com seus monarcas.

Essa palavra agrega uma quantidade imensa de termos e tipos documentais, como súplica, representação, queixa e querela (Rojas, 2023). Uma nova historiografia do direito vem mostrando como, no Antigo Regime, as petições assumiam centralidade no próprio modo como as monarquias funcionavam, "em uma lógica *garantista* de direitos que não estavam baseados na centralidade da lei"; eram "direitos que, em uma concepção moderna de sociedade altamente desigual e discriminatória, não se opunham peremptoriamente a privilégios, no sentido de garantir a cada um o que se coadunava com a sua condição" (Slemian, 2023, p. 13).

Dessa forma, torna-se evidente que a atuação de combatentes africanos que prestavam serviços à Coroa era, como demonstrado no capítulo, pautada por interesses individuais. No entremeio dos conflitos entre as autoridades centro-africanas e as autoridades políticas e militares coloniais, prestar serviços para a Coroa – cuja presença no reino de Angola dependia dessa atuação – mostrava-se proveitoso, visto que com esse serviço, prestado em um ambiente e em uma estrutura já familiar, tornava-se possível galgar posições sociais, alcançar reconhecimentos e adquirir acessos a posições destinadas a uma minoria ligada às elites militares. Assim, a luta por si pode ser vista como estratégia também coletiva, já que trajetórias como a de Bento Pereira Henriques não eram necessariamente raras, e havia um aprendizado compartilhado de uma linguagem de graças e direitos. Por seu turno, Quitúbia também dominava a cultura política do Antigo Regime e atuava de acordo com seus próprios interesses. A sua ida a Lisboa para uma audiência com a rainha e a volta com os símbolos monárquicos, além de suas cartas aos governadores, são indícios disso.

Referências

ALMEIDA, Cândido Mendes e (Ed.). *Codigo Philippino ou Ordenações e Leis do Reino de Portugal recopiladas por mandado d'elrey d. Philippe I*. Lisboa: Fundação Calouste Gulbenkian, 1985. v. 5.

CARVALHO, Ariane. *Guerras nos sertões de Angola*: sobas, guerra preta e escravização (1749-1797). Tese (doutorado), UFRRJ, Seropédica, 2020.

CASTELBRANCO, Francisco. *História de Angola desde o descobrimento até a implantação da república, 1482-1910*. Lisboa: Oficina Gráfica Ltda., 1929.

CATÁLOGO dos governadores do reino de Angola. Com uma prévia notícia dos princípios de suas conquistas e do que nela obraram os governadores dignos de memória. In: COLEÇÃO de notícias para a história das nações ultramarinas que vivem nos domínios portugueses ou lhe são vizinhas. Lisboa: Typ. da Academia Real de Ciências de Lisboa, 1826. t. 1.

DELGADO, Ralph. *História de Angola*. Lobito: Edição do Banco de Angola, 1953-1955. 4 v.

FERREIRA, Roquinaldo. O Brasil e a arte da guerra em Angola (sécs. XVII e XVIII). *Estudos Históricos*, Rio de Janeiro, v. 1, n. 39, p. 3-23, 2007.

______. *Cross-cultural exchange in the Atlantic world*: Angola and Brazil during the end of the slave trade. Cambridge: Cambridge University Press, 2012.

GAMA, José Basílio da. *Quitúbia*. Anotado e documentado por d. Gabriel de Sousa. Lisboa: Agência Geral do Ultramar, 1973.

HEINTZE, Beatrix. Beiträge zur Geschichte und Kultur der Kisama (Angola). *Paideuma*, Frankfurt, v. 16, p. 159-186, 1970.

______. Historical notes on the Kisama of Angola. *The Journal of African History*, Cambridge, v. 13, n. 3, p. 407-418, 1972.

______. *Angola nos séculos XVI e XVII*: estudos sobre fontes, métodos e história. Luanda: Kilombelombe, 2007.

PÉLISSIER, René. *História das campanhas de Angola*. Lisboa: Estampa, 2013. v. 2.

RACHI, Silvia. A vida em folhas de papel: escrita mediada na América portuguesa. *Revista de História*, São Paulo, n. 174, p. 267-298, 2016.

ROJAS, Beatriz. Circuitos oceânicos: as petições ultramarinas e a comunicação política na América portuguesa (século XVIII). *Almanack*, Guarulhos, n. 34, 2023.

SILVA, Guilherme Oliveira da. *"Valentes homens de cores pretas"*: guerra e poder na África central no século XVII. Dissertação (mestrado), Unicamp, Campinas, 2023.

SLEMIAN, Andrea. Entre graça e direitos: apontamentos sobre como entender as petições na América portuguesa, século XVIII. *Almanack*, Guarulhos, n. 34, 2023.

SOUSA, Gabriel de. "Intróito e ofertório" e "A prosápia do herói". In: GAMA, José Basílio da. *Quitúbia*. Anotado e documentado por d. Gabriel de Sousa. Lisboa: Agência Geral do Ultramar, 1973.

THORNTON, John K. The art of war in Angola, 1575-1680. *Comparative Studies in Society and History*, Michigan, v. 30, n. 2, p. 360-378, 1988.

PARTE IV

Tropas indígenas: formação e disputas políticas

Nobres, indígenas e mamelucos: a tropa de guerra e resgate no rio Negro (Grão-Pará, primeira metade do século XVIII)

*Rafael Ale Rocha**

Em 1729, durante os conflitos contra indígenas do rio Negro empreendidos pela tropa de guerra e resgate comandada pelo sertanista Belchior Mendes de Moraes, o vice-provincial jesuíta José Lopes mencionava, em carta possivelmente destinada ao governador Alexandre de Souza Freire (1728-1732), os delitos realizados pelo mesmo Mendes de Moraes na região e solicitava o retorno imediato do sertanista a Belém. Para tanto, ao mencionar uma devassa/investigação contra Mendes de Moraes recentemente ordenada (provavelmente) pelo governador (e, ao que parece, por membros da junta das missões), o padre descrevia os impactos das ações do sertanista sobre os aldeamentos missionários jesuítas da capitania do Pará, despovoados em função dos violentos recrutamentos de indígenas para integrar a tropa de Mendes de Moraes, e alertava acerca da ameaça que pairava sobre as aldeias do rio Negro e o avanço português na região em função das ações do mesmo cabo.[1]

Destacando a imprescindível necessidade de indígenas para a defesa contra ameaças externas ("qualquer invasão de inimigo"), o trabalho ("expedir canoas para o negócio do sertão") e a composição de tropas de guerra, e também descrevendo as diversas fugas de indígenas para o "mato" em função da ameaça representada pela expedição de Mendes de Moraes, o padre Lopes findava a argumentação contra o sertanista destacando sua condição

---

* Agradeço a Gefferson Ramos Rodrigues a indicação de bibliografia e a Marcia Souza e Mello o acesso a documentação indispensável.

1 Carta do padre José Lopes (provavelmente) ao governador Alexandre de Souza Freire, Belém, 19 set. 1729, BNP, cód. 4.517, fol. 167.

de mameluco, moralmente duvidosa, e seu cargo de oficial, institucionalmente e legalmente inadequado para o comando de uma tropa de guerra e resgate:

> Tudo se pode presumir deste homem Belchior Mendes, mamaluco, filho de uma índia escrava, que se perturba com a demasia no beber, notório salteador dos sertões (como se comprova das devassas anuais) do rio da Madeira, dos Solimões, e do rio Negro, donde agora dissoluto, e Sr. absoluto mandara para baixo as aldeias amigas [...]. O que tudo corre evidente perigo com a ambição, imprudências, e incapacidade de Belchior Mendes. Pelo que torno a requerer, e a protestar a V. Exª. da parte de Deus, e de El Rey Nosso Senhor mande logo logo vir para esta praça o dito Belchior Mendes capitão, ou sargento-mor da tropa de guerra (contra o disposto por Sua Majestade, que ordena sejam cabos destas tropas de capitão de infantaria para cima).[2]

Sabe-se que essa crítica do padre Lopes foi elaborada numa conjuntura na qual uma profusão de denúncias, apresentadas por um franciscano e pelo próprio jesuíta, era destinada à tropa de Mendes de Moraes enviada aos sertões do rio Negro para a guerra contra os manaus e mayapenas (ou mayapemas), cujas tensões e conflitos se desenvolveram entre os anos de 1723 e 1730. Entre outras questões, a tropa era acusada de recrutar indevidamente indígenas dos aldeamentos e cativar indiscriminadamente indígenas nos sertões (fossem alvos legais da guerra ou não). De qualquer forma, retomando a crítica do padre Lopes, se a fama de mameluco dirigida ao cabo ou comandante daquela tropa e/ou o seu gosto por bebidas alcoólicas já são bem conhecidos pela historiografia,[3] traços menos notórios são, por um lado, o ramo nobre pela parte paterna e, por outro, a referida inadequação de sua patente para o comando da mencionada tropa. Assim, se o ouvidor-geral Francisco de Andrade Ribeiro garantia que o mesmo Belchior Mendes de Moraes era "filho, ainda que ilegítimo, de um cidadão [termo que, à época, denotava um integrante da elite local] [...] e de presente se acha com pa-

---

2 Ibid.

3 Sobre as denúncias contra a tropa de Belchior Mendes de Moraes e a sua condição de mameluco e/ou dado a bebidas alcoólicas, ver, por exemplo: Sweet (1974, p. 538, 551-557); Hemming (2007, p. 645); Farage (1991, p. 66-68); Carta do provincial franciscano e deputado da junta das missões frei Joaquim da Conceição ao rei d. João V, Pará, 30 set. 1730, AHU/CU 013, cx. 12, doc. 1.157 (em anexo representações do jesuíta José Lopes e respostas do ouvidor-geral); e, entre outros, diversos documentos em BNP, cód. 4517.

tente de capitão de infantaria",[4] nesse período, dependendo dos interesses em jogo, certo setor da nobreza do Pará buscava cerrar suas fileiras a imigrantes (sobretudo reinóis) ou distinguir-se de indivíduos estigmatizados como indígenas (e também negros) e/ou detentores do "defeito mecânico", isto é, daqueles que executassem trabalhos avaliados como vis, mormente manuais, ou descendessem de quem o fez.

Dessa forma, entre meados do século XVII e a primeira metade do Setecentos, encastelada em instituições locais de gestão, comando e prestígio, como a câmara municipal de Belém e a ordenança do Pará, por vezes a nobreza local – ou cidadãos de Belém – intentava monopolizar os postos cimeiros dessas instituições, afastar delas os grupos considerados de baixa qualidade e, entre outras estratégias, impedir intervenções (especialmente durante as eleições do oficialato de ambas as instituições) e resguardar privilégios garantidos pela monarquia frente às ações de autoridades como governadores e/ou ouvidores. Entre essas imunidades, constavam as benesses dos cidadãos do Porto, concedidas pela monarquia aos cidadãos de Belém, em 1655, como remuneração pela expulsão dos holandeses do Maranhão. Aliás, para todos esses intentos (monopolizar cargos, afastar estigmatizados, garantir autonomia e manter privilégios), até pelo menos meados do século XVIII essa elite local alegava ser ou descender dos chamados restauradores, isto é, daqueles habitantes do Pará que, deslocando-se de Belém, rumaram ao Maranhão para expulsar os holandeses – que permaneceram na região entre 1641 e 1644 (Rocha, 2012, 2015, p. 85-105, 2016, p. 92-113).

Um dos privilégios que arrogavam para si era a possibilidade de prisão por "homenagem" ou "menagem" (prisão fora do cárcere), imunidade a qual membros da elite local não raro acusavam os ouvidores ou governadores de desrespeitar. Durante a primeira metade do século XVIII, por exemplo, notórios cidadãos foram presos na cadeia pública, onde deveriam ser encarcerados "facinorosos", na fortaleza da cidade ou em um "calabouço", sem que houvesse diferença entre "mecânicos" e "nobres"; e um cidadão foi preso "em ferros sem diferença de índios da terra e pretos da Guiné, misturado com muitos facinorosos". Por volta de 1741, o sargento-mor da ordenança do Pará

4 Carta do ouvidor-geral Francisco de Andrade Ribeiro ao governador Alexandre de Souza Freire, Belém, 20 set. 1729, em anexo a carta do provincial franciscano e deputado da junta das missões frei Joaquim da Conceição ao rei d. João V, Pará, 30 set. 1730, AHU/CU 013, cx. 12, doc. 1.157.

Antônio Ferreira Ribeiro denunciava ao rei as eleições para os quadros da câmara nas quais teriam sido alçados ao oficialato indivíduos que considerava indignos (oficiais mecânicos ou "plebeanos" [sic] e não descendentes dos "primeiros", "cidadãos antigos" ou "conquistadores daquela cidade"), posição que permitiria - como um segundo privilégio - a isenção do alistamento nas tropas regular e de ordenança. Incomodado com a inflação do número de nobres e privilegiados, Ferreira alertava que até "até mamalucos filhos de índias, e alguns filhos dos tais cidadãos" se queriam incorporar na câmara.[5]

Da mesma forma, a elite local procurava afastar da chamada companhia de ordenança da nobreza - criada e regulada por leis de 1698 e 1711 para, a um só tempo, garantir o alistamento dos filhos dos nobres e cidadãos e os distinguir das demais companhias de ordenança - os indivíduos ou grupos considerados inadequados. No que se refere aos indígenas, por exemplo, quando entre as décadas de 1730 e 1740 um filho de cidadão (o padre José Correia da Guarda) garantiu a legitimidade de seus dois filhos tidos com uma índia livre chamada Anna, ambos posteriormente alistados na companhia dos filhos e netos de cidadãos, a câmara de Belém alegou uma lei régia na qual a legitimação "vos não obriga a que alisteis aqueles legitimados, que são filhos de índias escravas, e mulheres que tem vileza". Aliás, essa lei, que foi assinada em 1741 e fazia referência a uma carta da câmara de 1739, explicitamente mencionava os "filhos naturais de cidadãos dessa cidade [Belém] havidos de mulheres índias da terra, e algumas escravas, os quais pretendem ser alistados na companhia da nobreza".[6]

---

5 Respectivamente: requerimento do procurador do senado da câmara Roque Beckman e Albuquerque e anexos ao rei d. João V, anterior a 3 mar. 1705, AHU/CU 013, cx. 5, doc. 403; carta dos oficiais da câmara de Belém ao rei, d. João V, Belém, 8 nov. 1737, AHU/CU 013, cx. 20, doc. 1.915; requerimento do sargento-mor do terço da ordenança da praça da capitania do Pará, Antônio Ferreira Ribeiro, para o rei d. João V, anterior a 9 maio 1741, AHU/CU 013, cx. 24, doc. 2.237. Dependendo da conjuntura ou dos interesses em jogo, a exclusão de certos reinóis poderia ser uma estratégia. Ver carta do ouvidor do Pará, Timóteo Pinto de Carvalho, para o rei d. João V, Pará, 22 jan. 1746, AHU/CU 013, cx. 28, doc. 2.686.

6 As cartas de legitimação, a carta régia de 1741 e outros documentos sobre a matéria estão anexados ao requerimento de Manuel de Souza e Pedro Correia de Souza, filhos do Padre João Correia da Guarda, ao rei d. João V, 1743, AHU/CU 013, cx. 26, doc. 2.424. Ver também, respectivamente, as cartas régias de 1698 e 1711 (duas) sobre a companhia da nobreza: carta régia ao governador Antônio de Albuquerque Coelho de Carvalho, Lisboa, 10 dez. 1698, em anexo ao requerimento do procurador do senado da câmara Roque Beckman e Albuquerque, AHU/CU 013, cx. 5, doc. 403; carta régia ao governador Cristóvão da Costa Freire, Lisboa, 19 set. 1711, Livro Grosso do Maranhão, *Anais da Biblioteca Nacional do Rio de Janeiro*, v. 67, 1948, p. 89-90; e carta régia a João de Barros Guerra, Lisboa, 15 dez. 1711, Livro Grosso do Maranhão, p. 93 e 94.

Retomando a história de Belchior Mendes de Moraes: em relação à baixa estima de sua patente, sabe-se que, se o oficialato militar do Pará àquela altura estava institucionalmente representado pelas tropas paga ou regular e de ordenança, os governadores eram com alguma constância acusados de criar postos e nomear múltiplos oficiais para a ordenança, o que, na avaliação da câmara, inflacionava o número de nobres e reduzia a qualidade dos nomeados (Rocha, 2015, p. 96 e segs.).[7] Cabe destacar que, em determinados momentos, a câmara considerava o provimento dos postos da ordenança uma função de sua própria alçada. Na verdade, se para o primeiro modelo de tropa (paga ou regular) e o segundo (ordenança) as nomeações eram respectivamente atribuições do monarca e dos governadores, alguns provimentos realizados por estes últimos comportavam certo grau de indefinição institucional. Reside aí, como posteriormente veremos com algum pormenor, a distinção aparentemente estabelecida entre a concepção do padre José Lopes ("sejam cabos destas tropas de capitão de infantaria para cima") e a do ouvidor Francisco de Andrade Ribeiro ("se acha com patente de capitão de infantaria") acerca do posto de "capitão" galgado pelo sertanista.

Assim, por exemplo, segundo uma carta régia de 1721 dirigida ao governador Bernardo Pereira de Berredo (1718-1722), que lhe ordenava dar baixa a alguns postos criados sem a aprovação do rei e providos pelos governadores ("arrogando a si uma regalia que por nenhum caminho lhe é dada"), o provedor da fazenda do Pará assegurava que os governadores usavam destas prerrogativas para garantir governabilidade, o que resultara na criação de "vários postos fantásticos e imaginários de coronéis, e tenentes-coronéis, capitães e sargentos-mores, e outros". O monarca alertava, ainda, que os serviços inscritos nas patentes não seriam "levados em conta" e seus oficiais não lograriam os privilégios respectivos, visando tornar a patente desinteressante aos vassalos portugueses.[8]

7 Ver, também, a carta dos oficiais da câmara de Belém ao rei d. João V, Belém, 28 set. 1727, AHU/CU 013, cx. 10, doc. 938; e carta do governador Gomes Freire de Andrade descrita em uma consulta do Conselho Ultramarino ao rei, Lisboa, 2 dez. 1686, AHU, cód. 274, fols. 54 e 54v.

8 Berredo e antecessores criavam tais postos para "mostrarem o seu poder ou para satisfazerem a alguns particulares e pessoas a obrigação de algum serviço que lhe fizeram em matérias muito contrárias a razão e a meu serviço", dizia a carta régia de d. João V ao governador Bernardo Pereira de Berredo, Lisboa, 15 maio 1721, Apep, cód. 8, fol. 35v, doc. 27.

Dessa forma, podemos considerar que a ascensão de Belchior Mendes de Moraes, evoluindo de capitão de escolta ao rio Negro (1723), sargento-mor e cabo da tropa de guerra ao mesmo rio (1728) a tenente-coronel de infantaria paga da tropa de guerra do Tocantins (1733)[9] por nomeações e patentes dos governadores, ocorreu num contexto no qual um dado setor da elite local procurava, na medida em que definia a sua identidade e o seu pertencimento institucional à câmara de Belém e à ordenança do Pará, fechar suas portas ou pelo menos dificultar (a depender dos interesses e das conjunturas) a entrada de "novos" membros em seus quadros, sobretudo os não descendentes dos chamados restauradores ou aqueles identificados com as máculas próprias de uma sociedade de Antigo Regime. Ao que parece, pelo menos dois elementos mutuamente relacionados explicam a ascensão de Belchior Mendes de Moraes nessa conjuntura: a capacidade de mobilização das tropas paga e de ordenança do Pará por parte dos governadores e o provimento de patentes, pelas mesmas autoridades, não claramente enquadradas institucionalmente; e, em relação a Mendes de Moraes, a experiência nos sertões e sua capacidade de mobilizar e negociar com os indígenas.

Analisar a história desse personagem e sua relação com os dois elementos referidos é o principal objetivo deste capítulo, atentando-se para o fato de que o caso desse sertanista, com suas estratégias de ascensão, não representou uma exceção. Ao contrário, corresponderia a um modo de ação (um tipo de relacionamento com as autoridades e com os indígenas) que, embora representado de forma ambígua pelo conjunto da documentação lusa (ora útil para a colonização, ora ameaçadoramente independente), posteriormente será adotado por diversos agentes naquele rincão da América portuguesa, o que nos permite analisar adaptações e impactos locais que pesaram sobre as instituições lusitanas e hierarquias de Antigo Regime.

---

9 Registro da patente de capitão da escolta que vai ao rio Negro dada pelo governador João da Maia da Gama a Belchior Mendes de Moraes, Belém, 2 nov. 1723, Apep/LS, livro 01, fols. 98v-99v; registro da patente de sargento-mor e cabo da tropa de guerra que vai ao rio Negro dada pelo governador Alexandre de Souza Freire a Belchior Mendes de Moraes, Belém, 6 nov. 1728, Apep/LS, livro 5, fols. 65v-67v; e registro de uma patente de tenente-coronel de infantaria da tropa "paga" de guerra do Tocantins (2º cabo) dada pelo governador José da Serra a "Belxior" Mendes de Moraes, Belém, 11 out. 1733, Apep/LS, livro 6, fols. 143-144v.

Tropas militares na capitania do Pará

Dos três modelos de tropa comumente presentes nas capitanias da América portuguesa (paga ou regular, auxiliar e de ordenança), sabe-se que durante a primeira metade do século XVIII atuaram na capitania do Pará as tropas regular e de ordenança. A caracterização que as autoridades portuguesas destinavam ao primeiro modelo nesse período, assim como às tropas regulares que atuaram no decorrer da segunda metade do século XVII em todo o Estado do Maranhão e Grão-Pará (do qual a capitania real do Pará, ao lado da do Maranhão, fazia parte), destacava a pouca quantidade de homens para atuar em tão vasta região; e o mesmo, acreditamos, pode ser dito para o contingente da tropa de ordenança (Rocha, 2014; Viana, 2021, p. 209-210).

Em relação à capitania do Pará durante a primeira metade do século XVIII, conforme os dados levantados por Wania Viana (2021), se a tropa regular no geral contava com um contingente composto por entre duas e três centenas de homens, a ordenança em alguns momentos chegava a reunir mais de 500 indivíduos (apresentando o número máximo de 594 homens em 1747). Contudo, dadas a prática da deserção e as diversas atividades empreendidas no sertão, especialmente a guarnição das fortalezas e casas fortes e a atuação em tropas de guerra, a tropa regular somava entre sete e nove dezenas de "soldados prontos" nas décadas de 1730 e 1740.

Da mesma forma, em relação às ordenanças, sabe-se que, no geral, esse modelo de tropa, no reino e na América portuguesa, era em tese não móvel, cabendo às chamadas tropas auxiliares o apoio às regulares nas fronteiras ou em outras regiões. No caso específico da capitania do Pará, a chamada nobreza local reagiu contra a aplicação de certo contingente da ordenança, por mobilizações dos governadores, para serviços específicos num contexto de escassez de homens nas tropas pagas e em uma delicada conjuntura marcada pelo avanço de outras potências europeias em diversas frentes fronteiriças – Espanha, pelo rio Solimões; Holanda, pelos rios Branco e Negro; e França, por Caiena.

Para tanto, por um lado, progressivamente os governadores passaram a ser encarregados de prover o oficialato superior da ordenança, sem que a câmara abandonasse de vez a tentativa de atuar nas escolhas. Assim, o governador deveria "aprovar" (conforme leis de 1686 e 1691), "nomear" (lei de 1710), "prover" (lei de 1739) ou "escolher" (lei de 1749) o oficialato superior das ordenanças, postos que deveriam ser posteriormente confirmados pelo rei, mas a partir das "eleições", "nomeações" (1686) ou "propostas" (1691 e 1749) da câmara (Rocha, 2015, 2016).[10] De qualquer forma, como observamos na introdução, o governador em algum momento foi acusado de criar e prover postos, o que gerava dúvidas acerca da legalidade de alguns provimentos e do enquadramento institucional de determinados cargos (Rocha, 2015). Tratava--se de situação diferente, portanto, das patentes de tropa paga ou regular, pelo menos até meados do século XVIII e para o Estado do Maranhão e Grão-Pará, passadas diretamente pelo rei, não raro, por via de concursos realizados pelo Conselho Ultramarino.[11] Na verdade, à semelhança do que ocorria no Brasil colonial, a instituição militar não estava imune a ajustes e especificidades locais, não obstante a profusão de leis que visavam à sua regulação.[12]

Por outro lado, e em meio aos referidos conflitos entre a câmara e os governadores pela prerrogativa de escolher os oficiais, os chamados cidadãos elaboraram estratégias, boa parte delas embasadas em privilégios adquiridos e nas características próprias de seu estamento, para evitar as mobilizações. A institucionalização da Companhia da Nobreza, movimento iniciado a partir de fins do século XVII, é um exemplo dessas ações.

Até onde pudemos averiguar, as primeiras informações sobre uma organização mais intensa da ordenança na capitania do Pará começaram a aparecer na década de 1680, quando o monarca, em carta ao governador Artur de Sá e Menezes (1687-1690), ordenou a organização, o levantamento numérico e o provimento de postos das ordenanças do estado (Rocha, 2016). Destaca-se

10 Sobre a lei de 1710, ver carta régia ao governador Cristóvão da Costa Freire, Lisboa, 14 jul., Livro Grosso do Maranhão, p. 80 e 81.

11 Esse tipo de concurso foi amplamente utilizado durante a segunda metade do século XVII. Ver Rocha (2013, cap. 1). Para a primeira metade do século XVIII, ainda estamos procedendo à sistematização das consultas geradas por tais concursos, mas já podemos inferir que o concurso em alguns casos ainda era utilizado para a eleição dos cargos superiores da tropa paga (capitão-mor ou governador de capitania, sargento-mor e capitão de companhia).

12 Entre outros, para as tropas coloniais antes da conhecida carta régia de 1766 sobre as tropas auxiliares e de ordenança, ver a "lenta oficialização" ou institucionalização do posto de capitão do mato em Lara (1996). Sobre as "normas crioulas", por vezes paralelas às normas metropolitanas, instituídas pelas tropas auxiliares, ver Silva (2012). Acerca dos capitães de emboscadas na guerra holandesa, a participação dos indígenas e a institucionalização das bandeiras paulistas (tornaram-se tropas pagas permanentes), ver Puntoni (2004). Sobre as "tropas irregulares de indígenas" e a heterogeneidade das tropas e grupos que atuaram na chamada Guerra dos Bárbaros (segunda metade do século XVII), ver Silva (2010).

que, nesses anos, a ameaça "estrangeira" apresentou-se em diversas frentes, especialmente com franceses de Caiena no Cabo Norte (Amapá) e arredores (culminando em conflitos armados, sobretudo, na década de 1690). Nessa conjuntura, em meio às críticas destinadas a certas autoridades, pela quebra dos privilégios da câmara, no ano de 1698 o monarca ordenava a criação de uma companhia com os filhos de nobres e cidadãos para, justamente e a um só tempo, garantir alistamento e distinguir esses homens.

Assim, em carta régia que respondia a uma informação do governador Antônio de Albuquerque Coelho de Carvalho (1690-1701), o monarca proibia a eleição de "soldados pagos" para os ofícios da câmara, pois tal eleição os isentava de servir às armas e, consequentemente, resultava em "acharem-se hoje as companhias com muito pouca gente". Além disso, o monarca, condenando a prática de eleger ("por respeitos particulares") "mecânicos" e degradados em lugar de "homens desobrigados" e "nobres", advertia que somente "filhos de homens nobres" e "cidadãos" deveriam servir na câmara (conforme estipulava a Ordenação); e, "para que estes se não escusem de servir nas ordenanças", "dos que já há privilegiados se faça uma companhia para acudir ao que for necessário" – à semelhança, completava, do que ocorria no reino e em diversas capitanias do Brasil.[13]

Nas primeiras décadas do Setecentos, contudo, já surgiriam as primeiras reações contra as mobilizações dos governadores. Conforme uma carta régia de 1711, a câmara de Belém "estranhara" o fato de a Companhia da Nobreza integrar o regimento da ordenança e, assim, estar sujeita ao coronel, embora devesse servir, "pelos seus privilégios", somente em atos de guerra e mostras. Solicitando o governador a posição do rei sobre a questão a fim de evitar "contendas", o monarca atestou que "a companhia da nobreza é da ordenança", estava agregada ao regimento do coronel respectivo e deveria servir em atos de guerra e demais "funções militares", embora a sua condição distinta devesse ser respeitada ("por ser de principais homens que habitam na cidade do Pará").[14]

13 Carta régia ao governador Antônio de Albuquerque Coelho de Carvalho, Lisboa, 10 dez. 1698, AHU, cód. 268, fol. 138v.

14 Carta régia ao governador Cristóvão da Costa Freire, Lisboa, 20 nov. 1711, Livro Grosso do Maranhão, p. 89-90.

Ainda em 1711, os mesmos assuntos voltaram à baila. Conforme nova carta régia, em missiva ao rei o capitão-mor do Pará, João de Barros da Guerra, destacava que arregimentara a tropa paga e a ordenança do Pará para a faxina "do mato e terra" e para a reedificação dos baluartes e parapeitos de dada construção, "na ocasião em que receou ir inimigo francês a este estado", o que culminou na recusa da Companhia da Nobreza a tais trabalhos ("com o pretexto de serem isentos de semelhantes serviços"), na rejeição à "subordinação" ao coronel da ordenança e, motivada por essas recusas, na prisão dos mesmos nobres por parte de Barros da Guerra. Em resposta à questão, o monarca alertou que inexistia isenção ou privilégio que desobrigasse a referida companhia a "assistir ao que lhe for mandado", especialmente numa situação de invasão iminente, que, na ocasião, "podia ser a toda a hora". Contudo, reiterando a observação feita na carta régia anterior, ressaltava que deveria ser mantida a distinção "destes soldados para serem tratados conforme o foro de sua nobreza".[15]

A cruzada contra a mobilização das autoridades perduraria na década de 1730, quando a câmara de Belém, em uma carta ao rei elaborada em 1733, lembrava a atuação de seus antepassados na restauração do Maranhão (expulsão dos holandeses no século XVII) e mencionava a carta régia de 1711 como justificativa para evitar a atuação nas rondas, na guarnição da cidade durante a ausência da infantaria regular, como sentinela de presos, na "guarda" de embarcações e "em outros postos de menor conta". Chamado pelo governador a manifestar sua opinião, o cavaleiro da Ordem de Cristo e coronel da ordenança Gaspar de Siqueira de Queirós criticaria a inflação do número de nobres, quando em alguns casos a entrada de toda sorte de indivíduos na câmara era facilitada por alguns destes mesmos nobres, o que ameaçava a própria existência (pouco contingente) da ordenança. Além de mencionar a ameaça externa (navio estrangeiro no Macapá) e valorizar os serviços que os camarários consideravam desprestigiados, sugeria manter a Companhia da Nobreza – contrariando a proposta dos cidadãos, que, em mais de um momento, solicitaram sua extinção. Sobre aqueles serviços, o coronel garantia que "não perdem o foro da nobreza; porque qualidades incomparavelmente

[15] Carta régia ao capitão-mor do Pará João de Barros da Guerra, Lisboa, 15 dez. 1711, Livro Grosso do Maranhão, p. 93 e 94.

mais ilustres têm na milícia dilatando o nome de seus progenitores pegando nas forquilhas para as sentinelas primeiro que empunhem os bastões para os governos".[16] Com a mostra de 1730, os cidadãos foram apresentados em lista que, ao lado das companhias da nobreza, composta por filhos e netos de cidadãos, e dos privilegiados, milicianos reformados, os representavam de forma distinta diante das demais companhias da ordenança (dos "moradores", "onde estão alistados os plebeus", "sem privilégios", "de ordenança mecânica" ou "de mecânicos").[17]

Retomando o caso de Belchior Mendes de Morais, com o qual introduzimos este capítulo, ao que parece o contexto e a conjuntura aqui esboçados explicam a ascensão desse sertanista. Por um lado, um contexto marcado pela parca quantidade de contingente disponível (tropa regular ou de ordenança) e pelos conflitos que opuseram a nobreza local aos governadores ou outros agentes acerca do controle das nomeações dos oficiais da ordenança e do comando sobre a mesma, o que também envolvia a definição do estatuto de nobreza para os grupos locais (marcando distância de indígenas ou mamelucos, negros e "mecânicos"), mas que permitia certa flexibilização institucional aos postos patenteados. Por outro lado, no que se refere às conjunturas, eventos específicos como a guerra contra os manaus e mayapenas e as ameaças representadas pelas três fronteiras com outras potências coloniais europeias (França, Holanda e Espanha) exigiam a aliança com os indígenas do sertão para a expansão da ação colonial portuguesa. Enfim, talvez tenha sido sua condição aparentemente ambígua, possivelmente a um só tempo nobre (filho de cidadão) e não nobre (filho de índia cativa), que permitiu a Belchior Mendes de Moraes, como ponte com os indígenas aliados, servir à colonização ou a interesses de um grupo específico e, assim, ascender e atuar politicamente.

---

16 Carta dos oficiais da câmara ao rei, Belém, 25 set. 1733, AHU/CU 013, cx. 15, doc. 1.436 (por esta, solicitam do próprio rei a extinção da Companhia da Nobreza); e carta do coronel Gaspar de Siqueira de Queirós ao governador José da Serra, Pará, 12 jul. 1734, em anexo a carta do governador José da Serra ao rei, Pará, 31 jul. 1734, AHU/CU 013, cx. 16, doc. 1.513.

17 Carta dos oficiais da câmara ao rei e documentos anexos, Belém, 25 set. 1733, AHU/CU 013, cx. 15, doc. 1.436. Nessa conjuntura, a classificação apresentada pelo governador José da Serra aos filhos e netos dos nobres não era das melhores: vivem "com a soltura que costumam", "legítimos vadios" e "a maior parte não sabe ler nem escrever". Mapa das mostras gerais da ordenança, 20 set. 1730, AHU/CU 013, cx. 12, doc. 1.142. Sobre as classificações das ordenanças, além destes anexos, ver o requerimento do capitão da nobreza João Furtado de Vasconcelos, 1734, AHU/CU 013, cx. 16, doc. 1.480.

A ascensão (e seus limites) de Belchior Mendes de Moraes

Já é bem conhecida a importância da atuação de colonos portugueses "casados" com indígenas tupis e de mamelucos, como intermediários entre as comunidades indígenas e o mundo colonial, para a conquista e a colonização no Brasil quinhentista. Destacam-se a adaptação e integração de homens como João Ramalho, em São Vicente (São Paulo), Diogo Álvares ou "Caramuru", na Bahia, e Jerônimo de Albuquerque, em Pernambuco, às sociedades tupis, o que envolvia, entre outras questões, a união com filhas de grandes chefes indígenas (Ramalho e Albuquerque) como estratégia de aliança. Além do mais, em alguns casos, esses homens relacionavam-se com diversas mulheres (poligamia), geravam muitos descendentes, o que era considerado um símbolo de liderança entre os tupis, e legavam ramos familiares influentes nas respectivas capitanias.[18] Tratava-se de "uma autêntica aculturação às avessas", segundo Ronaldo Vainfas (2018, p. 184), da clara "abertura desses europeus em relação aos costumes dos índios", no dizer de Maria Regina Celestino de Almeida (2003, p. 54), ou, sobre João Ramalho, "de um português totalmente indigenizado", conforme John Monteiro (1994, p. 30).

Em relação especificamente aos mamelucos, oriundos em sua maioria do enlace entre homens portugueses ou mamelucos e mulheres indígenas ou mamelucas num mundo marcado pelo concubinato (gerando proles "ilegítimas") não raro com escravizadas (Vainfas, 2018, p. 185-186; Schwartz, 1995, p. 11-15), a historiografia destaca a característica ambivalente da atuação desses homens, íntimos conhecedores dos sertões e da fala tupi, ora vivendo junto aos indígenas, ora favorecendo as ações coloniais de guerra, resgate e/ou captura de escravizados. Além do mais, destacam-se as ambiguidades próprias do termo "mameluco" e as desavenças e conflitos travados por estes contra os jesuítas – entre outras questões, em função de suas atuações no cativeiro ou da adoção de costumes como as incisões na pele, a antropofagia e a poligamia (Schwartz, 1995, p. 15 e segs.; Vainfas, 2018, p. 184-185).[19]

---

[18] Especialmente, através do casamento entre europeus e suas respectivas filhas. Ver Metcalf (2005, p. 79-86) e Monteiro (1994, p. 29-30). Conforme Metcalf, três filhos de Diogo Álvares tornaram-se cavaleiros por mercê régia.

[19] Para a Bahia, ver Vainfas (2022, p. 171-184). O autor alude, também, a casos de "indianização" de brancos (adoção de incisões e do canibalismo). Para São Vicente, acerca dos "contextos relacionais" (por vezes, a guerra) que originavam ambivalências e ambiguidades relacionadas ao termo mameluco, associado a cristãos, selvagens, "negros", senhores de escravos e mesmo brancos, ver Guedes e Godoy (2020) e Metcalf (2005, p. 96-109).

Nos séculos seguintes, segundo a análise de Stuart Schwartz (1995), a aceitação e o *status* dos mamelucos ou mestiços variaram, no tempo e no espaço, de acordo com as características econômicas e demográficas de cada região, dependendo, assim, do adensamento da população negra, da presença de brancos (especialmente mulheres) e da permanência de contingentes indígenas. Em São Paulo e na Amazônia, os mestiços permaneceram com *status* destacável, a exemplo dos bandeirantes paulistas – em boa parte, mestiços peritos nos sertões e caçadores de indígenas. Persistiam, também, aspectos como a "permeável fronteira cultural" (Schwartz, 1995, p. 18-21), além das ambiguidades com as quais os paulistas eram representados em fontes diversas: criminosos rudes, salteadores de indígenas e desobedientes ao poder régio – a chamada "lenda negra" divulgada pelos jesuítas; ou fiéis servidores, dignos de mercês, quando combatiam índios bárbaros e negros fugidos (inclusive de Palmares) no norte do Brasil e descobriam minas na região central.

Em relação aos paulistas, dependendo do autor do relato, por vezes elementos próprios das detrações (reeditadas em ocasiões distintas) eram vertidos em virtudes, como infração em ordem, "captando com argúcia o contraditório das ações humanas em contextos marcados pela indefinição e improviso". Tornando-se esses homens conhecidos como combatentes e sertanistas, e assim angariando admiradores e adversários, "sua força residia na ambivalência de que se revertiam" (Souza, 2006, p. 113, 130). Aliás, já no século XVIII, o linhagista paulista Pedro Taques de Almeida Paes Leme investiu esforços na construção de uma imagem nobilitante às famílias ilustres paulistas. Assim, embora escravista e adepto da pureza de sangue, conforme Laura de Mello e Souza (2006, p. 140, 143), o linhagista que condenava os consórcios com negras "aceitava" ou "fechou os olhos ante a mestiçagem com índio".

Do ponto de vista do reconhecimento da ascensão de "homens de cor" por parte da monarquia, cabe avaliar a concessão de mercês régias que exigiam a ausência de estigmas como os defeitos de sangue e mecânico. Em primeiro lugar, sabe-se que o sangue indígena detinha menos dificuldade, por exemplo, para conquistar a honra de cavaleiro do que o sangue negro. Em segundo lugar, em relação a todo o império, se para negros e mulatos a concessão de honras poderia ser facilitada de acordo com a região de origem do vassalo (para Cabo Verde e reino as concessões eram mais comuns do que para o Brasil) e tipo de mercê (patentes eram menos difíceis de ser obtidas do que hábitos de cavaleiro), outras flexibilizações ocorriam por ocasião de conflitos importantes, como as guerras de conquista, ocorridas nos primórdios da colonização, e a guerra contra os holandeses no Brasil, ocorrida de 1630 a 1654 (entre outros, ver Dutra, 2011; Figueirôa-Rêgo e Olival, 2011; Raminelli, 2010, 2016). Em outras palavras, embora os estatutos de limpeza de sangue e defeito mecânico imperassem durante todo o Antigo Regime, no império português espaços e tempos específicos permitiam brechas ou adaptações nessa estrutura.

No que se refere especificamente ao Estado do Maranhão e Grão-Pará, sabe-se que famílias conhecidas pela "aliança marital" com indígenas e pela geração de mamelucos entre seus membros, como os Albuquerque e os Maciel Parente (migrantes, respectivamente, de Pernambuco e São Paulo), atuaram em um ou mais conflitos seiscentistas importantes – a conquista contra franceses (1615) e/ou a posse da região da foz do rio Amazonas contra ingleses e outros europeus (décadas de 1620 e 1630) – e galgaram cargos destacáveis, como comandos militares e/ou o próprio governo do estado. Nessa centúria, como procuramos mostrar em outro estudo, o trato com os indígenas – e, por vezes, falar-lhes a língua – facilitava essa ascensão de homens experientes nas guerras da região a cargos e mercês honrosas, fosse na tropa paga ou, a exemplo dos Maciel Parente e dos Albuquerque Coelho de Carvalho, no governo do Estado. Mercês como o hábito de cavaleiro e o foro de fidalguia também eram possíveis (Rocha, 2013, p. 119-128).[20] Assim, embora a recusa da proximidade com estigmatizados estivesse na ordem do dia durante a primeira metade do Setecentos, constata-se a presença de indivíduos com o nome Maciel Parente na lista dos cidadãos de Belém da mostra de 1730 – quem sabe, tais homens eram familiares ou descendentes do seiscentista governador Bento Maciel Parente.[21] Se assim for, esse caso

[20] O conquistador do Maranhão, o mameluco Jerônimo de Albuquerque Maranhão, era filho do mencionado Jerônimo de Albuquerque, colono de Pernambuco. Já os Coelho de Carvalho (ou Albuquerque Coelho de Carvalho) contaram com diversos governadores do Estado do Maranhão e Grão-Pará (inclusive o primeiro governador que o estado teve) entre a década de 1620 e o início do século XVIII.

[21] Na lista de cidadãos consta Vital Maciel Parente e Dionizio Maciel Parente; e na lista de privilegiados está registrado um Antônio Maciel Parente. Sabemos da existência de um Vital Maciel Parente que era irmão do mameluco Bento Maciel Parente filho. Ambos eram filhos do governador Bento Maciel Parente, mas não é possível precisar a relação deste Vital com o Vital registrado na lista de cidadãos em 1730. Da mesma forma, ainda não é possível saber se este último era mameluco. Lista da companhia de filhos e netos de cidadãos, 1730, AHU/CU 013, cx. 12, doc. 1.142.

demonstra que, dependendo do jogo político presente, uma linhagem poderia ignorar determinados elementos do seu passado.

Enquanto determinado setor da nobreza local paraense (por meio das câmaras e ordenanças) aferrava-se à hereditariedade do *status* (descender de restaurador) e à distância de estigmatizados ("mecânicos", índios, negros e mamelucos), Belchior Mendes de Moraes valia-se de seu conhecimento do sertão e de sua integração às comunidades indígenas do rio Negro, naquele contexto de "ausência" de contingente (tropas paga e de ordenança) e de tríplice ameaça fronteiriça (franceses, holandeses e espanhóis), para ascender socialmente. Sua possível condição híbrida (descendente de cidadão e mameluco filho de cativa) trouxe, a um só tempo, o apoio de governadores e a detração de jesuítas e outros agentes, mas foi precisamente nessa ambivalência que Mendes de Moraes buscou sua "força".

No teatro da guerra contra os manaus e mayapenas (1723-1730), o comando ou a função de cabo da tropa de guerra e resgate, num primeiro momento, era papel do capitão João Paes do Amaral (1725-1728); num segundo momento, do próprio Belchior Mendes de Moraes (1728-1730). Este, contudo, atuou e combateu na região entre 1723 e 1730, ou seja, durante todo o conflito: foi capitão em 1723, quando posteriormente serviu como segundo no comando, e sargento-mor em 1728, já como cabo ou comandante.[22] Quando da sua nomeação para capitão, segundo sua carta patente, contava com 23 anos de serviço – a maior parte deles envolvendo o trato com os indígenas – nos sertões do Maranhão e Pará, atuando em tropa de resgate no rio Negro, guerreando contra indígenas bárbaros, baixando indígenas do rio Amazonas, resgatando com principais, capturando um soldado caçador de indígenas, cativando no rio Juruá 286 pessoas (como capitão da tropa do rio Amazonas), atuando no rio Japurá e aprisionando os jumas nas proximidades do rio Tefé (altura do rio Solimões). Portanto, já conhecia o rio Negro antes de ser nomeado capitão em 1723, quando foi

22 Nesse caso, a condição de cabo de tropa não representava um cargo patenteado, mas tão somente o comandante de uma dada tropa. Efetivamente, o cabo poderia, de fato, deter alguma patente oficial (como capitão ou sargento-mor). Não confundir, portanto, com o cabo de esquadra. No caso da tropa de guerra e resgate do rio Negro, conforme o regimento conferido a João Paes do Amaral pelo governador João da Maia da Gama em 1726, a expedição contava com o comando (cabo) do próprio capitão Paes do Amaral; "em sua ausência", comandaria o nosso capitão Belchior Mendes de Moraes, e, "na de ambos", o capitão Leandro Gemaque de Albuquerque. *Boletim de Pesquisa Cedeam* (1986, p. 3).

incumbido de elaborar uma devassa sobre os manaus, grupo integrado ao tronco aruaque acusado de atacar indígenas aliados aos lusos, comerciar com os holandeses do Suriname e praticar o canibalismo e a poligamia. Não inscrito na lista de cidadãos e nas listas das companhias da nobreza e dos privilegiados elaboradas em 1730, Belchior Mendes de Moraes buscou o sertão, em atitude bastante diferente, portanto, da adotada por aqueles cidadãos que se encastelavam em Belém e procuravam não servir em atividades que consideravam desonrosas.

Nesse ínterim, a dependência frente aos contingentes indígenas, como mostra Wania Viana (2021, p. 278, 304), pode ser ilustrada pelo pedido que Paes do Amaral fez ao governador, por volta de 1728, por nada menos do que 800 indígenas guerreiros para combater os mayapenas, a serem integrados a um contingente que já somava 60 soldados da tropa paga e outros 600 indígenas – enviados com Belchior Mendes de Moraes (após breve estadia na capital, Belém).[23] Aliás, conforme a autora, não raro os documentos portugueses do período, no que se refere à ação militar, "desqualificam os soldados e qualificam os nativos". Foi nesse período que, como vimos na introdução deste capítulo, o vice-provincial jesuíta José Lopes e, posteriormente, um frei da província de Santo Antônio iniciaram uma verdadeira cruzada contra Belchior Mendes de Moraes – citando, entre os crimes, a arregimentação de indígenas de forma indevida nos aldeamentos e a captura indiscriminada de indígenas no sertão (sentenciados ou não). A essa representação negativa da experiência de Belchior Mendes de Moraes no sertão, o governador e o ouvidor vão opor uma representação positiva.

A denúncia remetida ao governador pelo padre Lopes em 1729, solicitando a deposição do sertanista e a sua retirada para Belém, caracterizava a tropa de Belchior Mendes de Moraes como uma reunião de bárbaros e vis criminosos: num aldeamento "se seguiram barbaridades e escândalos mais sensíveis e abomináveis"; "os soldados quase todos eram mulatos, e mamelucos depravados em seus brutais apetites"; e "bárbaro e insolente Holofernes [Mendes de Moraes] com seus assírios". O governador negou a referida solicitação do padre José Lopes acerca de Mendes de Moraes (destituição do posto e

23 Desses 600, os jesuítas remeteram o maior montante: 473 indígenas. Certidão de Alexandre Camelo de Azevedo, Pará, 13 set. 1732, BNP, cód. 4.517, p. 116 e 117.

retorno a Belém), pelo menos até que os documentos comprobatórios das supostas "desordens" e "insolências" do cabo fossem elaborados.[24]

Em resposta às opiniões do padre e ao despacho do governador, ordenando a realização de uma devassa para apurar as denúncias, o ouvidor-geral Francisco de Andrade Ribeiro passou a defender abertamente o cabo da tropa, destacando as qualidades do sertanista:

> Este cabo é um dos mais peritos, zelosos, e capazes para o emprego da guerra como [vêm] afirmando pessoas muito dignas de crédito, e foi aprovado pelo Reverendo Padre Reitor do colégio da Companhia que afirmou, e jurou a V. Exª. que os tapuias do rio Negro o amavam muito, e era deles muito conhecido, e que por esse respeito era o mais hábil para a dita incumbência, não o desmerecendo pela sua pessoa e serviços por ser filho, ainda que ilegítimo de um cidadão, e ter há muitos anos governado tropas, e de presente se acha com patente de capitão de infantaria.[25]

O jesuíta, antes mesmo desta fala do ouvidor, subiu o tom, destacando a violência adotada no recrutamento de indígenas para a composição da tropa, classificando o cabo como "notório salteador dos sertões [...] do rio da Madeira, dos Solimões, e do rio Negro", destinando ao mesmo a alcunha de mameluco filho de cativa e desqualificando a sua patente.[26]

Em carta ao rei ainda de 1729, na qual mencionava as falas do padre Lopes, o governador Alexandre de Souza Freire (1728-1732) praticamente reiterava a posição do ouvidor-geral, pois justificava a substituição de Paes do Amaral por Belchior, como cabo e comandante da tropa, com patente de sargento-mor dada em 1728 pelo próprio Souza Freire, valorizando o posto deste e sua experiência no conflito: o cargo, assim, "pertencia" a Belchior Mendes de Moraes pelo fato de ele até então ser o "cabo segundo" da expe-

24 Representação do jesuíta José Lopes, Belém, 16 set. 1729 (lida na junta no dia 19); e resposta do governador ao jesuíta José Lopes, 17 set. 1729 (também "vista" na junta no dia 19). Ambas anexadas à carta do provincial franciscano e deputado da junta das missões frei Joaquim da Conceição ao rei d. João V, Pará, 30 set. 1730, AHU/CU 013, cx. 12, doc. 1.157.

25 Carta do ouvidor-geral Francisco de Andrade Ribeiro ao governador, Belém, 20 set. 1729, em anexo à carta do provincial franciscano e deputado da junta das missões frei Joaquim da Conceição ao rei d. João V, Pará, 30 set. 1730, AHU/CU 013, cx. 12, doc. 1.157. Em outro documento (anexado a este), o padre também representa outros cabos (que obtiveram licença do governador) como turcos, bárbaros e sem temor a Deus.

26 Em documento elaborado no dia 19 de setembro de 1729, isto é, um dia antes da fala do ouvidor.

dição, nomeado com a patente de capitão pelo governador antecessor. Além do mais, a amizade com os indígenas parecia essencial para a sua nomeação: "Belchior é benquisto com todos os gentios vassalos de Vossa Majestade especialmente com o apotentado Cabá Cabary, que auxilia as tropas portuguesas nos sertões dos seus distritos".[27] Parecia uma referência ao índio que, no ano anterior (1728), lutara "com tanto valor" ao lado dos portugueses, no combate contra as aldeias do chefe mayapena Majury, a ponto de causar "inveja aos valorosos soldados".[28]

Essa inação do governador era o motivo pelo qual, segundo o superior das missões jesuítas, o cabo continuava "na guerra que há seis anos se está fazendo no rio Negro mais aos índios inocentes do que aos culpados". Este padre, enfim, solicitaria a intervenção do próprio rei, requerendo o recolhimento de cabo que atuasse em "desserviço" ao monarca para a averiguação de seus delitos por parte do ouvidor, alegando que o ouvidor e o governador estavam interessados nas "joias" (cativos) prometidas (algumas, já enviadas) por Mendes de Moraes.[29] Em carta ao rei de 1730, o frei Joaquim da Conceição, provincial de Santo Antônio e deputado da junta das missões, considerava justamente que esse interesse nas "joias", por parte do governador, ouvidor e cabo da tropa, dificultou a análise da "justiça" dos cativeiros (apresentados como uma "guerra injusta"), visto que, após o conflito gerar mais de 3 mil cativos, a elaboração de documentação comprobatória parecia surpreender o religioso: "Agora depois de estarem os índios vendidos por escravos, me mandou o general onze autos sumários".[30]

Em vez da punição, o cabo recebeu do governador a missão de garantir as fronteiras lusitanas no alto Rio Solimões, artéria que não lhe era estranha (conforme sua citada carta patente), por meio de um regimento elaborado pelo governador já em 1731. Belchior Mendes de Moraes deveria, então, eleger um sítio na boca do rio Napo para a ereção de um forte que defenderia as missões lusas na região frente à ameaça castelhana, além de analisar a possibilidade de escoar prata espanhola pelo rio Amazonas. Entre 1731 e

[27] Carta do governador ao rei, Belém, 3 out. 1729, AHU/CU 013, cx. 11, doc. 1.046.

[28] Explicação do mapa da aldeia do principal Majury, 1728. *Boletim de Pesquisa Cedeam* (1982, p. 56).

[29] Requerimento do superior jesuíta ao rei, BNP, cód. 4.517, fol. 190.

[30] Carta do provincial franciscano e deputado da junta das missões frei Joaquim da Conceição ao rei d. João V, Pará, 30 set. 1730, AHU/CU 013, cx. 12, doc. 1.157.

1732, a expedição sofreu duas deserções em massa, e, quando o cabo finalmente chegou à fronteira castelhana, buscou estabelecer comércio com o lado espanhol (Sweet, 1974, p. 441-450).

De forma paralela a essa expedição, aparentemente o novo governador José da Serra (1732-1736) também passou a dar cobertura às ações de Mendes de Moraes realizadas no rio Negro, pois, quando em 1732 o rei solicitou informações sobre a atuação do cabo naquela região, o governador garantiu que o sertanista estava empregado no serviço ao rei (numa menção provável à expedição do Solimões), cabendo a averiguação do "seu procedimento" após o seu retorno. Contudo, destacava o governador, "os motivos não eram tão justificados" e "sua maior culpa era estar fora da graça dos padres da Companhia". Aliás, a recusa em conceder indígenas por parte dos missionários, na avaliação do próprio Mendes de Moraes, motivara a deserção que os indígenas de sua expedição empreenderam naqueles anos. "Desamparo que nunca experimentou o suplicante em vinte anos, pouco mais, ou menos, que tem de curso por esses sertões no serviço de Sua Majestade", dizia o requerimento por meio do qual o cabo solicitava do governador licença para realizar a expedição, "à sua custa", com indígenas de "repartição".[31]

Em um período não muito bem definido, Belchior Mendes de Moraes acabou preso pelo desembargador Francisco Duarte dos Santos. Contudo, segundo denúncia do ouvidor-geral ao rei elaborada em 1735, novamente o governador o apoiou, pois mandou soltar o sertanista assim que o desembargador se retirou. Belchior Mendes de Moraes foi empregado em nova expedição, e o governador solicitou ao escrivão da ouvidoria os autos do processo da guerra contra os manaus (e seu líder Ajuricaba) - documentos que simplesmente não foram restituídos. "Ou porque fossem prejudiciais ao dito Belchior Mendes (de quem sempre protegeu [...]) ou porque lhe servissem de utilidade para a defesa", completava o ouvidor.[32]

A essa altura, Mendes de Moraes já gozava da patente de "tenente-coronel de infantaria paga da tropa de guerra do Tocantins", concedida, em 1733,

31 Carta do governador José da Serra ao rei, Belém, 25 set. 1732, AHU/CU 013, cx. 14, doc. 1.318; e requerimento de Belchior Mendes de Moraes ao rei, AHU/CU 013, cx. 16, doc. 1.457. Segundo Mendes de Moraes, sua viagem ao Solimões poderia encontrar ouro, prata e drogas, além de abrir comércio com os castelhanos.

32 Carta do ouvidor-geral ao rei, Pará, 28 set. 1735, AHU/CU 013, cx. 18, doc. 1.682.

pelo governador José da Serra. A concessão representava um avanço na prerrogativa dos governadores de conceder patentes, já que até então não cabia a eles prover patentes de tropa paga, mas somente da ordenança e outros tipos de postos e cargos. Visto que os três postos/patentes concedidos pelos governadores a Belchior Mendes de Moraes eram referentes a conflitos em regiões específicas (capitão e sargento-mor do rio Negro e tenente-coronel do Tocantins) e/ou comportavam soldos somente durante os embates (aparentemente, no caso dos dois primeiros postos), a já mencionada concepção acerca dos provimentos proferida pelo provedor da fazenda naqueles anos poderia classificar essas e outras nomeações como postos "fantásticos e imaginários" criados pelos governadores para garantir governabilidade. Inversamente, cabe destacar que o antecessor de Mendes de Moraes no comando da tropa de guerra e resgate do rio Negro, João Paes do Amaral, gozava do posto de capitão da tropa regular por nomeação e patente régia concedida após concurso coordenado pelo Conselho Ultramarino.[33]

Provavelmente, residia aí a aparente distinção entre os postos de "capitão" apresentados pelo ouvidor-geral Francisco de Andrade Ribeiro e pelo jesuíta José Lopes acerca da patente do sertanista. Também naqueles anos, por volta de 1734, Mendes de Moraes solicitou do rei permissão para embarcar ao reino no intuito de requerer remuneração pelos seus 30 anos de serviço nas capitanias do Pará, Maranhão e Piauí, "com especial ordem para os governadores e cabos daquele Estado o não embaraçarem". Em outras palavras, procurou, finalmente, mercê e auxílio da monarquia diante de possíveis conflitos locais. Enfim, o sertanista requereu confirmação régia (auferida em 1737) de uma sesmaria recebida do governador José da Serra no rio Moju no mesmo ano de 1734.[34]

---

33 Carta patente de capitão de companhia da tropa paga do Pará a João Paes do Amaral, ANTT/RGM, Mercês de d. João V, livro 7, fol. 593-593v. João Paes do Amaral contava com 15 anos de serviço no Pará, especialmente nos conflitos do Cabo Norte e arredores, quando, em 1709, foi nomeado capitão da tropa regular. O processo de nomeação, além de se beneficiar da sugestão do governador, ocorreu após o lançamento do edital do concurso coordenado pelo Conselho Ultramarino, ocorrido no mesmo ano de 1709, para substituir o capitão Belchior Dornelas da Câmara. Consulta do Conselho Ultramarino ao rei, 14 jun. 1709, AHU/CU 013, cx. 5, doc. 434. Embora Paes do Amaral tenha apresentado candidatura, neste concurso foi escolhido Diogo Pinto da Gaia, mas Amaral recebeu no mesmo ano a patente de capitão de companhia do Pará para substituir José da Cunha Deça (ou de Sá), promovido a capitão-mor do Maranhão (conforme sua carta patente).

34 Requerimento de Belchior Mendes de Moraes ao rei, 1734, AHU/CU 013, cx. 16, doc. 1.490; Requerimento de Belchior Mendes de Moraes ao rei, 1736, AHU/CU 013, cx. 19, doc. 1.801.

Considerações finais

Como o sertanista em análise obteve tantos favores dos governadores? Como vimos, a sua experiência no trato – conflito e amizade – com os indígenas do sertão, descrita em suas patentes, provavelmente explica a questão. Uma das estratégias para as alianças estabelecidas no sertão era o "casamento" – como mostra o caso da indígena Francisca. Uma testemunha do processo de liberdade de Francisca, escravizada no início do Setecentos e levada da região do rio Negro para Belém, indicava que a indígena fora dada por "mulher", revelando, talvez, uma linha tênue entre cativa e "esposa" (se o termo "mulher" pode ser interpretado desta forma). Francisca, segundo seu processo, teria sido entregue junto com a indígena Rosaura pelo chefe Amú a Anacleto da Costa Raiol. Como Rosaura era filha desse chefe, ainda conforme o processo, fora dada "por mulher [...] em sinal de trégua como é costume entre o gentio".[35]

Assim, em carta de 1728 ao inaciano Jacintho de Carvalho, o também jesuíta Salvador de Oliveira apresentava o que talvez fosse uma das estratégias utilizadas por Mendes de Moraes para estabelecer alianças no sertão: Paes do Amaral, um sertanista chamado Estevão Cardoso, um indivíduo por nós não identificado (dada a grafia do manuscrito) "e não sei se mais alguém", "um tem a uma, outro a duas, e outro muitas mulheres, dos que o R. Reitor sabe".[36]

A guerra contra os manaus e mayapenas acabaria por abrir o sertão para que as expedições dos portugueses alcançassem o alto Rio Negro. As ações de Belchior Mendes de Moraes e outros sertanistas foram reproduzidas na região do rio Negro até pelo menos meados do Setecentos, época em que homens como o mameluco (filho de pai português e mãe indígena) Pedro de Braga, além de Francisco Portilho de Melo, Manuel Dias Cardoso e outros, "casaram" com filhas de chefes indígenas (sendo chamados, por isso, *cunhamenas* e por vezes praticando a poligamia), adotaram o paganismo e/ou praticaram descimentos e/ou resgates. Alguns obtiveram patentes concedidas por um governador, competiram com os missionários e cabos de tropas de

35 Processo de Francisca, BNP, Coleção Pombalina, cód. 642, fols. 122v, 125 e 133v.

36 Carta de Salvador de Oliveira a Jacintho de Carvalho, 1728, arraial Uibixi, BNP, cód. 4.517, fol. 131.

resgate naqueles sertões e, enfim, tornaram-se poderosos e influentes, ora representados como auxiliares, ora como entraves à colonização, pela habilidade de viver e conviver nos sertões (Sommer, 2005, 2006).

A história de Belchior Mendes de Moraes, enfim, ilustra como um sertanista supostamente filho de cidadão com indígena cativa, num contexto no qual dado setor da nobreza local buscava implantar restrições em seus quadros por meio da adoção de impedimentos próprios do Antigo Regime luso, aproveitou as caraterísticas próprias da adaptação da instituição militar àquele rincão para tentar ascender socialmente. Embora a característica de sertanista experiente pudesse ser considerada negativa (para jesuítas e outros detratores) ou positiva (para governadores e um ouvidor), era esse atributo que lhe possibilitava – junto com a capacidade de lidar com os indígenas – angariar o apoio de seus aliados.

Referências

ALMEIDA, Maria Regina C. de. *Metamorfoses indígenas*: identidades e cultura nas aldeias coloniais do Rio de Janeiro. Rio de Janeiro: Arquivo Nacional, 2003.

BOLETIM de Pesquisa Cedeam. v. 1, n. 1, 1982; v. 5, n. 9, 1986.

DUTRA, Francis A. Ser mulato em Portugal nos primórdios da era moderna. *Tempo*, Niterói, n. 30, p. 101-114, 2011.

FARAGE, Nádia. *As muralhas dos sertões*: os povos indígenas do rio Brando e a colonização. Rio de Janeiro: Paz e Terra; Anpocs, 1991.

FIGUEIRÔA-RÊGO, João; OLIVAL, Fernanda. Cor da pele, distinções e cargos: Portugal e espaços atlânticos portugueses (séculos XVI a XVIII). *Tempo*, Niterói, n. 30, p. 115-145, 2011.

GUEDES, Roberto; GODOY, Silvana. Mamelucos (São Paulo y São Vicente, siglos XVI e XVII). *Revista Historia y Justicia*, Santiago, n. 14, p. 1-28, 2020.

HEMMING, John. *Ouro vermelho*: a conquista dos índios brasileiros. São Paulo: Edusp, 2007.

LARA, Silvia Hunold. Do singular ao plural: Palmares, capitães-do-mato e o governo dos escravos. In: REIS, João José; GOMES, Flávio dos Santos (Org.). *Liberdade por um fio*: história de quilombolas no Brasil. São Paulo: Companhia das Letras, 1996. p. 81-109.

METCALF, Alida. *Go-betweens and the colonization of Brazil, 1500-1600*. Austin: University of Texas Press, 2005.

MONTEIRO, John. *Negros da terra*: índios e bandeirantes nas origens de São Paulo. São Paulo: Companhia das Letras, 1994.

PUNTONI, Pedro. A arte da guerra no Brasil: tecnologia e estratégia militares na expansão da fronteira da América portuguesa (1550-1700). In: CASTRO, Celso; IZECKSOHN, Vitor; KRAAY, Hendrik (Org.). *Nova história militar brasileira*. Rio de Janeiro: FGV Ed.; Bom Texto, 2004. p. 43-66.

RAMINELLI, Ronald. Monarcas e súditos "sem qualidades": perdão régio e defeito de sangue no mundo luso-brasileiro. In: CORRÊA, Helidacy; ATALLAH, Cláudia. *Estratégias de poder na América portuguesa*: dimensões da cultura política (séculos XVII-XIX). Imperatriz (MA): Ética, 2010. p. 65-84.

_____. Matias Vidal de Negreiros: mulato entre a norma reinol e as práticas ultramarinas. *Varia História*, Belo Horizonte, v. 32, n. 60, p. 699-730, set./dez. 2016.

ROCHA, Rafael Ale. A construção da nobreza no Pará setecentista. In: CALAINHO, Daniela B. *Caminhos da intolerância do mundo ibérico do Antigo Regime*. Rio de Janeiro: Contracapa, 2012.

_____. *A elite militar no Estado do Maranhão*: poder, hierarquia e comunidades indígenas (século XVII). Tese (doutorado), UFF, Niterói, 2013.

_____. A Aliança com os indígenas e a nomeação dos oficiais da tropa regular (Estado do Maranhão e Grão-Pará, século XVII). *Ultramares*, Maceió, v. 1, n. 5, p. 150-175, jan./jul. 2014.

_____. O provimento dos oficiais da tropa de ordenança: poder, instituições e elites locais no Estado do Maranhão e Grão-Pará (primeira metade do século XVIII). In: CARDOSO, Alírio; BASTOS, Carlos A.; NOGUEIRA, Maria S. *História militar da Amazônia*. Guerra e sociedade (séculos XVII-XIX). Curitiba: CRV, 2015. p. 85-105.

_____. Câmaras municipais e ordenanças no Estado do Maranhão e Grão-Pará: constituição de uma elite de poder na Amazônia seiscentista. *História Revista*, Goiânia, v. 21, n. 1, p. 92-113, jan./abr. 2016.

SCHWARTZ, Stuart. Brazilian ethnogenesis: mestiços, mamelucos and pardos. In: GRUZINSKI, Serge; WACHTEL, Nathan. *Le Nouveau Monde, mondes nouveaux*: l'expérience américaine. Paris: Éditions de l'Ehess, 1995. p. 7-27.

SILVA, Kalina Vanderlei. *Nas solidões vastas e assustadoras*: a conquista do sertão de Pernambuco pelas vilas açucareiras nos séculos XVII e XVIII. Recife: Cepe, 2010.

SILVA, Luís Geraldo. Sobre a "etnia crioula": o Terço dos Henriques e seus critérios de exclusão na América portuguesa do século XVIII. In: VENÂNCIO, Renato; GONÇALVES, Andréa; CHAVES, Cláudia (Org.). *Administrando impérios*: Portugal e Brasil nos séculos XVIII e XIX. Belo Horizonte: Fino Traço, 2012. p. 71-96.

SOMMER, Barbara Ann. Colony of the sertão: Amazonian expeditions and the Indian slave trade. *The Americas*, Washington, v. 61, n. 3, p. 401-428, jan. 2005.

_____. Cracking down on the *cunhamenas*: renegade Amazonian traders under Pombaline reform. *Journal of Latin American Studies*, Cambridge, v. 38, n. 4, p. 767-791, nov. 2006.

SOUZA, Laura de Mello e. São Paulo dos vícios e das virtudes. In: _____. *O sol e a sombra*: política e administração na América portuguesa do século XVIII. São Paulo: Companhia das Letras, 2006. p. 109-147.

SWEET, David. *A rich realm of nature destroyed*: the middle Amazon valley, 1640-1750. Tese (doutorado), University of Wisconsin, Madison, 1974.

VAINFAS, Ronaldo. Moralidades brasílicas: deleites sexuais e linguagem erótica na sociedade escravista. In: SOUZA, Laura de Mello e. *História da vida privada no Brasil*: cotidiano e vida privada na América portuguesa. São Paulo: Companhia de Bolso, 2018. p. 176-220.

_____. *A heresia dos índios*: catolicismo e rebeldia no Brasil colonial. São Paulo: Companhia das Letras, 2022.

VIANA, Wania Alexandrino. *Gente de guerra, fronteira e sertão*: índios e soldados na capitania do Pará. São Paulo: Livraria da Física, 2021.

Eu, de nação índio, para o serviço de Sua Majestade: oficiais de ordenanças indígenas no Ceará (1799-1823)

João Paulo Peixoto Costa

> *Eu, Antônio Tavares Nunes, de nação índio, [...] juro aos Santos Evangelhos, que quanto em mim for, terei sempre prestes a dita gente para o serviço de Sua Majestade.*
> Termo de juramento como capitão-mor da vila de Arronches.[1]

> *Eu, Vitorino Correa da Silva, [...] juro pelos Santos Evangelhos, [...] que quanto em mim for terei sempre a dita gente para o serviço nacional e imperial.*
> Termo de juramento como capitão-mor da vila de Arronches.[2]

A formação de elites indígenas a partir do contato dos povos ameríndios com a Coroa lusitana remete ao início da dominação portuguesa na América. As mercês concedidas pela Coroa aos que atuavam no Novo Mundo buscavam estreitar os laços entre a metrópole e sua colônia e retribuíam serviços ligados ao envio de informações e a ações bélicas. Nesses dois aspectos, a existência de grupos indígenas aliados e a nobilitação de suas lideranças eram imprescindíveis.

As autoridades indígenas eram geralmente nobilitadas com patentes militares, o que evidencia a importância desses povos para os interesses bélicos da Coroa. Elas assumiram, portanto, papel de destaque como elo entre as

1 Fortaleza, 3 jan. 1821. Apec/GC, Livro 61, p. 82-83.
2 Fortaleza, 25 dez. 1823. Apec/GC, Livro 61, p. 101v.

comunidades – no sentido de congregá-las para agir pelos interesses metropolitanos – e o rei. José Eudes Gomes (2009, p. 141) mostra como mercês e hábitos de Cristo foram concedidos a lideranças indígenas desde o final do Seiscentos no Ceará, no início da ocupação portuguesa na capitania.

A promulgação do Diretório dos Índios em meados do século XVIII não trouxe inovações acerca das ordenanças, mas delimitou o papel dos oficiais indígenas. Por exemplo, ao regulamentar a atuação das lideranças como intermediadoras das determinações da Coroa, o Diretório enfatizou a figura dos "principais", como eram chamados os chefes indígenas tradicionais, bastante comentados pela historiografia a respeito do norte da América portuguesa.[3] Segundo Mauro Cezar Coelho, os dois fatores que sofreram a maior inflexão foram a coerção e a hereditariedade. Coelho (2005, p. 214) é enfático ao afirmar que o Diretório não inaugurou tais características no seio das comunidades aldeadas, mas acentuou a integração dessas populações com a sociedade colonial portuguesa, objetivo central da lei pombalina: "Nesse sentido, o papel das chefias [...] passa a constituir os projetos e as iniciativas de ocupação e reprodução da sociedade colonial – material e culturalmente".

Com o Diretório, as lideranças militares indígenas não somente atuaram na defesa dos domínios portugueses, mas foram também pivôs na transformação dos indígenas em vassalos produtivos e fiéis ao rei.[4] Ângela Domingues (2000, p. 174-175) defende que, com o Diretório, houve a formação de uma elite indígena: possuindo patentes nas ordenanças, as lideranças intentavam "diferenciar-se do comum da população", na busca de privilégios e reconhecimento por parte da sociedade colonial.

O poder que tais autoridades adquiriram de fato se transformou, passando a emanar do rei, mas essas lideranças ainda dependiam de seus comandados (Clastres, 1979, p. 40; Sommer, 2000, p. 221; Sampaio, 2011, p. 201-202). Para Mauro Coelho (2005, p. 218), as "bases tradicionais, próprias das populações indígenas, e o reconhecimento das autoridades metropolitanas" eram os sustentáculos das chefias indígenas durante a vigência do Diretório. É por isso que, mesmo com a perda de importância das ordenanças indígenas diante

---

3 Não encontrei nesta pesquisa, ou em trabalhos que abordem o período pombalino no Ceará, nenhuma referência ao termo, com exceção de algumas cartas patentes que o utilizam como recurso formal.

4 Ver Almeida (1997, p. 183), Rocha (2009, p. 15-16) e Almeida (2010, p. 119-120). Nesse período, os cristãos-novos também deixaram de ser considerados raça infecta (Figuerôa-Rego e Olival, 2011).

do governo brasileiro e a desagregação das comunidades na primeira metade do século XIX, as autoridades nativas se mantiveram por tanto tempo.

Antes da Independência, no início do Oitocentos, os oficiais de ordenanças indígenas ainda possuíam seus postos e sua relevância. Não escapavam da contrariedade de não indígenas, como relata a famosa passagem de Koster sobre o capitão-mor indígena ridicularizado pelos brancos. A partir de sua estadia no Ceará em 1810, o viajante registrou que os "indígenas têm também seus capitães-mores cujo título é vitalício e dá algum poder sobre os seus companheiros, mas como não há salário, o capitão-mor indígena é muito ridicularizado pelos brancos, e com efeito, um oficial meio nu, com sua bengala de castão de ouro na mão é um personagem que desperta o riso nos nervos mais rijos" (Koster, 2003, p. 177).

Apesar disso, Caio Prado Júnior (1961, p. 326) acertadamente observou que o viajante inglês, ao ironizar o oficial indígena, não viu o sistema que representava e a importância das ordenanças para a sustentação da "ordem política e administrativa da colônia".

No Ceará, onde a lei permaneceu em vigor no Oitocentos, oficiais indígenas ainda comandavam ordenanças e participaram de eventos bélicos. Lá ainda havia, portanto, uma "elite indígena" no início do século XIX, que continuou pela própria permanência do Diretório que a consolidou. Os descendentes das antigas lideranças militares setecentistas, ainda que não tivessem o respeito exigido por lei de autoridades coloniais, eram prestigiados pelos governantes metropolitanos e por seus liderados. Capitães e sargentos-mores indígenas mantiveram a existência de uma hierarquia hereditária nessas comunidades pelo menos até a passagem da década de 1820 para a de 1830.

Patentes foram concedidas a indígenas mesmo após a Independência, e é à análise das nomeações e juramentos de comandantes, capitães-mores e sargentos-mores indígenas no Ceará que se propõe este capítulo. Diante da documentação produzida desde a virada para o século XIX até a década de 1820, quando foram emitidas as últimas patentes, o objetivo é acompanhar a atuação dessas ordenanças e de suas autoridades militares junto ao governo português na América e avaliar sua importância para o nascente império do Brasil. Considerando as formas de concessão, o papel das câmaras, as linhagens familiares envolvidas e a terminologia utilizada, o foco, aqui, é refletir sobre as pretensões da Coroa com a consolidação das hierarquias e das elites nativas nas comunidades. Pretende-se, ainda, observar seu ocaso após a Independência, contemporâneo à precarização de sua cidadania, com a formação do Estado brasileiro. Por fim, abordaremos exemplos práticos do exercício da liderança pelos oficiais de ordenanças indígenas no Ceará.

Nomeações, juramentos e distinção social

O Regimento dos Capitães-mores de 1570 estabelecia, em seu § 1º, que a ocupação de cargos de oficiais de ordenanças seria feita a partir de eleições nos senados das vilas.[5] Segundo Angélica Camargo (2013), a realização desses pleitos nas câmaras "estabelecia um vínculo estreito entre estas e as ordenanças, que acabaram por assumir o caráter de braço auxiliar na execução da política administrativa metropolitana". No governo de d. José I (1750-1777), verificou-se o ápice do processo de "restrição gradual do poder de ingerência das câmaras" nesses regimentos auxiliares, que já vinha ocorrendo em períodos anteriores (Camargo, 2013). Nessa época, os vereadores passaram a apenas indicar os nomes que seriam empossados pelo rei ou pelo governador das capitanias. Entretanto, a nova forma não impediu a articulação das elites camarárias com as tropas locais, como vemos nos exemplos discutidos por José Eudes Gomes (2009, p. 90, 210). O Diretório, também criado no reinado josefino, não trouxe alterações na forma de escolha das autoridades de ordenanças indígenas. O diretor, figura criada com a política indigenista pombalina, provavelmente não atuava na escolha de oficiais de ordenanças indígenas, já que não lhe cabia "exercitar jurisdição coativa nos índios, mas unicamente à que pertence ao seu ministério, que é diretiva" (Diretório, 1758, § 2º). Mas, ao elevar as aldeias a vilas – as chamadas *vilas de índios* –, o Diretório criou novas formas de distinção social por meio das câmaras e do vínculo entre oficiais militares e indígenas vereadores, consolidando as hierarquias e as elites nativas nas comunidades.

Como apontou Rafael Rocha (2009, p. 71), os textos das nomeações e cartas patentes costumavam seguir regras formais que indicavam as pretensões

5 Regimento dos capitães-mores e mais capitães e oficiais das companhias da gente de cavalo e de pé e da ordem que terão em se exercitarem. 15 dez. 1570. Disponível online em jul. 2024.

da Coroa acerca do papel das lideranças indígenas nas vilas. Ressaltavam a importância na hierarquia da qual esses indivíduos faziam parte, sua função de intermediários entre os interesses monárquicos e seus subordinados e, às vezes, o ganho advindo de sua patente. Algumas dessas comunicações, entretanto, eram bem sucintas, restringindo-se a apontar os nomeados e seus respectivos cargos, como foi o caso de Manoel de Jesus, nomeado alferes da companhia de ordenança indígena de Arronches em março de 1799, por ordem do governador Luis da Motta Féo e Torres.[6]

Também foi concisa a nomeação de Virgínio da Costa Lima como capitão-mor das ordenanças do povoado de Baepina, no mesmo mês da anterior: aqui, entretanto, o documento assinalava o fato de que o nome de Lima foi "proposto pela câmara de Vila Viçosa".[7] A liberdade que os vereadores das vilas de índios tinham para indicar pessoas para ocupar postos militares é um indício da relativa importância das lideranças indígenas na sociedade colonial. Ainda que os líderes fossem submetidos a um diretor, com quem muitas vezes mantinham relações conflituosas, as indicações de oficiais pelas câmaras faziam com que o ambiente político em tais vilas fosse marcado pela resistência aos abusos dos administradores leigos. Consequentemente, um grupo mais ou menos coeso de autoridades nativas se montava com o reconhecimento de suas comunidades.

A indicação de Manoel José da Rocha para sargento-mor de Montemor-o-Novo também havia sido proposta pela câmara da vila, em junho de 1799. Sua nomeação, entretanto, era mais extensa, rica em aspectos formais: previa que o diretor e outros principais deixassem-no "servir e exercitar com toda a jurisdição" o posto a que era nomeado, "pelos regimentos e ordens de Sua Majestade". Da mesma forma, exigia que os "índios seus subordinados o reconhece[ssem] por seu sargento-mor, e como tal lhe obedece[ssem], cumpri[ssem] e guarda[ssem] as suas ordens, por [ilegível] e de palavra, como devem e são obrigados".[8]

---

6 Nomeação de Manoel de Jesus como alferes da vila de Arronches. Fortaleza, 1º mar. 1799. Apec/GC, livro 65, p. 228v.

7 Nomeação de Virgínio da Costa Lima como capitão-mor de Baepina. Fortaleza, 27 mar. 1799. Apec/GC, livro 65, p. 229v.

8 Nomeação de Manoel José da Rocha como sargento-mor de Monte-mor o Novo. Fortaleza, 18 jun. 1799. Apec/GC, livro 65, p. 235.

Rafael Rocha (2009, p. 95) destaca a função de intermediários desses líderes militares e sua atuação na consolidação do governo nas vilas. Ainda que diretores e outros representantes da Coroa geralmente não respeitassem sua posição, os subordinados dessas lideranças costumavam reconhecer sua autoridade – isto porque, além de elas se posicionarem frequentemente em defesa de sua comunidade, o próprio fato de que seus postos e destaque eram reconhecidos e constituídos pelo monarca pesavam em seu favor.

Nomeações e patentes de oficiais indígenas também ressaltavam a importância do Diretório e de sua estrutura administrativa nas vilas. Em outubro de 1799, o governador Bernardo Manuel de Vasconcelos nomeou Antônio Ferreira Pessoa e Gabriel Ferreira Maciel para os cargos de comandante de Montemor-o-Velho e Montemor-o-Novo, respectivamente. Obedecendo ao diretor, capitão-mor e mais principais, e "conformando-se com as determinações do Diretório", esses homens deveriam "executar as ordens que se acham estabelecidas". Da mesma forma, às autoridades da localidade, ordenou-se que os reconhecessem, honrassem e estimassem, assim como pagassem os "emolumentos que direitamente lhe pertencem".[9]

Fazia parte das incumbências de um oficial indígena garantir a plena execução da lei, disciplinando seus subordinados e atuando para sua integração à sociedade portuguesa. Os registros também atestam a política diferenciada da Coroa portuguesa para distintas realidades no território: pouco tempo após a promulgação da carta régia de 1798 no norte da colônia, que abolira o Diretório por lá, as referidas cartas patentes são exemplos de que a distinção social incentivada pela política pombalina ainda era vigente em algumas regiões.

Assim como ocorria desde a instalação das vilas, a posição de liderança continuou tendo a ver com linhagens familiares. Em 7 de março de 1800, foram confirmadas as patentes de sargento-mor para Francisco da Costa Vasconcelos e de capitão-mor para José da Costa Vasconcelos Mascarenhas, nas ordenanças de Vila Viçosa.[10] A família Vasconcelos era uma das mais importantes de Ibiapaba, e seus membros aparecem recorrentemente nos

---

9 Nomeação de Antônio Ferreira Pessoa como comandante de Monte-mor o Velho. Fortaleza, 14 out. 1799. Nomeação de Gabriel Ferreira Maciel como comandante de Monte-mor o Novo. Fortaleza, 31 out. 1799. Apec/GC, livro 66, p. 6 e 12.

10 Nomeação de Francisco da Costa Vasconcelos como sargento-mor de Vila Viçosa. Confirmação de patente de capitão-mor de Vila Viçosa a José da Costa Vasconcelos Mascarenhas. Fortaleza, 7 mar. 1800. Apec/GC, livro 66, p. 45.

registros ligados a autoridades nativas da região (Maia, 2010, p. 95-96; Xavier, 2010, p. 27-30). O capitão-mor Vasconcelos Mascarenhas faleceu em 1807, e com a vacância de seu posto foi nomeado Ignácio de Souza e Castro.

Souza e Castro era membro de outra família indígena tradicional e descendente de figuras importantes para o estabelecimento português no Ceará (Maia, 2010, p. 282-290). Na sua carta patente, o governador João Carlos Augusto de Oyenhausen-Gravenburg ressaltou que o nome do novo capitão-mor fora indicado pela câmara da vila: mais um indício da posição de destaque em sua comunidade, onde havia sido sargento-mor. No seu lugar, foi nomeado no mesmo dia João da Costa da Anunciação, que já havia assumido o posto de capitão de uma das companhias da mesma ordenança. Pelo texto de suas nomeações, Souza e Castro e Anunciação não receberiam soldo nos novos postos, mas gozariam "de todas as honras, graças e privilégios que em razão dele[s] lhe[s] pertencerem".[11]

A proeminência de um oficial indígena em virtude da possibilidade de acúmulo material, de que falam Fátima Lopes (2009, p. 9) e Lígio Maia (2012, p. 12-13), parecia não ser uma regra, já que oficiais de tropas auxiliares não eram pagos. Henry Koster (2003, p. 177), inclusive, explicou o deboche sofrido pelos capitães-mores indígenas por não receberem salário. Mesmo uma autoridade como Ignácio de Souza e Castro - membro de uma família importante, descendente de figuras destacadas e com uma reconhecida experiência nos serviços da Coroa - não receberia qualquer pagamento pela nova patente. Ainda assim, o fato não diminuía a relevância do papel que desempenhava como ponte entre o monarca e sua comunidade. Talvez viesse daí a zombaria mencionada por Koster: mesmo sem remuneração, os capitães-mores provavelmente se percebiam como socialmente importantes. Na relação recíproca de fidelidade (prestada pelo vassalo) e mercê (dada pelo rei), não havia privilégio maior para um indígena do que a possibilidade de comunicação direta com o soberano português.

A ascensão de um oficial por meio das ordenanças indígenas não se dava apenas por vacância de um posto ou pela proposição da câmara, mas também pela iniciativa individual de alguns. Um caso já analisado por Lígio Maia e

---

11 Nomeação de Ignácio de Souza e Castro como capitão-mor de Vila Viçosa. Fortaleza, 4 fev. 1807. Apec/GC, livro 67, p. 115. Nomeação de João da Costa da Anunciação como sargento-mor de Vila Viçosa. Fortaleza, 4 fev. de 1807. Apec/GC, livro 67, p. 116.

por mim foi o de Antônio de Verçosa, que, em 1815, solicitou a patente de alferes e o ofício de vaqueiro em uma das fazendas reais no Piauí. Para isso, alegou ter sido soldado das ordenanças em sua vila e ser descendente de Lopo Tavares da Silva, ajudante de d. Felipe Camarão, o que posteriormente se provou falso (Maia, 2010, p. 280-281; Costa, 2015, p. 324-329). Mais sucesso encontrou Antônio Alves Barbosa, que em 1804 teve seu pedido deferido para ser nomeado comandante dos indígenas de Baepina. Em sua carta patente, destacava-se que ele seria obrigado a "manter a paz e o sossego entre seus comandados, e a aplicá-los à cultura das plantações, principalmente da mandioca, na conformidade do Real Diretório".[12]

Mais uma vez, fez-se referência à política pombalina como regulamento das competências de uma autoridade militar. Em seu papel de transmitir as intenções da Coroa para as comunidades que lideravam, os oficiais militares indígenas também eram peças importantes na civilização dos seus comandados por meio do incentivo ao trabalho e ao sucesso da produção nas vilas de índios. Cientes de sua posição na sociedade portuguesa e do reconhecimento e mercês que recebiam do rei, costumavam agir a favor dos interesses reais.

A Coroa também poderia ganhar com a concessão dos títulos de oficial aos índios, na medida em que conseguia estender geograficamente seu poder. Os casos a seguir são exemplos desse funcionamento das ordenanças como instrumento de capilaridade social. Entre 1819 e 1820, foram passadas patentes de capitão-mor a quatro oficiais de distritos: Antônio Francisco Pereira e Ignácio da Silva Campelim, respectivamente na Pavuna e na Caracanga, povoados de Messejana; Gabriel da Silva Rios, na 3ª Companhia das Ordenanças de Soure, "cujo distrito principia da serra Taquara até o rio Ceará, e de largura da Urucutuba até a serra do Coité"; por fim, Francisco de Paula Barbosa, na 20ª Companhia de Vila Viçosa, que ia do "lugar denominado Tope até a povoação de São Pedro de Baepina". Em todas as referidas cartas patentes, o capitão-mor empossado havia sido indicado pela câmara, ocupando o posto por vacância e sem receber soldo.[13]

12 Nomeação de Antônio Alves Barbosa como comandante de Baepina. Fortaleza, 20 fev. 1804., Apec/GC, livro 70, p. 2v.

13 Nomeação de Antônio Francisco Pereira como capitão-mor de Messejana. Fortaleza, 12 jun. 1818. Nomeação de Ignácio da Silva Campelim como capitão-mor de Messejana. Fortaleza, 12 jun. 1818. Nomeação de Gabriel da Silva Rios como capitão-mor de Soure. Fortaleza, 17 fev. 1819. Nomeação de Francisco de Paula Barbosa como capitão-mor de Vila Viçosa. Fortaleza, 17 dez. 1819. Apec/GC, livro 72, p. 59, 60, 66 e 85v.

Mesmo sem pagamento, a existência de tais cargos era uma possibilidade real de distinção social para indígenas que viviam em comunidades afastadas, além de ser uma chance de obtenção de outros privilégios. Assim funcionava o sentido da capilaridade das companhias de ordenança, fazendo com que a militarização e a disciplina alcançassem todos os vassalos.

Nomeações, juramentos, etnicidade e o conceito de "nação"

As cartas patentes de capitão-mor para Atanásio de Faria Maciel, de Messejana, Francisco da Costa Lira, de Soure, e Antônio Tavares, de Arronches, têm formato semelhante ao das analisadas há pouco. Eles ocuparam os cargos por vacância, indicados pelas câmaras respectivas e não receberiam soldo, gozando, contudo, "de todas as honras, graças, privilégios, liberdades, isenções e franquias que em razão dele [do cargo] lhe pertencerem".[14] Os textos dos termos de juramento desses três oficiais são os mesmos, pelos quais os recém-empossados capitães-mores identificaram-se como "de nação índio", tendo "sempre prestes a dita gente para o serviço de Sua Majestade, e defensão do dito lugar e obediente aos seus mandados como bom e leal vassalo". Com "a dita gente" fariam guerra quando o rei ordenasse, mas jamais usariam dela para defender interesses particulares. Fizeram homenagem nas mãos do monarca, "uma, duas, três vezes segundo o uso e costume destes reinos", jurando aos Santos Evangelhos usar apenas da jurisdição dada pelo soberano lusitano.[15]

Diferentemente do que ocorria na documentação do século XVIII analisada por Rafael Rocha, na do Oitocentos já não constava o grupo étnico do oficial nomeado, referência substituída pela indicação de que o mesmo era de "nação índio" (Rocha, 2009, p. 74). Segundo Marcus Carvalho (2002,

14 Nomeação de Atanásio de Faria Maciel como capitão-mor de Messejana. Fortaleza, 5 dez. 1820. Nomeação de Francisco da Costa Lira como capitão-mor de Soure. Fortaleza, 5 dez. 1820. Nomeação de Antônio Tavares como capitão-mor de Arronches. Fortaleza, 5 dez. 1820. Apec/GC, livro 74, p. 23v, 24v e 25v. Registro de patente de capitão-mor de Soure a Francisco da Costa Lira. Apec/GC, livro 62, p. 281v.

15 Termo de juramento de Atanásio de Faria Maciel como capitão-mor de Messejana. Fortaleza, 12 dez. 1820. Termo de juramento de Antônio Tavares Nunes como capitão-mor de Arronches. Fortaleza, 3 jan. 1821. Termo de juramento de Francisco da Costa Lira como capitão-mor de Soure. Fortaleza, 17 jan. 1821. Apec/GC, livro 61, p. 82-83.

p. 76), o "interesse em distinguir as nações por suas raízes étnicas perdera-se na primeira metade do século dezenove", quando os indígenas "passaram a ser identificados apenas pelo local onde estavam aldeados". A nova expressão presente nos juramentos relacionava-se com os objetivos integradores da política indigenista da época e de diluição étnica dos indígenas, desvinculando--os de seus costumes ancestrais. O termo "nação" demarcava a busca pela incorporação dos grupos indígenas como um dos órgãos que constituíam a sociedade portuguesa, desfazendo as antigas diferenças e especificidades culturais daqueles povos.[16]

O formato desses juramentos, feitos pouco tempo antes da separação política brasileira, difere também em aspectos importantes do único encontrado por esta pesquisa para o período após 1822, talvez a última patente de oficial indígena de ordenança no Ceará. O registro é referente à nomeação de Vitorino Correa da Silva como capitão-mor de Arronches em 5 de dezembro de 1823,[17] cujo juramento se deu no dia 25. À frente dos homens brancos e indígenas das ordenanças da vila, com a mão direita sobre os evangelhos, ele jurou ter "sempre prestes a dita gente para o serviço nacional e imperial, e defensão do dito lugar, obediente aos seus mandados como fiel súdito". Fez "preito e homenagem à nação e à S. M. I. [Sua Majestade Imperial]" e afiançou guardar "em tudo o Diretório, e as determinações diretoriais", usando inteiramente da "jurisdição que pela nação e S. M. I. é-me dada".[18]

O termo nação é recorrente nos juramentos apresentados, mas guarda significados distintos, característicos dos momentos em que foram feitos. No primeiro, refere-se aos indígenas que os capitães-mores lideravam: essas lideranças faziam parte daquele povo, constituinte, por sua vez, da heterogeneidade de súditos da Coroa portuguesa. Já quando utilizado no caso de Vitorino Correa da Silva, o termo reflete o momento de formação do Estado brasileiro e sua nacionalidade. Os indígenas também estiveram

16 "A sociedade moderna concebia-se a si mesma como um corpo. A sua constituição proviria, tal como a do corpo, da natureza. A vontade, quer do rei, quer dos súditos, não a poderia alterar. Os diversos órgãos sociais (famílias, Igrejas, comunidades, grupos profissionais) teriam, tal como os órgãos do corpo, uma extensa capacidade de autorregulamentação" (Xavier e Hespanha, s.d., p. 122).

17 Nomeação de Vitorino Correa da Silva como capitão-mor de Arronches. Fortaleza, 5 dez. 1823. Apec/GC, livro 62, p. 352.

18 Termo de juramento de Vitorino Correa da Silva como capitão-mor de Arronches. Fortaleza, 25 dez. 1823. Apec/GC, livro 61, p. 101v.

inseridos nesse processo – com a formação de tropas em alerta para qualquer chamado, em situações de juramento à bandeira do novo país e também em combates reais contra a resistência portuguesa no Piauí, ocorridos poucos meses antes da nomeação do referido oficial de Arronches.

No dia seguinte ao juramento de Vitorino da Silva registrou-se sua carta patente, com formato bem semelhante ao das outras já analisadas. Há diferenças, entretanto, em aspectos que ressaltam a constituição da nova nação. Esperava-se dele que, "em tudo o de que for encarregado do serviço nacional", agisse "com pronta satisfação, desempenhando o conceito que forma de sua pessoa, e mais por se achar o proposto nas circunstâncias do decreto de 9 de outubro de 1812 e mais ordens imperiais". Não receberia soldo, gozaria de "graças, privilégios, liberdades, isenções e franquezas" e era obrigado a confirmar patente no prazo de um ano. Oficiais e soldados subordinados deveriam obedecê-lo e guardar "suas ordens no que pertencer ao nacional serviço".[19]

De acordo com José Carlos Chiaramonte (2003, p. 67, 87), o conceito de "nação" tende a se despojar de seu sentido étnico desde, pelo menos, o século XVIII. Com a passagem para o Oitocentos, o "Estado" muda sua natureza, "adotando a palavra nação para arrogar-se a soberania". Para François-Xavier Guerra (2003, p. 52-55), no Antigo Regime o termo nação se referia a um grupo de indivíduos de origem comum. Após a Independência, adquiriu seu sentido moderno, significando a "associação voluntária de indivíduos iguais". Passou-se a pensar uma sociedade comum, sem os corpos sociais que caracterizavam, por exemplo, as divisões militares no Brasil colonial. Mas, como lembrou István Jancsó (2003, p. 28), para as elites brasileiras a hipótese de integrar a população do novo país a partir de uma "coesão interna com base em critérios universais (fundamento da ideia nacional) pareceu-lhes absurda. Para elas, o corpo social, no seu todo, não formava a nação, nem deveria formá-lo".

A nomeação de um oficial de ordenanças indígenas após a Independência, jurando defender, ao mesmo tempo, a nação e as determinações do Diretório, é um sinal disso. Era notória a continuidade de aspectos do Antigo Regime

19 Registro de patente de capitão-mor de Arronches a Vitorino Correa da Silva. Fortaleza, 26 dez. 1823. Apec/GC, livro 72, p. 120.

no pós-Independência, especialmente no que dizia respeito às hierarquias sociais e identificações étnicas, por conta do conservadorismo característico do período, como defende Carlos Guilherme Mota. Segundo o autor, somente com a marginalização do poder central, em 1831, é que o "Brasil vai consolidar sua identidade propriamente nacional", opinião compartilhada por Kenneth Maxwell (Mota, 2000, p. 223; Maxwell, 2000, p. 194).

Após a abdicação de d. Pedro, observa-se uma tendência à descentralização da política indigenista, especialmente com a promulgação do Ato Adicional à Constituição de 1834, que incumbia as províncias do poder de legislar sobre os indígenas. Antes ainda, com a criação da Guarda Nacional e o fim das companhias de ordenanças, o espaço de prestígio pela via militar já se tornara bastante restrito para os indígenas. Várias pesquisas acerca dos kaingangs no sul do país fazem referência a diversas lideranças que atuaram na ocupação de territórios e na luta contra indígenas arredios na década de 1830, como Vitorino Condá e Viri. Segundo Lúcio Mota (2008, p. 231), ainda nesse período, os indígenas, mesmo que de certa forma colaborassem "com os brancos, jamais lhes foram totalmente submissos e confiáveis". Eram, entretanto, indispensáveis para os planos do império brasileiro, e por isso receberam salários, ferramentas, tecidos e até títulos militares, como conta Kátia Malage (2010, p. 105-107). Patentes foram concedidas a indígenas mesmo após a Independência, mas diminuíram drasticamente com a Guarda Nacional, salvo as raras exceções. No Ceará, elas desaparecem no final da década de 1820, bem como as referências à atuação dos oficiais na documentação.

A atuação dos oficiais de ordenanças indígenas

A autoridade concedida aos oficiais indígenas para executar diligências e impor a disciplina em seus comandados foi bastante reconhecida e rememorada século XIX adentro. Segundo Freire Alemão (1961, p. 339), até o início do século XIX, os indígenas eram "particularmente governados pelos seus capitães". Mais do que pura coerção, sua liderança se dava pela capacidade de congregar a comunidade pela obstinação em representá-la e defendê-la, fosse em mobilizações políticas ou na arregimentação militar. Vejamos os exemplos de dois oficiais indígenas, cujas patentes já analisamos: Atanásio de Faria Maciel, de Messejana, e João da Costa da Anunciação, de Vila Viçosa.

Em janeiro de 1816, o comandante Maciel, junto aos capitães-mores Veríssimo da Silva Carneiro e Antônio José Correa, os alferes José da Silva Carneiro e Francisco Pereira Correa Lima "e todos os mais soldados que moram e plantam no lugar do Cambeba [hoje, bairro de Fortaleza]" pediram providências a respeito do gado dos vizinhos que invadiam seus roçados. Passaram, porém, a ser "desinquietados e flagelados, perseguidos de gados, e muito principalmente depois que se veio introduzir vizinhos dos suplicantes". Pediram proteção do governador para que se fizesse justiça pelas "circunstâncias em que se acha[vam] as terras desta vila [que] é de índios". Por fim, requereram ao líder da capitania, "como pio, justo e reto", que impusesse pena a quem levasse o gado sem pastoreio, "e com isto virá a notícia de vossa excelência o aumento da agricultura desta vila".[20]

Atanásio de Faria Maciel e os demais requerentes se utilizaram da hierarquia do Antigo Regime na estrutura formal do pedido, colocando-se à frente da causa, mas sem esquecer os outros moradores. A organização dos solicitantes e a forma como se apresentaram são reflexo do sistema militarizado daquela sociedade e da maneira como os indígenas eram nela integrados. O recurso discursivo dos indígenas buscava, ainda, destacar a posição social de seus líderes e sua função como defensores dos interesses da monarquia.

Outro argumento utilizado foi o "aumento da agricultura", que viria naturalmente caso a justiça do governador se impusesse. Para o governo, os indígenas aliados eram importantes, fosse para a defesa, fosse para a cultura da terra. No lado indígena, a nobilitação militar lhes dava respaldo diante dos governantes para combater os intrusos, proteger suas terras e garantir a subsistência de seus comandados.

Mais um exemplo foi a mobilização coletiva liderada pelo sargento-mor João da Costa da Anunciação. Em 31 de outubro de 1822, ele comandou uma declaração dirigida ao juiz ordinário de Vila Viçosa composta por uma série de nomes, iniciada pelo dele e o do capitão-comandante indígena Francisco

---

20 De Atanásio de Faria Maciel, Veríssimo da Silva Carneiro, Antônio José Correa, José da Silva Carneiro, Francisco Pereira Correa Lima e mais índios do Cambeba a Manuel Ignácio de Sampaio. Primeiro despacho em Fortaleza, 10 jan. 1816. ANRJ, Fundo Câmara de Messejana (8J), p. 105.

de Paula Barbosa, além de brancos da povoação. No documento, eles diziam "que para bem de seus direitos e certo requerimento que a bem do público é do serviço nacional que se pretende fazer ao augusto senhor Dom Pedro de Alcântara príncipe regente e defensor perpétuo do Brasil".[21] Nessa ação coletiva com os indígenas à frente, ressaltava-se um dos principais pontos em jogo: o reconhecimento da regência de d. Pedro pelo povo da vila.

No ano seguinte, a tropa indígena de Vila Viçosa foi mobilizada para atuar contra a resistência portuguesa no Piauí. No dia 4 de março de 1823, o capitão Alexandre Pereira Nereu relatou problemas que enfrentara com regimentos cearenses em Campo Maior. Disse ter sido atacado diversas vezes por "uma tropa de índios vindos de Vila Viçosa, os quais têm feito os maiores insultos e roubos possíveis por falta de subordinação de seus comandantes". Convencidos de que o capitão era adepto de Lisboa, os indígenas foram até sua residência gritando "morra que é corcunda". Para que Nereu pudesse se "ver livre desse ataque foi preciso mandar chamar o capitão-mandante dos ditos índios e mostr[ar]-lhe os meus papéis a fim de acomodar a vil gente".[22] Logo, o capitão se contradisse: não faltava subordinação dos indígenas de Viçosa ao seu comandante, que era, provavelmente, Anunciação.

Em 1824, o nome de Anunciação se envolveu no principal movimento político da província. Na ata de adesão do Ceará à Confederação do Equador, do dia 27 de agosto, constam as assinaturas dos dois indígenas que acompanhamos: "João da Costa da Anunciação, sargento-mor e eleitor" de Vila Viçosa, e o "capitão-mor Atanásio de Farias Maciel, juiz de fora e presidente da câmara de Messejana". Também os acompanhavam "Francisco da Costa Lira, capitão-mor" de Soure, e "Vitorino Correia da Silva Parangaba, capitão-mor e eleitor" de Arronches".[23]

Com a derrota da Confederação, os indígenas aderiram efetivamente ao imperador e foram mobilizados para a caça aos liberais. Tratava-se de pragmática política, mas, principalmente, da percepção indígena de que os

21 Declaração ao juiz ordinário, Vila Viçosa. Registrado pelo tabelião público e escrivão da câmara Serafim Gomes Pereira. Vila Viçosa, 31 out. 1822. Arquivo da Câmara dos Deputados, Fundo Assembleia Constituinte do Brasil, documento AC1823-C-18-449-ANEXO 33.

22 De Alexandre Neri Pereira Nereu à junta governativa do Piauí. Campo Maior, 4 abr. 1823. Apepi, Série Independência, livro 4.

23 Ata da sessão extraordinária e grande conselho provincial (Galvão, 1911).

ditos *liberais* eram a mesma elite branca, proprietária e escravocrata que tradicionalmente os explorava. Em janeiro de 1825, 200 indígenas de Viçosa foram mobilizados para a vila de Granja com o objetivo de capturar o coronel João de Andrade Pessoa Anta. O historiador João Brígido (1889, p. 66) contou que, no dia 22, os indígenas "se dispersaram pelas ruas e cometeram toda sorte de violências, saqueando e açoitando homens e mulheres, até de famílias importantes. Dezenove pessoas sofreram esse vilipêndio". As "mais importantes da vila" fugiram, e "após isto os índios tomaram quartel na casa da câmara". O grupo só teria se tranquilizado depois que Joana da Mota "tratou de ganhar o sargento-mor dos índios, chefe ostensivo deles, com fazendas e quinquilharias". O mencionado sargento-mor era, certamente, João da Costa da Anunciação.

A perseguição a Pessoa Anta se assemelhou à "insubordinação" imputada aos indígenas quando estiveram no Piauí em 1823. Por mais que eles tivessem os mesmos inimigos das autoridades imperiais, as causas de sua aversão aos "ricos liberais" e as formas de combatê-los eram próprias.

Considerações finais

Aqui se assumiu o desafio proposto por João Paulo Pimenta (2008, p. 90-91) acerca dos estudos sobre o processo de Independência do Brasil, para que se investiguem indivíduos e grupos de diferentes condições sociais, relacionando-os com as transformações das categorias. Para um oficial indígena como Vitorino da Silva, os dois conceitos de "nação" – ligados ao seu povo e ao país – se sobrepunham. Segundo Ângela Xavier e Antônio Manuel Hespanha (Xavier e Hespanha, s.d, p. 123), a função do rei no Antigo Regime era a de representar a unidade do corpo social que encabeçava e "manter a harmonia entre todos os seus membros, atribuindo a cada um aquilo que lhe é próprio [...], garantindo a cada qual seu estatuto".[24] Por sua vez, a nova "nacionalidade" brasileira, ao ter o monarca como centro e amálgama, ainda guardava muitas características do regime político anterior. O vínculo étnico que a liderança militar indígena tinha com seu grupo não necessariamente

24 Ver, ainda, Lara (1999, p. 19-20) e Palti (2010, p. 19).

se extinguia, e era-lhe possível adquirir uma posição de destaque advinda tanto do reconhecimento comunitário quanto da nação e de seu rei.

Seguindo as sugestões de Tamar Herzog (2003, p. 119), é preciso buscar reconstruir os significados das comunidades, bem como das categorias, critérios e mecanismos de exclusão e inclusão, para as pessoas que nelas viveram no período estudado. Oficiais indígenas reforçavam suas posições de vassalos e de autoridades por meio dos juramentos que prestavam e pelo compromisso de defenderem os desígnios das monarquias a que eram fiéis. Enxergavam-se como dignos súditos da Coroa lusitana e, posteriormente, como partícipes da nação brasileira.

Por um lado, a manutenção de divisões por corpos característicos do Antigo Regime, como as ordenanças entre 1822 e 1831, fora um sintoma do conservadorismo de uma elite escravocrata e paternalista que não aceitava a igualdade entre os membros do país nem sua convivência com indígenas, negros e mestiços nas mesmas companhias. Por outro, o fim dessas corporações militares pode ser considerado o decreto do estabelecimento dessa política conservadora, visando dificultar o acesso de não brancos aos cargos do oficialato. Tidas como "liberais", as promulgações da Constituição de 1824 e da lei da Guarda Nacional em 1831 não foram suficientes para fazer dos indígenas "iguais": apesar do argumento de "igualdade perante a lei", a cidadania brasileira passou a ser vivida de forma gradativamente excludente. A partir do período regencial e com o advento do Segundo Reinado, a existência de lideranças militares indígenas se tornou cada vez mais rara.

Referências

ALEMÃO, Francisco Freire. Notícias sobre o povoamento e o desenvolvimento de Baturité: os manuscritos do botânico Freire Alemão [cat. e trad. Darcy Damasceno e Waldir da Cunha]. *Anais da Biblioteca Nacional*, Rio de Janeiro, Divisão de Publicações e Divulgação, 1961 [1861]. v. 81. p. 338-342.

ALMEIDA, Maria Regina Celestino de. *Os índios na história do Brasil*. Rio de Janeiro: FGV Ed., 2010.

ALMEIDA, Rita Heloísa de. *O Diretório dos Índios*: um projeto de "civilização" do Brasil do século XVIII. Brasília: Ed. UnB, 1997.

BRÍGIDO, João. Biografias: coronel João de Andrade Pessoa Anta. *Revista do Instituto do Ceará*. Fortaleza: Tip. Econômica, 1889. t. 3, p. 61-75.

CAMARGO, Angélica Ricci. Companhia de ordenanças. In: *Dicionário da administração pública brasileira do período colonial*. Brasília: Arquivo Nacional, 2013. Disponível online em fev. 2025.

CARVALHO, Marcus J. M. de. Os índios e o ciclo das insurreições liberais em Pernambuco (1817-1848): ideologias e resistências. In: ALMEIDA, Luiz Sávio de; GALINDO, Marcos (Org.). *Índios do Nordeste*: temas e problemas – III. Maceió: Edufal, 2002. p. 67-95.

CHIARAMONTE, José Carlos. Metamorfoses do conceito de nação durante os séculos XVII e XVIII. In: JANCSÓ, István (Org.). *Brasil*: formação do Estado e da nação. São Paulo: Hucitec; Ed. Unijuí; Fapesp, 2003. p. 61-91.

CLASTRES, Pierre. *A sociedade contra o Estado*: investigações de antropologia política. Porto: Afrontamento, 1979.

COELHO, Mauro Cezar. *Do sertão para o mar*: um estudo sobre a experiência portuguesa na América, a partir da Colônia: o caso do Diretório dos Índios (1751-1798). Tese (doutorado), USP, São Paulo, 2005.

COSTA, João Paulo Peixoto. *Disciplina e invenção*: civilização e cotidiano indígena no Ceará (1812-1820). Teresina: Edufpi, 2015.

DIRETÓRIO que se deve observar nas povoações dos índios do Pará, e Maranhão, enquanto sua Majestade não mandar o contrário. Lisboa: Oficina de Miguel Rodrigues, 1758. Disponível online em jul. 2024.

DOMINGUES, Ângela. *Quando os índios eram vassalos*: colonização e relações de poder no Norte do Brasil na segunda metade do século XVIII. Lisboa: Comissão Nacional para as Comemorações dos Descobrimentos Portugueses, 2000.

FIGUERÔA-REGO, João de; OLIVAL, Fernanda. Cor de pele, distinções e cargos: Portugal e espaços atlânticos portugueses (séculos XVI a XVIII). *Tempo*, Niterói, v. 15, n. 30, p. 25-67, 2011.

GALVÃO, Sebastião de Vasconcelos. Confederação do Equador. *Revista do Instituto do Ceará*, Fortaleza, Tip. Minerva, p. 295-299, t. 15, 1911.

GOMES, José Eudes. *As milícias d'El Rey*: tropas militares e poder no Ceará setecentista. Dissertação (mestrado), UFF, Niterói, 2009.

GUERRA, François-Xavier. A nação moderna: nova legitimidade e velhas identidades. In: JANCSÓ, István (Org.). *Brasil*: formação do Estado e da nação. São Paulo: Hucitec; Ed. Unijuí; Fapesp, 2003. p. 33-60.

HERZOG, Tamar. Identidades modernas: Estado, comunidade e nação no império hispânico. In: JANCSÓ, István (Org.). *Brasil*: formação do Estado e da nação. São Paulo: Hucitec; Ed. Unijuí; Fapesp, 2003. p. 109-122.

JANCSÓ, István. Este livro. In: _____ (Org.). *Brasil*: formação do Estado e da nação. São Paulo: Hucitec; Ed. Unijuí; Fapesp, 2003.

KOSTER, Henry. *Viagens ao nordeste do Brasil*. Rio de Janeiro; São Paulo; Fortaleza: ABC, 2003.

LARA, Silvia Hunold. Introdução. In: _____. *Ordenações Filipinas, livro V*. São Paulo: Companhia das Letras, 1999. p. 19-48.

LOPES, Fátima Martins. Oficiais de ordenanças de índios: novos interlocutores nas vilas da capitania do Rio Grande do Norte. *Anais do XXV Simpósio Nacional de História – Anpuh*, Fortaleza, p. 1-10, 2009.

MAIA, Lígio José de Oliveira. *Serras de Ibiapaba*: de aldeia a vila de índios – vassalagem e identidade no Ceará colonial – século XVIII. Tese (doutorado), UFF, Niterói, 2010.

_____. Honras, mercês e prestígio social: a inserção da família indígena Sousa e Castro nas redes de poder do Antigo Regime na capitania do Ceará. *Revista de Ciências Sociais*, Fortaleza, v. 43, n. 2, p. 9-23, jul./dez. 2012.

MALAGE, Kátia Graciela Jacques Menezes. *Condá e Viri*: chefias indígenas em Palmas-PR, década de 1840. Dissertação (mestrado), UFPR, Curitiba, 2010.

MAXWELL, Kenneth. *Por que o Brasil foi diferente?* O contexto da Independência. In: MOTA, Carlos Guilherme (Org.). *Viagem incompleta*: a experiência brasileira. Formação: histórias. São Paulo: Senac, 2000. p. 177-195.

MOTA, Carlos Guilherme. Ideias de Brasil: formação e problemas (1817-1850). In: MOTA, Carlos Guilherme (Org.). *Viagem incompleta*: a experiência brasileira. Formação: histórias. São Paulo: Senac, 2000. p. 197-238.

MOTA, Lúcio Tadeu. *As guerras dos índios kaingang*: a história épica dos índios kaingang no Paraná (1769-1924). Maringá: Eduem, 2008.

PALTI, Elías. Entre a natureza e o artifício: a concepção de nação nos tempos da Independência. *Lua Nova*, São Paulo, n. 81, p. 17-45, 2010.

PIMENTA, João Paulo Garrido. A Independência do Brasil e o liberalismo português: um balanço da produção acadêmica. *Revista de História Ibero-americana*, Porto Alegre, v. 1, n. 1, p. 70-105, 2008.

PRADO JÚNIOR, Caio. *Formação do Brasil contemporâneo*: Colônia. São Paulo: Brasiliense, 1961.

ROCHA, Rafael Ale. *Os oficiais índios na Amazônia pombalina*: sociedade, hierarquia e resistência (1751-1798). Dissertação (mestrado), UFF, Niterói, 2009.

SAMPAIO, Patrícia Maria Melo. *Espelhos partidos*: etnia, legislação e desigualdade na Colônia. Manaus: Ed. Ufam, 2011.

SOMMER, Barbara Ann. *Negotiated settlements*: native Amazonians and Portuguese policy in Pará, Brazil, 1758-1798. Tese (doutorado), University of New Mexico, Albuquerque, 2000.

XAVIER, Ângela Barreto; HESPANHA, Antônio Manoel. A representação da sociedade e do poder. In: MATTOSO, José (Org.). *História de Portugal*: o Antigo Regime (1620-1807). Lisboa: Estampa, [s.d.]. p. 121-155.

XAVIER, Maico Oliveira. *"Cabôcullos são os brancos"*: dinâmicas das relações socioculturais dos índios do termo da Vila Viçosa Real – século XIX. Dissertação (mestrado), UFC, Fortaleza, 2010.

Indígenas em armas: política e formação de tropas em Pernambuco e Alagoas na primeira metade do século XIX

Mariana Albuquerque Dantas

Em Pernambuco, no início do século XIX, a administração dos indígenas continuava sendo orientada pela legislação indigenista que compunha o projeto reformista do marquês de Pombal. Frente aos desafios do império português no século XVIII, a atuação dos povos indígenas ganhou centralidade na formação das fronteiras norte e sul dos domínios lusos na América, bem como nas áreas de colonização antiga, onde seus modos de vida seriam profundamente transformados. No âmbito militar, havia algumas instruções precisas que dispunham sobre um tipo de serviço obrigatório.[1] Cabia aos indígenas uma legislação especial, além das que regulavam a organização militar, em função da sua condição específica, situação que teve continuidade mesmo após a Independência. Essa condição específica estava relacionada diretamente ao vínculo entre os indígenas e as aldeias coloniais, constituído por meio do processo de territorialização (Oliveira, 2016), e também à instituição da tutela, assentada na concepção de incapacidade dos indígenas para o autogoverno – motivo pelo qual a legislação indigenista do século XVIII criou a função de diretor de índios, com incumbências pedagógicas e de mediação, estabelecendo o padrão triádico para que os indígenas fossem "úteis a si, aos moradores e ao estado".[2]

Assim como a territorialização é um processo de via dupla, em que os indígenas tomaram para si o ordenamento imposto pelo empreendimento

1 Sobre o assunto, consultar a introdução deste livro.

2 Direção com que interinamente se devem regular os índios das novas vilas e lugares eretos nas aldeias da capitania de Pernambuco e suas anexas (1883, p. 122-123). Ver, também, Oliveira (1988) e Almeida (1997).

colonial português e passaram a adotar os espaços das aldeias missionárias como seus (Oliveira, 2016, p. 210; Almeida, 2013, cap. 2), as leis pombalinas, no afã de transformá-los em súditos sem distinções em relação aos demais, garantiram meios de participação política, nunca experimentados, para os indígenas nas vilas. É o que Vânia Moreira (2023) identificou como "cidanização".

Esse quadro institucional sumariamente delineado contribui para apresentar o objetivo principal deste capítulo, que é o de demonstrar a continuidade da formação de tropas específicas de indígenas em Pernambuco e Alagoas ao longo da primeira metade do século XIX, mesmo após o fim das ordenanças e a criação da Guarda Nacional (ao que tudo indica, os impactos dessa mudança no âmbito militar foram sentidos de maneiras diferentes por pessoas negras, pardas e indígenas).[3] Para isso, será analisado o envolvimento de indígenas nos movimentos revoltosos ocorridos na região a partir de três aspectos que, embora apresentados separadamente, estão conectados: as disputas por cargos nos aldeamentos; os recrutamentos forçados e a resistência dos indígenas a essa modalidade de agenciamento de sua força de trabalho; e as trajetórias de alguns oficiais indígenas.

Analisamos situações vivenciadas por indígenas situados nos aldeamentos de Escada, Barreiros, Ararobá, Ipanema (ou Águas Belas), Atalaia e Jacuípe, cujos territórios foram constituídos entre o final do século XVI e meados do XVII. O de Escada era um dos mais antigos da província, fundado na década de 1590 por missionários franciscanos e assumido por jesuítas em data incerta. Em 1670 os oratorianos passaram a administrar a aldeia, nomeando-a Nossa Senhora da Apresentação do Ipojuca, reunindo "indígenas da língua geral" (Hoornaert, 1983, p. 69). O aldeamento de Barreiros também foi fundado por missionários franciscanos no mesmo período, ao sul do rio Una, sendo então denominado missão de São Miguel de Iguna (ou Una). Foram reunidos ali, principalmente, indígenas caetés, tabajaras e potiguaras. Já em Cimbres, a aldeia foi criada entre as décadas de 1660 e 1670 por padres oratorianos, sendo conhecida na época como missão do Ararobá ou de Nossa Senhora das Montanhas. Foram reunidos indígenas arorobás (ou urubás), cariris, parquiós (ou paratiós) e xukurus (Dantas, 2018). O aldeamento do Ipanema,

3 Sobre a participação militar de negros e pardos, ver Silva (2005) e Kraay (2011, 2022).

ou de Águas Belas, foi constituído a partir de fluxos diversos de populações que habitavam a região entre a serra do Comunati e o rio Ipanema, sendo estabelecido a partir de duas aldeias ali existentes em meados do século XVIII, ambas de indígenas carnijós. Antes delas, haviam sido fundadas uma aldeia de indígenas carapotós no Comunati entre 1681 e 1685, catequizados por um capuchinho, e outra de indígenas xocós na ribeira do Ipanema em 1688 (Costa, 1983, v. 5, p. 162; Vasconcelos, 1962, p. 19). Os aldeamentos de Atalaia e Jacuípe, situados no território da província de Alagoas, foram criados como arraiais militares na década de 1690, em região muito próxima de onde existira o quilombo dos Palmares, com o objetivo de reunir indígenas que compunham os terços dos paulistas Domingos Jorge Velho e Cristóvão de Mendonça Arrais. Foram congregados indígenas daquelas localidades, como os caetés, e os arregimentados pelos sertões piauienses (Dantas, 2018). No início do século XIX, os indígenas que habitavam esses aldeamentos eram o reflexo de longos processos de transformações identitárias e culturais e, fundamentalmente, possuíam uma relação especial com os territórios concedidos aos seus antepassados no período colonial.

Disputas por cargos nos aldeamentos

A interferência direta nas dinâmicas internas dos aldeamentos feita por autoridades políticas e militares locais foi uma das circunstâncias a partir das quais os indígenas reagiam na tentativa de atuar na administração de suas terras e na organização da sua força de trabalho. Isso passava diretamente pelas disputas em torno dos cargos de capitão-mor e diretor das aldeias.

Na região produtora de açúcar próxima a Recife, um dos grandes proprietários e políticos da província, Francisco Paes Barreto, envolveu-se diretamente na arregimentação dos indígenas do aldeamento de Escada. Ele era o capitão-mor das ordenanças da vila do Cabo, em Pernambuco, e aderiu imediatamente ao governo instalado com a Revolução de 6 de março de 1817 (Costa, 1982, p. 353-354).[4] Uma das primeiras medidas tomadas durante o

[4] Testemunho de Manoel João Ferro, 1º dez. 1817, ANRJ, Rebelião de Pernambuco, códice 7, v. 1, fols. 137v-139v.

governo provisório foi realizar uma revista na aldeia de Escada, que estava sob sua jurisdição. A intenção de Paes Barreto, segundo testemunha, era colocar os indígenas a favor do seu partido e, para isso, retirou do cargo o então diretor da aldeia, Afonso de Albuquerque Mello, e em seu lugar empossou Manoel Thomé, capitão da freguesia de Escada, partidário do novo governo.[5] Afonso de Albuquerque Mello foi preso pelo governo provisório por inflamar "os índios a favor da causa de Sua Majestade".[6] Por sua vez, os indígenas da aldeia de Escada não se contentaram com a retirada do diretor no qual confiavam[7] e enviaram uma carta a Manoel Thomé, o novo diretor, informando que "ou se declarasse a favor de sua majestade ou o vinham arrasar".[8]

Ao ter como uma de suas primeiras atitudes tentar colocar os indígenas de Escada ao lado dos rebeldes, o capitão-mor do Cabo ajuda-nos a compreender a importância dessa população no novo governo. Possivelmente, Paes Barreto via na aldeia um reduto para exploração de mão de obra militar e acreditava que impor um novo diretor da aldeia, partidário do governo provisório, seria o suficiente para convencer – ou forçar – os indígenas a participarem das contendas armadas ao seu lado. Não obstante, os indígenas de Escada demonstraram estar alinhados ao outro campo dos conflitos, defendendo o diretor da aldeia destituído de seu posto.

Anos depois, em 1822, na vila de Cimbres, os antagonismos entre indígenas, seus oficiais e autoridades locais se intensificaram frente à discordância dos primeiros em relação ao capitão-mor eleito pela câmara municipal para administrá-los e à possibilidade de extinção do aldeamento. Os indígenas de Cimbres, representados por seus capitães, alferes, outros oficiais e soldados, enviaram uma petição à junta do governo de Pernambuco solicitando a restituição de seu antigo capitão-mor, Alexandre Pereira da Costa, ao cargo, pois não reconheciam o seu substituto, Francisco Alves Feitosa. Em sua argumentação, afirmaram que tal posto competia verdadeiramente a

5 Ibid.

6 Testemunho de Manoel José Pereira de Mesquita Silva, 12 dez. 1817, ANRJ, Rebelião de Pernambuco, cód. 7, v. 1, fols. 168v-172.

7 Testemunho de Manoel Araújo Cavalcante, 2 nov. 1817, ANRJ, Rebelião de Pernambuco, cód. 7, v. 1, fol. 141.

8 Testemunho de Manoel João Ferro, 1º dez. 1817, ANRJ, Rebelião de Pernambuco, cód. 7, v.1, fols. 137v-139v.

Costa, embora este tenha pedido demissão. Costa havia se demitido do cargo alegando que já estava em idade avançada.[9]

Na perspectiva dos indígenas que fizeram a petição, a Feitosa faltavam idoneidade e o conhecimento da língua para saber ler e escrever e, assim, "guardar os segredos necessários da Junta Governativa". Além disso, ele não era "verdadeiramente índio". Segundo os indígenas, para assumir tal cargo era necessário observar o que determinava o Diretório dos Índios, ainda em vigor na província, devendo o indivíduo encarregado do cargo ser "um homem instruído, amante da nação, que só tenha em vista o bem geral de todos os cidadãos" e obediente às Cortes. Relembraram que, de acordo com o Diretório, era preciso que o ouvidor da comarca chamasse todos os indígenas à sua presença para eleger o capitão-mor pela "maioria de vozes", sendo, assim, um indivíduo escolhido diretamente pelos indígenas. A petição foi assinada por quatro capitães e outro indígena sem patente militar.[10]

Apesar do esforço e da mobilização dos indígenas de Cimbres em torno da petição com argumentos sobre o provimento do cargo de capitão-mor e, consequentemente, sobre a administração do aldeamento, a câmara da vila elegeu Francisco Alves Feitosa.[11] Insatisfeitos com a eleição, alguns indígenas, junto com o seu antigo capitão-mor, Alexandre Pereira da Costa, dirigiram-se ao ouvidor da comarca para queixar-se de que não reconheceriam nem obedeceriam a Feitosa. Depois de classificá-lo como "misturado índio" ou "mameluco", o ouvidor ponderou que Feitosa, embora não fosse idôneo ou bom para o posto que lhe foi conferido, não deixava de ser mais digno ou melhor do que seu antecessor. No entanto, para garantir o sossego e a cultura dos indígenas, sugeriu que fosse feita uma eleição para o cargo, sendo escolhido um oficial de primeira linha de ações discretas, mas de "suficiente força", que exerceria suas atividades de acordo com a Diretoria, referindo-se ao Diretório do Índios. O ouvidor entendia que o capitão-mor poderia punir os indígenas e "os compelir ao trabalho e serviço agrário e totalmente

9 Ofício da Câmara da vila de Cimbres ao Governo da Junta Provisória de Pernambuco, 14 mar. 1822, Apeje/CM 3, fol. 317.

10 Petição de oficiais e soldados indígenas à Junta do Governo de Pernambuco sobre o provimento do cargo de capitão-mor dos índios de Cimbres, 28 abr. 1822, Apeje/CM 3, fols. 326-328.

11 Ofício da Câmara Municipal de Cimbres ao Governo da Junta Provisória de Pernambuco, 25 jun. 1822, Apeje/CM 3, fol. 323.

removê-los da habitual inércia e ociosidade em que estão; origem, por certo, imediata de sua geral dissolução e dominante embriaguez".[12]

Observando as fontes sobre o provimento do cargo de capitão-mor dos índios de Cimbres, podemos perceber que havia expectativas diversas em relação ao indivíduo que deveria ocupá-lo e às suas ações. Para os indígenas, ele deveria partilhar de sua identidade, sendo necessário que fosse indígena "verdadeiramente". É provável que a condição étnica gerasse um sentimento de experiência compartilhada que ajudaria o capitão-mor a entender e defender os interesses de seus subordinados, inclusive quanto aos recrutamentos e à organização do trabalho agrícola. Ao mesmo tempo, era fundamental que ele se mostrasse obediente e amante da ordem política e dos seus representantes, como as Cortes, a junta governativa e a nação. Para as autoridades não indígenas locais, no entanto, o capitão-mor deveria representar a garantia de subordinação dos indígenas, sendo necessariamente um homem de armas e que impelisse os seus comandados ao trabalho.

Durante essa disputa sobre quem deveria assumir o cargo de capitão-mor, a aldeia de Cimbres passou por um forte golpe. No mesmo ano de 1822, a câmara municipal tentou extinguir o aldeamento e reverter para o seu patrimônio parte das terras dos indígenas. O juiz presidente da câmara era Francisco Xavier Pais de Melo Barreto (Costa, 1954, v. 6, p. 241). Isso teria feito os indígenas de Cimbres se aliarem ao maior inimigo político de Melo Barreto, Manuel José de Serqueira, passando a ser apelidados de "corcundas", ou partidários da monarquia portuguesa, tal como era o seu novo aliado (Barbalho, 1984, v. 13, p. 99). Diante dos conflitos em torno da administração e da possibilidade de extinção do aldeamento, a aliança entre indígenas e Serqueira é um indício das relações de dependência mútua entres esses agentes históricos – que, no entanto, iriam variar de acordo com as mudanças políticas. A aliança com Serqueira foi desfeita em 1824, quando ele passou a dar apoio ao governo rebelde em Pernambuco e tentou recrutar os indígenas de maneira forçada.

Com as situações descritas em Escada e Cimbres, verificamos que as disputas em torno do provimento dos cargos de capitão-mor e diretor de índios indicavam a centralidade desses cargos para a configuração das di-

12 Ofício de Thomás Antônio Maciel Monteiro para a junta provisória do governo da província de Pernambuco, 19 ago. 1822, Apeje/OC 2, fols. 210-211.

nâmicas internas dos aldeamentos, implicando diretamente nas formas de administração das terras coletivas e da força de trabalho de seus habitantes para atividades militares e agrícolas. Os recrutamentos realizados nas aldeias para composição de tropas em instâncias variadas, bem como as reações indígenas, serão apresentados nos próximos itens.

Recrutamento e resistência

No contexto das disputas ocorridas devido à eclosão da Revolução Pernambucana de 1817, do processo de Independência e da Confederação do Equador (1824), identificamos algumas situações em que indígenas foram recrutados para fazer parte de tropas, compondo grupos específicos nas aldeias sob o comando do diretor, e também das ordenanças, do Exército e, ainda, prestando serviços no Arsenal da Marinha. Mesmo que aquela constituísse uma população passível de recrutamento forçado, como ocorreu em muitas situações, é possível perceber esforços de autoridades de matizes políticas diversas em persuadir os indígenas, ao mesmo tempo em que, por parte destes, houve resistência aberta em face da arregimentação imposta.

Em Garanhuns, no agreste pernambucano, vila considerada um baluarte da Revolução de 1817, políticos locais se dividiram entre "patriotas" e defensores do rei português, o que levou a uma cisão entre os principais chefes das ordenanças. O capitão-mor Luiz Tenório de Albuquerque, em conjunto com o capitão Pedro da Silva Costa, mostrou-se abertamente a favor do governo provisório, declarando-se patriota. Pedro da Silva Costa organizou forças para defender a vila das investidas das tropas realistas e ofereceu apoio militar à comarca de Alagoas, enquanto esta ainda estava defendendo o governo provisório. Em documento endereçado ao governo interino da comarca de Alagoas, ele informou que já havia remetido cerca de 600 homens, entre "índios, ordenanças e tropa paga". Tendo em vista que a aldeia que estava sob a jurisdição da vila de Garanhuns era a do Ipanema, em Águas Belas, é provável que os indígenas referidos nesse documento fossem provenientes dali. Mais à frente, Pedro da Silva Costa perguntou ao governo interino se era necessário que ele continuasse a enviar "índios para o combate" (Barbalho, 1983, v. 11, p. 259, 263, 287).

Por sua vez, os partidários do governo português em Garanhuns também arregimentaram indígenas para sua causa. O sargento-mor da vila de Garanhuns e diretor dos índios de Águas Belas, João Tenório de Albuquerque, posicionou-se ao lado dos realistas, informando estar pronto com sua tropa e "mais índios da minha direção para a defesa real".[13] Pela documentação disponível, é muito difícil perceber se os indígenas de Águas Belas estavam divididos e, por isso, os diferentes subgrupos aliaram-se a lados opostos dos conflitos ou se eles foram recrutados de maneira forçada tanto por realistas quanto por patriotas. O fato é que havia indígenas nas tropas dos dois lados dos conflitos, sendo arregimentados pelos oficiais das ordenanças da vila e pelo diretor de seu aldeamento.

Outro grupo de indígenas que passou por experiência similar durante os combates de 1817 foi o de Cimbres. Já no final dos enfrentamentos, em maio, quando o governo provisório sofria várias derrotas, o sargento-mor do Limoeiro solicitou homens ao capitão José Caetano de Medeiros, da povoação do Brejo, para ajudá-lo a se defender de tropas do governo provisório que ameaçavam invadir a vila. José Caetano encaminhou a solicitação do sargento-mor de Limoeiro a Manoel José de Serqueira, sargento-mor da vila de Cimbres, que, por sua vez, pediu ao diretor da aldeia o recrutamento de 100 indígenas. Eles foram enviados para o Brejo, para dali seguirem em direção à vila do Limoeiro, onde deveriam ajudar na repressão.[14] De acordo com Nelson Barbalho (1983, v. 11, p. 265-266), inicialmente a câmara de Limoeiro aderiu ao novo governo e todos os seus membros se identificaram como patriotas. Contudo, quando as tropas realistas tomaram o poder e reprimiram o movimento rebelde, os políticos de Limoeiro voltaram atrás e proclamaram estar ao lado do rei, chegando a rasgar e queimar páginas do livro das atas das sessões da câmara onde havia ordens do governo provisório.

Os indígenas de Cimbres foram, portanto, enviados para ajudar as forças militares de Limoeiro quando a sua câmara já tinha se alinhado novamente ao governo central. Mas não chegaram a se engajar nos conflitos armados,

13 Ofício do sargento-mor da vila de Garanhuns, João Tenório de Albuquerque, para o governo da província, 22 abr. 1817 (Rodrigues, 1954, v. 104, p. 94).

14 Ofício do sargento-mor, Manoel José de Serqueira, para o capitão-mor das Ordenanças de Cimbres, Antônio dos Santos Coelho da Silva, 29 maio 1817, Apeje/Ord 1, fols. 30-31v.

pois José Caetano, mediador do pedido do sargento-mor de Limoeiro, mandou que voltassem para Cimbres.[15] Medeiros se justificou afirmando que mandara os indígenas retornarem porque as outras tropas não haviam atendido a sua solicitação de ajuda naquele momento. As outras forças auxiliares apenas apareceram no Brejo quando os indígenas já haviam voltado para sua aldeia.[16] É muito provável que a justificativa baseada no desencontro entre as tropas tenha sido um ardil utilizado por Medeiros, já que ele foi defensor da Insurreição de 1817 (Barbalho, 1983, v. 11, p. 264). Com os êxitos das tropas da repressão e a retomada do apoio de vários povoados e vilas à causa real, a exemplo de Limoeiro, talvez Medeiros tenha interpretado que não era o momento ideal de se posicionar contra o governo central em um documento oficial, como o comunicado feito ao sargento-mor Manoel José de Serqueira.

Manoel José de Serqueira, por sua vez, pediu auxílio ao capitão-mor de Cimbres para lidar com Medeiros, pois este estaria causando confusão na localidade que comandava. De acordo com Serqueira, Medeiros "cuidava de induzir o povo do Brejo para o aclamarem e o nomearem coronel de cavalaria do termo de Cimbres, e o povo prontamente o fez". Medeiros já teria nomeado alguns oficiais, entre eles um tenente-coronel e um sargento-mor, e havia iniciado exercícios de cavalaria. Conforme o relato de Serqueira, as ações de Medeiros não eram aceitáveis, pois ele estava "perturbando e amotinando o povo" com a formação de uma cavalaria que não existia no Brejo. Serqueira lembrou que houve um regimento de cavalaria na localidade, mas que fora abolido pelo rei devido à sua inutilidade.[17] Portanto, podemos afirmar que o recrutamento dos indígenas e o uso da sua força militar eram práticas inseridas nos jogos políticos locais, que tiveram reflexos no posicionamento político dos indígenas de Cimbres nos anos posteriores.

Cabe ressaltar que a expectativa da quantidade de indígenas recrutados é significativa para a realidade da vila, onde se acreditava haver uma po-

---

15 Ofício do sargento-mor, Manoel José de Serqueira, para o capitão-mor das Ordenanças de Cimbres, Antônio dos Santos Coelho da Silva, 29 maio 1817, Apeje/Ord 1, fol. 30-31v.

16 Ofício do capitão da povoação do Brejo, José Caetano de Medeiros, ao sargento-mor de Cimbres, Manoel José de Serqueira, 19 maio 1817, Apeje/Ord 1, fol. 33.

17 Ofício do sargento-mor, Manoel José de Serqueira, para o capitão-mor das Ordenanças de Cimbres, Antônio dos Santos Coelho da Silva, 29 maio 1817, Apeje/Ord 1, fol. 30-31v.

pulação de 472 indivíduos na época, segundo estimativa de Aires de Casal citada por Barbalho (1983, v. 11, p. 230). A vila de Cimbres era formada em sua maioria por indígenas e "alguns brancos e mestiços cultivadores de algodão e mantimentos do país" (Barbalho, 1983, v. 11, p. 230). Levando esses dados em consideração, recrutar 100 indígenas equivalia a retirar cerca de um quarto da população da vila em idade produtiva. Vale lembrar que os recrutados deveriam ser homens, o que ajuda a compreender o impacto sentido na aldeia e na vila. Essa experiência marcou fortemente a população indígena de Cimbres, fazendo com que grande parte dela resistisse a novas intervenções dos oficiais das ordenanças da vila nos anos seguintes.

Depois que a ordem monárquica foi restaurada em Pernambuco, os indígenas que se envolveram ao lado das tropas realistas obtiveram reconhecimento da Coroa portuguesa por seus serviços contra os rebeldes. Os indígenas do Ceará, da Paraíba e de Pernambuco que combateram o governo provisório receberam isenções de impostos devido à fidelidade que demonstraram ao rei de Portugal. A partir de então, não precisavam mais pagar o subsídio militar, os indígenas com patente ficavam isentos da taxa de selo, e não estavam mais obrigados a pagar cotas-parte de 6% aos seus diretores. Sem o pagamento desse tributo, os diretores das aldeias passariam a ser pagos pela Fazenda real. Com essas isenções, o rei pretendia demonstrar como "o seu [dos indígenas] fiel comportamento me foi agradável".[18]

Entre 1818 e 1821, os indígenas de Cimbres se movimentaram tão intensamente, que os oficiais das ordenanças entenderam que estava prestes a se iniciar uma revolta. Para prender os que se reuniram em 1818 e viviam em Caldeirão e Canabraba, o sargento-mor Manoel José de Serqueira avaliou que seriam necessárias entre 400 e 500 pessoas na diligência. Isso porque ele acreditava que alguns indígenas fossem "atrevidos" e que a "gente do arredor de Cimbres não os prendem" porque uns seriam seus amigos, "outros por favores às índias, outros pelo trabalho que fazem com eles".[19] Um ano depois, em 1819, a reunião de indígenas voltou a ser uma das preocupações do capitão-mor Antônio Santos Coelho da Silva, sogro de Serqueira, já que

---

18 Decreto de 25 fev. 1819, BNRJ/SM, 30, 32, 5. Agradeço ao professor Ricardo Pinto de Medeiros ter gentilmente cedido a transcrição desse documento.

19 Ofício do sargento-mor, Manoel José de Serqueira, ao capitão-mor, Antônio dos Santos Coelho da Silva, 31 out. 1818, Apeje/Ord 1, fol. 328.

havia percebido o contato entre os de Garanhuns e os de Cimbres e considerava os danos resultantes dessa relação.[20] Em função dessa nova reunião, o capitão-general e governador de Pernambuco, Luís do Rego Barreto, ordenou o envio de 50 indígenas de Cimbres para servir no Arsenal da Marinha, assim como faziam os da aldeia de Escada. O capitão-mor de Cimbres tentou dar cumprimento à ordem recebida, mas os indígenas se revoltaram e se negaram a sair do seu aldeamento. O governador, então, autorizou a prisão de todos os envolvidos, sendo esta ordem cumprida com êxito, como cientificou Santos Coelho (Barbalho, 1983, v. 12, p. 101).[21]

Ainda que muitos indígenas tenham sido presos, demonstrando que o recrutamento forçado era também um importante meio de controle social sobre populações que eram vistas como ameaça iminente (Silva, 2008, p. 93; Moreira, 2006, p. 2, 10), era importante chegar a um acordo com eles para diminuir as hostilidades de ambas as partes. Santos Coelho informou a Luís do Rego Barreto que foi feito um combinado entre os indígenas de não saírem dos limites de suas terras e não ofenderem os vizinhos com violências.[22] Conter a articulação e a consequente movimentação dos indígenas era fundamental para as autoridades locais.

No contexto da Confederação do Equador, o já capitão-mor Manoel José de Serqueira tentou realizar um recrutamento forçado na aldeia do Ararobá, ou Cimbres, de cerca de 300 indígenas, no intuito de corresponder a um pedido do tenente-coronel Manoel Ignacio Bezerra de Mello, de auxílio para o Exército. Serqueira enviou uma solicitação ao capitão-mor dos índios, que lhe respondeu informando que "não dava a sua gente por respeito de um, não haviam de ir tantas almas para os reinos dos infernos".[23]

A negativa audaciosa do capitão-mor dos índios, sobre o qual não temos mais informações, não foi retrucada imediatamente, mas quase um mês depois, quando Serqueira soube que os indígenas haviam içado "o estandarte

---

20 Ofício do capitão-mor de Cimbres, Antônio dos Santos Coelho da Silva, ao governador e capitão--general Luis do Rego Barreto, 16 abr. 1819, Apeje/Ord 2, fol. 40-40v.

21 Ofício do capitão-mor de Cimbres, Antônio dos Santos Coelho da Silva, que informa da prisão dos índios rebeldes de Cimbres por ordem do general, Luiz do Rego, 2 jul. 1819, Apeje/Ord 2, fol. 75.

22 Ofício do capitão-mor de Cimbres, Antônio dos Santos Coelho da Silva, ao governador, Luís do Rego Barreto, 19 jul. 1819, Apeje/Ord 2, fol. 77.

23 Ofício do capitão-mor e diretor de Cimbres, Manoel José de Serqueira, ao presidente da província, Manoel de Carvalho Paes de Andrade, 27 jun. 1824, Apeje/Ord 3, fols. 364-365v.

de João sexto". Por já esperar essa reação, Serqueira pediu auxílio a tropas de companhias vizinhas, que fizeram patrulhas nas estradas até chegar à vila de Cimbres e enfrentar os indígenas. De sua tropa, segundo ele, não houve muitas baixas. Já do lado adversário, muitos pereceram, embora não se saiba o número exato, porque vários foram morrer nos matos. Serqueira estimou, no entanto, cerca de 20 mortos. Informou que prendeu 60 indígenas, em sua maioria casados, e outros 25 foram recrutados, sendo estes solteiros. Entre presos e recrutados, totalizou 85 indígenas.[24]

Na comarca de Alagoas, situações semelhantes de recrutamento forçado e interferência na dinâmica interna dos aldeamentos foram observadas. Durante a Revolução Pernambucana de 1817, no povoado de Palmeira foi dada a orientação aos oficiais, ordenanças e diretores de índios que evitassem a invasão de tropas rebeldes em seu próprio território e por Atalaia. Seguindo tal ordem, os indígenas de Palmeira se preparavam para marchar em direção a Pernambuco, quando receberam outra ordem, dessa vez proveniente de Garanhuns, cujo capitão-mor havia se declarado patriota, para que suspendessem a marcha e ficassem à espera de outras tropas advindas de Sergipe e da Bahia para proteger os rebeldes. Assim, o diretor ordenou que os indígenas preparassem o caminho, juntassem reses e alimentos para tais tropas.[25] As tropas que chegaram por Sergipe e adentraram Alagoas e Pernambuco foram, na verdade, coordenadas pelo principal líder da repressão ao movimento republicano, o conde dos Arcos.

Havia ainda a disputa entre o governo provisório e o monárquico em torno das alianças e dos territórios indígenas. O primeiro fazia promessas de isentar a população de alguns tributos, aumentar os soldos de alguns cargos militares e garantir a "liberdade das matas", como contou o ouvidor das Alagoas, Antônio Batalha. Esta última promessa tocava diretamente os indígenas que viviam na fronteira com Pernambuco, principalmente os de Jacuípe, que faziam uso das matas de onde se extraíam as melhores madeiras para construir embarcações reais, e os de Atalaia, que viviam nas proximidades dessas matas. Ordens a favor do governo provisório chegaram

24 Ibid.

25 Ideia geral dos acontecimentos da Comarca de Alagoas, depois da Revolução de Pernambuco, por Antônio Batalha, 29 jan. 1818 (Rodrigues, 1953, v. 103, p. 64-71).

à câmara da vila de Atalaia e, diante disso, o ouvidor da comarca se dirigiu aos seus membros, direcionando-se em especial aos indígenas. Ele alertou os indígenas de que "a intenção do governo provisório era alistá-los por soldados contra vossa majestade, apossarem-se das terras dos que morressem na guerra, e reduzir à escravidão os que escapassem".[26] Diante dessa possibilidade, os indígenas da câmara reuniram-se e decidiram pegar em armas contra o governo rebelde.

Os indígenas de Atalaia constituíam um importante grupo de apoio nos conflitos e, por isso, uma aliança com eles era motivo de disputa entre governo provisório e tropas legalistas. Além do seu apoio político e de seu potencial bélico, interessavam suas terras, situadas em localização privilegiada, entre Pernambuco, a província levantada, e a Bahia do conde dos Arcos, de onde partiam as principais forças da repressão. Ambos os lados dos conflitos tentaram cooptá-los. O governo provisório prometeu conceder a "liberdade das matas", o que, para os indígenas, poderia significar a possibilidade de manter o direito de acesso a um território que já havia sido concedido pelo rei através da criação do Juízo da Conservatória.[27] Já o representante das tropas legalistas em Atalaia fez afirmações que demonstravam as supostas ações tomadas pelos rebeldes.

Não tem muita importância se as intenções do governo provisório em relação aos indígenas correspondiam à ameaça apresentada pelo ouvidor da comarca. Naquele momento, a possibilidade de serem alistados como soldados, sofrer com a perda de terras e a escravização parece ter sido real o suficiente para que eles fizessem sua escolha política e militar. Nesse duelo pelo apoio indígena, as forças de repressão ao governo rebelde saíram vitoriosas, conseguindo estabelecer uma aliança com os indígenas de Atalaia (Costa, 1958, v. 7, p. 400).

Entre as décadas de 1810 e 1820, os indígenas eram vistos pelas autoridades militares e políticas como uma população passível de recrutamento. Entendido como obrigatório, esse trabalho foi cumprido em vários momentos, quando os indígenas integraram tropas das ordenanças, do Exército e

---

26 Ibid.

27 Essa instituição foi provavelmente criada em 1809, tendo como objetivo conferir o tombo real às matas das margens dos rios Una e Jacuípe, tornando-as, assim, de uso exclusivo da Coroa. Ver Lindoso (1983, p. 107-108).

prestaram serviços no Arsenal da Marinha. O recrutamento também poderia ser utilizado como instrumento de controle social sobre aqueles considerados insubordinados. Não menos importante é perceber, em outros tantos momentos, a necessidade das autoridades locais em negociar o apoio político de indígenas e suas lideranças, principalmente em meio aos conflitos de 1817 e 1824, o que significaria importante suporte estratégico e militar. Por outro lado, diante do contexto de violência, real ou presumida, não raro os indígenas resistiram ao recrutamento forçado, entrincheirando-se em seus territórios ou mesmo enfrentando os embates armados a partir de leituras próprias da conjuntura política.

Oficiais indígenas

Lideranças indígenas assumiram funções militares e políticas marcadamente na primeira metade do século XIX, sendo possível perceber a continuidade da dupla atuação ao longo de todo o Oitocentos. Especialmente entre as décadas de 1820 e 1840, essas lideranças usufruíram de títulos militares, efetivos ou honoríficos, em reconhecimento à capacidade de comando sobre os demais indígenas, atuando por meio da arregimentação de braços para tropas e, em momentos de perigo e embates armados, catalisando em torno de si aspirações e demandas de seus subordinados.

No aldeamento de Barreiros, uma liderança indígena se destacou ocupando cargos políticos e militares relativos tanto ao seu território coletivo quanto à vila vizinha. Entre as décadas de 1820 e 1840, Agostinho Panaxo Arcoverde Camarão se destacou na vida política local e conseguiu projeção até na capital, o que evidencia a rede de relações que construiu e a sua influência frente a indígenas e não indígenas. O caso dele é o mais bem referenciado nas fontes do período, sendo possível também conectá-lo com as trajetórias de alguns antepassados. Ele é descendente de duas famílias importantes durante o período colonial, das quais destacam-se Antônio Felipe Camarão e Antônio Pessoa Arcoverde, que contribuíram para a vitória de portugueses sobre holandeses no século XVII (Raminelli, 2011, p. 49-50; Silva, 2004, p. 166-167; Ferreira, 2022).

De acordo com as informações que enviou ao presidente da província em 1829, Agostinho Panaxo Arcoverde Camarão ocupava, na prática, os cargos de juiz de paz, capitão-mor, comandante e diretor do aldeamento. Ele afirmou que isso ocorria porque nem o diretor nem o comandante que haviam sido empossados se importavam com o aldeamento, e fez críticas diretas a opositores indígenas e não indígenas. Disse, ainda, que poderia atuar em todas as funções, mas era necessário que a situação fosse oficializada através de ordens do presidente. E, caso se chegasse à conclusão de que ele não poderia assumir todos os cargos, indicava Ignacio José Pessoa Panaxo Arcoverde para capitão-mor, pessoa de sua família.[28] Em 1836, Agostinho ainda acumulava cargos no aldeamento, já que "entre os caboclos serve de comandante, diretor, juiz de paz e até tem vistas de organizar um corpo de Guardas Nacionais de duzentos a duzentos e cinquenta praças".[29]

Sua influência se estendia além do aldeamento: em 1838 exercia a função de subprefeito de Barreiros. Em 1841, houve dúvidas sobre a sua administração entre autoridades da comarca de Rio Formoso, à qual Barreiros estava subordinada. No entanto, após questionamentos feitos a algumas pessoas da localidade, constatou-se que "o mesmo Panaxo era quem melhor podia exercer o cargo de subprefeito naquela freguesia, o qual (apesar de ter defeitos) goza de influência entre os seus com-paroquianos [sic]". Devido a essa opinião, Agostinho Panaxo deveria permanecer no cargo.[30] Nas informações que se seguem sobre a administração de Barreiros, não conseguimos mais dados sobre a atuação de Agostinho Panaxo na subprefeitura, se continuou no cargo e por quanto tempo.

Durante os anos em que Agostinho Panaxo Arcoverde Camarão assumiu essas funções, liderou tropas de Barreiros no combate à Guerra dos Cabanos (1832-1835), enfrentando os indígenas levantados de Jacuípe (Alagoas) e grupos armados de indígenas no interior do seu próprio aldeamento. A dissensão interna foi causada por opiniões divergentes sobre

---

28 Ofício do juiz de paz de Barreiros, Agostinho José Pessoa Panaxo Arcoverde, para o presidente da província, Tomás Xavier Garcia de Almeida, 25 abr. 1829, Apeje/Ord 7, fol. 221-221v.

29 Ofício do Prefeito da comarca do Rio Formoso, Luiz Eller, para o presidente desta província, Francisco de Paula Cavalcante de Albuquerque, 28 jun. 1836, Apeje/PC 1, fol. 514-514v.

30 Ofício do prefeito da comarca de Rio Formoso, João Manoel de Barros Wanderlei Lins, para o presidente da província, Manoel de Souza Teixeira, 16 maio 1841, Apeje/PC 17, fols. 108-109.

os usos das terras coletivas e o destino conferido às rendas provenientes de arrendamentos.[31]

Quando a estratégia dos governos de Pernambuco e Alagoas mudou para a atuação num polígono de repressão em meados de 1834, os indígenas de Barreiros comandados por Agostinho formaram uma coluna auxiliar. A sua função era confundir as patrulhas avançadas cabanas e iniciar o cerco em uma área que correspondia a um polígono formado pelos povoados, vilas e engenhos invadidos pelos cabanos nos anos anteriores, abrangendo espaços próximos ao litoral e à região entre os rios Una e Jacuípe e à vila de Porto Calvo. As tropas comandadas por Agostinho eram conhecidas e requisitadas em Barreiros e em outras vilas próximas, já que os seus habitantes entendiam que os indígenas garantiam a segurança e afastavam os "salteadores", que naquela época eram os cabanos, pois "sempre os bateram em qualquer lugar em que eles se achavam" (Lindoso, 1983, p. 407-412).[32]

Ao final da Guerra dos Cabanos, em 1835, Agostinho Panaxo Arcoverde Camarão, devido à importante atuação militar frente aos seus liderados, foi solicitado para combater uma reunião de pessoas escravizadas e pobres conhecida como Catucá, quilombo localizado nas imediações das cidades de Recife e Goiana, entremeadas de poderosos engenhos de açúcar da Zona da Mata Norte. É provável que o início do quilombo esteja relacionado à fuga de escravizados durante a Insurreição de 1817. O Catucá foi combatido mais duramente ao final da década de 1830, quando foram deslocados para a região indígenas de Barreiros e Guardas Nacionais, com o intuito "de perseguir, dispersar e prender os aquilombados" para que fossem "desalojados das matas" (Carvalho, 1996).[33]

No entanto, os moradores da freguesia de Barreiros registraram a falta que fazia a força armada de indígenas, tanto que enviaram um abaixo-assinado pedindo a interrupção da marcha do capitão Agostinho em direção à capital da província. Os moradores argumentaram que eram essas mesmas tropas

31 Sobre os conflitos internos a Barreiros, conferir Dantas (2018, cap. 4).

32 Ofício do Juiz de Paz de Barreiros, Nazário Lopes, para a Câmara Municipal do Rio Formoso, 21 out. 1835, Apeje/CM 14, fol. 283.

33 Ofício do presidente da província de Pernambuco, Francisco de Paula Cavalcante de Albuquerque, para o Ministro dos Negócios do Império, Joaquim Vieira da Silva e Souza, 12 set. 1835, ANRJ/ IJJ[9] 251, fol. 196.

que mantinham a segurança do distrito, e a sua ausência fazia com que os habitantes do lugar fossem vítimas "dos malvados salteadores de Panelas e Jacuípe, que ainda existem", como também "de outros assassinos que a [sic] pouco acabam de fugir da cadeia de Sirinhaém". Os moradores afirmaram a "necessidade que causa com a retirada do mesmo capitão Agostinho José Pessoa Panaxo Arcoverde e do resto da força que o mesmo consigo leva para a capital", pedindo o seu retorno.[34] Quando isso se deu, Agostinho Panaxo estava doente, sendo privado de realizar qualquer serviço referente à sua função de capitão da Guarda Nacional posteriormente.[35] Não encontrei outra fonte que confirmasse a sua patente como oficial da Guarda Nacional, mas é de grande relevância a inserção que teve como juiz de paz até 1836, quando os critérios legais para assumir essa função incluíam ser cidadão votante na freguesia. Assim, entendo que o perfil de Agostinho Panaxo Arcoverde Camarão era compatível com o exigido para a função de capitão da Guarda Nacional.[36]

Alguns anos após o período de intensa atuação de Agostinho Panaxo Arcoverde Camarão em Barreiros, outro descendente de suas famílias tratou dos feitos realizados pelos antepassados. Francisco Braz Pereira Arcoverde Camarão, como maioral dos índios de Barreiros, ou seja, liderança indígena, em 1858, fez um requerimento ao diretor-geral dos índios de Pernambuco no qual pedia soluções para a invasão das terras por não indígenas e a mudança do diretor da aldeia. Para justificar o seu pedido, ele relembrou que seus antepassados ajudaram voluntariamente a reprimir o quilombo dos Palmares e que, por isso, receberam terras do rei de Portugal em 28 de janeiro de 1698. Afirmou, ainda, que tais indígenas "não têm desmerecido o Governo Imperial, porque sempre fiéis governistas se tem prestado em todas as crises" – como na Guerra dos Cabanos, quando "o sangue dos índios de Barreiros, de 1832 a 1835 foi vertido em prol da obediência ao Governo de

34 Abaixo-assinado de moradores da freguesia de Barreiros à Câmara Municipal, 19 out. 1835, Apeje/CM 14, fols. 281-282.

35 Ofício do alferes Francisco Santiago Ramos para o presidente da província, Francisco de Paula Cavalcanti, 20 jan. 1836, Apeje/GN 1, fol. 152.

36 Sobre o processo de escolha dos juízes de paz de acordo com a lei de 1827, com o Código do Processo Criminal e com as mudanças decorrentes da reforma de 1841, consultar Dantas (2020). A autora identifica uma "justiça cidadã" constituída por jurados e magistrados eleitos, situação que sofrerá mudanças significativas com a reforma de 1841 (p. 108).

Sua Majestade imperial; e eles combateram ao lado de Vossa Senhoria por 3 anos".[37]

Ao longo dos séculos, os membros das famílias Arcoverde e Camarão atualizaram a sua inserção na vida política local e regional, bem como as suas funções militares frente aos seus comandados, adaptando-se às estruturas institucionais, como o Diretório dos Índios, as ordenanças, a Guarda Nacional e a Diretoria Geral de Índios, esta última instituída em 1845 (Cunha, 1992). Sem pretender estabelecer uma linha de continuidade ininterrupta, destacamos que membros dessas famílias assumiram cargos importantes e ressignificaram a atuação de seus antepassados com vistas a lhes garantir um lugar social distinto, relacionado diretamente ao acesso coletivo às terras do antigo aldeamento colonial.

Outros indígenas, embora contem com trajetórias menos documentadas e histórico familiar desconhecido, igualmente imprimiram sua presença como lideranças militares e políticas em acontecimentos significativos, como a Revolução Praieira (1848-1849). Os praieiros conseguiram estabelecer alianças com grupos indígenas, como o de Barreiros, sob a liderança de Bento José Duarte, inimigo de Agostinho Panaxo Arcoverde Camarão, e o do aldeamento de Jacuípe, em Alagoas. Neste último, o grande líder foi o indígena Maurício de Barros Rego, que teve ao seu lado o capitão Antônio de Souza Salazar, indígena e chefe do aldeamento de Cocal, também situado no lado alagoano dos conflitos. Salazar é citado nas fontes capitaneando o aldeamento de Jacuípe em momentos específicos.

Antes de eclodirem os conflitos de 1848 e 1849, o capitão Salazar e seus comandados demonstravam o seu relacionamento amigável com os liberais no poder, procurando sempre andar "em boa ordem com as autoridades e de bom acordo com os governos desta província". Realizaram buscas por alguns cabanos remanescentes liderados por Vicente de Paula nas matas de Jacuípe, mas nada encontraram. Com isso, o capitão sugeriu que as tropas fossem retiradas das matas.[38] Neste texto, não irei tratar dos interesses

[37] Ofício do maioral dos índios da aldeia de Barreiros, Francisco Braz Pereira Arcoverde Camarão, para o diretor geral dos índios, José Pedro Velloso da Silveira, novembro de 1858, Apeje, Petições--Índios, fols. 1-2.

[38] Ofício do capitão-comandante dos índios, Antônio de Souza Salazar, para o presidente da província de Alagoas, Antônio Manoel Campos de Mello, 18 dez. 1845, ANRJ/IG[1] 97, fol. 8.

indígenas em se aliar aos liberais, análise já realizada em trabalho anterior (Dantas, 2018, cap. 5), mas sim reforçar os seus papéis militar e político e a importância das lideranças citadas.

A força militar indígena de Alagoas, mais especificamente a de Jacuípe, foi muito disputada entre políticos e proprietários conservadores e liberais. Os governos de Alagoas e Pernambuco tentavam demonstrar que o envolvimento com os rebeldes lhe traria prejuízo, oferecendo em contrapartida pequenas "dádivas". Já os rebeldes praieiros tinham ao seu lado a aliança estabelecida com os indígenas de Jacuípe e, por consequência, com os de Cocal, ao final da Guerra dos Cabanos (1832-35), quando desertaram das fileiras de Vicente de Paula e passaram a apoiar os governos instaurados das duas províncias. Quando os engenhos de proprietários conservadores sofriam varejamentos da polícia durante o governo praieiro (1844-1848), alguns desses potentados tentaram atrair os indígenas de Jacuípe para o seu lado.

Os indígenas de Jacuípe, de acordo com as fontes produzidas pela repressão, foram "seduzidos" pelos "caudilhos" a participarem dos conflitos ocorridos nos engenhos da Zona da Mata Sul, aumentando a quantidade de membros das tropas rebeldes, que, naquele momento inicial, ainda eram reduzidas. Estavam ao lado dos indígenas de Barreiros, que recebiam armas e munições dos praieiros, sendo animados por estes e também recebendo socorros.[39] Enquanto os conflitos da Praieira estavam se desenvolvendo nos ataques a povoações, vilas e engenhos da área de produção de açúcar e também ao norte de Recife, a tática do governo de Alagoas foi enfraquecer as forças rebeldes, tentando convencer os indígenas a não participar da rebelião.

Em novembro de 1848, o presidente de Alagoas, João Capistrano Bandeira de Mello, deu orientações ao comandante do destacamento de Jacuípe sobre como lidar com os indígenas. Era necessário mostrar-lhes que, caso fossem convidados a fazer parte das tropas rebeldes, como já ocorria, "esse procedimento além de ilegal, lhes é pessoalmente prejudicial, pois vão sacrificar suas vidas somente para satisfazer as paixões alheias". Assim, os indígenas deveriam perceber que nada iriam conseguir em proveito próprio. Era trabalho do comandante do destacamento "frustrar essa sedução". No entanto,

39 Ofício do delegado de Rio Formoso, Marco Henrique Wanderley, para o presidente da província de Pernambuco, Herculano Ferreira Pena, 20 nov. 1848, Apeje, Revolução Praieira, v. 2, fols. 1128-1129.

esse convencimento não deveria ser realizado de qualquer maneira, mas sim direcionar-se àqueles "índios que mais influência têm sobre os outros", chamando-os à "ordem". Para estes, estava permitida a doação de "pequenas dádivas", que se constituíam em pequenas quantidades de dinheiro, cujo total não poderia exceder 100 mil-réis, como orientou o presidente de Alagoas.[40]

Apesar desses esforços, com a eclosão da Praieira, os indígenas de Jacuípe passaram a compor o Exército liberal, como parte do batalhão dos índios de Barreiros, comandados, mais diretamente, por Bento José Duarte, Pedro Ivo e Caetano Alves.[41] Em novembro de 1848 já recebiam ordens para fazer os ataques aos engenhos, participando também do ataque a Recife em 2 de fevereiro de 1849. Após o fracasso da ação na capital, as tropas rebeldes retomaram os embates na região dos engenhos de seus líderes, sendo os indígenas de Barreiros e Jacuípe uma presença fundamental nos conflitos armados, conferindo número, força e, como já afirmou Izabel Marson (1987, p. 92), um tom de fidelidade da tropa às ordens das chefias praieiras.

Nesse momento, o capitão Maurício de Barros Rego se destacou como liderança indígena em Jacuípe. Acreditando que, ao conseguir a sua rendição, os demais indígenas o seguiriam, o presidente de Alagoas propôs termos para que o líder se entregasse. Ele deveria se apresentar com a força que pudesse reunir ao comandante da coluna em operação, e "os que se apresentarem serão perdoados da falta de obediência ao governo de sua majestade o Imperador, que cometeram servindo a favor dos revoltosos".[42] Ao oferecer um tipo de anistia a Maurício e seus indígenas, o presidente de Alagoas, Antônio Nunes de Aguiar, inaugurava e antecipava a estratégia utilizada pelo governo de Pernambuco nos meses seguintes com os líderes praieiros proprietários de engenhos, quando a Praieira já entrava em seus momentos derradeiros. Conseguir uma vitória sobre os indígenas poderia significar um desmantelamento das forças rebeldes e um avanço significativo para o êxito das forças governistas. No entanto, Maurício frustrou as expectativas

40 Orientações do presidente de Alagoas, João Capistrano Bandeira de Mello, ao comandante do destacamento de Jacuípe, tenente Manuel Pereira de Souza Burity, 21 nov. 1848, ANRJ/IJJ[9] 282, fol. 297-297v.

41 Ordem do dia nº 1 do Comando Geral das tropas liberais acampadas no engenho Tentugal, 14 jan. 1849, Apeje, Revolução Praieira, v. 1, fols. 337-338.

42 Correspondência do presidente da província de Alagoas, Antônio Nunes de Aguiar, para o capitão-mor dos índios de Jacuípe, Maurício de Barros Rego, 22 fev. 1849, ANRJ/IG[1] 97, fol. 13.

do presidente de Alagoas e não aceitou aquela proposta, argumentando que "não me é possível apresentar-me a vossa excelência e ficar anistiado por essa presidência, por ser eu habitante da província de Pernambuco e não de Alagoas".[43] Maurício estava, mais especificamente, em Água Preta, vila pernambucana onde assinou a correspondência. Com esse ardil, permaneceu nas lutas armadas na Zona da Mata Sul ao lado dos praieiros.

Embora Maurício tenha se recusado a negociar com a presidência de Alagoas, os indígenas de Jacuípe começaram a se entregar justamente no momento em que várias lideranças rebeldes morreram e outras aceitaram a oferta governamental de anistia e exílio. Então, apesar da sua audácia, em abril de 1849, o capitão Maurício se apresentou junto com outros 32 indígenas ao comando de Alagoas que estava estacionado em Água Preta, protestando obediência ao Imperador. Como quase todos os que se apresentaram estavam armados de espingardas, o comandante ordenou que se recolhessem às suas casas para evitar qualquer tipo de confusão.[44]

Em setembro de 1849, era de grande interesse da presidência da província de Alagoas que as matas de Água Preta da fronteira com Pernambuco fossem revistadas, e os rebeldes ali reunidos por Pedro Ivo, dispersos. Esses rebeldes eram considerados o "fermento de sedições", oferecendo perigo à "ordem pública" das duas províncias. Grandes esforços eram feitos para colocar aquela região sob as ordens do governo e para conseguir a obediência de seus habitantes, percebidos pelas autoridades como "homens das matas" e "selvagens". Foi enviado às matas o missionário capuchinho Euzébio Sales, com o objetivo de conseguir a rendição de Pedro Ivo e informá-lo de que, caso tivesse receio de sair da região pelo litoral de Pernambuco, ele poderia fazê-lo por Alagoas. Mas, além de conseguir a prisão de Pedro Ivo, era imprescindível também dispersar a população que o seguia. O exemplo citado pelo presidente de Alagoas sobre essa "gente de Pedro Ivo" foi o do "caboculo Salazar", que capitaneava "os índios do Cocal, e que a qualquer aceno de desordem se apresenta armado, como há bem pouco tempo acabou de praticar no dia das eleições, segundo fui informado pelo chefe de polícia".

43 Correspondência do capitão-mor dos índios de Jacuípe, Maurício de Barros Rego, para o presidente da província de Alagoas, Antônio Nunes de Aguiar, 27 fev. 1849, ANRJ/IG[1] 97, fol. 14.

44 Ofício do tenente-coronel Antônio Maria de Souza, para o comandante das armas da província de Pernambuco, José Joaquim Coelho, 11 abr. 1849. *Revista do Arquivo Público* (1948, p. 407-408).

Não foi possível conseguir mais dados sobre as eleições citadas na fonte, mas o episódio, aliado aos combates da Praieira, deve ter causado impacto e medo na localidade. O presidente de Alagoas propunha medidas drásticas para a região: era necessário construir "grandes estradas que rasguem as matas e que facilitem uma colonização militar no lugar mais central". Acreditava-se que, com isso, seria possível destruir o "foco de aventureiros" e as "pequenas repúblicas" que ali se formavam.[45]

Após várias tentativas frustradas para que os indígenas trocassem de lado, e durante o momento de enfraquecimento das forças rebeldes, os indígenas de Jacuípe sofreram uma grande perda. Nos conflitos do dia 14 de novembro morreu o capitão Maurício. Ele fora identificado por Coelho como "um dos chefes rebeldes", "índio rebelde que tem figurado na maior parte dessas resoluções e sedutor de quantos índios se acham com os rebeldes". A ameaça que a liderança de Maurício causava era grande, pois o comandante das armas tratou da sua morte da seguinte maneira: "a sua morte traz grande utilidade, não só por ter desaparecido um inimigo realmente terrível, como porque é provável que os índios se retirem com a perda do seu chefe".[46]

A outra liderança importante dos indígenas de Alagoas, o capitão Salazar, apresentou-se no acampamento em Água Preta, acompanhado do diretor dos índios de Alagoas, alguns guardas nacionais e "meia dúzia de índios". O comandante das armas ordenou que os indígenas se retirassem porque não eram necessários naquele momento, mas deveriam se manter prontos para quando fossem chamados. Ele se justificou afirmando que os indígenas se apresentaram em número diminuto e que estavam dispostos a desertar caso o diretor voltasse para Alagoas.[47] Mesmo com a rendição dos indígenas e a morte de uma das suas lideranças mais importantes, o receio de que se rebelassem ou causassem mais danos aos proprietários da região ainda era forte.

Dos relatos apresentados nas fontes sobre os capitães Maurício e Salazar, podemos tirar algumas conclusões. Não foi possível identificar se o cargo

[45] Ofício do presidente da província de Alagoas, José Bento da Cunha Figueiredo, para o ministro e secretário de Estado dos Negócios da Guerra, Manoel Felizardo de Souza e Mello, 20 set. 1849, ANRJ/ IG[1] 97. fols. 44, 44v, 50, 50v.

[46] Ofício do comandante das armas, José Joaquim Coelho, 23 nov. 1849. *Revista do Arquivo Público* (1948, p. 657-658).

[47] Ibid.

militar havia sido conferido formalmente por alguma instância superior ou se era um título honorífico. Efetiva ou não, a titulação indicava a capacidade de arregimentação, organização e convencimento das lideranças sobre os seus comandados, como também ocorreu no caso de Agostinho Panaxo Arcoverde Camarão. Além disso, da estratégia de convencimento pelo diálogo e por meio de dádivas, bem como da própria atuação militar dos indígenas, que chegaram a compor um batalhão próprio no Exército libertador praieiro, depreende-se que eles atuavam formando tropas específicas, atendendo às próprias necessidades ou às expectativas dos seus aliados não indígenas. Isso ocorria a despeito da regulamentação da Guarda Nacional, que não previa a separação entre as tropas de acordo com a cor de seus membros, tal como se verificava com as ordenanças (Kraay, 2011).

Considerações finais

Os movimentos políticos e armados da primeira metade do século XIX ocorridos a partir de Pernambuco constituem situações históricas muito propícias para a percepção do envolvimento de indígenas na composição de tropas militares em variados formatos, além de proporcionarem o cruzamento entre circunstâncias políticas, militares e fundiárias relacionadas aos aldeamentos.

A legislação indigenista em vigor no período previa uma espécie de serviço militar obrigatório aos indígenas, que deveria ser estimulado e organizado tanto pelo administrador secular, o diretor dos índios, quanto pelos principais e oficiais indígenas. Assim, aquela era uma população sujeita ao recrutamento, instrumento utilizado com recorrência, inclusive para controle social. De acordo com as leis do período era possível, ainda, a sobreposição de funções, como ocorria com diretores de índios que também eram capitães e sargentos-mores, bem como lideranças indígenas que ocupavam cargos militares e na administração local.

Dos exemplos apresentados e das leis específicas, depreende-se a importância estratégica e militar desempenhada pelos indígenas, sobre os quais havia a expectativa de formação de contingentes especiais nos enfrentamentos armados relacionados aos movimentos políticos do período ou na função de policiamento e repressão, mesmo com as mudanças posteriores advindas da formação da Guarda Nacional. Não à toa, representantes dos grupos levantados e das forças repressoras tentavam interferir na administração dos aldeamentos (o que impactava diretamente na arregimentação de pessoal), operavam recrutamentos forçados e, muitas vezes, negociavam com as lideranças indígenas o apoio de seus subordinados.

Para os indígenas, o aldeamento poderia ser um espaço de construção e atualização política, a partir do qual viviam as experiências dos movimentos iniciados pelas elites, conferindo conteúdos e interpretações próprias aos conceitos em debate na época, bem como aos contextos local, regional e atlântico. Foi desse lugar social singular que construíram caminhos para negar ou aceitar participar dos conflitos armados, recusando-se a atender ao chamado do recrutamento forçado ou declarando apoio a um dos lados em disputa. Ainda que se tratasse de espaços com regulação externa, promovida pelo agente tutelar, e com um funcionamento orientado por leis específicas, nos aldeamentos os indígenas poderiam alargar os limites da sua autonomia.

Referências

ALMEIDA, Maria Regina C. de. *Metamorfoses indígenas*: identidade e cultura nas aldeias coloniais do Rio de Janeiro. 2. ed. Rio de Janeiro: FGV Ed., 2013.

ALMEIDA, Rita. H. de. *O Diretório dos índios*: um projeto de civilização no Brasil do século XVIII. Brasília: Ed. UnB, 1997.

BARBALHO, Nelson. *Cronologia pernambucana*: subsídios para a história do agreste e do sertão, 1822-1823. Recife: Centro de Estudos de História Municipal; Fiam, 1983. v. 11, 12.

_____. *Cronologia pernambucana*: subsídios para a história do agreste e do sertão, 1822-1823. Recife: Centro de Estudos de História Municipal; Fiam, 1984. v. 13.

CARVALHO, Marcus J. M. de. O quilombo de Malunguinho, o rei das matas de Pernambuco. In: REIS, João José; GOMES, Flávio dos Santos (Org.). *Liberdade por um fio*: história dos quilombos no Brasil. São Paulo: Companhia das Letras, 1996. p. 407-432.

COSTA, F. A. Pereira da. *Anais Pernambucanos*: 1740-1794. Recife: Arquivo Público Estadual, 1954. v. 6.

_____. *Anais Pernambucanos*: 1795-1817. Recife: Arquivo Público Estadual, 1958. v. 7.

_____. *Dicionário biográfico de pernambucanos célebres.* Recife: Fundação de Cultura, 1982.

_____. *Anais Pernambucanos*: 1701-1739. 2. ed. Recife: Fundarpe, 1983. v. 5.

CUNHA, Manuela Carneiro da. *Legislação indigenista no século XIX*: uma compilação (1808-1889). São Paulo: Edusp; Comissão Pró-índio de São Paulo, 1992.

DANTAS, Mariana A. *Dimensões da participação política indígena*: Estado nacional e revoltas em Pernambuco e Alagoas, 1817-1848. Rio de Janeiro: Arquivo Nacional, 2018.

DANTAS, Monica D. O Código do Processo Criminal e a Reforma de 1841: dois modelos de organização dos poderes. *História do Direito,* Curitiba, v. 1, n. 1, p. 96-121, dez. 2020.

DIREÇÃO com que interinamente se devem regular os índios das novas vilas e lugares eretos nas aldeias da capitania de Pernambuco e suas anexas. *Revista do Instituto Histórico e Geográfico Brasileiro,* Rio de Janeiro, v. 46, parte primeira, p. 121-172, 1883.

FERREIRA, David B. G. de M. *Os governadores dos índios do Estado do Brasil*: ascensão, consolidação e decadência (1630-1755). Tese (doutorado), UFMG, Belo Horizonte, 2022.

HOORNAERT, Eduardo. *História da Igreja no Brasil*: ensaio de interpretação a partir do povo. 3. ed. São Paulo: Paulinas; Petrópolis: Vozes, 1983. t. 2.

IDEIA geral dos acontecimentos da Comarca de Alagoas, depois da Revolução de Pernambuco, por Antônio Batalha, 29 jan. 1818. In: RODRIGUES, José Honório (Org.). *Documentos históricos*: Revolução de 1817. Rio de Janeiro: Ministério da Educação e Cultura; Biblioteca Nacional/Divisão de Obras Raras e Publicações, 1953. v. 103.

KRAAY, Hendrik. *Política racial, Estado e forças armadas na época da Independência*: Bahia, 1790-1850. Trad. Magda Lopes. São Paulo: Hucitec, 2011.

_____. O tenente-coronel Francisco Xavier Bigode (1772-1838) e a Independência na Bahia. *Antíteses,* Londrina, v. 15, n. especial, p. 52-80, nov. 2022.

LINDOSO, D. *A utopia armada*: rebeliões de pobres nas matas do Tombo Real. Rio de Janeiro: Paz e Terra, 1983.

MARSON, I. A. *O império do progresso*: a Revolução Praieira em Pernambuco (1842-1855). São Paulo: Brasiliense, 1987.

MOREIRA, Vânia. Caboclismo, vadiagem e recrutamento militar entre as populações indígenas do Espírito Santo (1822-1875). *Diálogos Latino-americanos*, Aarhus, n. 11, p. 94-120, 2006.

_____. Povos indígenas e novas experiências urbanas na América portuguesa: reformismo pombalino, participação política e pesquisa em rede colaborativa. *Espaço Ameríndio*, Porto Alegre, v. 17, n. 1, p. 235-268, jan./abr. 2023.

OLIVEIRA, João Pacheco de. *"O nosso governo"*: os Ticuna e o regime tutelar. São Paulo: Marco Zero; Brasília: MCT/CNPq, 1988.

_____. Uma etnologia dos "índios misturados"? Situação colonial, territorialização e fluxos culturais. In: _____. *O nascimento do Brasil e outros ensaios*: "pacificação", regime tutelar e formação de alteridades. Rio de Janeiro: Contracapa, 2016. p. 193-228.

RAMINELLI, Ronald. Nobreza indígena – os chefes potiguares, 1633-1695. In: OLIVEIRA, João Pacheco de (Org.). *A presença indígena no Nordeste*: processos de territorialização, modos de reconhecimento e regimes de memória. Rio de Janeiro: Contracapa, 2011. p. 47-68.

RODRIGUES, José Honório (Org.). *Documentos históricos. Revolução de 1817.* Rio de Janeiro: Ministério da Educação e Cultura; Biblioteca Nacional/ Divisão de Obras Raras e Publicações, 1953-1955. v. 101-109.

SILVA, Edson. *Xukuru*: memórias e história dos índios da Serra Ororubá (Pesqueira/PE), 1950-1988. Tese (doutorado), Unicamp, Campinas, 2008.

SILVA, Geysa Kelly Alves da. *Índios e identidades*: formas de inserção e sobrevivência na sociedade colonial (1535-1716). Dissertação (mestrado), UFPE, Recife, 2004.

SILVA, Luiz Geraldo. Aspirações barrocas e radicalismo ilustrado: raça e nação em Pernambuco no tempo da Independência (1817-1823). In: JANCSÓ, István (Org.). *Independência*: história e historiografia. São Paulo: Hucitec; Fapesp, 2005. p. 915-934.

VASCONCELOS, Sanelva. *Os Cardosos de Águas Belas*: estudo histórico, geográfico, sociológico e estatístico das Águas Belas e genealógico do seu fundador. Recife: Arquivo Público Estadual, 1962.

PARTE V

O Rio da Prata: solidariedades afrodiaspóricas e mobilidade social

O braço armado da irmandade: as milícias dos negros livres de Montevidéu e Buenos Aires no final do período colonial

*Alex Borucki**

A região do Rio da Prata durante o período colonial era uma área fronteiriça em vários sentidos, mas no século XVIII deixou de ser um relativo remanso para se tornar um centro comercial cada vez mais ativo e povoado, ligando as colônias espanholas do Atlântico e do Pacífico. Buenos Aires, e mais tarde Montevidéu, eram os portos espanhóis localizados mais ao sul do Atlântico, em terras reivindicadas pelos impérios espanhol e português. Em 1680, os portugueses fundaram a Colônia do Sacramento, em frente a Buenos Aires, preparando o terreno para futuras rivalidades imperiais ibéricas. O Rio da Prata também era uma região de fronteira ameríndia, onde sociedades indígenas semissedentárias adotaram cavalos e armamentos europeus para resistir à invasão espanhola. O domínio espanhol estendeu-se até alguns quilômetros ao sul de Buenos Aires, mas, mesmo dentro dos territórios reivindicados pelos espanhóis entre Buenos Aires e Potosí, grandes áreas permaneceram sob controle ameríndio até a época da independência. As missões guaranis, chefiadas pelos jesuítas até 1767 nas margens dos rios Paraná e Uruguai, também amorteciam os conflitos entre Espanha e Portugal. Além disso, o Rio da Prata era uma fronteira marítima, onde um exército invasor poderia desembarcar e marchar em direção ao Alto Peru, principal região produtora de prata da América do Sul. Por essas razões, o Rio da Prata foi estratégico para a Coroa espanhola. As ameaças militares da França, Portugal e Grã-Bretanha eram comuns, o que explica a importância das milícias urbanas no Rio da Prata, que se expandiram no final do século XVIII.

---

* Agradeço à professora Fabiane Popinigis a tradução inicial para português. Este texto é um desdobramento de Borucki (2015).

Buenos Aires cresceu exponencialmente ao longo do século XVIII, tornando-se uma das duas maiores cidades da América do Sul espanhola, comparável a Lima. Há alguma divergência entre os pesquisadores, mas por volta de 1810 as estimativas da população da cidade variavam entre 43 mil e 76 mil habitantes. Do outro lado do rio da Prata, Montevidéu começou a experimentar um crescimento populacional comparável ao de Buenos Aires nas últimas três décadas anteriores a 1810. Quase 6 mil pessoas viviam em Montevidéu em 1780, mas em 1810 a cidade tinha uma população de quase 20 mil (Johnson, 2011, p. 29-31; Johnson e Socolow, 1980; Pollero, 2013). O rápido crescimento populacional foi consequência da combinação da imigração espanhola, especialmente do norte da Espanha, da migração regional do Paraguai e das províncias da atual Argentina e do comércio de escravos. Pelo menos 70 mil africanos escravizados chegaram a Montevidéu e Buenos Aires entre 1777 e 1812, tanto da África quanto do Brasil. A negritude rapidamente se tornou o mais importante marcador de alteridade para as elites coloniais.

Nessas duas cidades, quase 30% da população estava escravizada em 1810; e, embora os negros e pardos livres fossem contados, eles normalmente estavam sub-representados nos censos coloniais. Ainda que as pessoas "de cor" livres constituíssem uma minoria no Rio da Prata em comparação com os escravizados, elas desempenharam um papel proeminente na fundação de irmandades negras, tanto em Buenos Aires como em Montevidéu, e também na formação de milícias, outro tipo de instituição na qual surgiram lideranças negras.

Nos documentos coloniais espanhóis, os africanos e seus descendentes se descreviam e eram categorizados por outros de acordo com (1) situação jurídica (escravo, liberto, livre); (2) cor e ascendência (negra, morena ou de origem mista, como parda); (3) origem (nascido na América ou África, e em que região). Todas essas categorias foram capturadas no termo colonial "calidad" (qualidade), que também incorporava diversos marcadores, como fenótipo, ocupação, antecedentes familiares, legitimidade e honra. As milícias de homens de cor no Rio da Prata eram comumente chamadas de "*milicias de morenos y pardos*"; diferentemente do seu significado em português, *moreno* significava negro. O significado desses termos variava conforme quem os usava. Os milicianos de ascendência africana usaram consistentemente o termo *moreno* para se referir a pessoas de ascendência africana plena, e *pardo* para pessoas de ascendência mista de origem africana. Quando as autoridades espanholas usaram essa terminologia, também se valeram dos termos *negro* e *mulato*, que eram vistos como mais depreciativos na época. Como no Brasil, no Rio da Prata havia poucos casos de pessoas de ascendência mista que se consideravam mulatas em vez de pardas. O termo *negro* conotava escravidão (atual ou recente), de modo que a maioria dos "negros livres e libertos" em Montevidéu e Buenos Aires adotou o termo *moreno*. Neste capítulo, usaremos *negro* para nos referir às milícias de *morenos*, a fim de evitar confundir o leitor de língua portuguesa.[1]

No período colonial, os homens nas cidades hispano-americanas foram alistados em milícias (além do Exército regular espanhol) para fazer a defesa contra ameaças internas, como revoltas ameríndias, e ameaças externas, como piratas e marinhas estrangeiras. Essas milícias foram formadas com base em sua origem, qualidade e profissão. Havia milícias formadas por aragoneses, mercadores e negros livres e libertos; os escravos foram excluídos delas. Os negros livres e libertos foram alistados em milícias em Buenos Aires durante a Guerra dos Sete Anos (1756-1763) e a conquista de Colônia do Sacramento (1777). Mais tarde, os negros livres de Buenos Aires e Colônia foram essenciais para a fundação da primeira companhia miliciana negra de Montevidéu, em 1780.

No Rio da Prata, essas milícias tinham na mesma companhia homens negros livres e libertos, além de africanos e crioulos. Em 1780, Buenos Aires tinha seis companhias de negros, cada uma liderada por um capitão, comandadas e coordenadas por um sargento-mor (*sargento mayor*) e três capitães-mandantes, todos negros livres. Cada companhia contava possivelmente com cerca de 80 milicianos, pelo que, juntas, reuniam cerca de 500 pessoas, ou o que seria quase um regimento (ou batalhão). É possível que existisse uma estrutura semelhante para as milícias de pardos e que ela reunisse outras 500 pessoas. No caso de Montevidéu, esta cidade contava apenas com uma companhia de negros, de cerca de 80 milicianos, e outra de pardos, com número semelhante.[2]

1 Essa questão é analisada por Ben Vinson III (2003, p. 199-206), especialmente em relação à linguagem usada pelos funcionários da Coroa e milicianos negros no México no início do século XVIII.

2 Juan Felis, 1777, AGN-A, IX, 12-9-6, fol. 132; Bartolo Espinosa, 1778, AGN-A, IX, 13-1-2, fol. 65; Compañía de Negros de Montevideo, 31 maio 1780, AGN-A, IX, 2-3-6.

Na América do Sul espanhola, as reformas bourbônicas e, mais tarde, as guerras de independência encorajaram o recrutamento em massa de pessoas de ascendência africana. Em tese, a filiação à milícia conferia melhor *status* social aos homens negros livres em comparação aos pobres, escravos e ameríndios, uma vez que a Coroa conferia benefícios aos milicianos negros, como isenção de certos tributos, honras e foro militar (*fuero militar*), um sistema de justiça separado ao qual apenas os militares tinham acesso. Contudo, o benefício fiscal não teve importância no Rio da Prata, pois os negros e pardos livres e libertos não estavam sujeitos a esse tributo em Buenos Aires e Montevidéu, diferentemente do que ocorria no México colonial (e também no Paraguai, onde desde 1714 os homens livres e libertos de ascendência africana pagavam-no).[3]

Todos os milicianos recebiam salários quando seus corpos estavam em serviço ativo em tempo de guerra; mas os milicianos de cor comumente recebiam apenas salários parciais. Os pagamentos às milícias refletiam as desigualdades do mundo colonial, bem como sublinhavam o fato de que os milicianos não brancos tinham consideravelmente menos autonomia e respeitabilidade do que os brancos aos olhos das autoridades espanholas. Os milicianos negros, quando pagos, recebiam salários menores do que os brancos. Em teoria, todas as patentes recebiam salários quando mobilizadas, mas os soldados milicianos brancos receberam dois pesos a mais que os soldados negros. Quanto maior a patente, mais significativa ficava a diferença, porque os capitães das companhias brancas recebiam 45 pesos por mês – três vezes o salário dos capitães negros e pardos. Os salários mensais dos milicianos negros e pardos quando mobilizados eram: capitão, 16 pesos; tenente, 12; segundo-tenente, 10; sargento, 8; cabo, 7; e soldado, 6 pesos.[4]

Na prática, os milicianos negros não receberam quase nenhum dos benefícios mencionados pelo seu serviço. Os oficiais negros não eram respeitados pela sociedade espanhola nem pelos oficiais militares. Só podiam contar com o respeito dos milicianos negros. Assim, foi a liderança nas comunidades negras que motivou os homens negros livres a ingressarem nas fileiras das companhias de milícia.

3 Esse pode ser um dos motivos da existência de vários pardos do Paraguai em Buenos Aires e Montevidéu colonial (Gharala, 2019; Telesca, 2010, p. 164).

4 Juan García ao vice-rei Nicolás de Arredondo, 26 jun. 1793, AGN-A, IX, 13-1-2, fols. 146-148; Reglamento en que se prescriben los sueldos, Montevideo, 9 fev. 1777, AGI, Buenos Aires 529.

As biografias dos capitães, tenentes, sargentos e cabos das milícias negras em Montevidéu e Buenos Aires no final do período colonial mostram que a adesão à milícia reforçou esquemas preexistentes de redes sociais e liderança negra no Rio da Prata. A partir da participação e da liderança desses oficiais nas irmandades católicas negras, por exemplo, de San Baltasar e San Benito, sugere-se que essas milícias foram constituídas, de certa forma, como o "braço armado" das irmandades de africanos e afrodescendentes. O poder daqueles que lideravam as irmandades se estendeu a outras arenas da sociabilidade negra quando esses sujeitos também lideraram as milícias de negros livres, reforçando seu papel de mediadores na resolução de conflitos por meio de sua capacidade de aplicar a força, com a autorização do regime colonial, como oficiais de milícia.

Como os capitães e tenentes das milícias negras tinham autorização para portar armas, não era incomum que se envolvessem em brigas de rua, geradas por aqueles que os atacavam, duvidando ou questionando sua posição social no comando dessas milícias. A justiça civil geralmente mandava os oficiais das milícias negras e pardas para a masmorra comum, embora eles estivessem teoricamente sujeitos ao foro militar. Não era inusitado que os oficiais das milícias negras reclamassem que eram perseguidos pela justiça civil, conduzida pelo cabildo (equivalente aos senados das câmaras nas colônias portuguesas).

Irmandades e milícias

A proliferação de companhias milicianas negras após a Guerra dos Sete Anos (1756-1763) proporcionou uma oportunidade de liderança para os homens negros livres nascidos no Rio da Prata. Todos os capitães identificáveis da companhia negra de Montevidéu nasceram na vizinha Buenos Aires. Era o caso de Antonio Francisco de Silva, na década de 1780, e de Juan de Dios Gabira e Felipe Malaber, na década de 1800. Os três tornaram-se capitães graças a seu conhecimento do mundo colonial espanhol e, nos casos de Silva e de Malaber, às suas habilidades de leitura e escrita. Embora os capitães negros livres tivessem nascido na região, a maioria dos oficiais e inferiores eram africanos libertos que já lideravam irmandades negras. Ao escolher os sargentos e cabos, os capitães negros consideravam a participação em irmandades um índice de liderança.

Examinando a lista de oficiais da companhia miliciana de negros em Montevidéu, em 1780, fica claro que as redes do Rio da Prata e a participação em irmandades moldaram essa oficialidade.[5] Vou me concentrar no capitão Antonio Francisco de Silva, no segundo-tenente Pedro Mascareño e no sargento Domingo Durán. Antonio Francisco de Silva, um homem negro, livre, de Buenos Aires, era capitão-mandante (*ayudante mayor*) da milícia daquela cidade desde 1766.[6] A participação em um grupo de oficiais experientes das milícias de negros de Buenos Aires explica sua posterior nomeação como capitão da única dessas companhias em Montevidéu. Outro detalhe importante: Silva foi mordomo-mor da irmandade de San Benito, em Buenos Aires, em 1777, outro indicador de liderança negra, antes de ser líder nas milícias e na mesma irmandade em Montevidéu, onde assinou documentos como secretário da irmandade de San Benito em 1783; portanto, ele sabia ler e escrever. Como Silva era um recém-chegado a Montevidéu, sua incorporação à irmandade implicou a criação de vínculos com a comunidade negra local. Em contraste, notamos que a maioria dos oficiais da milícia de Montevidéu eram africanos que haviam obtido sua liberdade no Rio da Prata, e tinham entre 35 e 45 anos de idade na época da criação da companhia, em 1780.

O subtenente da companhia, Pedro Mascareño, declarou, em sua habilitação de casamento, que era originário do Congo. Mascareño havia sido escravo do padre jesuíta Cosme Agullo em Buenos Aires, na década de 1750. O padre chegou à região em 1745 e permaneceu até a expulsão dos jesuítas, em 1767. Mascareño já era liberto em 1773, época de seu casamento com María, que também era do Congo. As duas testemunhas em sua habilitação de casamento declararam que o haviam conhecido 20 anos antes, em Montevidéu, o que indica sua longa permanência na cidade. Embora tenha nascido na África, ele viveu mais de duas décadas em Montevidéu antes de assentar praça na companhia criada em 1780. Mascareño declarou que os

5 Compañía de Negros de Montevideo, 31 maio 1780, AGN-A, IX, 2-3-6; Livro de Eleições de la Irmandade de San Benito (sem título), AHCM-U; Habilitações de casamentos, AAM-U.

6 Alonso de Quesada para vice-rei do Rio da Prata, 5 set. 1781, AGN-A, IX, 2-4-1.

nomes de seus pais eram Sebastián e María, uma indicação de cristianização, e talvez batismo, antes de cruzar o Atlântico à força.

Em 1778, Mascareño fundou a confraria de San Benito de Palermo em Montevidéu, possivelmente incentivado por vários fatores, como o cristianismo no reino do Congo e o fato de ter sido escravizado por um jesuíta em Buenos Aires. Mascareño iniciou o processo de fundação da confraria em Montevidéu no ano de seu casamento, 1773, o que reforça a ideia de que o casamento deu origem a uma nova posição social, talvez possibilitada por certa estabilidade econômica.[7] Cinco anos depois, ele se tornou o primeiro irmão (*hermano mayor*) e mordomo-mor dessa irmandade.[8] Ele ainda estava em posições de liderança em 1788, embora outros membros tenham sido eleitos mordomos-mores depois daquele ano.

O caso de Domingo Durán, um segundo-sargento, também revela a ligação entre irmandades e milícias. Domingo chegou a Montevidéu como escravo de Esteban Durán, tenente de infantaria de Buenos Aires. É provável que Domingo tenha obtido sua liberdade durante ações militares, como a conquista espanhola de Colônia do Sacramento, que mais tarde, em 1762, foi devolvida aos portugueses. Já em 1774, Domingo era liberto, quando foi preso por supostamente roubar a viúva de seu antigo senhor.[9] Entre os itens que teriam sido roubados estava uma estatueta de Santo Antônio, o que talvez revele os sentimentos religiosos de Domingo. Na época de sua nomeação como segundo-sargento na milícia de negros livres em Montevidéu, em 1780, Domingo tinha cerca de 45 anos de idade. Já estava ligado à irmandade de San Benito, quando pagou o funeral da mulher negra livre Juana Gomar.[10] Domingo apareceu pela primeira vez como oficial dessa irmandade em 1787, como procurador-geral da campanha, o que significa que ele morava fora dos muros da cidade. Mais tarde, em 1789 e em 1792, Domingo Durán ocupou o cargo de mordomo-mor que antes era de Mascareño. Mais uma vez, a participação e a liderança em confrarias e milícias se sobrepuseram.

7 Pedro Mascareño também era um homem de posses. Em 1784, ele emprestou 200 pesos aos escravos Catalina de Jesús e seu marido para comprar a liberdade. AGN-U/AAJJ, caja 87, exp. 70, 1788.

8 Livro de Eleições de la Irmandade de San Benito, AHCM-U.

9 Autos obrados por robo hecho por Domingo Duran, 1774, AGN-U/AAJJ, caja 30, exp. 9.

10 Testamentaria de la Negra Juana Gomar y diligencias, 1780, AGN-U/AAJJ, caja 46, exp. 3.

Nem Pedro Mascareño nem Domingo Durán foram casos excepcionais por sua participação na companhia miliciana de negros livres e na primeira irmandade negra de Montevidéu, pois oito dos 12 oficiais e inferiores dessa companhia também ocuparam cargos eletivos em San Benito.[11] Os outros quatro inferiores também podem ter feito parte da irmandade, mas, na ausência de um registro geral dos irmãos, não há como verificar isso. Na década de 1780, o mesmo grupo de homens da África centro-ocidental, todos livres e libertos, detinha algum grau de autoridade tanto na companhia miliciana negra quanto na única irmandade negra de Montevidéu. A participação nessa irmandade provavelmente facilitou sua liderança na milícia.

Essa sobreposição da liderança da milícia negra e da irmandade nos leva a analisar como os oficiais da milícia de cor eram nomeados. Os civis de elite comandavam as milícias brancas com a expectativa de que sua posição social os ajudaria a manter a disciplina, especialmente em relação aos outros brancos de grupos subalternos. Os oficiais profissionais do Exército espanhol procuravam ameríndios e afrodescendentes com condição econômica e respeitabilidade suficientes para desempenhar um papel de liderança semelhante em milícias não brancas. Em 1782, o tenente do rei, Diego de Salas, solicitou ao vice-rei de Buenos Aires que emitisse patentes para capitães e tenentes da milícia não branca.[12] Salas examinou os possíveis oficiais da milícia, que, segundo ele, eram "homens livres de vícios, estabelecidos nesta cidade e com alguma possibilidade de se apresentarem com decência nos casos em que forem empregados no Serviço Real" e observou que o sargento-mor e um dos capitães-mandantes, ambos negros, já haviam recebido patentes e que outros oficiais estavam ansiosos para recebê-las. Salas solicitou patentes para capitães e tenentes não brancos porque acreditava que isso os incentivaria a recrutar homens para suas companhias.

Quase 30 anos depois, em 1807, a liderança da companhia negra de Montevidéu era semelhante, pois seu capitão era um homem negro livre nascido em Buenos Aires que sabia ler, seu primeiro-tenente também era nascido na região e alfabetizado, mas o resto dos oficiais, sargentos e cabos era composto por africanos, principalmente do Congo e de Angola. A lista

11 Compañía de Negros de Montevideo, 31 maio 1780, AGN-A, IX, 2-3-6; Livro de Eleições de la Irmandade de San Benito, AHCM-U; Habilitaçãos de casamentos, AAM-U.

12 Teniente del Rey Diego de Salas al virrey Vértiz, 20 de julio de 1782, AGN-A, IX, 30-1-2.

de milicianos de 1807 não mostra a participação dos membros dessa milícia na confraria, mas registra a origem dos oficiais e dos soldados.[13] Dois terços dos integrantes da companhia nasceram na África. A maioria deles havia morado por vários anos em Montevidéu, onde construíram uma nova vida, tendo se tornado libertos. A exceção era o capitão, que sempre vinha de Buenos Aires e sabia ler. O capitão Felipe Malaber, nascido em Buenos Aires, era mestre sapateiro e morava em Montevidéu desde pelo menos 1797. Em 1802, Malaber tinha 35 anos de idade e sabia escrever, pois assinou o único rol de convocação da milícia negra que indicava a terra natal de seus membros. O tenente dessa companhia era Jacinto Ventura de Molina, nascido no Rio Grande – hoje, Rio Grande do Sul – durante a ocupação espanhola, ocorrida entre 1763-1776, e que viveu a maior parte de sua vida em Buenos Aires e Montevidéu (Molina, 2009).

Apesar da liderança crioula das companhias milicianas negras no Rio da Prata, os africanos predominavam entre os 10 sargentos e cabos: havia dois minas, dois benguelas, um angola e um muyumbi (mayumba). Os soldados nascidos no Rio da Prata e no Brasil representavam 28%, mas devo observar que havia outra milícia de cor, de homens identificados (por outros ou por eles mesmos) como pardos, que era composta inteiramente de indivíduos nascidos no Rio da Prata e no Brasil.[14]

Bentura Patrón: "Capataz de los de su Nación Etiopia"

Nesse contexto de liderança simultânea de confrarias e milícias, quero examinar o caso de Bentura Patrón, pois sua ambição de liderar toda a população negra de Buenos Aires por meio de promoção nas milícias o levou à Espanha e ao exílio em Montevidéu.[15] Seu caso demonstra que a liderança da milícia era concebida como algo que ia além dos assuntos propriamente militares, sendo entendida como uma autoridade mais ampla sobre a população negra.

---

13 Lista y Filiación de la Compañía de Morenos Libres de esta ciudad de Montevideo, 8 jan. 1807, AGN-A, IX, 3-1-3.

14 Sobre os afro-brasileiros no Rio da Prata colonial, ver Borucki (2017, 2023).

15 Al Virrey de Buenos Aires. Aprobandole la reprensión que dio a Bentura Patron, 1785, AGI, Buenos Aires 531.

Na década de 1770, Buenos Aires tinha seis companhias de milícias negras, cada uma liderada por um capitão e comandada e coordenada por um sargento-mor e três capitães-mandantes, todos homens negros livres. Esses postos foram remunerados durante a guerra. Em tempos de paz, tinham um alto valor social, que muitos desejavam possuir. Em 1777, o posto de sargento-mor dessas milícias estava vago, o que fez com que vários capitães negros livres enviassem petições ao vice-rei do Rio da Prata, Pedro de Cevallos, que consultou o inspetor-geral das milícias sobre essa nomeação. Mas, antes de receber uma resposta, Cevallos deixou Buenos Aires e seu sucessor não indicou um novo sargento-mor. As disputas pela liderança da milícia dos negros livres em Buenos Aires provocaram um conflito de 10 anos pelo seu comando – o que também incluiu líderes das confrarias.[16]

O posto de sargento-mor permaneceu vago, o que abriu a porta para que Bentura Patrón tentasse ocupá-lo. Bentura Patrón tinha vasta experiência nas associações negras do Rio da Prata. Em 1771, junto com outros homens e mulheres de origem africana, havia fundado a irmandade de San Baltasar em Buenos Aires, que às vezes era apresentada como "nação" Congo perante as autoridades coloniais (Rosal, 2009, p. 209; González, Sánchez e Fükelman, 1999, p. 100). Em 1784, junto com outros dois negros livres (Juan García e Manuel Joaquín, cabos), Patrón viajou de Buenos Aires para Cádiz sem licença das autoridades coloniais. O capitão do porto de Cádiz enviou esses homens de volta a Buenos Aires, mas também encaminhou uma petição de Patrón à Coroa, documento que atualmente se encontra no Arquivo Geral das Índias. Nesse requerimento, Patrón solicitou o posto de coronel da milícia negra para si e de tenente-coronel e capitão para seus companheiros, por terem se destacado no serviço real nas guerras contra os portugueses na Colônia do Sacramento.

Bentura Patrón não usou patentes de milícia para si mesmo em sua petição, embora declarasse que desempenhou um papel de liderança nos ataques a Colônia em 1762 e na defesa contra os ameríndios que ameaçavam Buenos Aires. Portanto, o que requeria era "mera graça". De acordo com Patrón, Juan García e Manuel Joaquín eram cabos sob seu comando "para governar os etíopes". Patrón mencionou que havia pagado por uma missa

16 Sobre essa disputa, ver Borucki (2015, p. 105-113).

cantada no Convento de São Francisco, em Buenos Aires, para celebrar a conquista de Colônia do Sacramento em 1777. Ele alegou ser um homem de posses, e provavelmente foi ele quem pagou a viagem dos três para Cádiz. Patrón desfrutava da liderança da irmandade de San Baltasar – da qual Juan García e Manuel Joaquín eram irmãos – e agora buscava uma patente na milícia como recompensa por esses serviços.

Em sua petição à Coroa, Bentura Patrón se apresentou como o "capataz dos da sua Nação Etiópia [*capataz de los de su Nación Etiopia*]". O título "capataz" não existia nem nas milícias nem nas irmandades de Buenos Aires ou Montevidéu, mas era um título de liderança nos cabildos cubanos "de nação", as contrapartes das "nações" africanas do Rio da Prata. Esse termo tinha suas raízes nas associações negras de Sevilha no século XVI. Patrón provavelmente ditou seu requerimento a um escrivão em Cádiz, que usou o termo "capataz" com o significado de liderança nas associações negras, equivalente a prefeito, como era entendido na Espanha. A historiografia mais recente sobre as irmandades negras na América espanhola mostra que Sevilha, nos séculos XVI e XVII, havia se tornado um local de processamento desse tipo de petição, com escribas produzindo mandados com base nas petições de súditos negros e pardos vindos das colônias.[17] É possível que isso tenha acontecido mais tarde em Cádiz, quando esse porto se tornou a porta de entrada para a América espanhola, no século XVIII.

O outro termo-chave, "Nação Etiópia", se referia ao nome bíblico da África subsaariana. Assim, ao usar "etíopes" para se referir à sua comunidade em Buenos Aires, Patrón visualizava a si mesmo como líder de todos os africanos que viviam na cidade, em vez de somente líder dos da nação Congo e da irmandade de San Baltasar. Bentura se apropriou da maneira como os espanhóis usavam a palavra "nação" para se referir a grupos específicos na África, mas aplicou esse termo a Etiópia, isto é, a toda a África negra. Assim, Bentura Patrón foi além das denominações associadas às milícias, nações e irmandades para reivindicar uma liderança pan-africana. Esse é o primeiro registro que conheço de um africano afirmando uma identidade negra geral no Rio da Prata, além das categorias espanholas de casta e qualidade.

17 Sobre Sevilha e a sua relação com as diferentes diásporas africanas das colônias, ver Valerio (2022), Graubart (2022) e Ireton (2024).

O Conselho das Índias solicitou ao vice-rei de Buenos Aires um parecer sobre a petição de Patrón. O marquês de Loreto informou que Juan García e Manuel Joaquín, os companheiros de viagem de Patrón, eram oficiais da milícia e que suas promoções seriam consideradas quando necessário. Mas ele também informou que as declarações de Patrón eram falsas e que ele devia ser punido por mentir sobre seu serviço na milícia. O documento é lacônico, mas parece que Patrón exagerou ao falar de sua atuação contra os portugueses em Colônia.

Depois do indeferimento brusco do seu requerimento, Bentura Patrón provavelmente deixou a capital do vice-reinado, ou foi expulso, para viver em Montevidéu, onde arrecadou dinheiro para estabelecer, em 1787, a confraria de San Baltasar, o santo padroeiro de sua irmandade em Buenos Aires, onde 20 anos antes ele havia construído sua liderança por meio do envolvimento com irmandades e nações africanas.[18] Portanto, uma vez em Montevidéu, ele tentou restaurar sua liderança criando uma nova confraria negra.

Cinquenta anos após a viagem de Bentura Patrón a Cádiz, Jacinto Molina (que deixou manuscritos sobre sua vida), em Montevidéu, também usou o termo Etiópia para se referir aos "etíopes e seus descendentes" como sinônimo de "povo negro" do Uruguai, no início da década de 1830 (Borucki, 2015, p. 205-214; Molina, 2009, p. 237-238). Como Patrón, Molina usou essa terminologia em petições que o colocavam em uma posição de comando da população negra e como intermediário entre ela e a sociedade branca.

Assim, os negros livres que almejavam posições de comando, como Bentura Patrón e Jacinto Molina, usavam termos inclusivos de identidade negra mais ampla (como "etíopes e seus descendentes") para reivindicar a liderança de toda a população negra de Buenos Aires e Montevidéu, respectivamente, por meio de petições à Coroa espanhola e, após a independência, ao Estado nacional. As vidas dos líderes negros mostram que estratégias individuais, como a aspiração de governar as comunidades negras, se cruzaram com modelos de diferenciação e pertencimento. Quando os milicianos negros faziam a mediação entre as comunidades negras e os detentores do poder, eles também obtinham benefícios para suas comunidades e para si mesmos. Da mesma forma, suas histórias ilustram os limites do que os negros poderiam

18 Libro 1º de la Cofradía del Rey de San Baltazar, 29 jul. 1787, AAAM-U.

alcançar, e eles testaram esses limites por meio da interação com os setores dominantes da sociedade colonial e republicana.

Os limites do foro militar

Os oficiais negros livres da milícia não tinham benefícios materiais; pelo contrário, os líderes geralmente tinham que provar, aos oficiais profissionais espanhóis que os nomeavam como capitães, que eles poderiam apoiar o funcionamento da milícia, material ou monetariamente. Em outras palavras, esses capitães negros eram geralmente homens de posses. E isso também explica por que geralmente os oficiais milicianos negros já tinham certa autoridade nas irmandades negras, pois dessa forma conseguiam convencer os seus irmãos a se alistarem na milícia. Em seu desejo de serem oficiais, os homens pardos e negros buscavam essencialmente respeito e honra, não apenas de seus pares africanos e afrodescendentes, mas também da sociedade branca. As histórias do capitão da milícia preta Juan de Dios Gabira, do primeiro-tenente Felipe Malaber e do segundo-tenente Domingo Ramos em Montevidéu ilustram esse ponto durante a primeira década do Oitocentos.

Em 1801, um soldado da artilharia espanhola foi encontrado morto pelas autoridades coloniais em Montevidéu.[19] Juan de Dios Gabira foi uma das últimas pessoas a vê-lo com vida, o que o levou a ser acusado de assassinato. O tabelião que iniciou a escritura do processo judicial não fez nenhuma referência ao fato de Gabira ser o capitão da milícia de negros livres. Nos mesmos dias, o segundo-tenente da mesma milícia, Domingo Ramos, foi preso porque alguém o acusou de roubar um bilhete de loteria premiado.

Em sua apelação, esses oficiais negros citaram o artigo do estatuto da milícia em Cuba segundo o qual "os oficiais dos batalhões *morenos* [negros] e pardos serão tratados com estima, ninguém poderá ultrajá-los por palavras ou atos, e entre suas respectivas classes eles serão distinguidos e respeitados".[20] O estatuto da milícia no Rio da Prata havia sido remodelado com base no de Cuba, o que implica que esses milicianos estavam cientes desses regulamentos.

19 Petição de Juan de Dios Gabira e Domingo Ramos, 3 fev. 1801, AGN-A, IX, 2-9-6.

20 Ibid.; Sumaria información echa al esclarecimiento, 1800, AGN-U/AAJJ, caja, 141, exp. 64.

O capitão Gabira reclamou que tinha que dividir uma masmorra com homens condenados por crimes graves, bem como com soldados milicianos negros, o que o desonrava como capitão aos olhos de seus subalternos. Domingo Ramos foi humilhado publicamente por sua exposição na cadeia. Gabira teve de convencer o comandante-geral das milícias, Miguel Granada (um oficial espanhol profissional), a libertar Ramos da cadeia e enviá-lo para a Cidadela, uma prisão condizente com seu posto militar.

Esses vínculos entre oficiais do Exército profissional e oficiais da milícia negra garantiam a estes últimos o acesso ao foro militar, que era o privilégio de serem julgados por autoridades militares, e não civis. Ambos os oficiais da milícia negra solicitaram isenção de perseguição por parte das autoridades civis, já que gozavam de privilégios militares. Embora ambos tenham conseguido estabelecer sua honra entre a população negra livre e escravizada por causa de sua liderança nas milícias e confrarias, esses casos mostram que eles dependiam de contatos com autoridades espanholas para salvaguardar sua respeitabilidade na sociedade colonial.

Em 1801, o inspetor-adjunto do Exército reagiu aos casos Gabira e Ramos alegando que o foro militar era o único benefício a que os oficiais negros da milícia tinham direito em troca de seu serviço e que, portanto, eles deveriam ser protegidos contra os atos das autoridades civis. Por fim, o subinspetor obteve a aprovação do vice-rei para declarar que os oficiais de milícia negros e pardos com patentes reais – aqueles documentos valiosos que esses oficiais guardavam com prevenção – gozavam do privilégio militar e mereciam respeito.[21]

O primeiro-tenente da companhia preta de Montevidéu Felipe Malaber, homem negro livre nascido em Buenos Aires, era um mestre sapateiro, que exigia respeito dos homens que trabalhavam em sua oficina.[22] Em 1800, ele e Jacinto Molina (mais tarde seu tenente, quando Malaber foi promovido a capitão) foram testemunhas no registro de casamento de Ermenegildo Bustos, um sapateiro pardo livre de Córdoba que era soldado da milícia em Montevidéu.[23] Em 1802, Felipe Malaber tinha 35 anos e conhecia os fun-

21 Petição de Juan de Dios Gabira e Domingo Ramos, 3 fev. 1801, AGN-A, IX, 2-9-6.

22 Felipe Malaber contra José Molina por excesos, 1797, AGN-U/AAJJ, caja 127, exp. 51.

23 Habilitações de casamentos, AAM-U, 1800, exp. 8.

damentos da escrita. Naquele ano, ele iniciou um caso judicial envolvendo homens escravizados que haviam fugido do Rio Grande português para o lado espanhol na guerra de 1801, solicitando sua liberdade.[24] O espanhol que guiou esses homens até Montevidéu tentou embarcá-los novamente no Brasil, para vendê-los como escravos. Por isso, eles procuraram a ajuda de Domingo Ramos, o segundo-tenente da companhia negra. Ramos os acompanhou até a oficina de Malaber – seu superior –, que iniciou a reclamação deles perante o governador de Montevidéu. Essa história ilustra que a cadeia de comando das milícias negras às vezes funcionava em outras áreas, pois Ramos buscou o conselho de Malaber, que ajudou esses escravos. O caso ficou truncado, certamente porque em pouco tempo Malaber sofreu nas mãos da justiça civil humilhações semelhantes às de Gabira e Ramos descritas anteriormente. Em março de 1803, Malaber escreveu ao vice-rei alegando que havia passado um ano preso por ter se envolvido por acaso em uma briga na qual um amigo dele foi ferido e morreu.[25]

A justiça colonial acabaria linchando Juan de Dios Gabira, em um caso que repercutiu em Montevidéu. O foro militar não protegeu o capitão em dezembro de 1805, quando um tenente aguazil (oficial do senado da câmara) infligiu ferimentos que provavelmente causaram sua morte em 1806. Vinte e cinco testemunhas depuseram nesse caso, no qual o tenente Felipe Malaber representou seu capitão. Gabira tinha 54 anos na época, mas não sabia escrever, o que explica a participação de Malaber no caso. Gabira declarou que uma mulher branca, Ramona Leal, havia lhe encomendado uma mesa, pois ele era carpinteiro. Depois de visitar sua oficina, ela voltou para casa, e o capitão Gabira a acompanhou, pois já era tarde. O tenente aguazil Zenón Díaz – algo como um policial colonial – parou Gabira e lhe perguntou quem era, mas sem se identificar como representante da justiça real. A maioria das testemunhas declarou que Gabira respondeu "Sou um homem como você" e que não havia tirado o chapéu, como Zenón Díaz havia solicitado.[26] Em seguida, o aguazil deu um tapa em Gabira para que ele tirasse o chapéu. Quando Gabira colocou o chapéu de volta, Díaz o atacou

24 Testimonio del expediente promovido por Alejos Ferreros..., 1802-1805, AGN-U/EGH, caja 50, exp. 20.

25 Relatório sobre a petição de Felipe Malaber, 16 mar. 1803, AGN-A, IX, 2-10-2.

26 Causa sobre las heridas dadas a Juan de Dios Gabira, 1805, AGN-U/EGH, Caja 75, exp. 2.

com seu sabre, ferindo sua cabeça e amputando a maior parte de sua mão esquerda. Zenón Díaz foi ajudado por dois soldados da milícia branca, e mais soldados da Guarda de San Juan se juntaram a eles. De repente, dois oficiais saíram para defender Gabira, quando ele estava quase morto. Eles disseram aos agressores que aquilo era "desumano" e que "nem Deus nem o Rei ordenaram isso".

Zenón Díaz esperava deferência de Juan Gabira, e este reagiu defensivamente quando foi desafiado pelo homem anônimo que, depois, se revelou ser o tenente aguazil. O primeiro promotor no caso foi Miguel Granada, o mesmo oficial que havia defendido Gabira e Ramos em 1801. Em 24 de janeiro de 1806, o governador de Montevidéu ordenou a prisão domiciliar de Díaz, uma punição branda. Defendendo Gabira, Felipe Malaber solicitou ao governador que Díaz fosse preso, suspenso do cargo de tenente aguazil e tivesse suas propriedades sequestradas para pagar um estipêndio a Gabira. Em março, o governador ordenou a prisão de Díaz e o embargo de seus bens. Em abril, Díaz concordou em pagar quatro reais por dia a Gabira, mais as despesas do hospital e do processo judicial. Mas Gabira morreu em junho. O cirurgião militar declarou que a morte se deveu a problemas estomacais, e não aos ferimentos causados por Díaz, pois estes haviam se curado. No final, Zenón Díaz foi suspenso de seu cargo por apenas dois meses.[27]

Gabira servia na milícia negra como soldado desde 1780, tendo sido capitão dessa unidade por pelo menos cinco anos até 1805. Ele conhecia – pelo menos de vista – a maioria dos oficiais da Montevidéu colonial. Gabira pode ter achado que sua patente real o protegia. Nem o governador nem outras autoridades se opuseram ao comentário de Gabira a um oficial branco, "Sou um homem como você", mas mesmo assim puniram levemente as ações de Díaz. Essa frase foi contra tudo o que sabemos do sistema de castas. A discriminação colonial provavelmente estimulou a fúria do aguazil. Como fizera Domingo Ramos, Gabira pediu a ajuda de Malaber, o que mostra os laços de solidariedade dos oficiais negros. Ainda não está claro como essa morte afetou os milicianos negros, cujo capitão sobreviveu a um linchamento público para morrer alguns meses depois. O fato de o caso ter envolvido 25 testemunhas indica sua importância e sugere que ele repercutiu

---

27 Ibid., fols. 67-69.

em Montevidéu. Todos os soldados conheciam o capitão e o tenente da sua companhia, e, portanto, a morte de Gabira não poderia passar despercebida. Gabira compareceu aos dois exercícios da milícia de 1806, mesmo sem a mão esquerda, o que demonstra a importância de sua posição para ele, pouco antes de sua morte.[28]

Conclusão e um olhar sobre a revolução

Esta introdução ao mundo das milícias pretas no Rio da Prata colonial ilustra o caráter multidimensional das redes de relacionamentos e identidades coletivas da população negra. É impossível entender a dinâmica das milícias negras de livres e libertos sem conectá-la ao funcionamento das irmandades católicas e vice-versa, pois foi demonstrado que a política das irmandades se estendia às milícias. Não discuti neste capítulo outra forma de sociabilidade negra no Rio da Prata, as "nações africanas", que eram independentes da Igreja e do Estado colonial e que se tornariam predominantes e aceitas pelos governos locais de Montevidéu e Buenos Aires após a revolução da independência (Borucki, 2015, p. 147-182; Chamosa, 2003). As milícias oferecem uma janela para analisar a pluralidade de redes sociais e identidades coletivas, mas ela é pequena no final do período colonial em Buenos Aires e Montevidéu, devido à própria organização desses corpos militares, que se limitavam aos homens livres e libertos, excluindo os escravizados e as mulheres, ou seja, a maioria da população de origem africana em ambas as cidades. No entanto, o estudo das milícias constitui uma oportunidade privilegiada para entender a construção do poder e da autoridade nas comunidades negras, uma vez que sua liderança estava associada à respeitabilidade e ao uso da força e, por outro lado, à formação de laços entre os chefes militares coloniais, o Exército profissional e os líderes negros. Estes últimos laços seriam radicalmente redefinidos durante e após a revolução no Rio da Prata.

As histórias de Felipe Malaber e Jacinto Molina oferecem exemplos contrastantes do que aconteceu com os líderes das milícias negras após a revolução. Depois de comandar a companhia negra de Montevidéu, Felipe

28 AGN-U/Ex-AGA, libro 435, fols. 83, 99, 255-7, 267-9; libro 873, 5-6 jan. 1806.

Malaber retornou a Buenos Aires.[29] Ele estava lá na época da Revolução de 1810, mas foi enviado para lutar contra os monarquistas de Montevidéu com o 6º Regimento de Pardos e Morenos, comandado pelo coronel Miguel E. Soler, um oficial branco, que o promoveu a tenente após a Batalha de Cerrito, em dezembro de 1812. Malaber entrou em Montevidéu mais uma vez em junho de 1814, e seu regimento foi o primeiro a tomar a Cidadela (Estrada, 1979, p. 129). No entanto, ele passou menos de um ano em Montevidéu antes de voltar para Buenos Aires e, depois, ir para o Alto Peru. Em novembro de 1815, participou da Batalha de Sipe Sipe, na atual Bolívia, onde as forças de Buenos Aires foram derrotadas pelos legalistas. Malaber perdeu seus pertences, mas escapou com vida. Em seguida, foi enviado a La Rioja para organizar uma força para atacar Copiapó, no Chile.

Em algum momento, Malaber foi nomeado capitão. Assim como outros oficiais negros livres, ele ainda mantinha laços estritos com o mundo da escravidão, pois a mulher dele e pelo menos uma filha continuaram sendo escravizadas. Em 1815, sua esposa Francisca solicitou que o governo de Buenos Aires usasse o pagamento devido a seu marido Felipe Malaber para comprar sua liberdade. De volta a Buenos Aires em 1819, Malaber solicitou que o governo comprasse uma casa para ele – um método aceito para quitar outros pagamentos em atraso.

De acordo com Peter Blanchard, Manuel Malaber era filho de Felipe e alcançou o posto de segundo-tenente no 6º Regimento, seguindo seu pai da Bolívia para o Chile. No entanto, uma filha de Felipe, Mariana Pérez, ainda era mantida como escrava em 1815. Ela era casada com um cabo do 6º Regimento e também pediu liberdade com base em salários atrasados.[30]

Felipe Malaber deve ter se separado de seus filhos quando viveu em Montevidéu, do final da década de 1790 até meados da primeira década de 1800, mas os reencontrou em Buenos Aires em 1810 e libertou seu filho Manuel em 1812, antes de este ser alistado sob o comando do pai. O serviço da milícia sob o regime espanhol e, em seguida, a liderança de batalhões ne-

29 Relación de los oficiales agregados a los cuerpos de Voluntarios…, 4 fev. 1808, e Informe de Francisco Pizarro, 3 fev. 1808, AGN-A, IX, 28-5-1; AGN-A, IX, 15-3-6, exp. 27; Andrews (1980, p. 255, nota 66).

30 AGN-A, X, 8-7-5, 24 out. 1815; AGN-A, IX, 10-1-1, 28 e 30 abr., 20 set. 1817; AGN-A, IX, 11-1-7, 11 jan. e 1º abr. 1819. Blanchard (2008, p. 41-45, 153). Em 1828, Dominga Malaber declarou que era filha de Manuel Malaber e Rosa Esquerrenea, AGN-A, r. 4, 1828, fol. 449.

gros na era da independência marcaram a vida de Felipe Malaber. Agora, os nomes de Felipe e Manuel passaram a ser precedidos pelo honorífico *don* em documentos oficiais. Eles haviam alcançado respeitabilidade, pelo menos no papel. Em dezembro de 1810, a junta de Buenos Aires concedeu aos oficiais negros as mesmas honras e benefícios de que os oficiais brancos gozavam. Os oficiais negros e pardos, alguns deles nascidos na África, podiam então usar oficialmente o termo *don*, antes reservado apenas aos oficiais brancos (Andrews, 1979, p. 88).

A história de Malaber não é única, pois alguns oficiais negros e pardos que haviam servido nas milícias coloniais apareceram nos registros milicianos durante os anos do movimento revolucionário de José Artigas. O africano mina Francisco Ortega, liberto, foi o alferes da milícia negra de Montevidéu em 1807. Ele foi listado como *don* Francisco Ortega em 1817, enquanto capitaneava uma unidade negra livre de 69 homens que agora apoiava Artigas. O mesmo ocorreu com Juan Otero, negro livre, que apareceu nos registros da milícia tanto em 1807 quanto em 1817. O capitão da unidade parda de artilharia, *don* Alejos García, havia se juntado à milícia como soldado em 1780, foi nomeado tenente nos anos 1800 e capitão em 1817. Como Andrews (1980) descobriu em Buenos Aires, os negros livres de Montevidéu lideravam unidades de milícia e até usavam o termo *don* após a revolução.[31]

Nem todos os oficiais da milícia negra se tornaram partidários da revolução. Um punhado deles defendeu Montevidéu contra as forças revolucionárias até 1811. Com as milícias brancas, essa unidade apoiou o governador espanhol Francisco Javier de Elío e as tropas realistas.[32] Um desses monarquistas negros deixou um registro de sua experiência: Jacinto Molina, tenente da milícia negra colonial. Quando as forças revolucionárias de José Artigas entraram em Montevidéu, Molina (2009, p. 90-91) escreveu: "O ano de 1815 foi feliz para Artigas nesta cidade, mas infeliz para mim... Otorgués entrou nesta cidade, e Tomás García de Zúñiga queria que eu pegasse em armas para defender esta cidade contra o rei Fernando VII". Mas Jacinto se recusou a trair o rei espanhol. Os oficiais rebeldes decidiram executar Jacinto

31 AGN-U/Ex-AGA, libro 435, fols. 83, 99, 255-257, 267-269; libro 873, 5-6 jan. 1806; AGN-A, IX, 3-1-3; Lista y Filiación de la Compañía de Morenos Libres de Montevideo, 8 jan. 1807; AGN-U/Ex--AGA, libro 894, f. 61.

32 Pagamentos a milícias negras e pardas, 31 dez. 1811, AGN-U/Ex-AGA, caja 353.

para servir de exemplo para outros negros realistas. Mas a intervenção de sua esposa Rufina Campana salvou a vida de Jacinto, de acordo com seus escritos. Quando Rufina soube da prisão do marido, entrou em contato com a mãe e a irmã do vice-governador Tomás García de Zuñiga para implorar por sua vida. Molina conhecia García de Zúñiga desde 1806, e Rufina também conhecia as mulheres da família, o que finalmente permitiu que ele fosse libertado. Jacinto Molina provavelmente foi a voz mais firme da milícia preta monarquista, pois mais tarde apoiou fervorosamente a ocupação luso-brasileira (1817-1828) do que se tornou o Uruguai.

Por fim, deve-se observar que uma parte importante dos oficiais da milícia colonial, negros e pardos, juntou-se aos exércitos que lutaram pela independência do Rio da Prata, algo comum na América espanhola. O processo revolucionário foi alimentado por lideranças afrodescendentes, comumente chamadas de pardas na época, como as de Manuel Piar (1774-1817) na Venezuela, José P. Padilla (1778-1828) na Colômbia, Vicente Guerrero (1782-1831) no México e Bernardo de Monteagudo (1789-1831) no Rio da Prata e no Peru. Eles eram líderes revolucionários (alguns, presidentes, como Guerrero) que foram executados ou assassinados pelo lado patriota, e não pelas forças coloniais espanholas, uma evidência da reação das elites à disseminação da revolução social e sua percepção da liderança negra.[33]

Referências

ANDREWS, George R. The Afro-Argentine officers of Buenos Aires, 1810-1860. *Journal of Negro History*, Chicago, v. 64, n. 2, p. 85-100, 1979.

_____. *The Afro-Argentines of Buenos Aires, 1800-1900*. Madison: University of Wisconsin Press, 1980.

BAUMGARTNER, Alice. *South to freedom*: runaway slaves to Mexico and the road to the Civil War. Nova York: Hachette, 2020.

BLANCHARD, Peter. *Under the flags of freedom*: slave soldiers and the wars of independence in Spanish South America. Pitsburgo: University of Pittsburgh Press, 2008.

33 Sobre a revolução no Rio da Prata, ver capítulo de Magdalena Candioti neste livro; sobre a Colômbia, ver Lasso (2007); e, sobre o México, Baumgartner (2020).

BORUCKI, Alex. *From shipmates to soldiers*: emerging Black identities in the Río de la Plata. Albuquerque: University of New Mexico Press, 2015.

_____. Across imperial boundaries: black social networks across the Iberian South Atlantic, 1760-1810. *Atlantic Studies*, v. 14, n. 1, p. 11-36, 2017.

_____. Aqueous and dry borderlands: Africans and their descendants in colonial Rio de la Plata. In: JONES, C. D.; HARRISON, J. T. (Org.). *At the heart of the borderlands*: Africans and Afro-descendants on the edges of colonial Spanish America. Albuquerque: University of New Mexico Press, 2023. p. 173-190.

CHAMOSA, Oscar. To honor the ashes of their forebears: the rise and crisis of African nations in the post-independence state of Buenos Aires, 1820-1860. *The Americas*, Washington, v. 53, n. 3, p. 347-378, 2003.

ESTRADA, Marcos. *Argentinos de origen africano*. Buenos Aires: Eudeba, 1979.

GHARALA, Nora. *Taxing blackness*: free Afromexican tribute in Bourbon, New Spain. Tuscaloosa: University of Alabama University Press, 2019.

GONZÁLEZ, Ricardo; SÁNCHEZ, Daniel; FÜKELMAN, Cristina. *Arte, culto e ideas*: Buenos Aires, siglo XVIII. Buenos Aires: Fundación para la Investigación del Arte Argentino, 1999.

GRAUBART, Karen. *Republic of difference*: religious and racial self-governance in the Spanish Atlantic world. Oxford: Oxford University Press, 2022.

IRETON, Chloe. *Slavery and freedom in Black thought in the early Spanish Atlantic*. Cambridge: Cambridge University Press, 2024.

JOHNSON, Lyman. *Workshop of revolution*: plebeian Buenos Aires and the Atlantic world, 1776-1810. Durham: Duke University Press, 2011.

_____; SOCOLOW, Susan. Población y espacio en el Buenos Aires del siglo XVIII. *Desarrollo Económico*, Buenos Aires, v. 20, n. 79, p. 289-340, 1980.

LASSO, Marixa. *Myths of harmony*: race and republicanism during the Age of Revolution, Colombia, 1795-1831. Pittsburgh: University of Pittsburgh Press, 2007.

MOLINA, Jacinto V. *Los caminos de la escritura negra en el Río de la Plata*. Ed. William Acree e Alex Borucki. Madri: Iberoamericana, 2009.

POLLERO, Raquel. Historia demográfica de Montevideo y su campaña (1757-1860). Tese (doutorado), Universidad de la República, Montevidéu, 2013.

ROSAL, Miguel. *Africanos y afrodescendientes en el Río de la Plata, siglos XVIII-XIX*. Buenos Aires: Durken, 2009.

TELESCA, Ignacio. Sociedad y afrodescendientes en el proceso de independencia del Paraguay. In: MALLO, Silvia; TELESCA, Ignacio (Org.). *Negros de la Patria*: los afrodescendientes en las luchas por la independencia en el antiguo virreinato del Río de la Plata, Buenos Aires: [s.n.], 2010. p. 149-170.

VALERIO, Miguel. *Sovereign joy*: Afro-Mexican kings and queens, 1539-1640. Cambridge: Cambridge University Press, 2022.

VINSON III, Ben. *Bearing arms for His Majesty*: the free-colored militia in Colonial Mexico. Stanford: Stanford University Press, 2003.

Solidariedades diaspóricas e racializadas na trajetória de soldados africanos e afrodescendentes no Rio da Prata na primeira metade do século XIX

*Magdalena Candioti**

Um dos poucos lugares que a historiografia argentina fundacional esteve disposta a reconhecer para os filhos da diáspora africana foi o de soldados que pagaram o preço de sua liberdade com seu serviço armado e, às vezes, com suas vidas. Bartolomeu Mitre, como Domingo Faustino Sarmiento, celebraram em suas obras a fidelidade negra, seu martírio patriótico, e idealizaram a integração por meio da mestiçagem e da assimilação (Mitre, 1950; López, 1913).[1] Não é coincidência que eles tenham assentado as bases para que os afro-argentinos lembrados e homenageados na memória pública até hoje sejam militares: o negro Falucho, morto no Peru defendendo a revolução, o sargento Cabral, que faleceu salvando o general San Martín na Batalha de San Lorenzo, e, mais recentemente, María Remedios del Valle, uma mulher parda que perdeu o marido e os filhos nas guerras em que ela mesma serviu e foi ferida.[2]

Mas como foi estudada logo a participação militar de africanos e afrodescendentes? A historiografia militar argentina tem uma ampla tradição de pesquisar a organização dos corpos armados da colônia e da república, sem maior interesse por aqueles segregados (Saldías, 1912; Beverina, 1935; Luqui-Lagleyze, 2013). A mais renovada história social da guerra analisou

* Agradeço muito especialmente aos organizadores do seminário "As milícias de homens de cor no Atlântico Sul (séculos XVIII e XIX)" e desta coletânea os agudos comentários sobre a primeira versão do texto.

1 Sobre esse tipo de reconhecimento seletivo, ver Candioti (2021, p. 133-160).

2 Sobre Cabral e Falucho, ver Mitre (1887, p. 188-189, 1888, p. 716-717) e Geler e Ghidoli (2019). Sobre María Remedios del Valle, ver Candioti (2025).

nos últimos anos a participação armada desde a perspectiva das pessoas, o que significou ser soldado, as várias formas de recrutamento e o caso de alguns regimentos segregados.[3] Por sua vez, com outras preocupações, a rica história dos setores populares reconstruiu a participação de grupos racializados em guerras, mobilizações e projetos políticos amplos (patrióticos, federais, unitários, nacionais).[4] Suas ênfases na politização do "baixo povo", sem distinções raciais, desalentaram de certa forma a pesquisa das solidariedades e das reivindicações ligadas à cor, à escravidão e à ascendência. Foi finalmente uma quarta aproximação historiográfica – aquela centrada na diáspora africana, na escravidão e na racialização – que produziu um maior conhecimento da experiência dos afro-argentinos na guerra (e fora dela). O trabalho pioneiro de George Reid Andrews (1981, p. 137-167, 261-263) reconstruiu a história das "legiões negras" no longo século XIX, e o de Peter Blanchard (2008) analisou o recrutamento de pessoas escravizadas nas guerras de independência, integrando-o ao problema da abolição da escravidão na América do Sul hispânica. A participação negra nessas guerras foi também iluminada por Marta Goldberg (2003), Carmen Bernand (2010) e na coletânea-chave de Silvia Mallo e Ignacio Telesca (2010). Nesses livros, algumas biografias de soldados de cor foram reconstruídas. Sara Mata (2010, p. 131-148) destacou o papel do capitão da milícia mulato Vicente Panana, em Salta; Florencia Guzman (2020) reconstruiu a vida de Manuel Macedonio Barbarin, um miliciano portenho. Ariel Viola (2023) seguiu as trajetórias de politização e mobilidade de vários soldados pardos santa-fesinos. Orlando Gabriel Morales e Luis Cesar Caballero (2018, 2019) produziram biografias exaustivas dos célebres soldados mulatos e unitários Lorenzo Barcala e José María Molina, nas quais expuseram as estratégias de assimilação e as redes com setores de elite que esses oficiais de cor empregaram para a construção de seus patrimônios e de seu prestígio.

Nesses trabalhos, como em diferentes partes das Américas, tematizou-se a participação armada como uma das formas privilegiadas pelas quais os homens escravizados ou racializados buscaram a emancipação e a mobilidade social.[5] Essa dimensão da participação militar como veículo de prestígio –

3 Ver: Halperin Donghi (1978); Fradkin (2009a); Rabinovich (2013); Morea (2019); Di Meglio (2009).

4 Ver: Goldman e Salvatore (1998); Fradkin (2006, 2009b); Di Meglio (2007); Di Meglio e Fradkin (2013); Jonhson (2013).

5 Ver: Contreras Cruces (2011, 2017); Solano (2019); Vinson III (2000); Kraay (2012); Souza (2020).

ligado ao soldo, ao foro militar (*fuero militar*), às isenções fiscais, ao porte de arma e de uniforme – e como plataforma para exigir cidadania foi, sem dúvida, importante. Mas, na Argentina, as ênfases na integração política e na (suposta) mestiçagem familiar deram como resultado indireto que os efeitos da participação militar sobre as possibilidades de mobilidade social e casamento dos africanos e afrodescendentes no Rio da Prata têm sido mais presumidos do que estudados.

Este capítulo procura contribuir para o debate, seguindo biografias de soldados africanos ou afrodescendentes além da guerra. O foco não são especificamente suas carreiras militares, mas o que se passou antes, durante e depois delas, na vida cotidiana. Procuro com isso mostrar dois pontos. Por um lado, diante da superênfase na assimilação, assinalo a centralidade das solidariedades entre pessoas na mesma condição racial, jurídica e ancestral na construção de estratégias de sobrevivência e de mobilidade. Por outro lado, diante da ideia de uma integração e mobilidade ascendente garantida pela carreira das armas, mostro trajetórias em zigue-zague, atravessadas por perdas e dificuldades.

Na primeira parte deste capítulo, reconstruo duas biografias militares capazes de mostrar que, nas estratégias individuais de sobrevivência, de construção de família, de aquisição de propriedade e de mobilidade, as alianças e a solidariedade com companheiros diaspóricos, racializados ou ligados à escravidão, foram fundamentais. Na segunda parte, mudo a escala. Mergulhando nos registros de casamento, identifico os soldados de origem africana, escravizados ou racializados, que se casaram em sete paróquias de Buenos Aires entre 1810 e 1853 e analiso a predominância da endogamia matrimonial e o papel minoritário da mestiçagem.

Finalmente, usando os registros do Asilo de Mendigos de Buenos Aires para os anos de 1858 e 1859, analiso as trajetórias de seis soldados africanos e afrodescendentes que tiveram uma mobilidade social não linear. Essas biografias, longe da ideia de uma conquista progressiva e ascendente de bem-estar e de lugares sociais de destaque por meio da participação armada, falam de repetidos chamados às armas, de migrações, de perdas de familiares, de ferimentos, de dificuldades para consolidar famílias e propriedades e até de garantir a sobrevivência.

Seguindo os caminhos de Antonio

A história de Antonio Porobio começou em Quissama, na África. Teria terminado lá se um negócio comercial global e multimilionário não tivesse levado ao seu sequestro e traslado forçado para Buenos Aires. Talvez ele não tivesse deixado esta cidade se não fosse uma revolução – e a guerra desencadeada por ela –, que o levou como soldado a Montevidéu, Santa Fé e Alto Peru. A opacidade documental de sua vida africana contrasta com o registro detalhado de sua vida militar no Rio da Prata. Embora não saibamos exatamente quando sua carreira começou, é possível conjecturar que, como muitos dos escravizados e libertos de Buenos Aires, ele tenha participado durante as invasões britânicas (1806-1807) do corpo de escravos armados com lanças e facas ou do Corpo de Artillería de Naturales y Castas (separado internamente em índios, pardos e pretos livres).[6] Porém, sabemos que em 1812 ele era segundo-sargento do 6º Regimento de "pardos e *morenos* [pretos]" e que, em março daquele ano, foi promovido a porta-estandarte dessa corporação.[7] Em 1814, participou do cerco e ocupação de Montevidéu e, no início de 1815, foi enviado com seu regimento a Santa Fé para reprimir a declaração de autonomia daquela província.[8] De lá, junto com seu regimento, foi deslocado para a frente norte da guerra.

Como nem tudo na guerra é combate, em Montevidéu Antonio teve tempo de comprar uma escrava, uma das muitas mulheres que foram apresadas pelo Exército e vendidas a novos senhores patriotas. Seu nome era Francisca Sebastiana de Araujo e, junto a seu novo senhor, ela viajou para Santa Fé. Nessa cidade, e após receber a ordem de se juntar ao Exército do Norte, Antonio decidiu libertá-la gratuitamente perante um escrivão.[9] Francisca Sebastiana, sentindo a força moral da gratidão, decidiu segui-lo até o Alto Peru. Se na campanha de Montevidéu ela havia servido ao Exército "como um todo" – como declararia alguns anos depois ao defender sua liberdade –, no

---

6 Sobre a participação de castas e homens de cor durante as invasões, ver Molinari (1963), Di Meglio (2006) e Blanchard (2014). Para uma análise detalhada das milícias de Buenos Aires na época colonial anterior às invasões, ver Fradkin (2014).

7 AGN-A, Sala IX, 8-8-6, Livro 69, fol. 220 e 8-8-8, Livro 71, fol. 118v.

8 AGN-A, Sala X, 44-41-15, Lista de Revista, Caja 15, Regimento nº 6. Sobre os regimentos segregados do Exército do Norte, ver Morea (2019).

9 Departamento de Estudios Etnográficos y Coloniales, Santa Fe, Escrituras Públicas, t. 23, fol. 348.

caminho para o *front* ela se dedicou a cuidar de Antonio e vesti-lo "como sua própria esposa". Francisca Sebastiana foi, portanto, uma das muitas mulheres que participaram da guerra, cumprindo funções essenciais e até estando presente nas batalhas. Tanto que, em meio ao desastre que foi a Batalha de Viluma ou Sipe Sipe para os patriotas (29 de novembro de 1815), Francisca Sebastiana perdeu sua carta de liberdade. Insegura e ansiosa sem o comprovante de sua manumissão, recorreu a Martín Miguel de Güemes – chefe do Regimento dos Infernais, que lutou ao lado do regimento de Antônio –, que lhe deu um novo certificado.[10]

Com esse papel e o fim desse ciclo de guerras, Antonio e Francisca Sebastiana retornaram a Buenos Aires, mas na capital seus caminhos divergiram. Embora ela tenha se tornado, em algum momento, concubina de seu antigo senhor, não era sua esposa. Antonio estava legitimamente casado havia anos com María Maza, uma mulher angola. Quando María soube da compra e posterior libertação gratuita de Francisca Sebastiana, exigiu desta o pagamento da manumissão. María alegou que seu marido havia comprado a cativa com seu dinheiro e que, se Francisca Sebastiana queria ser livre, ela deveria pagar. Para defender e provar sua liberdade, Francisca Sebastiana – privada de sua segunda carta de alforria – recorreu aos testemunhos dos antigos companheiros em armas de Antonio: José Eloy Taboada e Lorenzo Espinosa. Ambos eram soldados de cor e, a julgar por suas longas carreiras, eram homens respeitáveis, que haviam alcançado patentes militares além do posto de soldado raso. Taboada chegou a ser capitão, e Espinosa, sargento-mor.[11] A longa trajetória de Francisca Sebastiana junto ao Exército lhe rendera esses contatos, que ela foi capaz de mobilizar quando precisou de testemunhas no processo.

María Maza, por sua vez, contou com a ajuda de Manuel Maza, um militar e político importante que havia sido seu senhor e com quem ela parece ter mantido relações de clientelismo depois que se libertou. Não sabemos se Francisca finalmente teve que pagar a María, porque o litígio permaneceu inconcluso. Sabemos que, dois anos depois, María morreu, porque naquele ano de 1823 Antonio se declarou viúvo e se casou com a jovem lubolo Juliana

10 AGN-A, Sala IX, 23-28-7, exp. 1144, cit., fol. 1v.

11 *Tomas de Razón, despachos militares cédulas de premios retiros 1740 a 1821*. Buenos Aires, 1925, p. 283-284, 485, 877.

López. Depois de ficar viúvo pela segunda vez, ele se casou com María García, uma mulher mais velha, também quissama. Todos os laços matrimoniais que Antonio teceu foram com mulheres africanas. Não apenas isso: seus principais laços de amizade e compadrio também se estabeleceram com sujeitos afrodiaspóricos. Antonio foi testemunha de vários casamentos de outros africanos. Em 1820, Antonio e María testemunharam o casamento de José e Teresa, de nação quissama e escravos de José Rico.[12] Em março de 1822, Antonio testemunhou o casamento dos pardos banguelas (benguelas) José Manuel Ponce, livre, e Joaquina, escrava.[13] Os casamentos e as testemunhas revelam associações, amores e solidariedades com seus pares africanos. Estratégias de apoio que não terminaram aí.

Como herdeiro de María Maza, Antonio viria a possuir uma casa na Rua Lorea, 25, no coração do Barrio del Tambor.[14] A pequena casa ficava próxima à Sociedade Africana Mafurí, e é muito provável que ele fosse membro da Sociedade Africana Quissama, formada por volta de 1827.[15] O que eram essas sociedades? Em Buenos Aires, no início da década de 1820, o governo de Martín Rodríguez – e seu ministro Bernardino Rivadavia – procurou regulamentar as práticas sociais dos africanos e afrodescendentes que realizavam barulhentas danças em suas casas e nas ruas ao redor. Para manter suas reuniões, eles foram obrigados a se organizar formalmente em sociedades africanas, que deveriam ter constituições e autoridades aprovadas pelo governo – por meio da polícia – e solicitar licenças sempre que desejassem realizar reuniões e bailes (Andrews, 1981; De Quirós, 2008; Chamosa, 2003). Nas décadas seguintes, essas associações proliferaram por meio de subdivisões e reagrupamentos. Entre elas, se contaram os quissamas.[16]

O que sabemos sobre essa sociedade? Sabemos que, em 1822, o negro Vicente Molina comprou um terreno medindo oito varas e três quartos por 70 varas que, cinco anos depois, declarou ter comprado "por ordem e

---

12 ABA, Parroquia Ntra. Sra. de Monserrat, Livro de Matrimonios n. 2, 1794-1853, fol. 509v.

13 Ibid., fol. 536.

14 AGN-A/PN, Reg. 1, 1836, fol. 441.

15 Sobre o povo quissama, ver Heintze (1972) e Alfagali (2022). Sobre os quissamas na diáspora, consulte a obra polêmica de Krug (2018). É possível que a rica tradição de guerra e resistência dos quissamas, reconstruída em detalhe por Alfagali, tenha desempenhado um papel no engajamento armado de Antonio e outros quissamas.

16 AGN-A/PN, Reg. 2, 1827, fol. 261.

dinheiro [da] Cofradía de la Nación Quisama". É possível que antes de solicitar autorização para operar como uma sociedade, em setembro de 1827, os quissamas estivessem acumulando pecúlio e se organizando para garantir um local para funcionar.[17] Quase nenhum registro da sociedade foi preservado, mas sabemos que ela não teve uma vida curta. Em 1835, o presidente da sociedade, José Torres, fez pagamentos para aliviar a doença de María Zamudio, esposa de Molina.[18] Em 1842, *La Gaceta Mercantil* registrou que a Sociedade Quissama contribuiu com 100 dos 4.075 pesos doados, juntamente com outras 35 sociedades africanas, para "despesas da guerra contra a Banda Oriental".[19] José Torres era casado com a montevideana Juana María, escrava de *don* Esteban Gascón.[20] A rede quissama era densa, e Antonio estava ligado a várias pessoas dessa origem e a membros comprovados da sociedade. Por um lado, como já dissemos, sua terceira esposa era uma quissama, e vários noivos de cujos casamentos ele foi testemunha também o eram. Por outro lado, Antonio tinha vínculos com Vicente Molina (o comprador da casa para a sociedade). Molina era credor da preta africana María Josefa Nazarre, de quem Antonio e María Maza foram testamenteiros e de quem Antonio herdaria um lote de terra (que ele vendeu em 1822).[21] Em 1825, Vicente Molina e sua esposa, a também quissama María Zamudio, foram nomeados testamenteiros do africano (provavelmente quissama) Lucas Pino, e Molina foi até nomeado herdeiro.[22] No entanto, buscando garantir seus cuidados na velhice, Pino mudou de testamenteiros e herdeiros várias vezes: no testamento de 1831, nomeou Antonio Porobio e Vicente Molina, e no testamento de 1832 nomeou apenas Antonio como testamenteiro e herdeiro.[23] Molina, por sua vez, também redigiu um testamento em 1835. Nesse testamento, ele designou como testamenteiros sua esposa, o camarada quissama Juan Enseña e "o *moreno* [preto], também livre, Juan Agustín Romero". Embora não tenha

---

17 AGN-A, Departamento do Governo 32-10-17, doc. 105.

18 AGN-A, Sucesiones, n. 6801.

19 *La Gaceta Mercantil*, n. 5636, 25 jun. 1842. *CD-ROM* do Arquivo Historico da Provincia de Buenos Aires.

20 ABA, Parroquia Ntra. Sra. de la Merced, Livro de Matrimónios de negros y demás gentes de servicios, n. 4. 9 ago. 1818, fol. 672.

21 AGN-A/PN, Reg. 3, 1810, fol. 9.

22 AGN-A/PN, Reg. 6, 1824, fol. 451.

23 AGN-A/PN, Reg. 6, 1831, fol. 368 e AGN-A/PN, Reg. 6 1832, fol. 196.

nomeado Antonio como testamenteiro, ele pediu que "meu compadre, o tenente reformado do sexto regimento, *Don* Antonio Porobio", supervisionasse o inventário e a avaliação de seus bens.[24] Na sucessão dos quissamas Molina e Zamudio, Juan Enseña, sua esposa – a quissama Marcela Moron –, Juan Romero e o mesmo José Torres (presidente da sociedade) teriam diversas intervenções (pagamento de curas, missas, dívidas, impostos etc.). Assim, vemos que nesse grupo os quissamas apoiavam ativamente uns aos outros em suas estratégias de sobrevivência, de cuidados na doença, de construção de patrimônio, de honra e de socialização.

A ascensão social de Antonio estava ligada a sua participação armada, que lhe rendeu um soldo e, mais tarde, uma recompensa de 3 mil pesos por seu papel nas guerras de independência;[25] mas, em suas estratégias de socialização, honra e mobilidade, as redes e colaborações com colegas da diáspora desempenharam um papel crucial.[26]

José Mariano San Martín

Vejamos a trajetória de outro companheiro de armas de Antonio para conhecer suas estratégias familiares e de mobilidade social: José Mariano San Martín. Ele não era africano, mas um soldado classificado como pardo. Não temos certeza sobre seu nascimento, mas sabemos que sua carreira militar começou em Buenos Aires, nos tempos da colônia, e durou bastante: José Mariano foi tenente do Cuerpo de Pardos y Morenos em 1806, tenente do Cuerpo de Castas (1809 e 1810), promovido a capitão de fuzileiros em 1812 e capitão de infantaria em 1815.[27] Como Antonio, José Mariano se casou, foi tratado como *don* – uma distinção na época – e pôde comprar uma casa. Diferentemente de Antônio, ele se casou com uma mulher parda e teve filhos.

Sabemos que José Mariano e Antonio se relacionaram no Alto Peru. No início de 1815, quando o primeiro retornou a Buenos Aires, trouxe para

24 ANG-A, Sucesiones, n. 6801, fol. 2.

25 AGN, Sala III, 62-02-06, n. 38, 1829.

26 Para um exemplo detalhado de um soldado iorubá com forte atividade comunitária afrodiaspórica em Cuba, ver Lovejoy (2019).

27 AGN-A, Livro 13, 1806, fol. 200; Livro 13, 1809, fol. 275; Livro 66, 1810, fol. 120 e Livro 69, 1812, fol. 212.

María Maza, a primeira esposa de Antonio, uma carta. Nela, Antonio, além de contar sobre suas viagens, enviou 12 pesos. José Mariano, que presumivelmente voltava ferido, entregou a carta, mas não o dinheiro, e prometeu a María fazê-lo "depois que o Estado o ajudasse". Os meses se passaram e María ficou sabendo que José Mariano havia recebido "dois pagamentos da mão do habilitado de Inválidos".[28] Por esse motivo, ela recorreu à Comandância de Armas e solicitou que a pensão do camarada de seu marido fosse confiscada para cobrir sua dívida.

José Mariano deve ter precisado do dinheiro. Ele estava ferido e tinha uma família para sustentar. Era casado com uma mulher parda livre com longas raízes na cidade: Dolores Arce, filha legítima dos pardos livres Victoriano Arce e Eugenia de La Rosa.[29] O casal José Mariano e Dolores teve três filhos legítimos, chamados José de los Santos, Silvestre e Florencia de las Mercedes. O primeiro nasceu em novembro de 1793, e seus padrinhos de batismo foram os pardos livres Roque Pintos e Inés Larrazábal (ou Sala, em outro registro).[30] Como seu pai, José de los Santos seguiu a carreira das armas, porém, diferentemente dele, nela morreu muito jovem.[31] Os filhos mais novos do casamento ficaram com Dolores. Silvestre nasceu em 1802, e seus padrinhos foram Pedro Pablo Peralta e Dionisia Catalina Escobar.[32] Florencia foi batizada em 1805 na paróquia de la Merced, e seus padrinhos foram o pardo livre José Antunes e sua esposa Juana, uma mulher parda escravizada, propriedade de *don* Francisco Baldovino.[33] Os laços espirituais e materiais que implicavam o casamento e o batismo foram tecidos por Dolores e José Mariano com outras pessoas racializadas, com presentes ou passados recentes de escravidão.

O casal conseguiu adquirir uma casa na rua Cangallo, nº 458 (atual Perón), no quartel 27, paróquia de La Piedad. Era um terreno de 17 metros e meio de frente e 70 de profundidade, que eles melhoraram pouco a pouco. No testamento, Dolores descreveu a evolução da propriedade: José Mariano havia

28 AGN-A, Sala IX, 23-8-7. Exp. 1144, fol. 2.

29 Ela foi batizada em 21 de março de 1771 na Paróquia de Nuestra Señora de la Merced. Livro de Batismos de Color, n. 2, 1763-1777, fol. 36.

30 Paróquia de Nuestra Señora de la Merced. Livro de Batismos de Color, n. 13, 1792-1801, fol. 56.

31 AGN-A/PN, Reg. 3, 1815, fols. 104v e 105.

32 Paróquia de Nuestra Señora de la Merced. Livro de Batismos de Color, n. 14, 1801-1808, fol. 55.

33 Ibid., fol. 214v.

contribuído para a união conjugal com "o local de nossa moradia e vários móveis para nosso serviço"; seis anos após o casamento, ela havia recebido em herança 260 pesos que "o dito meu marido recebeu", e "no tempo do Señor Sobremonte nós dois recebemos por conta do nosso trabalho [*conchabos*] 200 pesos que o dito marido recebeu para construir o quarto voltado para o norte e eu, o outorgante, tendo construído com a mesada que ele me deixou três peças voltadas para a rua compostas de sala de estar na frente, corredor, cozinha e lugar comum".[34] Em outras palavras, com os recursos gerados pelos cônjuges em seus empregos, incluindo o trabalho militar, a família Arce San Martín conseguiu se sustentar e construir uma casa.

José Mariano e Dolores não só batizaram seus filhos, mas também participaram da vida devocional segregada da cidade. Essa integração na comunidade espiritual tinha também uma dimensão social: era um sinal de pertencimento, um reconhecimento. De acordo com o testamento de Dolores, ela era membro e devedora da Confraria de San Benito, uma das confrarias das quais os africanos e afrodescendentes de Buenos Aires mais participavam.[35] Não sabemos se o próprio José Mariano desempenhou um papel nela e se essa participação poderia estar ligada ao início de sua carreira militar. Alex Borucki demonstra, neste livro, a frequente interseção entre os dois circuitos. A falta de listas das confrarias de Buenos Aires dificulta a referência cruzada.

Após o retorno de José Mariano a Buenos Aires, a vida familiar não durou muito, pois ambos os cônjuges morreram antes de 1818. Seus filhos Silvestre e Florencia, menores de idade na época, ficaram sob a tutela da tia Juana Arce – irmã de Dolores –, que também era a executora de seu testamento. No extenso processo de herança que se seguiu à morte dos pais, os irmãos San Martín acabaram nomeando Roque Pintos, o padrinho "pardo" do irmão falecido e antigo "compadre" de seus pais – como Dolores o chamava em seu testamento –, como tutor.[36] Naquela época, Pintos era um próspero vizinho dedicado ao transporte, tinha várias carruagens, berlindas e animais, três casas e vários escravos.[37] Como tutor das crianças, ele administrava a casa da

---

34 AGN-A/PN, Reg. 3, 1815, fols. 104v e 105.

35 Sobre essa confraria, ver o capítulo de Alex Borucki neste volume, Borucki (2015, p. 84-114), Andrews (1981) e Rosal (2010).

36 AGN-A, Sucesiones, n. 3475, 1818, fol. 74. Sucessão de María Dolores Arce.

37 AGN-A, Sucesiones, n. 3390, 1827. Sucessão de Roque Pintos.

família e lhes dava mensalmente os cem pesos que o Estado havia destinado a Silvestre e Florencia pelos serviços prestados pelo pai. Os irmãos finalmente receberam a casa da família.[38] Em setembro de 1830, eles a venderam por 8 mil pesos e, dois anos depois, Silvestre comprou uma casa menor na paróquia de Socorro por 2.500 pesos.[39] Nessa época, ele era casado com uma moça parda, Dominga Viera (Ubiera/Ubiedo, de acordo com o registro), e, quando o casal batizou seu primeiro filho em 1827, deu-lhe o nome de Mariano del Socorro, provavelmente em homenagem ao avô paterno e ao nome da paróquia onde se estabeleceu.[40]

Assim, José Mariano e sua família entrelaçaram amores, amizades, compadrios e devoções com companheiros racializados. Suas vidas foram marcadas pela participação militar, mas isso esteve longe de ser uma garantia de bem-estar. O tempo que passaram nas milícias e no Exército pode ter lhes rendido respeito e um salário, mas também lhes trouxe perdas familiares e danos corporais irreparáveis. Na mobilidade social da família, seus esforços pessoais, bem como as alianças com colegas pardos e morenos, desempenharam um papel fundamental.

Poderíamos continuar pesquisando biografias de soldados africanos e/ou racializados para mostrar essa forte vinculação. Mas, para obter um panorama mais amplo, recorreremos a um tratamento mais estatístico das fontes, em especial das fontes paroquiais.

Os casamentos de soldados racializados, africanos ou afrodescendentes em Buenos Aires, 1810-1853

Essa ligação persistente com companheiros racializados e diaspóricos era apenas uma prática de Antonio Porobio, José Mariano San Martín ou Lorenzo Espinosa? A fim de inscrever suas opções pessoais em uma estrutura mais ampla, sistematizei, em sete paróquias da cidade de Buenos Aires (Monserrat, Concepción, Balvanera, La Merced, Piedad, Pilar e Socorro),

38 AGN-A/PN, Reg. 6, 1830, fol. 285v.

39 AGN-A/PN, Reg. 7, 1832, fol. 132.

40 Com o passar dos anos e o nascimento dos filhos seguintes, Silvestre e Dominga, eles foram registrados como dons, e sua última filha foi registrada como "párvula branca" em 1839.

todos os casamentos realizados entre 1810 e 1853 em que pelo menos um dos consortes era racializado, escravizado ou de origem africana (doravante, REA). Para as duas primeiras paróquias, mais associadas à população africana e afrodescendente, analisei também as habilitações de casamento (*informaciones matrimoniales*), que, como bem mostrou Borucki (2015, p. 57-83), fornecem dados ricos sobre as redes dos noivos, as testemunhas, suas ocupações, sua idade.

Assim, contei um total de 2.866 casamentos em que pelo menos um dos parceiros era REA e, em particular, 1.743 casamentos em que pelo menos um dos parceiros era africano. Isso inclui 1.603 homens africanos e 1.283 mulheres africanas. É importante ressaltar que não se trata necessariamente de pessoas diferentes; já vimos o caso de Antonio, que se casou três vezes com mulheres que também haviam se casado mais de uma vez.[41] As categorias usadas pelos párocos para a classificação racial da noiva e do noivo foram: *negro/moreno* (preto), pardo, mulato, mestiço, indiano, *chino* (chinês/indígena) e espanhol. Esses rótulos "negro" e "*moreno*" tinham conotações cromáticas semelhantes (a cor preta), mas conotações sociais diferentes.

Entre os homens livres ou libertos, 163 (10,31%) foram registrados com algum tipo de posto ou função militar. Essa porcentagem parece bastante condizente com o cálculo de Alejandro Rabinovich (2012) sobre a forte militarização no Rio da Prata, especialmente no ciclo das guerras de independência. De acordo com esse historiador, pelo menos 10% da população masculina com idade para pegar em armas foi recrutada na região rio-pratense.[42] No entanto, a porcentagem de noivos soldados variou ao longo das décadas. Se observarmos a evolução dos casamentos dos soldados africanos ou racializados ano a ano, é possível perceber uma maior incidência de menções a postos militares nas décadas de 1810 e 1820, com picos em 1822 e 1824, e uma menor a partir do final da década de 1830 (ver figura 1). É possível suspeitar a existência de um forte sub-registro, já que nem todos

41 É difícil estabelecer a repetição exata das partes contratantes devido à ausência de sobrenomes em muitos registros (não apenas de pessoas escravizadas, mas também de pessoas livres), às diferentes grafias dos mesmos sobrenomes e ao fato de que eles costumavam mudar quando o escravizado era transferido de um senhor para outro ou passava a ter um *status* legal livre.

42 Ainda segundo Rabinovich (2012, p. 20), a idade mais comum para o recrutamento era 18 anos, mas em alguns regulamentos essa idade foi reduzida para 15 anos e, em casos especiais, poderia ser de até 12 anos.

os noivos mencionavam seu *status* militar. Antonio Porobio, por exemplo, não declarou sua condição militar em dois casamentos.

O pertencimento militar foi apontado com graus diversos de precisão. Alguns declararam ser soldados a secas e 141 mencionaram 24 regimentos, batalhões ou outros corpos militares. Embora não seja possível precisar quais dessas unidades eram da milícia e quais eram do Exército, dois terços dos 141 homens pertenciam a dois corpos, o Batallón de Cazadores (65) e o Batallón da Guardía Argentina (30).

Desde a Revolução de 1810, várias unidades milicianas foram declaradas veteranas e sofreram sucessivas reformas, muitas delas transformando-se em regulares (como a dos patrícios). Por sua vez, desde os anos 1820, quando a ordem nacional entrou em crise e as províncias se organizaram como estados autônomos, cada província – entre elas, a de Buenos Aires – reorganizou e estabeleceu novas milícias (Luqui-Lagleyze, 2013; Cansanello, 2003; Canciani, 2014). Como assinalou Andrews (1981, p. 142), embora várias unidades tenham sido "criadas por decretos que descreviam explicitamente sua natureza racial integrada ou segregada, a maioria não o foi". Somente estudando os registros de alistamento das unidades não explicitamente segregadas é possível conhecer a participação parda e morena. Andrews o fez com três, mas esta é uma tarefa em sua maior parte ainda pendente.

Se observarmos a ascendência ou a origem dos soldados, veremos o seguinte: dos 163 contraentes que se declararam soldados, 81 eram africanos e 82 não o eram; os africanos representavam 13 nações diferentes (tabela 1). Todos esses soldados africanos – exceto um, que se casou com uma mulher de Montevidéu não classificada racial e legalmente – casaram-se com mulheres racializadas (72 deles, ou 87,8%), escravizadas (50, ou 60,9%) e/ou nascidas na África (51, ou 63%). Os rótulos raciais aplicados às noivas foram *morena* (24), negra (45), parda (duas) e uma pampa/tehuelche (uma categoria mais étnica, de origem). Assim, fica claro que os soldados africanos se casavam com mulheres racializadas, africanas ou afrodescendentes, ligadas a um presente ou passado de escravidão.

Entre os 82 soldados não africanos que se casaram naqueles anos, 43 registraram sua origem. Dos que o fizeram, 12 eram naturais da cidade de Buenos Aires, e o restante vinha de outras províncias ou mesmo de outros países: cinco eram de Córdoba, dois de Corrientes, dois de Mendoza, um de

Paysandú, um de Tucumán, um de San Juan, um de Santiago del Estero, um de San Nicolás de los Arroyos, dois da Banda Oriental ou de Montevidéu (atual Uruguai), um de Concepción (Chile), três do Rio de Janeiro e um da França.

Se observarmos as maneiras pelas quais os 82 soldados não africanos foram classificados racialmente, veremos que três foram registrados como índios, nove como pardos, 11 como *morenos* e seis como negros. Os 53 restantes não foram racializados explicitamente na fonte. Isso significa que eles eram brancos? Não necessariamente. Cinquenta deles foram registrados no livro reservado para "pardos, negros e demais gentes de serviço" da paróquia de la Merced – uma das três paróquias de Buenos Aires que mantinham livros separados –, portanto, é bem possível que se enquadrassem nessas categorias.[43]

Muitos desses homens, conforme observado, eram migrantes, um *status* que lhes permitia se distanciar de ascendências consideradas prejudiciais e, portanto, se desmarcar racialmente. Por sua vez, 38 dos soldados não racializados serviram em regimentos com uma forte composição de cor: 27 deles relataram pertencer ao "batalhão" ou "regimento de caçadores", oito à Guardía Argentina, dois ao Batalhão nº 7 e um ao Batalhão de Defensores de Buenos Aires.[44]

Assim como seus pares africanos, os 82 soldados de origem não africana se casaram com mulheres racializadas (70 deles, ou 84,3%,) e/ou escravizadas (45, ou 54,2%) e/ou nascidas na África (23, ou 27,7%). Quase todas as mulheres africanas, com exceção de duas, eram escravas. As mulheres racializadas foram classificadas como índias (2), pardas (33), negras (23) e *morenas* (12). Das 12 mulheres não racializadas explicitamente, oito eram escravas ou africanas, de modo que os párocos podem ter considerado sua classificação desnecessária ou redundante. Apenas quatro esposas de soldados racializados não eram racializadas, escravas ou africanas.[45]

---

43 Os três restantes não racializados eram Celedonio Escobar (natural da cidade e soldado do batalhão "Libertadores"), Sebastián Rodríguez (registrado como soldado, mas sem corpo ou local de nascimento) e Martín Malabia (sargento do Batalhão da Guardía Argentina, nascido na Banda Oriental). Eles foram registrados nas paróquias de Monserrat, Pilar e Concepción, respectivamente.

44 Sobre a formação do Regimento nº 7, o Regimento de Caçadores e a Guardía Argentina, ver Andrews (1981, p. 139-144). Sobre os Defensores, ver Barrachina (2023).

45 Esses são os casos de três pardos e um "índio". Os primeiros foram: Agustín Ramírez, casado com Cándida Gómez; Antonio Ruiz Díaz, casado com Rosario Dauber; e o cordobês Gregorio Arguello, casado com Justa Olmos. O "índio" era Pedro Antonio Fernández, casado com "doña Josefa Chavez".

Essa predominância estatística de casamentos entre soldados africanos e mulheres racializadas, africanas ou escravizadas, e entre soldados não africanos e mulheres racializadas, escravizadas ou africanas é confirmada para a população em geral, e não apenas em relação aos militares. Essa prática fortemente endogâmica sugere que, se a participação militar era um caminho para a liberdade, para um salário possível e para a construção da honra, ela não oferecia necessariamente uma alternativa mais ampla de mestiçagem. Como os casos de Antonio e José Mariano sugeriram, a construção de laços familiares, compadrio e integração – base para a legitimidade dos filhos e a validação das famílias – era possível e praticada com pares "raciais", jurídicos e ancestrais.

Sem promoções lineares

Embora a participação militar tenha oferecido um caminho possível para a integração à sociedade, nem todos os soldados de cor ou de origem africana ganharam reconhecimento e segurança ao fim de suas trajetórias. Em primeiro lugar, porque muitos, em busca da liberdade, perderam suas vidas nos campos de batalha. Muitos dos que sobreviveram ficaram mutilados e traumatizados. Outros tantos, ao partirem por meses e até anos, perderam contato com suas famílias e pessoas queridas. Para aqueles que conseguiram sobreviver, fixar-se, constituir família e adquirir propriedades, nem sempre foi fácil manter laços sociais e patrimônios. Isso é bem ilustrado pela trajetória de vários soldados africanos alojados no Asilo de Mendigos, em Buenos Aires, no final da década de 1850.

Alguns deles eram ou haviam sido casados, tinham filhos e até possuíam propriedades, mas em 1859 estavam velhos ou doentes, pobres, solitários e sem redes de proteção.[46] Eles eram encaminhados ao asilo pela polícia, juízes de paz, militares ou conhecidos para evitar que mendigassem nas ruas. O registro feito em sua admissão oferece uma oportunidade privilegiada de "ouvir" um testemunho mediado, mas próximo, de suas experiências de vida.

46 Sobre a história do asilo, ver Moreno (2012). Sobre algumas outras trajetórias, ver Mitidieri e Pita (2019).

Um deles era José Roig, um dos 81 soldados africanos que haviam se casado com uma mulher racializada em Buenos Aires. Ao ser admitido no asilo, José deu detalhes precisos sobre sua diáspora/migração forçada, sua escravidão, sua família e sua carreira militar. Ele disse que havia sido trazido para Buenos Aires aos 12 anos de idade e que seu primeiro senhor fora *don* Miguel Roig (daí seu sobrenome). Com a revolução, "quando [José de] San Martín subiu [foi ao Norte], foi soldado do 8º [Regimento] que participou das campanhas do Chile e do Peru e, depois de chegar a Lima, retornou a Buenos Aires". Como tantos outros homens de cor, José foi mais uma vez chamado às armas: fez parte da cavalaria de Juan Manuel Rosas na campanha de Córdoba, foi soldado do coronel [Jerônimo] Costa e, depois, soldado no Cerco de Montevidéu. Essas sucessivas convocações deixaram marcas em seu corpo. Em uma batalha, ele explicou, "foi ferido na perna"; a partir de então, passou a receber uma pensão de 50 pesos. Não era muito, mas ele afirmou que nunca havia pedido esmolas. Declarou também que sua esposa, Bartola Siney (Siné), era uma lavadeira, que tinha três filhas "em o Azul e outra que está com ela".[47]

Não sabemos como José e Bartola se conheceram, mas sabemos que se casaram no dia 5 de novembro de 1841.[48] Embora José tenha sido registrado no casamento como africano, em sua habilitação de casamento ele especificou que era congo, que tinha 28 anos e, além de soldado do Batalhão da Guardía Argentina, era artesão.[49] Bartola, por sua vez, nasceu em Buenos Aires em agosto de 1826, e era filha legítima de Antonio [Candelaria] Siné e Juana María Salas, africanos, classificados em alguns registros como guinés e em outros como congos.[50]

Embora José tenha mencionado Bartola no asilo, é possível que o relacionamento não estivesse em boas condições na época. Se eles tivessem ficado juntos, José teria um lugar para ir: Bartola tinha uma casa, pois seus pais, que haviam chegado escravizados a Buenos Aires, conseguiram se libertar

---

47 AGN, Biblioteca Nacional, 342-F8, Apuntes del movimiento del Asilo de Mendigos de Buenos Aires, n. 157.

48 ABA, Parroquia de Ntra. Sra. de Monserrat, Livro de matrimonio de de naturales, n. 2, fol. 457v.

49 ABA, Parroquia de Ntra. Sra. de Monserrat, Expedientes Matrimoniales, 1836-1849, 24 e 31 out. e 1º nov. 1841, s/f.

50 ABA, Parroquia de Ntra-Sra. de Monserrat, Livros de Matrimonio. Libro 1º de Naturales, 1º dez. 1821, fol. 531.

e prosperar. Em 1827 – seis anos após seu casamento –, eles foram registrados na rua Estados Unidos, no coração do Barrio del Tambor, e na mesma rua conseguiram comprar uma casa em 1829.[51] Após a morte de ambos (Antonio Siné em 1848 e Juana Salas em 1858), Bartola tentou herdar a casa formalmente. O processo de herança/juízo de sucessão pelo qual ela passou oferece mais pistas sobre a sociabilidade negra e a centralidade dessas redes de contato na construção da família e do bem-estar. Nesse juízo, ela teve de provar a união de seus pais, a morte de sua irmã Mercedes e que ela era a única e legítima herdeira. Para isso, apresentou os testemunhos de três africanos: José María Patria, que testou os fatos e disse que os sabia "porque era relação da família, com quem esteve ligado por muitos e muitos anos com os laços de amizade"; Sebastián López, que disse que sabia do casamento porque "assistiu à cerimônia e às festas subsequentes" e que "conhecia e tratava Mercedes desde sua meninice"; e Manuel Montero, que disse ter comparecido ao casamento e ao funeral dos pais, e que sabia que Mercedes havia morrido de cólera, celibatária e sem filhos "porque ele a tratava com confiança desde a infância e testemunhou sua morte".[52] Companheiros em momentos importantes de sua biografia, esses amigos agora estavam acompanhando Bartola em sua empreitada judicial. A prosperidade construída pela família Siné e a densa rede que amparava Bartola parecem, no entanto, não ter protegido José Roig, que em 1859 estava no asilo, "enviado como mendigo pelo Departamento de Polícia".[53] Sua extensa carreira militar não lhe garantiu bem-estar ou estabilidade econômica.

Ele não foi o único. Lorenzo Ferreira, outro africano que havia sido repetidamente convocado às armas, também foi enviado ao asilo. Em sua admissão, Lorenzo declarou que tinha 101 anos. É difícil saber ao certo sua idade, mas era bastante avançada se considerarmos que é possível que ele fosse o mesmo Lorenzo Ferreyra, natural da Guiné, que foi registrado com 58 anos em 1827.[54] Se for esse o caso, 32 anos depois ele teria 90, e não 101 anos, ainda uma idade excepcional para os padrões da época. A carreira militar

51 AGN-A/PN, Reg. 6, 1829, fol. 266v.

52 AGN-A, Sucesiones, 8231, fols. 4-6.

53 AGN-A, Biblioteca Nacional, 342-F8, Apuntes del movimiento del Asilo de Mendigos de Buenos Aires, n. 157.

54 AGN-A, Sala X, 23-5-5 e 23-5-6.

de Lorenzo foi longa: "soldado desde o ano [18]10", ele havia participado da campanha de Tandil e, depois, da campanha do Estado Oriental. Ele havia se casado (não especificava com quem) e tivera três filhos que morreram no serviço de armas.[55] Agora viúvo, Lorenzo vivia em um quarto emprestado a ele na Plaza del Parque e com a pensão de 50 pesos que recebia como pertencente aos Inválidos. Sua família, assim como a de muitos africanos e afrodescendentes, estava super-representada nas campanhas militares. Como resultado dessa vida difícil, Lorenzo chegava ao fim pobre e sozinho.

Francisco Videla (ou Muñoz Videla) também contou sua história militar e familiar quando foi admitido no asilo. Afirmou ser natural de Angola e ter sido escravo do bispo de Salta, *don* Nicolás Videla. Uma vez livre (não sabemos se o Estado o "resgatou" e alforriou para recrutá-lo), foi soldado de caçadores sob as ordens do coronel Celso Videla. Foi mais tarde para Carmen de Patagones junto com o general [Martín] Rodríguez e lá se casou com Victoria Real (ou Rial), uma mulher "nação Banguela".[56] Os registros da paróquia mostram que, quando o casamento ocorreu, em 1824, Victoria era escrava; mas, nos batismos de seus filhos, ambos foram classificados como negros ou pardos livres. Em seis anos, o casal teve quatro filhos: Francisco Antonio, Leoncio, Francisco e Isabel.[57]

Em Patagones, Francisco "esteve trinta anos" e, talvez, só depois da viuvez – condição civil que declarou – decidiu se estabelecer na capital, onde um de seus filhos habitava. O secretário do asilo registrou ricos traços da vida do pai e do filho. Francisco relatou que seu filho tinha "o sobrenome Alfaro porque veio para Buenos Aires e serviu por muito tempo com *Don* Julián Alfaro, que trabalhou como peão em Barraca, e que agora foi embora com as Guardas Nacionais: que [ele] se sustentou com o que aquele filho lhe deu e com os 50 pesos que tem como inválido: que não podendo viver sem a proteção de seu filho, refugiou-se nesta casa".[58] De forma concisa e firme,

55 AGN-A, Biblioteca Nacional, 342-F8, Apuntes del movimiento del Asilo de Mendigos de Buenos Aires, n. 26.

56 Província de Buenos Aires, Carmen de Patagones. Parroquia de Nuestra Señora del Carmen, Matrimonios y defunciones (1780-1884), fol. 92. Sobre práticas matrimoniais endogâmicas em Carmen de Patagones, ver Cassano (2022).

57 Província de Buenos Aires, Carmen de Patagones. Parroquia de Nuestra Señora del Carmen, Bautismos 1804-1860, fol. 251. fol. 275, fols. 300 e 311.

58 AGN-A, Biblioteca Nacional, 342-F8, Apuntes del movimiento del Asilo de Mendigos de Buenos Aires, n. 26.

Francisco relatou as dificuldades de sobrevivência, o apoio ativo da família, a prática de definir arranjos de criação e trabalho que implicavam (como na escravidão) a adoção do sobrenome dos patrões e a participação nas milícias como um nicho de trabalho típico de gerações de afro-argentinos.

Uma trajetória semelhante foi contada por Antonio Rufino, registrado como tendo 50 anos de idade. Antonio disse que não se lembrava do ano em que chegou da África, mas que seu senhor era *don* Laureano Rufino, sob cujo "poder ele foi como soldado no ano [18]23 com o 7º Regimento comandado pelo Coronel Correa". Como Francisco Videla, ele "fez a campanha de Tandil", quando "o general *Don* Martín Rodríguez foi para os índios".[59] Nessa campanha, ele "perdeu os pés" e passou a ser considerado inválido, pelo que recebia uma pensão de 54 pesos mensais. Depois da Batalha de Caseros (que pôs fim ao governo de Rosas em 1852), se casou com Juana Pancha Medrano. É provável que Juana fosse filha de Francisca Medrano, uma escrava africana de *don* Martín Medrano e *doña* Pascuala Iraola.[60] Juana e Antonio tiveram um filho chamado Tomás. Embora essa fosse a declaração de Antonio, quando Juana levou a criança para ser batizada em 23 de dezembro de 1857 (dois dias após seu nascimento), a registrou como "filho natural", sem mencionar o pai.[61] Antonio havia conseguido formar uma pequena família, mas não teve condições para sustentá-la. Em meio a sucessivas mobilizações e repetidas ausências, sofrendo os altos custos físicos e emocionais da tarefa e recebendo uma baixa renda, não logrou poupar nem comprar um sítio. Em 1859, enquanto ele pedia esmolas para sobreviver e acabou sendo internado no asilo, Juana era empregada e se organizava como mãe solteira.

Ao lado desses quatro soldados que, pelo menos temporariamente, conseguiram constituir família, havia outros que, em meio à participação em longas campanhas militares, não quiseram ou não puderam fazê-lo. Esses foram os casos de Francisco del Pino e Lucas Rospillot. Francisco del Pino havia sido escravo do próprio vice-rei Joaquín del Pino, permaneceu solteiro e "serviu

59 Ibid., n. 158. Refere-se ao movimento que o governo de Martín Rodríguez organizou na província de Buenos Aires para avançar sobre o território indígena.

60 Francisca Medrano foi registrada com esses senhores em 1827, quando foi feito um censo em Buenos Aires. Eles foram mencionados também quando Francisca batizou Juana Juliana em 1830 e quando, alguns anos depois, ela se casou com o africano livre Marcos César.

61 ABA, Capital Federal, registros paroquiais, Parroquia de San Miguel Arcangel, Livro de Batismos (danificado), 12 dez. 1857, s/f.

a pátria" na campanha do Chile, onde foi mutilado por um ferimento em batalha. Embora afirmasse ter "vários parentes" – provavelmente outros dos muitos membros escravizados ou já livres da família del Pino –, disse que não podia dar detalhes sobre eles por falta de memória e que, de qualquer forma, não havia sido cuidado por esses indivíduos, mas por "pessoas que ele conhecia e que o levaram para suas casas para alimentá-lo".[62] Para se sustentar, ele também trabalhou como cozinheiro. Lucas Rospillot, que, como del Pino, era idoso e solteiro, não tinha filhos ou parentes, mas sim uma vida militar agitada. Ele havia sido recrutado para a Marinha espanhola sob as ordens do célebre Guillermo Brown e participou da tomada de Montevidéu, onde foi feito prisioneiro. Em seu retorno a Buenos Aires, foi recrutado para a milícia, depois para o 2º Batalhão da Polícia e, mais tarde, serviu na Batalha de Caseros sob o comando do coronel Romero.[63] Apesar de todo esse serviço, ele não tinha pensão e foi enviado ao asilo pelo coronel Bustillo.

As trajetórias desses soldados africanos estiveram marcadas por diásporas forçadas, migrações e deslocamentos ligados às guerras. Eles participaram nas campanhas da independência, em expedições "contra os índios", nas guerras civis e regionais (com o Brasil, na Banda Oriental). Dessas experiências, eles se lembravam dos chefes sob os quais haviam servido, o que mostra a importância dessas chefias. Entre uma campanha e outra ou mesmo durante elas, muitos se casaram e tiveram filhos, mas também os perderam, separaram-se de suas esposas ou se afastaram de seus parentes. Muitos sofreram ferimentos que os fizeram padecer e limitaram suas perspectivas de emprego.

Ao contrário de Antonio Porobio ou José Mariano San Martín, os soldados do asilo não tinham conquistado altos graus militares. Parte das diferenças nas trajetórias de uns e outros esteve ligada ao contraste entre os salários recebidos pelos capitães e tenentes, por um lado, e soldados rasos e cabos, por outro. Essa disparidade – como mostraram Jorge Gelman e Daniel Santilli (2014) – foi particularmente acentuada na década de 1810, aumentou em 1820 e depois diminuiu até explodir novamente na década de 1850. E todos os salários reais do setor militar sofreram com a inflação. Não é de

62 AGN-A, Biblioteca Nacional, 342-F8, Apuntes del movimiento del Asilo de Mendigos de Buenos Aires, n. 32.

63 Ibid., n. 34.

surpreender, portanto, que muitos desses soldados estivessem envolvidos em outros empregos e tarefas quando não estavam na ativa, e que, no final da década de 1850, mal conseguissem sobreviver com o salário de veterano ou inválido que, na melhor das hipóteses, receberam após uma vida inteira de serviço militar. A situação deles pode não ter sido o resultado apenas dessas dificuldades econômicas. Embora seja impossível documentar, é fácil conjeturar o impacto dos custos emocionais dessas trajetórias cheias de desenraizamento, escravidão, guerra, pobreza e discriminação.

Considerações finais

Por meio das biografias de Antonio Porobio, José Mariano San Martín, José Roig e Francisco Videla, entre outros, tentei mostrar que, se esses homens tiveram que (ou escolheram) participar das milícias e dos exércitos e se faziam parte de projetos e identidades populares e/ou políticos mais amplos, não abandonaram as formas de identificação e solidariedade ligadas à diáspora e às experiências de escravidão, de racialização e mesmo de segregação. Algumas dessas experiências – como a escravidão e a racialização – foram impostas pela sociedade escravista; opressões compartilhadas que deram lugar a uma compreensão do sofrimento comum e levaram ao desenho de estratégias conjuntas de superação. Outras solidariedades nasceram de uma ascendência e de formas comuns de entender o mundo. Como resultado, essas pessoas escravizadas, racializadas e/ou de ascendência africana multiplicaram seus vínculos entre si.

Práticas de assimilação à religião cristã, confrarias, corporações de ofício, redes clientelares e políticas lideradas por hispano-crioulos, assim como a mestiçagem, são frequentemente destacadas nas análises sobre milicianos e soldados de cor em toda a América espanhola (Bonnefoy, 2022; Contreras Cruces, 2006). O que a reconstrução de pequenas biografias e práticas matrimoniais em nível agregado procurou apontar é que, no centro dessas estratégias de assimilação – talvez mais visíveis por serem mais abertamente registradas nas fontes –, agitavam-se identificações, imaginários e laços ligados à ancestralidade africana, à experiência do cativeiro, à segregação e à discriminação racial.

Portanto, apesar de aquelas pessoas pardas e morenas recorrerem a práticas de mestiçagem e a estratégias de adaptação e de não liderarem mobilizações setoriais abertas, o fato de terem nascido na África, sido escravizadas ou marcadas racialmente gerava consequências. As possibilidades de integração e as estratégias de desmarcação não implicavam a ausência de toda solidariedade nascida dessas experiências.[64] A reconstrução apresentada aqui, por um lado de biografias e por outro de séries de casamentos, nos convida a pensar que as duas alternativas (assimilação e redes com pares racializados e/ou diaspóricos) existiam e foram combinadas em Buenos Aires. Identidades rio-platense e africana, patriota e racializada, podiam ser articuladas, sem que nenhuma delas funcionasse de forma automática e garantida. Antonio e José Mariano foram importantes soldados da independência, podem ter desenvolvido um *esprit de corps* com seus companheiros de armas e certamente sentiram simpatia pela revolução e pela "pátria". Mas a lealdade patriótica não foi a única que marcou suas vidas e escolhas. Uma vez encerrado o ciclo de guerras, ambos retornaram a Buenos Aires, voltaram para suas famílias, para as casas que puderam construir e ampliar e foram tratados por *don*. Eles construíram um caminho de honra e mobilidade social. Mas, se enfocamos seus laços familiares primários, bem como suas parcerias espirituais e seus padrões de residência, outros aspectos de suas vidas emergem. Antonio Porobio continuou a se identificar como quissama, casou-se com mulheres africanas, foi testemunha de casamento e executor testamentário de outros pares africanos e pode muito bem ter feito parte da sociedade africana que reuniu homens e mulheres dessa origem comum. O congo José Roig casou-se com Bartola Siné, uma filha *morena* de um casal de congos que havia feito sua vida no coração do bairro negro, onde mantinha laços com outros africanos da mesma origem, como Sebastián López. O angola Francisco Videla optou por formar uma família com a banguela Victoria Real. O pardo Mariano José San Martín, mais longe da ascendência africana e da escravidão, desposou a parda Dolores Arce, adotou padrinhos racializados e construiu um lugar social com pares como o próspero pardo Roque Pintos e os membros de uma confraria segregada.

64 Alex Borucki (2015, p. 57-84) mostrou as conexões entre camaradas de armas e de confrarias, assim como a importância dos laços diaspóricos na designação de testemunhas em informações de casamento (provas de solteirice) no caso de Montevidéu.

Como a sistematização dos casamentos de africanos, afrodescendentes, pessoas escravizadas e/ou racializadas em Buenos Aires mostrou de uma forma mais geral, as relações entre os soldados biografados faziam parte de uma prática extensa de construir vínculos endogâmicos, nesse sentido amplo. Elas sugerem – mais uma vez – que a ascendência, a experiência da escravidão, uma origem africana mais ou menos comum, o compartilhamento de uma cor e dos estigmas associados a ela foram importantes na reconstrução de laços de parentesco e no compartilhamento de estratégias de mobilidade social.[65] É difícil registrar, mas fácil presumir, que certas formas ancestrais de imaginar o mundo, de valorizar o vínculo com os antepassados, de pensar o comércio entre o espiritual e o terreno desempenharam um papel nessas estratégias de ligação.

Assim, embora ao longo dos séculos de presença africana houvesse práticas de assimilação, colaboração hierárquica (com elites e pessoas não racializadas) e ascensão social, elas foram combinadas com a tecelagem de solidariedades diaspóricas e entre pares racializados. Essas redes foram particularmente densas no caso de Buenos Aires. O que tentei mostrar aqui é que, na conquista desses indicadores de integração – casar, ter filhos legítimos, escolher compadres, padrinhos, receber o tratamento de *don*, comprar uma casa, ter uma renda mais ou menos estável, contribuir para uma confraria –, os laços com pares "raciais", jurídicos e ancestrais foram decisivos.

Não apresento essa cooperação como um destino, como uma solidariedade automática inscrita na natureza da semelhança sociológica, mas como uma prática razoável, acessível e frequente para os setores sociais menos favorecidos nas hierarquias da época. Hierarquias que, desde a revolução, seriam retoricamente contestadas, mas que continuariam a ser funcionais e, de fato, reativadas. Se os estigmas ligados à cor, ao passado escravo e à ascendência africana foram desarticulados intergeracionalmente, isso foi especialmente acessível aos indivíduos mais bem-sucedidos economicamente, mestiços e mais distantes dessas ascendências. O preço dessa integração seria o ocultamento e a invisibilização dessas outras pertenças e imaginários, mas essa é outra história.

65 Ser quissama, angola, lubolo ou moçambique ofereceu uma base comum sobre a qual muitas das estratégias de integração e legitimação foram construídas. Sobre o papel das etnias diaspóricas na América hispânica, ver Farias, Gomes e Soares (2005) e Bryant, O'Toole e Vinson III (2012).

Figura 1
Evolução do número total de registros de casamento de soldados REA por ano (1813-1853)

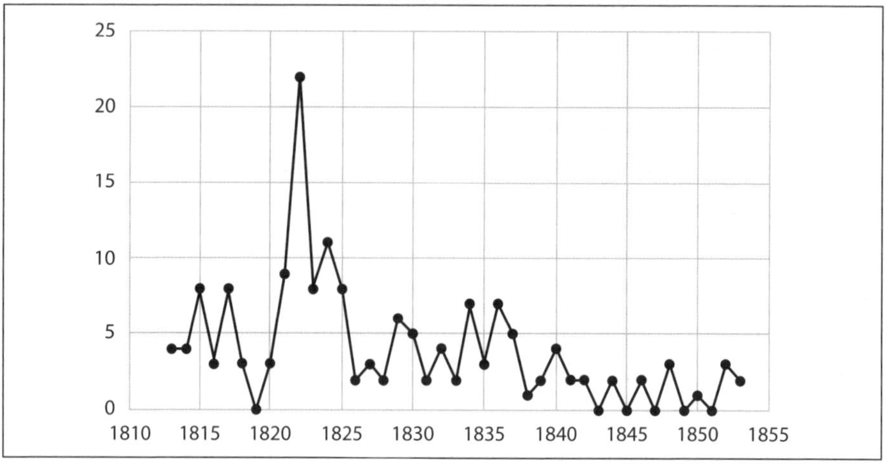

Fontes: ABA. Parroquia de Nuestra Señora de la Merced, Livros de Matrimonio de negros y demás gentes de servicios, nº 4 (1801-1818) e nº 5 (1818-1854); Parroquia Nuestra Señora de Montserrat, Livro de Matrimonios nº 2 (1769-1853); Parroquia Inmaculada Concepción, Livro de Expedientes Matrimoniales, (1808-1815); (1816-1822); (1823-1827); (1828-1833); (1834-1840); Parroquia de Nuestra Señora del Socorro, Livros de matrimonios, nº 1 (1783-1828) e nº 2 (1829-1869); Parroquia de Balvanera, Livro de Matrimonios nº 1 (1833-1866); Parroquia Nuestra Señora del Pilar, Livro de Matrimonios nº 1 (1830-1871); Parroquia de Nuestra Señora de la Piedad, Livro de Casados nº 1 (1808-1853).

Tabela 1
Origens dos soldados africanos que se casaram em Buenos Aires (1813-1853)

Origem	Número
África genérica	12
Angola	9
Benguela	4
Cambunda	1
Casanche	2
Congo	20
Ganguela	1
Guinea	3
Lubolo	2
Mina	10
Mondongo	2
Monyolo	4
Moçambique	8
Quissama	1
Santo Tomé de Portugal	2
Total	**81**

Fonte: ver figura 1.

Referências

ALFAGALI, Crislayne. Kafuxi Ambari of Kisama. *Oxford Encyclopaedia of African History*, abr. 2022. Disponível online em fev. 2025.

ANDREWS, George Reid. *Los afroargentinos de Buenos Aires*. Buenos Aires: Ediciones de la Flor, 1981.

BARRACHINA, Agustina. De "Defensores" a "Restauradores": la participación de los afrodescendentes en las milicias de Buenos Aires durante la década de 1830. In: CANDIOTI, Magdalena; MORALES, Orlando Gabriel (Org.). *Esclavitud y diáspora africana en ciudades rioplatense*: población, familia y estrategias de movilidad social entre 1776-1860. Buenos Aires: SB, 2023. p. 227-246.

BERNAND, Carmen. Los olvidados de la revolución: el Río de la Plata y sus negros. *Nuevo Mundo, Mundos Nuevos*, Aubervilliers, 2010. Disponível online em fev. 2025.

BEVERINA, Juan. *El virreinato de las provincias del Río de la Plata*: su organización militar. Buenos Aires: Círculo Militar, 1935.

BLANCHARD, Peter. *Under the flags of freedom*: slave soldiers and the wars of independence in Spanish South America. Pittsburgh: University of Pittsburgh Press, 2008.

_____. An institution defended: slavery and the English invasions of Buenos Aires in 1806-1807. *Slavery & Abolition*, v. 35, n. 2, p. 253-272, 2014.

BONNEFOY, Baptiste. *Au-delà de la couleur*: miliciens noirs et mulâtres de la Caraïbe (XVIIe-XVIIIe siècles). Rennes: Presses Universitaires de Rennes, 2022.

BORUCKI, Alex. *From shipmates to soldiers*: emerging Black identities in the Río de la Plata. Alburquerque: University of New Mexico Press, 2015.

BRYANT, Sherwin; O'TOOLE, Rachel; VINSON III, Ben (Org.). *Africans to Spanish America, expanding the diaspora*. Champaign: University of Illinois Press, 2012.

CANCIANI, Leonardo. "Es preciso, pues, regimentar": la organización de la Guardía Nacional de campaña. Buenos Aires, 1852-1862. *Anuario del Instituto de Historia Argentina*, Buenos Aires, v. 14, p. 1-20, 2014.

CANDIOTI, Magdalena. *Una historia de la emancipación negra*: esclavitud y abolición en la Argentina. Buenos Aires: Siglo XXI, 2021.

_____. Viviana Casero y María Remedios del Valle. Mujeres pardas y morenas en la revolución y en la guerra. In: BRAGONI, Beatriz (Org.). *Mujeres en revolución*. Buenos Aires: Edhasa, 2025. p. 85-105.

CANSANELLO, Oreste Carlos. Milicias y milicianos. In: _____. *De súbditos a ciudadanos*: ensayos sobre las libertades en los orígenes republicanos – Buenos Aires, 1810-1852. Buenos Aires: Imago Mundi, 2003. p. 53-102.

CASSANO, Guido Alberto. Matrimonios y uniones consensuales de la población afro de Carmen de Patagones: endogamia y exogamia, como posibles estrategias en la elección de pareja (1832-1874). *Tefros*, Rio Cuarto, v. 20, n. 2, p. 135-173, jul./dez. 2022.

CHAMOSA, Oscar. To honour the ashes of their forebears: the rise and crisis of African nations in the post-independence state of Buenos Aires, 1820-1860. *The Americas*, Washington, v. 59, n. 3, p. 347-378, 2003.

CONTRERAS CRUCES, Hugo. Las milicias de pardos y morenos libres de Santiago de Chile en el siglo XVIII, 1760-1800. *Cuadernos de Historia*, Santiago, n. 25, p. 93-117, 2006.

_____. Artesanos mulatos y soldados beneméritos: el batallón de infantes de la patria en la guerra de independencia de Chile, 1795-1820. *Historia*, Santiago, v. 44, p. 51-89, 2011.

_____. Ser leales y parecer "decentes": milicias de castas e inserción social de los afrodescendientes, Chile, 1675-1760. *Tiempo Histórico*, Santiago, v. 8, n. 14, p. 129-155, 2017.

DE QUIRÓS, Pilar González Bernaldo. *Civilidad y política en los orígenes de la nación argentina*. Buenos Aires: FCE, 2008.

DI MEGLIO, Gabriel. "Os habeis hechois temibles": la milicia de la ciudad de Buenos Aires y la política entre las invasiones inglesas y el fin del proceso revolucionario, 1806-1820. *Tiempos de América*, Castellón, n. 13, p. 151-166, 2006.

_____. *Viva el bajo pueblo*: la plebe urbana de Buenos Aires y la política entre la Revolución de Mayo y el rosismo. Buenos Aires: Prometeo, 2007.

_____. Las palabras de Manul: la plebe porteña y la política en los años revolucionarios. In: FRADKIN, Raúl (Org.). *¿Y el pueblo dónde está?* Contribuciones para una historia popular de la revolución de independencia en el Río de la Plata. Buenos Aires: Prometeo, 2009. p. 67-106.

_____; FRADKIN, Raúl (Org.). *Hacer política*: la participación popular en el siglo XIX rioplatense. Buenos Aires: Prometeo, 2013.

FARIAS, Juliana Barreto; GOMES, Flávio dos Santos; SOARES, Carlos Eugênio. *No labirinto das nações*: africanos e identidades no Rio de Janeiro. Rio de Janeiro: Arquivo Nacional, 2005.

FRADKIN, Raúl. *La historia de una montonera*: bandolerismo y caudillismo en Buenos Aires, 1826. Buenos Aires: Siglo XXI, 2006.

_____. Tradiciones militares coloniales: el Río de la Plata antes de la revolución. In: HEINZ, Flavio (Org.). *Experiências nacionais, temas transversais*: subsídios para uma história comparada da América Latina. São Leopoldo: Oikos, 2009a.

_____ (Org.). *¿Y el pueblo dónde está?* Contribuciones para una historia popular de la revolución de independencia en el Río de la Plata. Buenos Aires: Prometeo, 2009b.

_____. Las milicias de caballería de Buenos Aires, 1752-1805. *Fronteras de la Historia*, Bogotá, v. 19, n. 1, p. 124-150, 2014.

GELER, Lea; GHIDOLI, María de Lourdes. Falucho, paradojas de un héroe negro en una nación blanca: raza, clase y género en Argentina (1875-1930). *Avances del Cesor*, Rosário, v. 16, n. 20, p. 1-40, 2019.

GELMAN, Jorge; SANTILLI, Daniel. Wages and inequality in Buenos Aires, 1810-1870. *América Latina en la Historia Económica*, Cidade do México, v. 21, n. 3, p. 83-115, 2014.

GOLDBERG, Marta. Milicias y tropas negras de Buenos Aires. Afroargentinos armados para defender a sus amos. *Memoria y Sociedad*, Bogotá, v. 7, n. 15, p. 37-52, 2003.

GOLDMAN, Noemí; SALVATORE, Ricardo (Org.). *Caudillismos rioplatenses*: nuevas miradas a un viejo problema. Buenos Aires: Eudeba, 1998.

GUZMAN, Florencia. Identidades sociales y categorías raciales en la era de la esclavitud y la emancipación: el caso de Manuel Macedonio Barbarín (Buenos Aires, 1792-1836). *Jahrbuch für Geschichte Lateinamerikas*, Colônia, v. 57, p. 190-225, 2020.

HALPERIN DONGHI, Tulio. Militarización revolucionaria en Buenos Aires, 1806-1815. In: _____. *Ocaso del orden colonial en Hispanoamérica*. Buenos Aires: Sudamericana, 1978. p. 123-158.

HEINTZE, Beatrix. Notes on the Kisama of Angola. *The Journal of African History*, Cambridge, v. 13, n. 3, p. 407-418, 1972.

JONHSON, Lyman. *Talleres de la revolución*: la Buenos Aires plebeya y el mundo del Atlántico. 1776-1810. Buenos Aires: Prometeo, 2013.

KRAAY, Hendrik. Os companheiros de Dom Obá: os zuavos baianos e outras companhias negras na Guerra do Paraguai. *Afro-Ásia*, Salvador, n. 46, p. 121-161, 2012.

KRUG, Jessica. *Fugitive modernities*: Kisama and the politics of freedom. Durham: Duke University Press, 2018.

LÓPEZ, Vicente Fidel. *Historia de la República Argentina*. Buenos Aires: Kraft, 1913. v. 1.

LOVEJOY, Henry B. *Prieto*: Yorùbá kingship in colonial Cuba during the age of revolutions. Chapel Hill: University of North Carolina Press, 2019.

LUQUI-LAGLEYZE, Julio. La organización general y particular del Ejército de las Provincias Unidas del Río de la Plata, 1810-1820. In: DE MARCO, Miguel Ángel (Org.). *Guerra de la Independencia*: una nueva versión. Buenos Aires: Emecé, 2013. p. 157-193.

MALLO, Silvia; TELESCA, Ignacio (Org.). *Negros de la Patria*: los afrodescendientes en las luchas de independencia en el antiguo virreinato del Río de la Plata. Buenos Aires: SB, 2010.

MATA, Sara. Negros y esclavos en la guerra por la independencia: Salta 1810-1821. In: MALLO, Silvia; TELESCA, Ignacio. *Negros de la Patria*: los afrodescendientes en las luchas de independencia en el antiguo virreinato del Río de la Plata. Buenos Aires: SB, 2010. p. 131-147.

MITIDIERI, Gabriela; PITA, Valeria. Trabajadoras, artesanos y mendigos: una aproximación a las experiencias sociales de trabajo y pobreza en la Buenos Aires de la primera mitad del siglo XIX. *Anuario del Instituto de Historia Argentina*, Buenos Aires, v. 19, n. 1, p. 97-116, 2019.

MITRE, Bartolomé. *Historia de San Martín y de la emancipación sudmericana*. Buenos Aires: Imprenta de La Nación, 1887 (v. 1), 1888 (v. 3).

_____. *Historia de Belgrano y la independencia argentina*. Buenos Aires: Anaconda, 1950.

MOLINARI, Diego. Los indios y negros durante las invasiones inglesas al Río de la Plata, en 1806 y 1807. *Boletín de la Academia Nacional de la Historia*, Buenos Aires, n. 34, p. 639-672, 1963.

MORALES, Gabriel; CABALLERO, Luis. Movilidad social de afromestizos movilizados por la independencia y las guerras civiles en el Río de la Plata: Lorenzo Barcala (1795-1835). *Historia-Memoria,* Tunja, v. 16, p. 89-123, 2018.

______; ______. Trayectorias de integración social de afromestizos militarizados por las independencias en el Cono Sur: el capitán y preceptor mulato José María Molina (Mendoza/Cuyo, 1803-1863). *Claves,* Montevidéu, v. 5, n. 9, p. 33-61, 2019.

MOREA, Alejandro. Negros, pardos y morenos en el Ejército Auxiliar del Perú (1810-1820). *Historia Caribe,* Puerto Colombia, v. 14, n. 35, p. 25-54, 2019.

MORENO, José L. *Un asilo para los pobres.* Rosário: Prohistoria, 2012.

RABINOVICH, Alejandro. La militarización del Río de la Plata, 1810-1820: elementos cuantitativos y conceptuales para un análisis. *Boletín del Instituto de Historia Argentina y Americana "Dr. Emilio Ravignani"*, Buenos Aires, 3. série, n. 37, p. 11-42, 2. sem. 2012.

______. *Ser soldado en las Guerras de Independencia*: la experiencia cotidiana de la tropa en el Río de la Plata, 1810-1824. Buenos Aires: Sudamericana, 2013.

ROSAL, Miguel Angel. Las asociaciones africanas porteñas y las formas de la religiosidad durante el siglo XIX. In: MALLO, Silvia; TELESCA, Ignacio (Org.). *Negros de la patria*: los afrodescendientes en las luchas por la independencia en el antiguo virreinato del Río de la Plata. Buenos Aires: SB, 2010. p. 251-272.

SALDÍAS, Adolfo. *Los números de línea del Ejército Argentino.* Buenos Aires: Ministerio de Guerra, 1912.

SOLANO, Sergio Paolo. Artesanos de color y milicias en el Caribe continental hispánico: reflexiones acerca de la cultura política de los "libres de color" a finales del dominio colonial. In: BERETTA CURI, Alcides (Org.). *Artesanos de dos mundos*: diálogos y problemas de investigación. Montevidéu: Facultad de Humanidades y Ciencias de la Educación Universidad de la República, 2019. p. 7-53.

SOUZA, Adriana Barreto de. O meio militar como arena política: conflitos e disputas por direitos no Regimento de Homens Pardos do Rio de Janeiro, 1805. *Tempo,* Niterói, v. 26, n. 2, p. 363-382, maio/ago. 2020.

VIOLA, Ariel. De los talleres a los cuarteles: trayectorias de militarización de oficiales afromestizos en las compañías de pardos libres de Santa Fe en los primeros años revolucionarios. In: CANDIOTI, Magdalena; MORALES,

Orlando Gabriel (Org.). *Esclavitud y diáspora africana en ciudades rioplatenses*: población, familia y estrategias de movilidad social entre 1776-1860. Buenos Aires: SB, 2023. p. 247-266.

VINSON III, Ben. Los milicianos pardos y la construcción de la raza en México colonial. *Signos Históricos*, Cidade do México, v. 2, n. 4, p. 87-106, 2000.

Abreviaturas usadas nas notas

AAM-U. Archivo del Arzobispado de Montevideo, Uruguai
ABA. Arquidioceses de Buenos Aires
AGI. Archivo General de Indias, Sevilha, Espanha
AGN-A. Archivo General de la Nación, Buenos Aires, Argentina
  PN. Protocoles Notariales
AGN-U. Archivo General de la Nación, Montevidéu, Uruguai
  AAJJ. Archivos Judiciales
  EGH. Escribanía de Gobierno y Hacienda
  Ex-AGA. Ex-Archivo General de la Administración
AHCM-U. Archivo de los Hermanos Conventuales de Montevideo, Uruguai
AHU. Arquivo Histórico Ultramarino, Lisboa
  CU. Conselho Ultramarino
ANA. Arquivo Nacional de Angola
ANRJ. Arquivo Nacional, Rio de Janeiro
  MSS. Manuscritos
ANTT. Arquivo Nacional da Torre do Tombo, Lisboa
  COM. Mesa da Consciência e Ordem
  RGM. Registro Geral de Mercês
Apeba/SACP. Arquivo Público do Estado da Bahia, Seção de Arquivo Colonial e Provincial
Apec. Arquivo Público do Estado do Ceará
  GC. Fundo Governo da Capitania
Apeje. Arquivo Público Estadual Jordão Emerenciano, Recife
  CM. Câmaras Municipais

GN. Guarda Nacional
OC. Ouvidores de Comarca
OG. Ofícios do Governo
Ord. Ordenanças
PC. Prefeituras de Comarcas
Apep. Arquivo Público do Estado do Pará
LS. Livros de Sesmarias
Apepi. Arquivo Público do Estado do Piauí
Apesp. Arquivo Público do Estado de São Paulo
APM. Arquivo Público Mineiro
CMS. Câmara Municipal de Sabará
SG. Secretaria do Governo da Capitania
BNP. Biblioteca Nacional de Portugal
BNRJ. Biblioteca Nacional, Rio de Janeiro
SM. Seção de Manuscritos
CLB. Coleção das Leis do Brasil
MMA. BRÁSIO, Padre António. *Monumenta Missionária Africana*, 1. série, África Ocidental. Lisboa: Agência Geral do Ultramar, 1953. 14 vols. [séculos XVI e XVII]
MOS/ACBG. Museu de Ouro de Sabará, Arquivo da Casa Borba Gato
CPON, LN. Cartório do Primeiro Ofício de Notas, Livros de Notas
CPO, LT. Cartório do Primeiro Ofício, Livros de Testamentos
CSO-I. Cartório do Segundo Ofício, Inventários
Padab. Projeto Acervo Digital Angola-Brasil

Autoras e autores

Adriana Barreto de Souza é professora do Departamento de História da Universidade Federal Rural do Rio de Janeiro (UFRRJ), bolsista de produtividade em pesquisa do CNPq, bolsista do programa Cientista do Nosso Estado (FAPERJ) e coordenadora do Núcleo de Estudos da Política e História Social (NEPHS/UFRRJ). É autora de *Duque de Caxias, o homem por trás do monumento* (2008) e *O Exército na consolidação do Império: um estudo sobre a política militar conservadora* (2022, 2. ed.) e coorganizadora de *Pacificar o Brasil: das guerras justas às UPPs* (2014).

Alex Borucki é professor do Departamento de História da Universidade da Califórnia-Irvine (UCI). É autor de *From shipmates to soldiers: emerging black identities in the Río de la Plata* (2015) e coorganizador de *From the galleon to the highlands: slave trade routes in the Spanish Americas* (2020) e *The Rio de la Plata from colony to nations: commerce, society, and politics* (2021). Publicou artigos nos periódicos *American Historical Review*, *Hispanic American Historical Review*, *William and Mary Quarterly*, *Colonial Latin American Review*, *The Americas*, *History in Africa*, *Itinerario*, *Atlantic Studies* e *Slavery and Abolition*. É o cocriador, com Greg O'Malley, do The Intra-American Slave Trade Database.

Bruna Almeida é historiadora formada pela Pontifícia Universidade Católica do Rio de Janeiro (PUC-Rio), com habilitação em licenciatura e bacharelado, e domínios adicionais em estudos latino-americanos e afro-brasileiros. É mestranda do Programa de História Social da Cultura na mesma instituição. Foi bolsista do Programa Institucional de Bolsa de Iniciação à Docência (Pibid), do Programa de Ensino Tutorial (PET) e de Iniciação Científica no Museu Histórico Nacional, com a pesquisa "História afro-brasileira em revista: a presença afrodiaspórica na história do Brasil contada por Gustavo Barroso em 'Segredos e revelações da história do Brasil' da revista *O Cruzeiro* (1948-1960)".

Célio de Souza Mota é graduado em história pela Universidade Estadual da Bahia (Uneb) e tem mestrado em história pela Universidade Estadual de Feira de Santana (Uefs). É autor do livro *A face parda da "Conspiração dos Alfaiates": homens de cor, corporações militares e ascensão social em Salvador no final do século XVIII* (2018).

Crislayne Alfagali é professora no Departamento de História da Pontifícia Universidade Católica do Rio de Janeiro (PUC-Rio). Mestra e doutora em história social da cultura pela Universidade Estadual de Campinas (Unicamp), tem como principais áreas de interesse a história do Brasil Colônia e a história da África, concentrando a pesquisa em temas como conexões históricas e culturais entre África e Brasil, elementos materiais da cultura, história do trabalho e história de Angola. É autora do livro *Ferreiros e fundidores da Ilamba: uma história social da Real Fábrica de Ferro de Nova Oeiras* (2018).

Fernando Prestes de Souza é professor do Instituto Federal do Paraná (IFPR). Tem graduação e mestrado em história pela Universidade Federal do Paraná (UFPR) e fez doutorado em história social na Universidade de São Paulo (USP), publicando a tese *Pardos livres em um campo de tensões: milícia, trabalho e poder (São Paulo, 1797-1831)* (2018).

Guilherme Oliveira da Silva é historiador graduado pela Pontifícia Universidade Católica de Campinas (PUC-Campinas) e mestre em história social da África pela Universidade Estadual de Campinas (Unicamp). Desenvolveu a pesquisa de mestrado com o financiamento da Fapesp. Consultor da Unesco no projeto Campinas Afro e pesquisador do Instituto Rotas Afro, faz doutorado em história social, na Unicamp, na linha de pesquisa África e diáspora africana.

Hendrik Kraay é professor da Universidade de Calgary (Canadá). É autor de *Política racial, Estado e forças armadas na época da Independência: Bahia, 1790-1850* (2011) e um dos organizadores de *Nova história militar brasileira* (2004). É também autor de *Days of national festivity in Rio de Janeiro, Brazil, 1823-1889* (2013) e *Bahia's independence: popular politics and patriotic festival in Salvador, Brazil, 1824-1900* (2019).

João Paulo Peixoto Costa é professor do Instituto Federal do Piauí (IFPI) e do Mestrado Profissional em Ensino de História (Profhistória) e do Programa de Pós-Graduação Interdisciplinar em Sociedade e Cultura, ambos da Universidade Estadual do Piauí (Uespi). É autor de *Na lei e na guerra: políticas indígenas e indigenistas no Ceará (1798-1845)* (2018) e coorganizador de *Povos indígenas, Independência e muitas histórias: repensando o Brasil no século XIX* (2022) e *Independência em várias faces: protagonismos e projetos plurais na emancipação do Brasil* (2023).

Luiz Geraldo Silva é professor titular do Departamento de História da Universidade Federal do Paraná (UFPR), professor do Programa de Doctorado en Historia y Estudios Humanísticos da Universidade Pablo de Olavide (Espanha) e bolsista de produtividade em pesquisa do CNPq (nível 1-D).

Magdalena Candioti é doutora em história pela Universidade de Buenos Aires, pesquisadora associada do Consejo Nacional de Investigaciones Científicas y Técnicas (Conicet) no Instituto de História Argentina e Latino-Americana "Dr. Emilio Ravignani" e professora associada da Faculdade de Humanidades e Ciências da Universidade Nacional do Litoral. Dedica-se a pesquisar a história da diáspora africana, a escravidão e o processo de abolição no Rio da Prata e na América Latina. Entre outros, publicou o livro *Una historia de la emancipación negra: esclavitud y abolición en Argentina* (2. ed., 2023), premiado pela Academia Nacional de História da Argentina.

Mariana Albuquerque Dantas é professora da Licenciatura em História e da Pós-Graduação em História da Universidade Federal Rural de Pernambuco (UFRPE). É autora de *Dimensões da participação política indígena: Estado nacional e revoltas em Pernambuco e Alagoas, 1817-1848* (2018) e uma das organizadoras de *Povos indígenas, Independência e muitas histórias: repensando o Brasil no século XIX* (2022).

Mariana L. R. Dantas é professora do Departamento de História da Ohio University (EUA) e especialista em história da escravidão e liberdade negra no mundo atlântico setecentista. Seu livro *Black townsmen: urban slavery and freedom in the eighteenth-century Americas* foi publicado pela editora Palgrave em 2008. Em coautoria com Emma Hart, publicou *Early modern atlantic cities* pela Cambridge University Press em 2024. Tem artigos publicados nos periódicos *African Economic History, Almanack, The Americas, International Review of Social History, Journal of Colonialism and Colonial History, Journal of Family History*. É membro fundador do Global Urban History Project.

Michel Mendes Marta é doutorando no Programa de Pós-Graduação em História da Universidade Federal Rural do Rio de Janeiro (UFRRJ), com bolsa da Capes. Tem mestrado e graduação em história pela Universidade Federal Fluminense (UFF).

Rafael Ale Rocha é professor do Programa de Pós-Graduação em História da Universidade Federal do Amazonas (Ufam) e do Programa Interdisciplinar em Ciências Humanas da Universidade do Estado do Amazonas (UEA).

Silvia Hunold Lara é professora aposentada colaboradora do Departamento de História da Universidade Estadual de Campinas (Unicamp). Publicou, entre outros, *Campos da violência: escravos e senhores na capitania do Rio de Janeiro, 1750-1808* (1988), *Fragmentos setecentistas: escravidão, cultura e poder na América portuguesa* (2007) e *Palmares & Cucaú: o aprendizado da dominação* (2021). Com Joseli Maria Nunes Mendonça, organizou a coletânea *Direitos e justiças no Brasil: ensaios de história social* (2006), e, com Phablo Roberto Marchis Fachin, *Guerra contra Palmares: o manuscrito de 1678* (2021).